중국어말하기시험

口语

HSKK 초급

한권으로 끝내기

중국어말하기시험
HSKK 口语 초급 한권으로 끝내기

지은이 남미숙
펴낸이 정규도
펴낸곳 (주)다락원

제1판 1쇄 발행 2023년 2월 15일

기획·편집 김현주, 김보경, 이상윤
디자인 김나경
조판 최영란
녹음 朴龙君, 郭洋, 허강원

다락원 경기도 파주시 문발로 211
전화 (02)736-2031(내선 250~252 / 내선 560~561)
팩스 (02)732-2037
출판등록 1977년 9월 16일 제406-2008-000007호

정가 18,000원 (본서·핵심요약집·필수단어장)

ISBN 978-89-277-2315-8 14720
978-89-277-2305-9 (set)

www.darakwon.co.kr
다락원 홈페이지를 방문하시면 상세한 출판 정보와 함께 동영상 강좌, MP3 자료 등 다양한 어학 정보를 얻으실 수 있습니다.

중국어 말하기 시험

口语

HSKK 초급

한권으로 끝내기

남미숙 저

다락원

저자의 말

세계무역규모 1위, 우리나라 수출규모 1위, IPO를 통한 투자규모 세계 1위. 중국 경제의 현재 모습입니다. 점점 치열해지는 글로벌 시장에서 경쟁해야 하는 우리에게 중국어는 선택의 대상이 아닌 필수가 되었습니다. HSK 7~9급 신설과 함께 읽고 쓰는 능력에 더해 중국어로 말하는 역량을 요구하는 대학과 기업들이 증가함에 따라 진학, 유학, 취업, 이직, 승진을 위해 HSK와 함께 HSKK를 준비하는 분들이 점점 많아지고 있습니다.

『중국어 말하기 시험 HSKK 초급 한권으로 끝내기』는 HSK 부문 누적판매량1위(교보문고, 영풍문고 베스트셀러 HSK부문/2010년 7월 1일~2020년 11월 11일/HSK 한권으로 끝내기 시리즈 합산 기준) 및 출간 이후 현재(2022년 7월)까지의 누적판매량 41만 7천여부의 大기록을 써나가고 있는 『HSK 한권으로 끝내기』의 커리큘럼과 학습방법을 연계한 HSKK 시리즈 교재입니다. 본 교재는 수험생 여러분이 올바른 방향으로 HSKK 시험을 준비할 수 있도록 안내하는 지침서 역할을 할 것입니다.

1타강사 남미숙의 완벽한 HSKK 솔루션 1타강사 남미숙의 20년 노하우 & 〈남미숙 중국어 연구소〉의 철저한 분석을 기반으로 기초에서 실전까지 한권으로 HSKK를 정복할 수 있는 완벽한 솔루션을 체계화하였습니다.

최신 출제 경향 완벽 반영 HSKK 기출문제 국내 최다 보유 기관이자 HSK와 HSKK 국내 최고 전문가 그룹인 남미숙 중국어 연구소가 최신 기출 문제 빅데이터 분석을 통해 구술시험 기초를 탄탄히 다질 수 있는 어법, 시험에 자주 나오는 구문과 짝꿍어휘, 시험장에서 틀리기 쉬운 발음들을 최신 출제 경향에 맞추어 완벽하게 정리하였습니다.

최신개정 실전 모의고사, 모범 답안 및 상세 해설 제공 최신개정 시험 경향을 반영한 실전 모의고사 5회와 초급자를 위한 모범 답안 및 상세한 해설을 제공합니다. 무료로 제공되는 MP3를 들으며 실전처럼 연습하고, 핵심요약집과 필수단어장을 이용해 마지막까지 완벽하게 시험을 준비할 수 있습니다.

마지막으로, 이 책의 완성도를 높일 수 있게 도와주신 이영현 선생님, 시인혜 선생님, 김민서 선생님, 우문시 선생님 그리고 그 외 남미숙 중국어 연구소 선생님들, 베타테스트에 성실히 참여해 주신 한국과 중국의 대학(원)생 및 연구원 여러분, 그리고 김동준 님께 감사의 말씀을 드립니다.

본 시리즈를 통해 수험생 여러분 모두 원하시는 목표를 꼭 달성하시길 기원합니다.

남미숙

제3부분 | 질문에 대답하기 回答问题 • 74

모의고사 • 106

모범 답안 및 해설 • 118

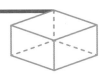

▼ 제1~3부분 설명 및 공략법

각 부분의 시험 유형과 주의해야 할 사항에 대해서 설명하고,
각 부분에 필요한 공략법을 자세히 정리했습니다.
출제 경향 및 풀이 비법 동영상(저자 직강)도 제공됩니다.

합격비법 동영상

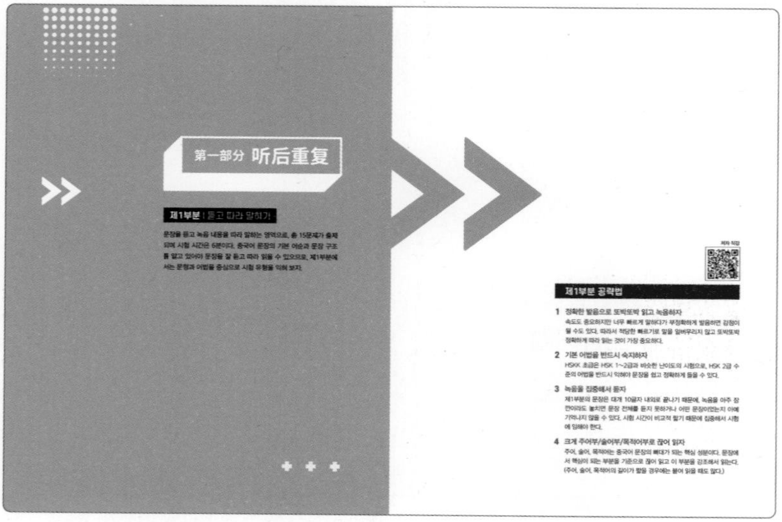

제1~3부분 본문은 STEP 1 유형 파악하기 → STEP 2 내공 쌓기 → STEP 3 실력 다지기로 구성되어 있습니다.

STEP 1 유형 파악하기

최신 출제 경향을 알고 그에 맞는 문제 풀이 요령을 익혀봅니다. 예제를 통해 어떤 문제가 출제되는지 간단히 파악해 봅니다.

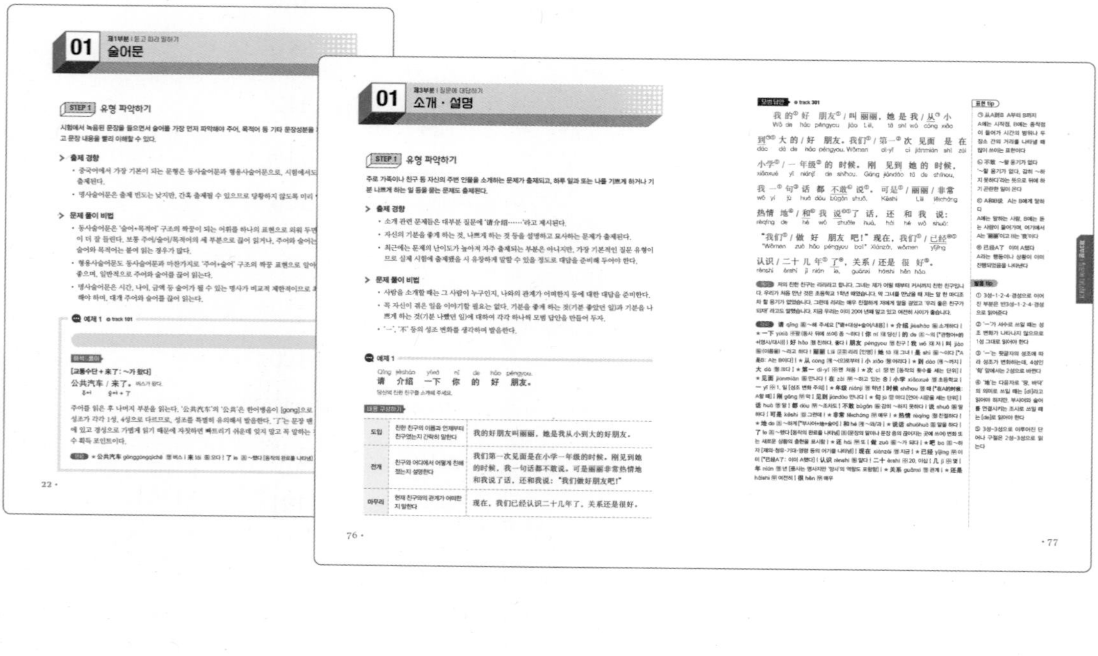

STEP 2 내공 쌓기

내공 쌓기에서는 각 부분의 문제를 풀기 위해 반드시 익혀야 할 내용을 정리하였습니다. 실제 시험에서 활용할 수 있는 표현과 관련 어휘, 유형별 빈출 문제, 주의해야 할 발음 등을 수록하였습니다.

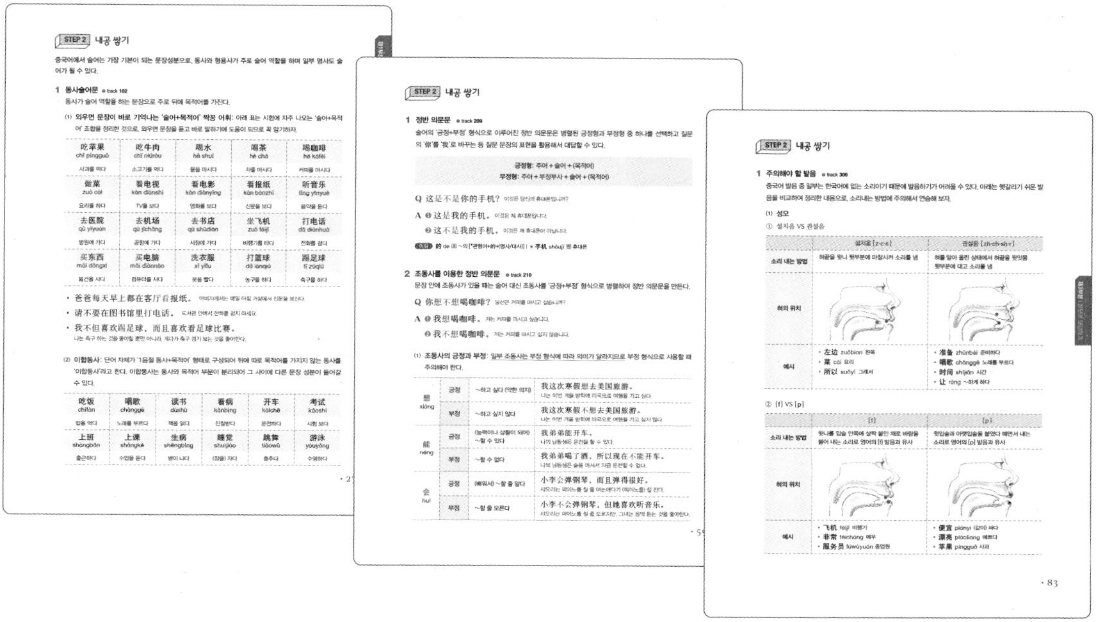

STEP 3 실력 다지기

내공 쌓기에서 익힌 내용들을 활용하여 각 유형에 대해 문제를 풀어보면서 실제 시험에 익숙해지도록 연습합니다.

▼ 모의고사

실제 시험에 대비하기 위한 모의고사 5회분을 수록하였습니다. 실제 시험 시간과 똑같이 구성된 녹음을 듣고 대답을 녹음해 보면서 실전 감각을 길러봅시다.

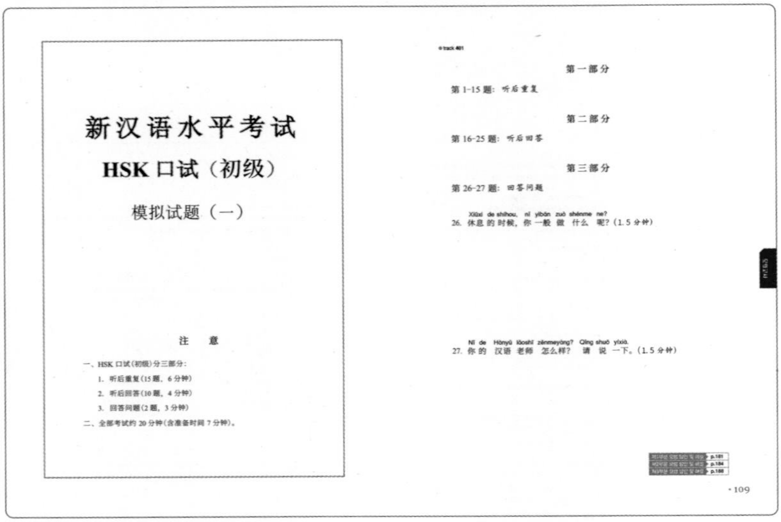

▼ 모범 답안 & 해설

제1~3부분의 실력 다지기와 모의고사 문제에 대해 자세한 해설과 모범 답안을 수록하였습니다.
문제를 풀면서 작성한 답안과 책에 수록된 모범 답안을 비교해 보고, 자신의 생각을 정리하면서 시험에 대비해 봅시다.

제1부분 모범 답안에는 끊어 읽기 기호와 강조해서 읽는 부분(분홍색 글자)이 표시되어 있습니다. 제3부분 모범 답안에서 표현 tip은 ㉠㉡㉢으로 표시하고 밑줄이 있으며, 발음 tip은 ①②③으로 표시하고 분홍색 글자로 강조되어 있습니다.

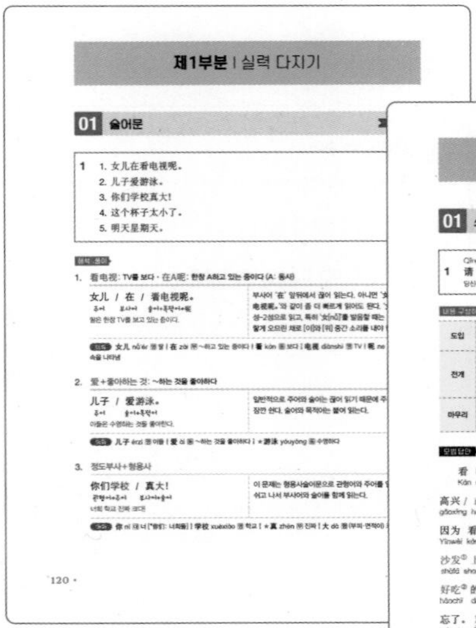

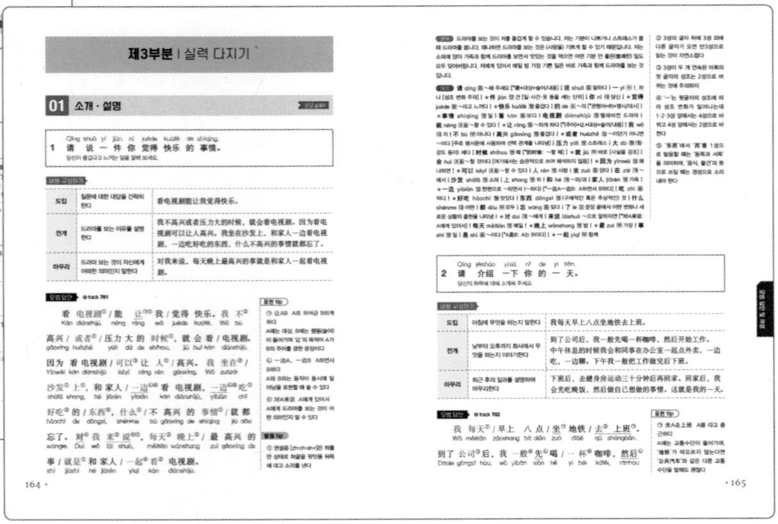

핵심 요약집+필수단어장

시험을 보기 전 마지막으로 공부한 내용을 확인할 수 있도록 각 부분에 실린 필수 표현이 요점 정리되어 있습니다. 본문에 수록된 어휘 중 기본 어휘와 빈출 어휘도 발음 순으로 정리되어 있습니다.

핵심요약집

제1부분 | 듣고 따라 말하기

01 술어문

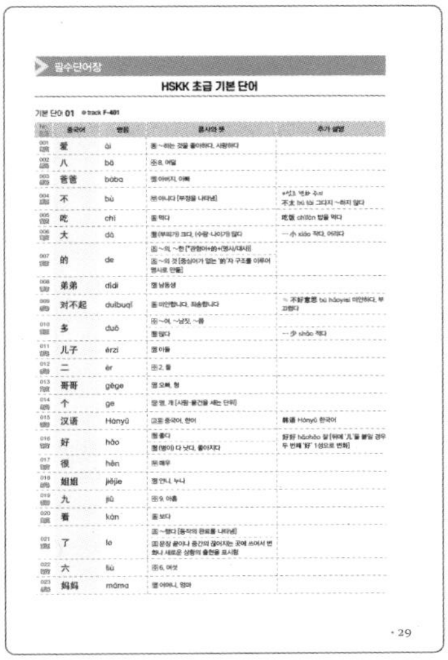
필수단어장

HSKK 초급 기본 단어

MP3 다운로드

예제, 내공 쌓기, 실력 다지기 문항, 모의고사 및 모범 답안 내용은 MP3 음원 다운로드가 제공됩니다.
녹음 해당 부분에 MP3 트랙 번호가 기재되어 있습니다. track **101**

* MP3 음원은 다락원 홈페이지(www.darakwon.co.kr)에서 무료로 다운로드할 수 있습니다.

* 스마트폰으로 QR코드를 스캔하면 MP3 음원 다운로드 및 실시간 재생 가능한 페이지로 바로 연결됩니다.

☑ 일러두기

① 지명, 관광 명소 등의 고유명사는 외래어 표기법에 따라 중국어 발음을 한국어로 표기하는 것을 원칙으로 하였습니다. 인명의 경우 각 나라에서 실제 읽히는 발음을 기준으로 한국어로 발음을 표기하였습니다.

② 수록 어휘 중 HSK 2~3급 단어에는 ★을 표기했습니다.

③ 품사는 다음과 같은 약어로 표기했습니다.

품사	약자	품사	약자	품사	약자
명사	명	형용사	형	개사	개
고유명사	고유	부사	부	접속사	접
대사	대	수사	수	조사	조
동사	동	양사	양	감탄사	감탄
조동사	조동	수량사	수량		

1 HSKK 개요

(1) HSKK는 '汉语水平口语考试(Hànyǔ Shuǐpíng Kǒuyǔ Kǎoshì)' 한어병음의 약어로 중국교육부령에 의거하고 중국교육부에서 출제·채점 및 성적표 발급을 담당하는 회화 능력 평가 시험이다.

(2) HSKK는 제1언어가 중국어가 아닌 사람의 중국어 회화 능력을 평가하기 위해 만들어진 중국정부 유일의 국제 중국어 능력 표준화 고시로, 일상생활·학습·업무상 필요한 중국어 운용 능력을 중점적으로 평가하는 시험이며, 현재 세계 112개 국가, 860개 지역에서 시행되고 있다.

(3) HSKK는 초급, 중급, 고급으로 나뉘며, 급수별로 각각 실시된다.

2 HSKK 등급별 수준 안내

HSKK 등급	HSK 등급	수준	어휘량	국제중국어 능력기준	유럽언어공통 참조기준(CEF)
HSKK 초급	HSK 1급	중국어로 익숙한 일상생활의 화제를 듣고 이해할 수 있으며, 기본적인 일상 회화가 가능하다.	약 200개	1급	A1
	HSK 2급			2급	A2
HSKK 중급	HSK 3급	중국인과의 기본적인 교류에서 듣고 이해할 수 있으며, 중국어로 비교적 유창하게 회화를 진행할 수 있다.	약 900개	3급	B1
	HSK 4급			4급	B2
HSKK 고급	HSK 5급	중국어를 듣고 이해할 수 있으며, 유창하게 자신의 견해를 표현할 수 있다.	약 3000개	5급	C1
	HSK 6급				C2

3 HSKK 용도

(1) 국내외 대학(원) 및 특목고 입학·졸업 및 학점 수여에 대한 평가 기준

(2) 중국정부 장학생 선발 기준

(3) 각급 업체 및 기관의 직원 채용·승진을 위한 평가 기준

4 HSKK 성적 조회 및 성적표

(1) HSKK 성적은 시험일로부터 1개월 후 성적 조회가 가능하다.

(2) HSKK 시험 개인 성적표는 '시험일로부터 45일 후' 수령이 가능하다.

(3) HSKK 성적은 시험일로부터 2년간 유효하다.

CENTER FOR LANGUAGE EDUCATION AND COOPERATION

汉语水平考试
Chinese Proficiency Test

HSK 口试（初级）成绩报告
HSK Speaking (Intermediate) Test Score Report

姓名: Name

性别: Gender　国籍: Nationality 韩国

考试时间: Test Date 2022 年 Year 03 月 Month 26 日 Day

编号: No.

准考证号: Admission Ticket Number

满分 (Full Score)	合格分 (Passing Score)	你的分数 (Your Score)
100	60	61

主任 Director

教育部中外语言交流合作中心
Center for Language Education and Cooperation

中国 · 北京
Beijing · China

*成绩有效期两年 (Test scores are valid for two years)

1 HSKK 초급 수준 및 응시 대상

(1) HSKK 초급의 수준은 《국제중국어능력기준》 1, 2급과 《유럽언어공동참고프레임(CEF)》 A급에 해당한다.

(2) HSKK 초급에 합격한 응시자는 중국어로 일상생활의 화제에 대해 듣고 이해할 수 있으며, 기본적인 일상 회화를 진행할 수 있다.

(3) 매주 2~3시간씩 1~2학기 정도 중국어를 학습하고, 약 200개의 상용 어휘와 관련 어법 지식을 마스터한 응시자를 대상으로 한다.

2 시험 구성 및 상세 내용

(1) **제1부분** 듣고 따라 말하기(听后重复) : 문장을 듣고, 녹음 내용을 따라 말하기 (15문항)

(2) **제2부분** 듣고 대답하기(听后回答) : 질문을 듣고 간단하게 대답하기 (10문항)

(3) **제3부분** 질문에 대답하기(回答问题) : 주어진 문제(병음 기재됨)를 읽고 대답하기 (2문항)

시험 내용		문항 수	시험 시간
*시험 진행에 앞서 응시자 정보 (이름, 국적, 수험번호 등)에 대한 질의 응답이 이루어짐			
제1부분	듣고 따라 말하기	15문항	6분
제2부분	듣고 대답하기	10문항	4분
준비 시간			7분
제3부분	질문에 대답하기	2문항	3분
총 시험 시간		27문항	약 20분

3 시험 성적 및 결과

HSKK 초급 시험은 100점 만점으로 총점 60점 이상이면 합격이며, 성적은 시험일로부터 2년간 유효하다.

1 시험 순서

(1) **고사장 및 좌석표 확인:** 수험표 번호로 고사장 확인 후, 입구에서 좌석 확인

(2) **시험 안내:** 감독관이 응시자 본인 확인 및 유의사항 안내, 시험 설명

(3) **언어 선택**

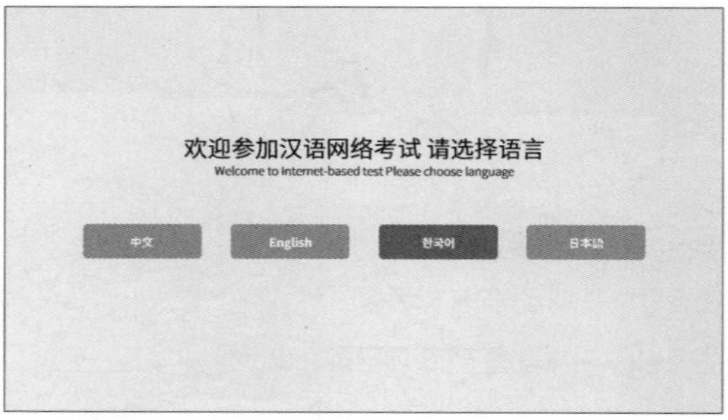

(4) **응시 주의사항 및 로그인:** 수험번호 및 비밀번호가 시험 당일 모니터 하단에 부착되어 있음

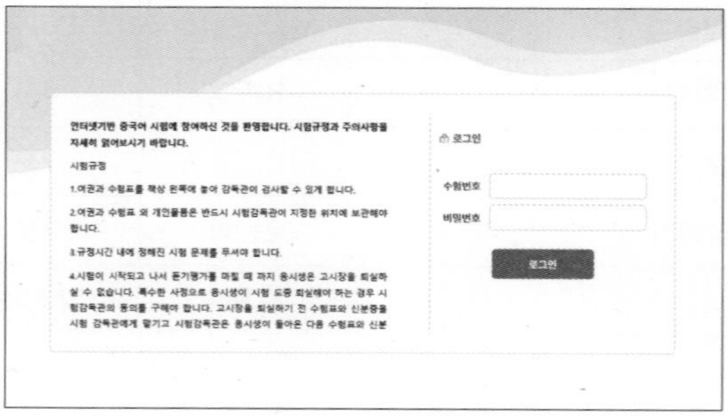

(5) **응시자 정보 확인**

(6) **마이크 테스트**

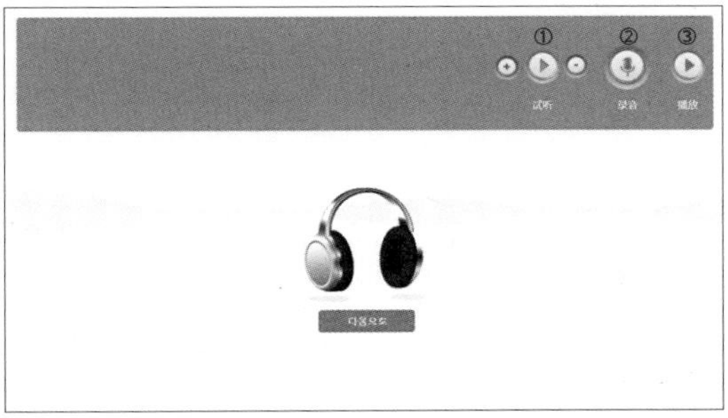

① **테스트 듣기(试听)**: 클릭해서 테스트 음원 송출, 헤드셋 소리가 나오는지 확인.
한 번 더 누르면 재생 정지. 양쪽의 + – 버튼을 눌러서 볼륨 조절

② **녹음(录音)**: 클릭해서 녹음이 되는지 확인. 한 번 더 누르면 녹음 정지

③ **녹음 재생(播放)**: 클릭해서 녹음된 소리 확인. 한 번 더 누르면 재생 정지

(7) **시험 문제 다운로드**: 다운로드가 완료되면 '다음' 버튼을 눌러서 시험 시작

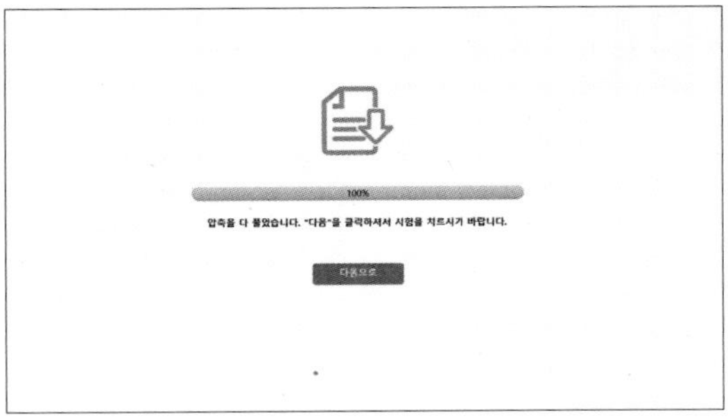

(8) **시험 진행**

(9) **제출**: 답안지 제출 버튼을 누르면 시험이 종료되므로, 반드시 시험을 모두 끝내고 클릭할 것

2 시험 녹음 내용

(1) 응시자 정보 질의 응답

你好，你叫什么名字？ 안녕하세요, 당신의 이름은 무엇입니까?
→ 我叫〇〇〇。 저의 이름은 ○○○입니다.

你是哪国人？ 당신은 어느 나라 사람입니까?
→ 我是韩国人。 저는 한국인입니다.

你的序号是多少？ 당신의 수험번호는 몇 번입니까?
→ 我的序号是〇〇〇。 저희 수험번호는 ○○○입니다.

① 오른쪽 상단에 남은 시간 표시
② 응시자 정보 질의 응답을 녹음하는 동안 마이크 볼륨이 활성화 됨
③ 답안지 제출 버튼을 누르면 시험이 종료되므로, 문제를 모두 풀기 전에는 절대 클릭 금지

(2) 제1부분 시험 안내

好，现在开始第1到15题。 그럼 지금부터 1번~15번 문제를 시작하겠습니다.

每题你会听到一个句子，请在“嘀”声后重复这个句子。 现在开始第1题。

각 문제마다 한 문장을 듣게 됩니다. '삐'소리 후에 이 문장을 따라 말하세요. 지금부터 1번 문제를 시작합니다.

① 오른쪽 상단에 남은 시간 표시

② 답을 녹음하는 동안 마이크 볼륨이 활성화 됨

(3) 제2부분 시험 안내

好，现在开始第16到25题。 그럼 지금부터 16번~25번 문제를 시작하겠습니다.

每题你会听到一个问题，请在“嘀”声后回答这个问题。 现在开始第16题。

각 문제마다 질문 한 개를 듣게 됩니다. '삐'소리 후에 질문에 대답하세요. 지금부터 16번 문제를 시작합니다.

① 오른쪽 상단에 남은 시간 표시

② 답을 녹음하는 동안 마이크 볼륨이 활성화 됨

(4) 제3부분 준비 시간 안내

好，现在开始准备第26到27题。 그럼 지금부터 26번~27번 문제를 준비하십시오.
可以在试卷上写提纲。 시험지에 개요를 메모해도 좋습니다.
准备时间为7分钟。 준비 시간은 7분입니다.

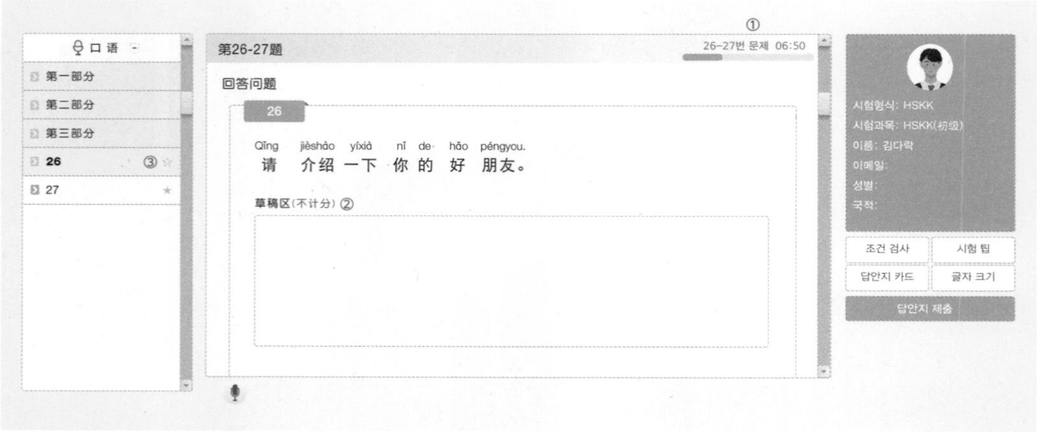

① 오른쪽 상단에 남은 준비 시간 표시
② 메모 작성란에 중국어로 입력 가능 (점수에 계산되지 않음)
③ 왼쪽의 문제 번호를 클릭하면 각 번호의 문제 작성란에 입력할 수 있음

(5) 제3부분 시험 안내

准备时间结束。现在开始回答第26题。 준비 시간이 끝났습니다. 지금부터 26번 문제를 대답하십시오.
第26题结束。现在开始回答第27题。 26번 문제가 끝났습니다. 지금부터 27번 문제를 대답하십시오.

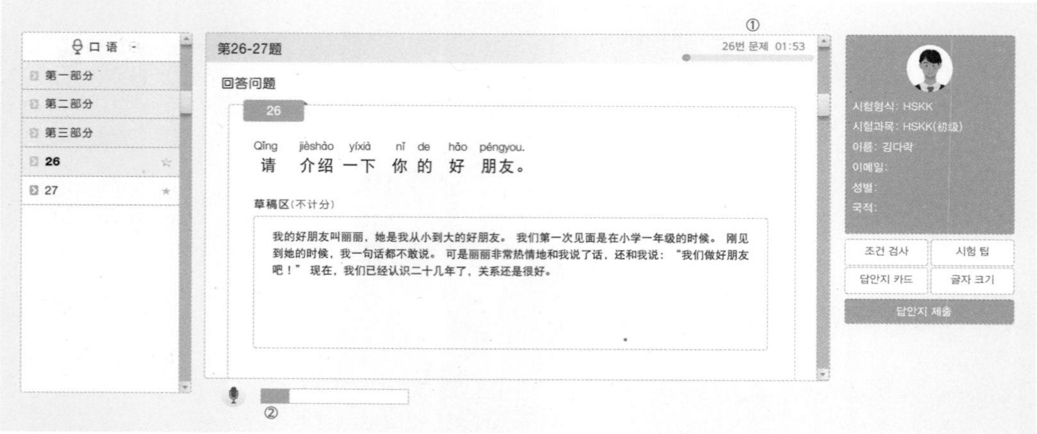

① 오른쪽 상단에 남은 시간 표시
② 답을 녹음하는 동안 마이크 볼륨이 활성화 됨

(6) 시험 종료 안내

好，考试现在结束，谢谢你！이제 시험이 끝났습니다. 감사합니다!

중국어 입력 tip

- 일반적으로 Alt+Shift 키를 누르면 중국어 자판으로 변경되며, 마우스로 변경도 가능함
- [ü] 발음의 중국어를 입력할 때는 알파벳 v를 입력함
- 상용 중국어는 입력기 초반에 표시되므로, 내가 입력하려는 글자가 맞는지 확인해야 함

第一部分 听后重复

제1부분 | 듣고 따라 말하기

문장을 듣고 녹음 내용을 따라 말하는 영역으로, 총 15문제가 출제되며 시험 시간은 6분이다. 중국어 문장의 기본 어순과 문장 구조를 알고 있어야 문장을 잘 듣고 따라 읽을 수 있으므로, 제1부분에서는 문형과 어법을 중심으로 시험 유형을 익혀 보자.

저자 직강

제1부분 공략법

1 정확한 발음으로 또박또박 읽고 녹음하자

속도도 중요하지만 너무 빠르게 말하다가 부정확하게 발음하면 감점이 될 수도 있다. 따라서 적당한 빠르기로 말을 얼버무리지 않고 또박또박 정확하게 따라 읽는 것이 가장 중요하다.

2 기본 어법을 반드시 숙지하자

HSKK 초급은 HSK 1~2급과 비슷한 난이도의 시험으로, HSK 2급 수준의 어법을 반드시 익혀야 문장을 쉽고 정확하게 들을 수 있다.

3 녹음을 집중해서 듣자

제1부분의 문장은 대개 10글자 내외로 끝나기 때문에, 녹음을 아주 잠깐이라도 놓치면 문장 전체를 듣지 못하거나 어떤 문장이었는지 아예 기억나지 않을 수 있다. 시험 시간이 비교적 짧기 때문에 집중해서 시험에 임해야 한다.

4 크게 주어부/술어부/목적어부로 끊어 읽자

주어, 술어, 목적어는 중국어 문장의 뼈대가 되는 핵심 성분이다. 문장에서 핵심이 되는 부분을 기준으로 끊어 읽고 이 부분을 강조해서 읽는다. (주어, 술어, 목적어의 길이가 짧을 경우에는 붙여 읽을 때도 많다.)

01 제1부분 | 듣고 따라 말하기
술어문

STEP 1 유형 파악하기

시험에서 녹음된 문장을 들으면서 술어를 가장 먼저 파악해야 주어, 목적어 등 기타 문장성분을 파악하기 쉽고 문장 내용을 빨리 이해할 수 있다.

출제 경향

- 중국어에서 가장 기본이 되는 문형은 동사술어문과 형용사술어문으로, 시험에서도 가장 많이 출제된다.
- 명사술어문은 출제 빈도는 낮지만, 간혹 출제될 수 있으므로 당황하지 않도록 미리 익혀 두자.

문제 풀이 비법

- 동사술어문은 '술어+목적어' 구조의 짝꿍이 되는 어휘를 하나의 표현으로 외워 두면 녹음 문장이 더 잘 들린다. 보통 주어/술어/목적어의 세 부분으로 끊어 읽거나, 주어와 술어는 끊어 읽고 술어와 목적어는 붙여 읽는 경우가 많다.
- 형용사술어문도 동사술어문과 마찬가지로 '주어+술어' 구조의 짝꿍 표현으로 알아 두는 것이 좋으며, 일반적으로 주어와 술어를 끊어 읽는다.
- 명사술어문은 시간, 나이, 금액 등 술어가 될 수 있는 명사가 비교적 제한적이므로 최대한 암기해야 하며, 대개 주어와 술어를 끊어 읽는다.

예제 1 track 101

해석&풀이

[교통수단 + 来了: ~가 왔다]

公共汽车 / 来了。 버스가 왔다.
주어 술어 + 了

주어를 읽은 후 나머지 부분을 읽는다. '公共汽车'의 '公共'은 한어병음이 [gong]으로 같지만 성조가 각각 1성, 4성으로 다르므로, 성조를 특별히 유의해서 발음한다. '了'는 문장 맨 마지막에 있고 경성으로 가볍게 읽기 때문에 자칫하면 빠트리기 쉬운데 잊지 말고 꼭 말하는 것이 점수 획득 포인트이다.

어휘 ★公共汽车 gōnggòngqìchē 명 버스 | 来 lái 동 오다 | 了 le 조 ~했다 [동작의 완료를 나타냄]

STEP 2 내공 쌓기

중국어에서 술어는 가장 기본이 되는 문장성분으로, 동사와 형용사가 주로 술어 역할을 하며 일부 명사도 술어가 될 수 있다.

1 동사술어문 track 102

동사가 술어 역할을 하는 문장으로 주로 뒤에 목적어를 가진다.

(1) **외우면 문장이 바로 기억나는 '술어+목적어' 짝꿍 어휘:** 아래 표는 시험에 자주 나오는 '술어+목적어' 조합을 정리한 것으로, 외우면 문장을 듣고 바로 말하기에 도움이 되므로 꼭 암기하자.

吃苹果 chī píngguǒ 사과를 먹다	吃牛肉 chī niúròu 소고기를 먹다	喝水 hē shuǐ 물을 마시다	喝茶 hē chá 차를 마시다	喝咖啡 hē kāfēi 커피를 마시다
做菜 zuò cài 요리를 하다	看电视 kàn diànshì TV를 보다	看电影 kàn diànyǐng 영화를 보다	看报纸 kàn bàozhǐ 신문을 보다	听音乐 tīng yīnyuè 음악을 듣다
去医院 qù yīyuàn 병원에 가다	去机场 qù jīchǎng 공항에 가다	去书店 qù shūdiàn 서점에 가다	坐飞机 zuò fēijī 비행기를 타다	打电话 dǎ diànhuà 전화를 걸다
买东西 mǎi dōngxi 물건을 사다	买电脑 mǎi diànnǎo 컴퓨터를 사다	洗衣服 xǐ yīfu 옷을 빨다	打篮球 dǎ lánqiú 농구를 하다	踢足球 tī zúqiú 축구를 하다

- 爸爸每天早上都在客厅看报纸。 아버지께서는 매일 아침 거실에서 신문을 보신다.
- 请不要在图书馆里打电话。 도서관 안에서 전화를 걸지 마세요.
- 我不但喜欢踢足球，而且喜欢看足球比赛。
  나는 축구 하는 것을 좋아할 뿐만 아니라, 게다가 축구 경기 보는 것을 좋아한다.

(2) **이합동사:** 단어 자체가 '1음절 동사+목적어' 형태로 구성되어 뒤에 따로 목적어를 가지지 않는 동사를 '이합동사'라고 한다. 이합동사는 동사와 목적어 부분이 분리되어 그 사이에 다른 문장 성분이 들어갈 수 있다.

吃饭 chīfàn 밥을 먹다	唱歌 chànggē 노래를 부르다	读书 dúshū 책을 읽다	看病 kànbìng 진찰받다	开车 kāichē 운전하다	考试 kǎoshì 시험 보다
上班 shàngbān 출근하다	上课 shàngkè 수업을 듣다	生病 shēngbìng 병이 나다	睡觉 shuìjiào (잠을) 자다	跳舞 tiàowǔ 춤추다	游泳 yóuyǒng 수영하다

- 同学们正在考试，请不要说话。 학우들이 지금 시험을 보고 있으니, 말하지 마세요.
- 你怎么这么快就考完试了？ 너 어떻게 이렇게 빨리 시험을 다 본 거야?
- 丽丽跳舞跳得很好。 리리는 춤을 잘 춘다.
- 她一边唱着歌，一边跳着舞。 그녀는 노래를 부르면서 춤을 추고 있다.

⑶ **문장을 목적어로 가지는 동사**: 동사는 일반적으로 명사나 대사를 목적어로 가지지만, 일부 동사는 구절이나 문장을 목적어로 가지기도 한다. 자주 쓰이는 구문이니 꼭 익혀두자.

觉得 + 생각하는 내용 juéde	~라고 생각하다	我觉得这本书很有意思。 나는 이 책이 재미있다고 생각한다.
认识 + 알고 있는 것 rènshi	~을 알다	我认识你很高兴。 저는 당신을 알게 되어 기쁩니다.
知道 + 알고 있는 내용 zhīdào	~을 알고 있다	妈妈知道大力汉语说得很好。 엄마는 따리가 중국어를 잘 말한다는 것을 알고 계신다.
希望 + 바라는 내용 xīwàng	~하기를 바라다	我希望男朋友给我买生日礼物。 나는 남자 친구가 나에게 생일 선물을 사 주기를 희망한다.
喜欢·爱 + 좋아하는 것 xǐhuan ài	~하는 것을 좋아하다	我喜欢睡觉前看手机。 나는 자기 전에 휴대폰을 보는 것을 좋아한다.

어휘 **爸爸** bàba 명 아버지 | **每天** měitiān 명 매일 | ★**早上** zǎoshang 명 아침 | **都** dōu 부 모두 | **在** zài 개 ~에서 | **客厅** kètīng 명 거실, 객실 | **请** qǐng 동 ~해 주세요 [*请+대상+술어/내용] | **不要** búyào 부 ~하지 마라 | ★**图书馆** túshūguǎn 명 도서관 | **里** li 명 안 [명사 뒤에 붙어 일정한 공간·시간·범위를 나타냄] | **我** wǒ 대 나, 저 | ★**不但** búdàn 접 ~뿐만 아니라 [*不但A，而且B: A뿐만 아니라 게다가 B하다] | **喜欢** xǐhuan 동 좋아하다 | ★**而且** érqiě 접 또한 | **看** kàn 동 보다 | **足球** zúqiú 명 축구 | ★**比赛** bǐsài 명 경기 | **同学** tóngxué 명 학우 | ★**正在** zhèngzài 부 지금 ~하고 있다 | ★**说话** shuōhuà 동 말을 하다 | **你** nǐ 대 너, 당신 | **怎么** zěnme 대 어떻게 | **这么** zhème 대 이렇게 | ★**快** kuài 부 빨리 | ★**就** jiù 부 바로 [사실을 강조] | ★**完** wán 동 (동사 뒤에 쓰여) 마치다 | **了** le 조 ~했다 [동작의 완료를 나타냄] | **丽丽** Lìli 고유 리리 [인명] | ★**得** de 조 ~하는 정도가 ~하다 [*술어+得+정도보어] | **很** hěn 부 매우 | **好** hǎo 형 좋다 | **她** tā 대 그녀 | ★**一边** yìbiān 접 한편으로 ~하면서 (~하다) [*一边A一边B: A하면서 B하다] | ★**着** zhe 조 ~하고 있다 [동작이나 상태의 지속을 나타냄] | **这** zhè 대 이 | **本** běn 양 권 [책을 세는 단위] | **书** shū 명 책 | **有意思** yǒu yìsi 재미있다 | **高兴** gāoxìng 형 기쁘다 | **妈妈** māma 명 엄마 | **大力** Dàlì 고유 따리 [인명] | **汉语** Hànyǔ 고유 중국어 | **说** shuō 동 말하다 | **男朋友** nánpéngyou 명 남자 친구 | ★**给** gěi 개 ~에게 | **买** mǎi 동 사다 | ★**生日** shēngrì 명 생일 | ★**礼物** lǐwù 명 선물 | **睡觉** shuìjiào 동 (잠을) 자다 | **前** qián 명 (시간상으로) 전 | ★**手机** shǒujī 명 휴대폰

2 형용사술어문 ⊙ track 103

형용사가 술어 역할을 하는 문장으로 목적어를 가지지 않으며, 정도부사의 수식을 받기도 한다. 아래 표는 시험에 많이 나오는 형용사를 정리한 것으로, 알아 두면 문장을 듣고 바로 기억할 수 있으므로 꼭 외우자.

大 dà	小 xiǎo	多 duō	少 shǎo	高兴 gāoxìng
크다, 많다	작다, 어리다	많다	적다	기쁘다, 즐겁다
冷 lěng	热 rè	好 hǎo	好吃 hǎochī	好喝 hǎohē
춥다	덥다, 뜨겁다	좋다, 좋아지다	맛있다	(음료가) 맛있다
不错 búcuò	对 duì	长 cháng	漂亮 piàoliang	好听 hǎotīng
괜찮다, 좋다	맞다, 옳다	길다	예쁘다	듣기 좋다
高 gāo	贵 guì	便宜 piányi	近 jìn	远 yuǎn
(키가) 크다, 높다	비싸다	싸다, 저렴하다	가깝다	멀다
快 kuài	慢 màn	累 lèi	忙 máng	聪明 cōngming
빠르다	느리다	지치다, 피곤하다	바쁘다	총명하다, 똑똑하다
早 zǎo	晚 wǎn	新 xīn	快乐 kuàilè	重要 zhòngyào
이르다	늦다	새롭다	즐겁다	중요하다

* '有意思'는 '재미있다'라는 뜻으로 형용사는 아니지만 문장에서 형용사처럼 많이 쓰인다.

- 妈妈做的麻辣烫很好吃。 어머니께서 만드신 마라탕은 맛있다.
- 补习班离我家有点儿远。 학원은 우리 집에서 좀 멀다.
- 这部电影有意思极了。 이 영화는 아주 재미있다.

어휘 **做** zuò 동 만들다 | **的** de 조 ~의 [*관형어+的+(명사/대사)] | **麻辣烫** Málàtàng 고유 마라탕 | **补习班** bǔxíbān 명 학원 | ★**离** lí 개 ~에서 | **家** jiā 명 집 | **有点儿** yǒudiǎnr 부 좀 [*有点儿+형용사: 부정이나 불만의 뉘앙스를 나타냄] | **部** bù 양 편 [영화나 서적의 편수 등을 세는 단위] | **电影** diànyǐng 명 영화 | **极了** jíle 부 아주 ~하다

3 명사술어문 track 104

명사가 술어 역할을 하는 문장으로, 시간, 나이, 금액, 날짜, 키를 나타내는 명사 어휘가 술어로 많이 쓰인다.

시간	现在十二点。 지금은 12시이다.
나이	我今年二十三岁了。 나는 올해 23살이 되었다.
금액	这个桌子一百块钱。 이 탁자는 100위안이다.
날짜	今天十月八号。 오늘은 10월 8일이다.
키	她一米六零。 그녀(의 키)는 1m 60(cm)이다.

어휘 **现在** xiànzài 명 지금 | **十二** shí'èr 수 12, 열둘 | **点** diǎn 양 시 [시간을 세는 단위] | ★ **今年** jīnnián 명 올해 | **二十三** èrshísān 수 23, 스물셋 | **岁** suì 양 살 [나이를 세는 단위] | **了** le 조 문장 끝이나 문장 중간의 끊어지는 곳에 쓰여서 변화나 새로운 상황의 출현을 표시함 | **这个** zhège 대 이 | **桌子** zhuōzi 명 탁자 | **一** yī 수 1, 일 [성조 변화 주의] | ★ **百** bǎi 수 100, 백 | **块** kuài 양 위안 [중국의 화폐단위] | **钱** qián 명 돈 | **今天** jīntiān 명 오늘 | **十** shí 수 10, 십 | **月** yuè 명 월 | **八** bā 수 8, 팔 | **号** hào 명 일 [날짜를 가리킴] | **她** tā 대 그녀 | ★ **米** mǐ 양 미터(m) [길이의 단위] | **六** liù 수 6, 육 | ★ **零** líng 수 0, 영

STEP 3 실력 다지기

다음 문장을 듣고 따라 말해 봅시다.

1 track **105**

1.
2.
3.
4.
5.

2 track **106**

1.
2.
3.
4.
5.

3 track **107**

1.
2.
3.
4.
5.

4 track **108**

1.
2.
3.
4.
5.

모범 답안 및 해설 p.120

02 제1부분 | 듣고 따라 말하기
조동사 · 부사

STEP 1 유형 파악하기

부사와 조동사는 문장에서 일반적으로 부사어의 역할을 하며, 주어와 술어 사이에 위치한다.

출제 경향

- 조동사는 부정할 때 일반적으로 '没'가 아닌 '不'를 사용한다.
- 부사가 있는 문장을 들을 때는 '快要A了'나 '正在A呢' 등과 같이 조사를 함께 기억하자.

문제 풀이 비법

- 부사와 조동사는 동사를 수식하는 부사어 역할을 하며, 부사어의 순서는 '부사-조동사-개사구'가 일반적이다.
- 부사와 조동사는 주어 뒤, 술어 앞에 위치하며 2음절 이상일 때는 보통 끊어 읽는다.

예제 2 track 109

해석&풀이

[想学……: ~을 배우고 싶다]

她想 / 学汉语。 그녀는 중국어를 배우고 싶다.
주어+부사어 술어+목적어

주어 '她'와 조동사 부사어 '想' 모두 1음절이기 때문에 붙여 읽고 그 뒤를 끊어 읽는다. 한 문장이 총 5글자 밖에 안 되기 때문에 한 호흡에 읽을 수도 있는데, 붙여 읽을 경우 '想学'는 3성-2성이 연속하므로 앞의 '想'은 반3성으로 읽어야 한다.

어휘 **想** xiǎng 조동 ~하고 싶다 | **学** xué 동 배우다 | **汉语** Hànyǔ 고유 중국어

STEP 2 내공 쌓기

1 조동사 track 110

동사 앞에서 동사를 도와주는 역할을 하여 능원동사라고도 하며, 능력, 바람, 당위, 허가 등의 의미를 나타낸다.

(1) HSKK 초급 필수 조동사

想 xiǎng	~하고 싶다 (약한 의지)	我想买手表。 나는 손목시계를 사고 싶다.
要 yào	~하려 하다 (강한 의지)	从今天起，我要做运动。 오늘부터 나는 운동을 할 것이다.
	~해야 한다	回家的时候你要洗手。 집에 돌아오면 너는 손을 씻어야 한다.
会 huì	(배워서) ~할 줄 알다	他不是中国人，但是他会说汉语。 그는 중국인은 아니지만, 중국어를 할 줄 안다.
	~할 것이다 (会A的) (미래 추측)	我知道你有多么努力学习，你一定会考上的。 나는 네가 얼마나 열심히 공부했는지 알아. 넌 반드시 합격할 거야.
能 néng	~할 수 있다 (능력)	我能做完今天的工作。 나는 오늘 업무를 다 할 수 있다.
	~할 수 있다 (허가)	你能帮我准备晚饭吗? 너 나를 도와 저녁 식사를 준비해 줄 수 있니?
可以 kěyǐ	~해도 된다 (허가)	你写完作业的话，可以出去玩儿。 너는 숙제를 다 하면 나가서 놀아도 좋아.
	~할 수 있다 (가능)	她好多了，今天可以出院。 그녀는 많이 나아서 오늘 퇴원할 수 있다.
	~할 만하다	这部电影很有意思，可以看一看。 이 영화는 재미있어서 볼 만해.

(2) 조동사의 특징

① 일반적으로 조동사의 부정을 나타낼 때는 부정부사 '不'를 사용한다. 단 '不要'는 부사가 되어 '~할 필요가 없다'가 아니라 '~하지 마라'라고 해석하며, 금지 표현을 할 때 쓴다. 쓰임과 해석에 주의하자. '~하려 하다'의 부정을 나타낼 때는 '不想'이라고 쓴다.

- 我不会说英语。 나는 영어를 할 줄 모른다.
- 开车的时候不要看手机。 운전할 때 휴대폰을 보지 마라.

② 연동문, 겸어문에서 조동사는 첫 번째 동사 앞에 위치한다. (연동문과 겸어문은 05 연동문·겸어문·비교문 내용을 참고하자.)

- 我想去咖啡厅喝咖啡。 나는 카페에 가서 커피를 마시고 싶다.

어휘 买 mǎi 동 사다 | ★手表 shǒubiǎo 명 손목시계 | ★从 cóng 개 수 ~(으)로부터 [*从A起: A부터 시작하다] | 今天 jīntiān 명 오늘 | 起 qǐ 동 ~하기 시작하다 | 做 zuò 동 하다 | ★运动 yùndòng 명 운동 | 回家 huíjiā 동 집으로 돌아오다 | 的 de 조 ~의 [*관형어+的+(명사/대사)] | 时候 shíhou 명 때 [*的时候: ~할 때] | ★洗 xǐ 동 씻다 [*洗手: 손을 씻다] | 手 shǒu 명 손 | 他 tā 대 그 | 不 bù 부 아니다 [부정을 나타냄] | 是 shì 동 ~이다 [*A是B: A는 B이다] | 中国人 Zhōngguórén 고유 중국인 | ★但是 dànshì 접 그러나 | 说 shuō 동 말하다 | 汉语 Hànyǔ 고유 중국어 | ★知道 zhīdào 동 알다 | 有 yǒu 동 (많이) 있다 [많거나 큰 것을 나타냄] | ★多么 duōme 부 얼마나 [감탄문에서 정도가 심함을 나타냄] | ★努力 nǔlì 동 열심히 하다 | 学习 xuéxí 동 공부하다 | ★一定 yídìng 부 반드시 | 考上 kǎoshàng 동 시험에 합격하다 | ★完 wán 동 (동사 뒤에 결과보어로 쓰여) 다하다 | 工作 gōngzuò 명 업무 | 帮 bāng 동 돕다 | ★准备 zhǔnbèi 동 준비하다 | 晚饭 wǎnfàn 명 저녁 식사 | 吗 ma 조 (문장 끝에 쓰여) 의문의 어기를 나타냄 | 写 xiě 동 쓰다 | ★作业 zuòyè 명 숙제 [*写作业: 숙제를 하다] | 的话 dehuà 조 ~하다면 | 出去 chūqù 동 나가다 | ★玩(儿) wán(r) 동 놀다 | 好 hǎo 형 (병이) 나아지다 | 多 duō 형 많다 | 出院 chūyuàn 동 퇴원하다 | 部 bù 양 편 [서적이나 영화 편수 등을 세는 단위] | 电影 diànyǐng 명 영화 | 有意思 yǒu yìsi 재미있다 | 看 kàn 동 보다 | 一 yī 부 한번, 좀 [어떤 동작을 시험 삼아 가볍게 하거나 짧은 동작을 나타낼 때, 중첩되는 동사 사이에 쓰이거나(이 때는 경성으로 읽음) 동사 뒤 동량사 앞에 쓰임] | 会 huì 조동 (배워서) ~를 할 줄 알다 | 英语 Yīngyǔ 고유 영어 | 开车 kāichē 동 운전하다 | 不要 búyào 부 ~하지 마라 | ★手机 shǒujī 명 휴대폰 | 想 xiǎng 조동 ~하고 싶다 | 去 qù 동 가다 | 咖啡厅 kāfēitīng 명 카페 | 喝 hē 동 마시다 | ★咖啡 kāfēi 명 커피

2 부사 track 111

문장에서 주로 부사어 역할을 하며 주어 뒤, 동사/형용사 술어 앞에서 정도, 시간, 부정 등을 나타낸다.

(1) HSKK 초급 필수 부사

① 정도부사

很 매우 hěn	很A了 (X) 비교적 객관적인 정도	我最近工作很忙。 나는 요즘 일이 바쁘다.
非常 매우 fēicháng	非常A了 (X) '很'보다 강한 의미	她写汉字写得非常好。 그녀는 한자를 매우 잘 썼다.
太 너무 tài	太A了 주관적인 정도	太好了! 너무 좋다!
真 정말, 진짜 zhēn	정도가 비교적 강함	你女儿真漂亮! 네 딸 정말 예쁘다!
最 가장, 제일 zuì	최상급 표현	苹果是我最喜欢的水果。 사과는 내가 가장 좋아하는 과일이다.
有点儿 좀, 약간 yǒudiǎnr	부정적 뉘앙스 표현	他新买的手机有点儿贵。 그가 새로 산 휴대폰은 좀 비싸다.

② 시간부사

已经 이미, 벌써 yǐjīng	已经A了	电影已经开始了。 영화가 이미 시작됐다.
快(要) 곧 ~하다 kuài(yào)	快(要)A了 임박한 미래	考试快要开始了。 시험이 곧 시작될 것이다.
(正)在 ~하는 중이다 (zhèng)zài	(正)在A呢 동작의 지속·진행	小王正在听音乐呢。 샤오왕은 음악을 듣고 있는 중이다.

③ 부정부사

不 ~가 아니다 bù *성조 변화 주의	현재, 미래 부정 주관적 의지 부정	我明天不去学校。 나는 내일 학교에 가지 않을 것이다.
没(有) 없다, ~하지 않았다 méi(yǒu)	과거 시제 부정 객관적 사실 부정 상태의 변화 부정	我昨天没(有)上班。 나는 어제 출근하지 않았다.
别 ~하지 마라 bié	别A了 금지를 나타냄	别起晚了。 늦게 일어나지 마라.
不要 ~하지 마라 búyào	금지를 나타냄	不要生气。 화내지 마.

④ 빈도부사

还 아직도, 여전히, 또 hái	상황이나 행동이 변함없이 지속됨	她还在睡觉呢。 그녀는 아직도 자고 있는 중이다.
再 또, 다시 zài	아직 발생하지 않은 동작의 반복	你下次再来我家玩儿。 너 다음에 또 우리 집에 놀러 와.

⑤ 범위부사

都 모두, 다 dōu	복수 어휘+都	他们都喜欢打篮球。 그들은 모두 농구 하는 것을 좋아한다.
一共 전부, 모두 yígòng	一共+(동사)+수량사	一共八十块钱。 전부 80위안입니다.
一起 함께 yìqǐ	부정부사+一起	他为什么不一起吃饭? 그는 왜 함께 밥을 먹지 않아?

⑥ 어기부사

可能 아마도, 어쩌면 kěnéng	추측이나 짐작한 내용 으로, 단정할 수 없음	今天晚上可能有雨。 오늘 저녁에 아마도 비가 올 것 같아.

(2) 부사의 특징

① 일반적으로 부정부사는 다른 부사 뒤에 위치한다.

- 我还没做作业。 나는 아직 숙제를 하지 않았다. [다른 부사 + 부정부사 '没']
- 最近天气有点儿热，夏天已经不远了。 [다른 부사 + 부정부사 '不']
  요즘 날씨가 좀 더워, 여름이 머지 않았어.

② 연동문, 겸어문에서 부사는 일반적으로 첫 번째 동사 앞에 위치한다. (연동문과 겸어문은 05 연동문·겸어문·비교문 내용을 참고하자.)

- 老师不让我看手机。 선생님은 내가 휴대폰을 보지 못하게 하신다.
  주어+부사+동사1+목적어1+동사2+목적어2
  (=동사2의 주어)

③ 보통 명사나 수량사를 수식할 수 없지만, 일부 부사는 명사나 수량사가 술어로 쓰였을 때 명사, 수량사를 수식할 수 있다.

- 已经冬天了，外边很冷。 벌써 겨울이야, 밖은 추워. [일부 부사 + 명사]
- 一共三十块钱，很便宜。 모두 30위안이야, 싸다. [일부 부사 + 수량사]

어휘 ★最近 zuìjìn 명 요즘 | 工作 gōngzuò 명 일 | ★忙 máng 형 바쁘다 | 写 xiě 동 쓰다 | 汉字 Hànzì 고유 한자 | ★得 de 조 ~하는 정도가 ~하다 [*술어+得+정도보어] | 女儿 nǚ'ér 명 딸 | 漂亮 piàoliang 형 예쁘다 | 苹果 píngguǒ 명 사과 | 喜欢 xǐhuan 동 좋아하다 | 水果 shuǐguǒ 명 과일 | ★新 xīn 부 새로이 | 买 mǎi 동 사다 | ★手机 shǒujī 명 휴대폰 | ★贵 guì 형 비싸다 | 电影 diànyǐng 명 영화 | ★开始 kāishǐ 동 시작하다 | ★考试 kǎoshì 명 시험 | 小王 Xiǎo Wáng 고유 샤오왕 [인명] | 听 tīng 동 듣다 | ★音乐 yīnyuè 명 음악 | 呢 ne 조 동작의 지속을 나타냄 | 明天 míngtiān 명 내일 | 去 qù 동 가다 | 学校 xuéxiào 명 학교 | 昨天 zuótiān 명 어제 | ★上班 shàngbān 동 출근하다 | 起 qǐ 동 일어나다 | 晚 wǎn 형 늦다 | ★生气 shēngqì 동 화내다 | 在 zài 부 ~하고 있는 중이다 | 睡觉 shuìjiào 동 (잠을) 자다 | 下次 xiàcì 명 다음 번 | 来 lái 동 오다 | 家 jiā 명 집 | ★玩(儿) wán(r) 동 놀다 | ★打篮球 dǎ lánqiú 농구를 하다 | 八十 bāshí 수 80, 팔십 | 块 kuài 양 위안 [중국의 화폐단위] | 钱 qián 명 돈 | ★为什么 wèishénme 왜 | 吃饭 chīfàn 동 밥을 먹다 | 今天 jīntiān 명 오늘 | ★晚上 wǎnshang 명 저녁 | 有 yǒu 동 나타나다 [발생·출현을 나타냄] | 雨 yǔ 명 비 | ★还 hái 부 아직 | 没 méi 부 ~않다 | 做 zuò 동 하다 | ★作业 zuòyè 명 숙제 | 天气 tiānqì 명 날씨 | 有点儿 yǒudiǎnr 부 조금 | 热 rè 형 덥다 | ★夏天 xiàtiān 명 여름 | ★已经 yǐjīng 부 벌써 [*已经A了: 벌써 A이다] | ★远 yuǎn 형 멀다 | 老师 lǎoshī 명 선생님 | ★让 ràng 동 ~하게 하다 [*(주어)+让+대상+술어/내용] | 看 kàn 동 보다 | ★冬天 dōngtiān 명 겨울 | 外边 wàibian 명 밖 | 冷 lěng 형 춥다 | ★一共 yígòng 부 모두 | 三十 sānshí 수 30, 삼십 | ★便宜 piányi 형 (값이) 싸다

3 부사어의 어순 track 112

조동사와 부사는 문장에서 주로 부사어로 쓰이며, 여러 개의 부사어가 함께 쓰였을 경우, 순서는 아래와 같다.

주어 + **부사** + **조동사** + **개사구** + 술어

부사어

• 我很想和朋友出去玩儿。 나는 친구와 놀러 나가고 싶다.

부사+조동사+개사구

어휘 **想** xiǎng 조동 ~하고 싶다 | **和** hé 개 ~와/과 | **朋友** péngyou 명 친구 | **出去** chūqù 동 나가다 | ★**玩(儿)** wán(r) 동 놀다

STEP 3 실력 다지기

다음 문장을 듣고 따라 말해 봅시다.

5 track 113

1.
2.
3.
4.
5.

6 track 114

1.
2.
3.
4.
5.

모범 답안 및 해설 ▶ p.125

보어

STEP 1 유형 파악하기

중국어에서 보어는 술어 뒤에 쓰여 정도, 결과, 방향, 수량, 가능 등의 의미를 보충하는 역할을 한다.

출제 경향

- 보어의 경우 결과보어와 정도보어가 가장 많이 출제되고 있다.
- 방향보어의 경우 HSKK 초급에서는 복합방향보어보다 단순방향보어가 더 많이 출제된다.

문제 풀이 비법

- 보어가 있는 문장은 보통 술어와 보어 부분을 강조하여 읽는다.

예제 3 track 115

해석&풀이

[准备好: 잘 준비하다]

同学们 / 已经 / 准备好了。 학우들은 이미 잘 준비했다.
주어 / 부사어 / 술어+보어+了

부사어를 기준으로 앞, 뒤에서 각각 끊어 읽는다. 3성의 글자 뒤에 3성 이외의 다른 성조의 글자가 오는 경우, 앞의 3성 글자를 반3성으로 읽는다.

어휘 **同学** tóngxué 명 학우 [*同学们: 학우들] | ★**已经** yǐjīng 부 이미 [*已经A了: 이미 A했다] | ★**准备** zhǔnbèi 동 준비하다 | **好** hǎo 형 (동사 뒤에 결과보어로 쓰여) 잘하다

STEP 2 내공 쌓기

보어는 술어의 정도, 결과, 방향, 수량, 가능의 의미를 보충해주는 문장성분으로, 술어 뒤에 위치한다.

1 정도보어 track 116

술어가 도달한 정도나 상태를 나타낸다.

술어 + 得 + 정도보어

- 我唱得很好。 나는 노래를 잘 부른다.

(동사 술어) + 목적어 + 동사 술어 + 得 + 정도보어

- 她(说)汉语说得很好。 그녀는 중국어를 잘한다.

어휘 **唱** chàng 동 노래하다 | ★**得** de 조 ~하는 정도가 ~하다 [*술어+得+정도보어] | **说** shuō 동 말하다 | **汉语** Hànyǔ 고유 중국어

2 결과보어 track 117

술어의 동작이나 상태의 결과를 표현하며, 동사, 형용사, 개사(구)가 결과보어로 쓰인다.

결과보어	의미	예시
完 wán	다 ~하다	**吃完** chīwán 다 먹다
懂 dǒng	이해하다, 알다	**听懂** tīngdǒng 듣고 이해하다
见 jiàn	보다, 듣다	**看见** kànjiàn 보다 *시각, 청각 등의 감각 동사와 많이 쓰임
到 dào	~내다, ~했다	**找到** zhǎodào 찾아내다
	~까지, ~로	**玩儿到晚上** wánrdào wǎnshang 저녁까지 놀다
好 hǎo	잘하다	**做好** zuòhǎo 잘 하다
错 cuò	틀리다	**打错** dǎcuò (전화를) 잘못 걸다
在 zài	~에(서)	**住在** zhùzài ~에 살다
给 gěi	~에게	**写给** xiěgěi ~에게 써주다

- 我没听懂老师的意思。 나는 선생님의 뜻을 (듣고) 이해하지 못했다.
- 对不起，我打错了。 죄송합니다, (전화를) 잘못 걸었어요.
- 我现在住在北京。 나는 지금 베이징에 산다.

어휘 没 méi 부 ~않다 | 听 tīng 동 듣다 | ★懂 dǒng 동 이해하다 | 老师 lǎoshī 명 선생님 | ★意思 yìsi 명 뜻 | 对不起 duìbuqǐ 동 죄송합니다 | 打 dǎ 동 (전화를) 걸다 | ★错 cuò 동 틀리다 | 现在 xiànzài 명 지금 | 住 zhù 동 살다 | 在 zài 개 ~에서 | 北京 Běijīng 고유 베이징

3 방향보어 ● track 118

술어의 동작 방향을 나타내는 보어로, '단순방향보어'와 '복합방향보어' 두 가지가 있다.

(1) 단순방향보어

방향보어	의미	예시
来 lái	오다	回来 huílái 돌아오다
去 qù	가다	回去 huíqù 돌아가다
上 shàng	오르다	爬上 páishàng 기어 오르다
下 xià	내리다	坐下 zuòxià 앉다
进 jìn	~에 들어가다	走进 zǒujìn 걸어 들어가다
出 chū	나가다	走出 zǒuchū 걸어 나가다
回 huí	돌아오다	跑回 pǎohuí 뛰어 돌아오다
过 guò	지나다	跑过 pǎoguò 뛰어 지나가다
起 qǐ	일어나다	站起 zhànqǐ 일어서다

• 我先生下个星期天回来。 나의 남편은 다음 주 일요일에 돌아올 것이다.

(2) 복합방향보어

	上 shàng	下 xià	进 jìn	出 chū	过 guò	回 huí	起 qǐ
来 lai	上来 올라오다	下来 내려오다	进来 들어오다	出来 나오다	过来 다가오다	回来 돌아오다	起来 일어나다
去 qu	上去 올라가다	下去 내려가다	进去 들어가다	出去 나가다	过去 지나가다	回去 돌아가다	X

* 복합방향보어에서 '来·去'는 가볍게 경성으로 발음한다.

• 天气今后会一直热下去。 날씨가 앞으로 계속 더워질 것이다.

어휘 先生 xiānsheng 명 남편 [여자가 자기 남편이나 다른 여자의 남편을 말하는 호칭] | 下 xià 명 다음 | 星期天 xīngqītiān 명 일요일 | 回来 huílái 동 돌아오다 | 天气 tiānqì 명 날씨 | 今后 jīnhòu 명 앞으로 | 会 huì 조동 ~할 것이다 [미래 추측] | ★一直 yìzhí 부 계속 | 热 rè 형 덥다 | 下去 xiàqu 동 동사 뒤에 쓰여 지금부터 앞으로 계속 지속됨을 나타냄

4 수량보어 track 119

동작의 횟수를 나타내는 수량보어는 '동량보어', 동작이 진행된 시간을 나타내는 수량보어는 '시량보어'라고 한다.

(1) 동량보어

술어 + 동량보어 (수사+동량사)

- 你休息一下再学习。 너 좀 쉬었다가 다시 공부해라.

(2) 시량보어

술어 + 시량보어 (수사+시량사)

- 我学游泳学了一年了。 나는 수영을 배운 지 1년이 되었다.

*술어 뒤의 동태조사 '了'는 완료, 시량사 뒤의 어기조사 '了'는 지속을 의미한다.

어휘 ★休息 xiūxi 동 쉬다 | ★一下 yíxià 명 (동사 뒤에 쓰여) 좀 ~하다 | ★再 zài 부 다시 | 学习 xuéxí 동 공부하다 | 学 xué 동 배우다 | ★游泳 yóuyǒng 명 수영 | 一 yī 수 1, 일 [성조 변화 주의] | 年 nián 명 년 [품사는 명사지만 '양사'의 역할도 포함함]

5 가능보어 track 120

동작의 실현 가능을 표현하는 보어로, 긍정형은 '得', 부정형은 '不'를 사용한다. 가능보어를 쓸 때 일반 목적어는 가능보어 뒤 또는 주어 앞에 위치할 수 있다.

(1) 가능보어의 긍정형

술어 + 得 + 결과보어·방향보어

- 这个问题只有她答得出来。 이 질문은 오직 그녀만 대답할 수 있다.

(2) 가능보어의 부정형

술어 + 不 + 결과보어·방향보어

*여기서 '不'는 가볍게 경성으로 발음한다.

- 他买不到回家的火车票。 그는 집에 돌아가는 기차표를 사지 못했다.

어휘 ★问题 wèntí 명 질문 | ★只有 zhǐyǒu 부 오직 | 答 dá 동 대답하다 | ★得 de 조 ~하는 정도가 ~하다 [*술어+得+정도보어] | 出来 chūlai 동 (동사의 보어로 쓰여) 동작이 완성되거나 실현된 것을 나타냄 | 买 mǎi 동 사다 | ★到 dào 동 (동사의 보어로 쓰여) ~을 해내다 | 回家 huíjiā 동 집으로 돌아가다 | 火车票 huǒchēpiào 명 기차표

STEP 3 실력 다지기

다음 문장을 듣고 따라 말해 봅시다.

7 track **121**

1.
2.
3.
4.
5.

8 track **122**

1.
2.
3.
4.
5.

모범 답안 및 해설 p.128

04 제1부분 | 듣고 따라 말하기
'是'자문 · '有'자문 · '在'자문

STEP 1 유형 파악하기

'是'자문과 '有'자문은 각각 '是'와 '有'가 술어로 쓰이는 문장으로, 중국어의 기본 문형 중 하나이다. '在'자문에서 '在'는 3개의 품사를 가지고 있는 단어로, 그 쓰임을 모두 잘 알고 있어야 한다.

출제 경향

- '是'자문은 대부분 'A(특정 어휘) 是 B(설명/……的명사)' 형식으로 주로 출제되고, '是A的' 강조 구문도 간혹 출제되고 있다.
- '有'자문은 소유나 존재를 나타내는 구문이 많이 출제된다.
- '在'는 동사, 개사, 부사의 세 가지 용법으로 다양하게 쓰이고, 시험에도 이 세 가지 용법이 모두 출제된다.

문제 풀이 비법

- 주어가 '我'나 '这'와 같이 1음절일 경우, 주어와 술어를 붙여 읽는다.
- 목적어 앞에 관형어가 길게 나오면 관형어, 목적어를 끊어 읽는다.
- 일반적으로 주어와 목적어를 강조하여 읽는다.

예제 4 track 123

해석&풀이

[A是B: A는 B이다 (A: 특정 어휘·B: 설명)]

我的爸爸 / 是老师。 나의 아버지는 선생님이다.

관형어+的+주어 술어+목적어

주어와 술어 사이에서 한 번 끊어 읽으며, 주어와 목적어를 강조하여 읽는다.

어휘 **爸爸** bàba 명 아버지 | **老师** lǎoshī 명 선생님

STEP 2 내공 쌓기

1 '是'자문 track 124

(1) **기본형**: '是'가 술어로 쓰인 문장으로 동격, 소속, 판단, 관계, 존재 등을 나타낸다. '是'자문의 부정형은 '没'가 아닌 '不'를 사용한다. 해석은 'A는 B이다/아니다'로 한다.

A(특정 어휘) + (不)是 + B(주어에 대한 설명)

소속	我是音乐老师。 나는 음악 선생님이다
판단	这不是我朋友送我的。 이것은 내 친구가 나에게 (선물해) 준 것이 아니다.

(2) **'是A的' 강조 구문**: 문장에 '是'가 있으면 무조건 'A是B' 구문으로 착각하기 쉬운데, '是A的' 구문에서 '是'는 술어가 아니라 '的'와 함께 이미 발생한 과거의 행위나 시간, 장소, 방식, 대상 등을 강조하기 위해 쓰인 것이다. 이때 '是'는 생략할 수 있지만 '的'는 생략할 수 없다.

(是) + A(강조하는 내용) + 的

장소 강조	我们(是)在飞机上认识的。 우리는 비행기에서 알게 되었다.

어휘 ★音乐 yīnyuè 명 음악 | 老师 lǎoshī 명 선생님 | 朋友 péngyou 명 친구 | ★送 sòng 동 주다 | 在 zài 개 ~에서 [*在A上: A에서] | 飞机 fēijī 명 비행기 | 上 shang 명 ~에서 [명사 뒤에 쓰여 어떤 것의 범위 안에 있음을 나타냄] | 认识 rènshi 동 알다

2 '有'자문 track 125

'有'가 술어로 쓰인 문장으로 소유, 존재 등을 나타낸다. 부정을 표현할 때는 '不'가 아닌 '没'를 사용한다.

(1) **소유**: A에 사람이나 사물이 들어가 소유를 나타내며, 'A는 B를 (가지고) 있다/없다'라고 해석한다.

A(사람·사물) + (没)有 + B(소유 대상)

- 我没有时间看电视。 나는 TV를 볼 시간이 없다.

(2) **존재**: A에 장소나 시간, B에 사람이나 사물이 들어가 존재를 나타내는 존현문으로, 'A에 B가 있다/없다'라고 해석한다.

A(장소·시간) + (没)有 + B(사람·사물)

• 机场旁边有宾馆。 공항 옆에는 호텔이 있다.

(3) **정도나 수량:** A에는 대상, B에는 수량사가 들어가, 'A는 B만큼 되다'라고 해석한다.

A(대상) + (没)有 + B(수량사)

• 一天有二十四个小时。 하루는 24시간만큼 된다.

어휘 **有** yǒu 동 있다 | ★**时间** shíjiān 명 시간 | **看** kàn 동 보다 | **电视** diànshì 명 TV | ★**机场** jīchǎng 명 공항 | ★**旁边** pángbiān 명 옆 | ★**宾馆** bīnguǎn 명 호텔 | **一** yī 수 1, 하나 [성조 변화 주의] | **天** tiān 명 날 [*一天: 하루] | **二十四** èrshísì 수 24, 이십사 | ★**小时** xiǎoshí 명 시간

3 '在'자문 ◦ track 126

(1) **동사 '在':** 'A在B'의 형식으로 쓰여 'A는 B에 있다'라고 해석한다. 존재를 나타내지만 이 문형은 존현문은 아님을 기억하자.

A(사람·사물) + 在 + B(장소)

• 我的手表在桌子上。 나의 손목시계는 탁자 위에 있다.

(2) **개사 '在':** '在' 뒤에 장소나 시간을 나타내는 명사구가 들어가 '~에(서)'라고 해석하며, 개사구 고정격식 표현으로 쓰인다.

在 + A(장소·시간) + B(행동)

• 我姐姐在机场工作。 나의 누나는 공항에서 일한다.

(3) **부사 '在':** '在' 뒤에 동사가 들어가 그 동작을 진행하고 있음을 표현하며, 지속을 나타내는 어기조사 '呢'와 함께 '在A呢'라고도 많이 쓴다.

在 + A(동사) + (呢)

• 我们在看电影(呢)。 우리는 영화를 보고 있는 중이다.

어휘 ★**手表** shǒubiǎo 명 손목시계 | **在** zài 동 ~에 있다 개 ~에서 부 ~하고 있는 중이다 | **桌子** zhuōzi 명 탁자 | **上** shang 명 위 | ★**姐姐** jiějie 명 언니, 누나 | ★**机场** jīchǎng 명 공항 | **工作** gōngzuò 동 일하다 | **看** kàn 동 보다 | **电影** diànyǐng 명 영화 | **呢** ne 조 동작의 지속을 나타냄

STEP 3 실력 다지기

다음 문장을 듣고 따라 말해 봅시다.

9 track **127**

1.
2.
3.
4.
5.

10 track **128**

1.
2.
3.
4.
5.

모범 답안 및 해설 p.131

05 연동문 · 겸어문 · 비교문

STEP 1 유형 파악하기

연동문, 겸어문, 비교문은 기본 공식에 따라 공부하면 문장의 이해와 암기가 한결 수월해진다.

출제 경향

- HSKK 초급에서는 '去', '坐' 등이 연동문의 첫 번째 동사로 많이 등장한다.
- HSKK 초급에서는 겸어문의 첫 번째 동사로 '让'과 '请'이 많이 출제된다.
- HSKK 초급에서 비교문은 기본 문형이나 구체적인 차이를 나타내는 형식으로 많이 출제된다.

문제 풀이 비법

- 주어가 1음절일 때를 제외하고는 주어와 (첫 번째) 술어 사이에서 끊어 읽는다.
- 연동문은 보통 목적어 뒤, 술어 앞에서 끊어 읽는 경우가 많다.
- 겸어문은 일반적으로 첫 번째 목적어(의미상 주어)와 두 번째 술어 사이에서 끊어 읽는다.
- '比'자 비교문은 크게 주어부 / '比'자 개사구 / 술어부로 끊어 읽는다.

예제 5 track 129

해석&풀이

[去+A+B: B하러 A에 가다 (A: 장소·B: 행동)]

她想 / 去北京 / 工作。 그녀는 일을 하러 베이징에 가고 싶다.
주어+부사어 / 술어1+목적어1 / 술어2

'去'가 첫 번째 동사로 쓰인 연동문이다. 주어가 1음절이기 때문에 부사어와 함께 읽은 후 잠깐 쉬고, 첫 번째 술어와 목적어를 읽고 두 번째 술어 '工作' 앞에서 끊어 읽는다.

어휘 **想** xiǎng 조동 ~하고 싶다 | **去** qù 동 가다 | **北京** Běijīng 고유 베이징 | **工作** gōngzuò 동 일하다

STEP 2 내공 쌓기

1 연동문 ◎ track 130

주어 하나에 두 개 이상의 동사를 술어로 가지는 문장을 말한다.

(1) 기본형

주어 + 술어1 + (목적어1) + 술어2 + (목적어2)

- 我去商店买牛奶。 나는 우유를 사러 상점에 간다.

(2) 연동문의 특징

① 부사와 조동사는 일반적으로 첫 번째 동사 앞에 쓴다.

- 我们一起去吃羊肉吧。 우리 함께 양고기 먹으러 가자.

② 동태조사 '着'는 첫 번째 술어 뒤, '了'와 '过'는 두 번째 술어 뒤에 쓴다.

- 我一般听着音乐学习。 나는 보통 음악을 들으면서 공부한다.
- 我的男朋友送我去了机场。 나의 남자 친구는 나를 공항까지 바래다주었다.

(3) HSKK 초급 필수 연동문 문형

去·来+A+B qù lái	A에 가서·와서 B하다 B하러 A에 가다·오다 (A: 장소·B: 행동)	我明天要和朋友去电影院看电影。 나는 내일 친구와 영화를 보러 영화관에 갈 것이다.
坐+A+B zuò	A를 타고 B하다 (A: 교통수단·B: 행동)	他昨天起晚了，所以坐出租车上班。 그는 어제 늦게 일어나서 택시를 타고 출근했다.
带+A+B dài	A를 데리고 B하다 (A: 사람, 사물·B: 행동)	因为今天是儿子的生日，所以我带他去动物园。 오늘은 아들의 생일이라서 나는 그를 데리고 동물원에 갔다.

어휘 去 qù 동 가다 | 商店 shāngdiàn 명 상점 | 买 mǎi 동 사다 | ★牛奶 niúnǎi 명 우유 | ★一起 yìqǐ 부 함께 | 吃 chī 동 먹다 | ★羊肉 yángròu 명 양고기 | ★吧 ba 조 ~하자 [제의·청유·기대·명령 등의 어기를 나타냄] | ★一般 yìbān 형 보통이다 | 听 tīng 동 듣다 | ★着 zhe 조 ~하면서 | ★音乐 yīnyuè 명 음악 | 学习 xuéxí 부 공부하다 | 男朋友 nánpéngyou 명 남자 친구 | ★送 sòng 동 바래다주다 | ★机场 jīchǎng 명 공항 | 来 lái 동 오다 | 明天 míngtiān 명 내일 | ★要 yào 조동 ~할 것이다 | 和 hé 개 ~와/과 | 朋友 péngyou 명 친구 | 电影院 diànyǐngyuàn 명 영화관 | 看 kàn 동 보다 | 电影 diànyǐng 명 영화 | 坐 zuò 동 (교통수단을) 타다 | 昨天 zuótiān 명 어제 | 起 qǐ 동 일어나다 | 晚 wǎn 형 늦다 | ★所以 suǒyǐ 접 그래서 | 出租车 chūzūchē 명 택시 | ★上班 shàngbān 동 출근하다 | ★带 dài 동 데리다 | ★因为 yīnwèi 접 때문에 [*因为A, 所以B: A하기 때문에 그래서 B하다] | 今天 jīntiān 명 오늘 | 儿子 érzi 명 아들 | ★生日 shēngrì 명 생일 | 动物园 dòngwùyuán 명 동물원

2 겸어문 ◎ track 131

한 문장에 두 개 이상의 동사가 있으면서, '첫 번째 동사의 목적어'가 '두 번째 동사의 의미상의 주어'를 겸하는 문장을 말한다.

(1) 기본형

주어 + 술어1 + 목적어1 + 술어2 + (목적어2)
(=술어2의 의미상 주어)

- 我让女儿看书。 나는 딸에게 책을 보게 한다.

(2) 겸어문의 특징

① 부사와 조동사는 일반적으로 첫 번째 동사 앞에 쓴다.

- 医生不让我喝酒。 의사는 나에게 술을 마시지 말라고 했다.

② 동태조사 '了'나 '过'는 보통 두 번째 술어 뒤에 쓰며, 일반적으로 동태조사 '着'는 쓰지 않는다.

- 我朋友请我吃了饭。 나의 친구는 나에게 밥을 사줬다.

(3) HSKK 초급 필수 겸어문 문형

让+A+B ràng	A가 B하도록 하다 (A: 대상·B: 행동)	让我看一看。 내가 좀 보게 해줘.
请+A+B qǐng	A가 B하도록 청하다 (A: 대상·B: 행동)	谢谢你，我想请你喝咖啡。 고마워, 나 너에게 커피 사주고 싶어.
叫+A+B jiào	A가 B하도록 시키다 (A: 대상·B: 행동)	老师叫同学们做题。 선생님은 학생들에게 문제를 풀도록 시켰다.

어휘 ★让 ràng 동 ~하게 하다, 하도록 하다 [*(주어)+让+대상+술어/내용] | **女儿** nǚ'ér 명 딸 | **看** kàn 동 보다 | **书** shū 명 책 | **医生** yīshēng 명 의사 | **喝** hē 동 마시다 | **酒** jiǔ 명 술 | **朋友** péngyou 명 친구 | **请** qǐng 동 청하다 | **吃饭** chīfàn 동 밥을 먹다 | **一** yī 부 한번, 좀 [어떤 동작을 시험 삼아 가볍게 하거나 짧은 동작을 나타낼 때, 중첩되는 동사 사이나(이 때는 경성으로 읽음) 동사 뒤, 동량사 앞에 쓰임] | **谢谢** xièxie 동 고맙습니다 | **想** xiǎng 조동 ~하고 싶다 | ★**咖啡** kāfēi 명 커피 | **叫** jiào 동 ~하도록 하다 | **老师** lǎoshī 명 선생님 | **同学** tóngxué 명 학우 | **做** zuò 동 하다 [*做题: 문제를 풀다] | ★**题** tí 명 문제

3 '比'자 비교문 track 132

'A比B'의 형태로 쓰여, 두 대상을 비교하여 그 특징이나 정도의 차이를 나타내는 문장을 가리킨다. 비교대상A는 구체적으로 쓰고 비교대상B는 중복되는 표현일 경우 생략하여 쓴다.

(1) **기본형**: 'A는 B보다 (더) ~하다'라고 해석하며, 정도부사 '很'이나 '非常'은 쓰지 않고 대신 '还'나 '更'을 쓴다.

비교대상A + 比 + 비교대상B + 还・更 + 술어

- 妈妈做的菜比我做的(菜)还好吃。 어머니께서 하신 요리는 내가 한 것보다 더 맛있다.

(2) **확장형**: 'A는 B보다 (구체적인 차이)만큼/좀 ~하다'라고 해석한다.

비교대상A + 比 + 비교대상B + 술어 + 구체적인 차이 / 一点儿・一些

- 我男朋友比我大一岁。 나의 남자 친구는 나보다 1살 많다.

(3) **부정형**: 'A는 B만큼 (이렇게·그렇게) ~하지 않다'라고 해석한다.

비교대상A + 没有 + 비교대상B + (这么・那么) + 술어

- 我没有我哥哥那么高。 나는 형만큼 그렇게 크지 않다.

어휘 **做** zuò 동 만들다 | **菜** cài 명 요리 | ★ **比** bǐ 개 ~보다, ~에 비해 [비교를 나타냄] [*A+比+B+술어] | ★ **还** hái 부 더 ['比'와 함께 쓰여 비교되는 사물의 정도가 심함을 나타냄] | ★ **好吃** hǎochī 형 맛있다 | **男朋友** nánpéngyou 명 남자 친구 | **大** dà 형 (수량이) 많다 | **一** yī 수 1, 하나 [성조 변화 주의] | **岁** suì 양 살 [나이를 세는 단위] | **没有** méiyǒu 동 (비교문에 쓰여) ~만 못하다 | ★ **哥哥** gēge 명 형, 오빠 | **那么** nàme 대 그렇게 | ★ **高** gāo 형 (키가) 크다

STEP 3 실력 다지기

다음 문장을 듣고 따라 말해 봅시다.

11 track **133**

1.
2.
3.
4.
5.

12 track **134**

1.
2.
3.
4.
5.

모범 답안 및 해설 p.134

06 제1부분 | 듣고 따라 말하기
기타

STEP 1 유형 파악하기

개사구 고정격식이나 도치 표현을 알면 문장성분을 비교적 쉽게 파악할 수 있기 때문에, 어렵지 않게 문장을 듣고 암기할 수 있다.

출제 경향

- 개사 '在', '离', '给', '对', '和', '从' 등을 활용한 고정격식 표현이 시험에 주로 나오고 있다.
- 도치 표현과 기타 상용 표현은 출제율이 높지는 않지만 고득점을 받고 싶다면 반드시 익혀야 한다.

문제 풀이 비법

- 고정격식을 이용한 문장을 읽을 때는 일반적으로 개사구 앞에서 끊어 읽는다.
- 단어를 하나하나 기억하려고 하지 말고 하나의 표현으로 통째로 외워야 한다.

예제 6 track 135

해석&풀이

[A离B远：A는 B에서 멀다]

他家 / 离机场 / 很远。 그의 집은 공항에서 멀다.

관형어+주어 / 부사어 / 술어

개사구 '离机场'을 기준으로 앞뒤에서 한 번씩 끊어 읽는다. 좀 더 빠르게 읽고 싶다면 '他家 / 离机场很远。'이라고도 읽을 수 있다.

어휘 家 jiā 명 집 | ★离 lí 개 ~에서 | ★机场 jīchǎng 명 공항 | ★远 yuǎn 형 (거리가) 멀다

STEP 2 내공 쌓기

1 HSKK 초급 필수 고정격식 track 136

개사를 활용한 고정격식은 알아두면 문장을 쉽게 듣고 외울 수 있고 제3부분에서도 활용할 수 있으므로, 시험에 자주 나오는 아래의 고정격식은 꼭 익혀두자.

从A到B cóng dào	A부터 B까지 (A: 출발점·B: 도착점)	她从早上到晚上都在准备考试。 그녀는 아침부터 저녁까지 시험 준비를 하고 있다.
A从B开始C cóng kāishǐ	A는 B부터 C를 (시작)하다 (A: 주체자·B: 출발점·C: 행동)	我要从明天开始运动。 나는 내일부터 운동을 할 거야.
A对B(不)好 duì (bù) hǎo	A는 B에(게) 좋(지 않)다 (A: 내용·B: 대상)	长时间看手机对眼睛不好。 장시간 휴대폰을 보는 것은 눈에 좋지 않다.
A给B打电话 gěi dǎ diànhuà	A가 B에(게) 전화를 걸다 (A: 주체자·B: 대상)	儿子给女朋友打电话。 아들은 여자 친구에게 전화를 건다.
(A)给B介绍(C) gěi jièshào	(A는) B에게 (C를) 소개하다 (A: 주체자·B: 대상·C: 대상)	我给大家介绍一下，这是小李。 제가 여러분께 소개해 드릴게요. 이쪽은 샤오리에요.
A给B买C gěi mǎi	A는 B에(게) C를 사주다 (A: 주체자·B: 대상·C: 물건)	我给妹妹买了一双运动鞋。 나는 여동생에게 운동화 한 켤레를 사줬다.
A和B一起C hé yìqǐ	A는 B와 함께 C하다 (A: 주체자·B: 대상·C: 행동)	我想和你一起跳舞。 나는 너와 함께 춤을 추고 싶다.
A离B近·远 lí jìn yuǎn	A는 B에서 가깝다·멀다 (A: 장소·B: 기준점)	公共汽车站离我家很近。 버스 정류장은 우리 집에서 가깝다.
A在BC zài	A는 B에서 C하다 (A: 주체자·B: 장소·C: 행동)	我现在在房间里听音乐呢。 나는 지금 방에서 음악을 듣고 있어.

어휘 ★从 cóng 개 ~에서/~(으)로부터 | ★到 dào 개 ~까지 | ★早上 zǎoshang 명 아침 | ★晚上 wǎnshang 명 저녁 | 都 dōu 부 모두 | 在 zài 부 ~하고 있는 중이다 개 ~에서 | ★准备 zhǔnbèi 동 준비하다 | ★考试 kǎoshì 명 시험 | ★开始 kāishǐ 동 시작하다 | ★要 yào 조동 ~할 것이다 | 明天 míngtiān 명 내일 | ★运动 yùndòng 동 운동하다 | ★对 duì 개 ~에 대해 | ★长 cháng 형 (시간적으로) 길다 | ★时间 shíjiān 명 시간 | 看 kàn 동 보다 | ★手机 shǒujī 명 휴대폰 | ★眼睛 yǎnjing 명 눈 | ★给 gěi 개 ~에게 | 打电话 dǎ diànhuà 전화하다 | 儿子 érzi 명 아들 | 女朋友 nǚpéngyou 명 여자 친구 | ★介绍 jièshào 동 소개하다 | ★大家 dàjiā 대 모두 | ★一下 yíxià 수량 (동사 뒤에 쓰여) 좀 ~하다 | 小李 Xiǎo Lǐ 고유 샤오리 [인명] | 买 mǎi 동 사다 | ★妹妹 mèimei 명 여동생 | 一 yī 수 1, 하나 [성조 변화 주의] | ★双 shuāng 양 켤레 | 运动鞋 yùndòngxié 명 운동화 | 和 hé 개 ~와/과 | ★一起 yìqǐ 부 함께 | 想 xiǎng 조동 ~하고 싶다 | ★跳舞 tiàowǔ 동 춤추다 | ★离 lí 개 ~에서 | ★近 jìn 형 (거리가) 가깝다 | ★远 yuǎn 형 (거리가) 멀다 | ★公共汽车 gōnggòngqìchē 명 버스 [*公共汽车站: 버스 정류장] | ★站 zhàn 명 정류장 | 家 jiā 명 집 | 现在 xiànzài 명 지금 | ★房间 fángjiān 명 방 | 里 li 명 안 | 听 tīng 동 듣다 | ★音乐 yīnyuè 명 음악 | 呢 ne 조 동작의 지속을 나타냄

2 도치 ◎ track 137

문장의 기본 어순 '주어+술어+목적어'에서 목적어를 주어 앞으로 옮겨 '목적어+주어+술어' 순서로 쓰는 문형을 의미한다.

- 你的名字我写得对吧? 네 이름을 내가 맞게 썼지?

어휘 名字 míngzi 명 이름 | 写 xiě 동 쓰다 | ★ 得 de 조 ~하는 정도가 ~하다 [*술어+得+정도보어] | ★ 对 duì 형 맞다 | ★ 吧 ba 조 ~지? [가늠·추측의 어기를 나타냄]

3 기타 상용 표현 ◎ track 138

아래 표현은 익혀두면 시험뿐만 아니라 일상 회화에서도 사용할 수 있다.

认识你A rènshi nǐ	당신을 알게 되어 A합니다	认识你很高兴。 당신을 알게 되어 기뻐요.
谢谢你A xièxie nǐ	A해서 고맙습니다	谢谢你来这儿看我。 나를 보러 여기에 와줘서 고마워.
请(A)B qǐng	(A는) B해 주세요 (A: 대상·B: 부탁하는 내용)	请(你)给我一杯茶。 (당신은) 저에게 차 한 잔 주세요.
欢迎A huānyíng	A하는 것을 환영합니다	欢迎你们来中国旅游。 너희들 중국에 여행 온 것을 환영해.
服务员，我要A Fúwùyuán,wǒ yào	종업원, 저는 A를 원합니다 (여기요, A주세요)	服务员，我要一杯水和一杯咖啡。 여기요, 물 한 잔과 커피 한 잔 주세요.
A快乐 kuàilè	A하는 것을 축하해	生日快乐! 생일 축하해!
再见 zàijiàn	안녕, 또 봐	再见，你们下次再来。 안녕, 너희 다음에 또 와.

어휘 认识 rènshi 동 알다 | 高兴 gāoxìng 형 기쁘다 | 谢谢 xièxie 동 고맙습니다 | 来 lái 동 오다 | 这儿 zhèr 대 여기 | 看 kàn 동 보다 | 请 qǐng 동 ~해 주세요 [*请+대상+술어/내용] | ★ 给 gěi 동 ~에게 ~을 주다 | 一 yī 수 1, 하나 [성조 변화 주의] | 杯 bēi 양 잔 | 茶 chá 명 차 | ★ 欢迎 huānyíng 동 환영하다 | 中国 Zhōngguó 고유 중국 | ★ 旅游 lǚyóu 동 여행하다 | ★ 服务员 fúwùyuán 명 종업원 | ★ 要 yào 동 원하다 | 水 shuǐ 명 물 | 和 hé 접 ~와/과 | ★ 咖啡 kāfēi 명 커피 | ★ 快乐 kuàilè 형 즐겁다 | ★ 生日 shēngrì 명 생일 | 再见 zàijiàn 동 안녕, 또 뵙겠습니다 [4성+4성의 단어는 뒤의 4성을 살짝 약하게 읽음] | 下次 xiàcì 명 다음 번 | ★ 再 zài 부 또

STEP 3 실력 다지기

다음 문장을 듣고 따라 말해 봅시다.

13 track **139**

1.
2.
3.
4.
5.

14 track **140**

1.
2.
3.
4.
5.

모범 답안 및 해설 p.137

第二部分 听后回答

제2부분 | 듣고 대답하기

녹음으로 들려주는 질문을 듣고 그 질문에 대답을 하는 영역으로, 총 10문제가 출제되며 시험 시간은 4분이다. 한 질문당 약 10초의 대답 시간이 주어진다. 질문을 잘 들어야 대답을 할 수 있기 때문에 제2부분은 질문 유형별로 설명을 하고 있다.

저자 직강

제2부분 공략법

1 질문을 주의 깊게 듣자

시험지에 문제가 따로 제시되지 않고 질문 녹음을 듣고 바로 한두 문장으로 짧게 대답해야 하기 때문에, 질문을 제대로 들어야 질문에 모순되지 않는 대답을 할 수 있다.

2 정확한 발음으로 차분하게 대답하자

질문에 대한 대답을 녹음하는 시간은 약 10초 정도 주어지는데, 10초라는 시간이 한두 문장을 말하는 데 결코 짧은 시간이 아니다. 따라서 조급한 마음으로 대답하다가 말이 엉키지 않도록, 또박또박 녹음하는 것이 중요하다.

3 질문에서 대체 가능한 단어를 바로 생각해내자

질문 문장에서 '你'를 '我'로 바꾸면 질문에 사용된 표현을 대답에 활용할 수 있다. 질문을 들을 때 대체 가능한 단어는 바로바로 떠올릴 수 있도록 시험 준비를 해야 한다.

4 완전한 문장으로 대답하자

채점자는 완전한 문장의 대답이 질문에 대한 이해도와 표현력이 더 높다고 평가하기 때문에, 단답으로 말하는 것보다 완전한 문장으로 대답하면 더 좋은 점수를 받을 수 있다.

일반 의문문

STEP 1 유형 파악하기

일반 의문문은 평서문에 의문의 어기를 나타내는 조사 '吗'를 사용하여 의문을 나타내는 문장이다.

출제 경향

- 평서문에 어기조사 '吗'가 추가된 가장 기본적인 의문문으로, 매 시험마다 최소 1문제는 꼭 출제되고 있다.

문제 풀이 비법

- 질문에서 '你'라고 묻기 때문에 '我'로 바꿔서 대답한다.
- 긍정의 대답을 할 때는 질문에서 어기조사 '吗'만 빼서 대답하면 된다.
- 부정의 대답을 할 때는 어기조사 '吗'를 빼고 술어 앞에 부정부사 '不'나 '没(有)'를 붙여 대답한다.

예제 1 track 201

해석&모범 답안

Q 你是韩国人吗? 당신은 한국인입니까?

A ❶ 是，我是韩国人。 네, 저는 한국인입니다.

긍정의 대답으로 어기조사 '吗'를 지우고 주어를 '你'에서 '我'로 바꾸면 된다.

❷ 我不是韩国人。 저는 한국인이 아닙니다.

부정의 대답으로 술어 '是' 앞에 부정부사 '不'를 붙이면 되고, '没'를 쓰면 안 된다.
'不'는 4성인 '是' 앞에서 2성으로 바뀐다.

❸ 不是，我是中国人。 아니요, 저는 중국인입니다.

또 다른 부정의 대답으로 한국인이 아니라는 의미로 '不是'라고 짧게 대답한 후, 자신이 어느 나라 사람인지 말하는 방법도 있다.

어휘 **你** nǐ 대 당신 | **是** shì 동 ~이다 [*A是B: A는 B이다] | **韩国人** Hánguórén 고유 한국인 | **吗** ma 조 (문장 끝에 쓰여) 의문의 어기를 나타냄 | **我** wǒ 대 저 | **不** bù 부 아니다 | **中国人** Zhōngguórén 고유 중국인

STEP 2 내공 쌓기

1 질문 문장을 활용하여 대답하기 track 202

의문사 '吗'를 활용한 일반 의문문은 질문 문장만 기억해서 활용해도 바로 완전한 문장으로 대답할 수 있으니, 질문을 잘 듣고 그 의미를 파악할 수 있어야 한다. 또한 부정의 대답을 할 때는 어떤 부정부사를 사용해야 하는지 잘 구분해야 한다.

(1) **술어가 '是'인 질문**: '是'에 대한 부정은 '没'가 아닌 '不'를 사용해야 한다.

Q 你是美国人吗? 당신은 미국인입니까?

A ❶ 是，我是美国人。 네, 저는 미국인이에요.

❷ 我不是美国人。 저는 미국인이 아닙니다.

(2) **술어가 '有'인 질문**: '有'에 대한 부정은 '不'가 아닌 '没'를 사용해야 한다.

Q 你家里有鸡蛋吗? 당신 집에는 계란이 있습니까?

A ❶ 有，我家里有鸡蛋。 있습니다, 우리 집에는 계란이 있어요.

❷ 我家里没有鸡蛋。 우리 집에는 계란이 없습니다.

(3) **조동사가 쓰인 질문**: 조동사에 대한 부정은 일반적으로 '不'를 사용한다.

Q 你能送爸爸去机场吗? 당신은 아버지를 공항에 바래다드릴 수 있습니까?

A ❶ 当然，我能送他去机场。 당연하죠, 저는 아버지(그)를 공항에 바래다드릴 수 있습니다.

❷ 对不起，我不能送他去机场。 죄송합니다, 저는 아버지(그)를 공항에 바래다드릴 수 없습니다.

*'能'은 '没'로도 부정을 할 수 있는데 이때는 '과거에 할 수 없었음'을 나타낸다.

(4) **조사 '了'가 쓰인 질문**: 부정을 할 때는 일반적으로 '没'를 사용하며, '了'를 쓰지 않는다.

*예외: 好久没见了。 오랜만이야.

Q 你听懂了吗? 당신은 알아들었습니까?

A ❶ 我听懂了。 저는 알아들었습니다.

❷ 我没听懂。 저는 알아듣지 못했습니다.

(5) **조사 '过'가 쓰인 질문**: 부정을 할 때는 일반적으로 '没'를 사용한다.

Q 你看过这部电影吗? 당신은 이 영화를 본 적 있습니까?

A ❶ 我看过这部电影。 저는 이 영화를 본 적 있습니다.

❷ 我没看过这部电影。 저는 이 영화를 본 적이 없습니다.

(6) **보어가 쓰인 질문**

Q 你最近过得好吗? 당신은 요즘 잘 지냈습니까?

A ❶ 我最近过得还好。 저는 요즘 꽤 잘 지냈습니다.

❷ 我最近过得不太好。 저는 요즘 그다지 잘 지내지 못했습니다.

어휘 **美国人** Měiguórén 고유 미국인 | **家里** jiāli 명 집 | **有** yǒu 동 있다 [*장소+有+사람/사물] | ★ **鸡蛋** jīdàn 명 계란 | **没** méi 부 ~않다 | **能** néng 조동 ~할 수 있다 | ★ **送** sòng 동 바래다주다 | **爸爸** bàba 명 아버지 | **去** qù 동 가다 | ★ **机场** jīchǎng 명 공항 | ★ **当然** dāngrán 형 당연하다 | **对不起** duìbuqǐ 동 죄송합니다 | **听** tīng 동 듣다 [*听懂: 알아듣다] | ★ **懂** dǒng 동 이해하다 | **了** le 조 ~했다 [동작의 완료를 나타냄] | **看** kàn 동 보다 | ★ **过** guo 조 ~한 적이 있다 [과거의 경험을 나타냄] | **这** zhè 대 이 | **部** bù 양 편 [영화나 서적의 편수 등을 세는 단위] | **电影** diànyǐng 명 영화 | ★ **最近** zuìjìn 명 요즘 | ★ **过** guò 동 지내다 | ★ **得** de 조 ~하는 정도가 ~하다 [*술어+得+정도보어] | **好** hǎo 형 좋다 | ★ **还** hái 부 꽤 | **不太** bú tài 그다지 ~하지 않다

2 부연 설명 추가하기 ● track 203

질문 하나당 주어지는 대답 시간은 약 10초로, 질문에 대답하고 나서 시간이 남을 수도 있다. 이 때 추가로 질문과 관련된 부연 설명을 해도 괜찮다. 하지만 두 문장을 말한다고 무조건 좋은 점수를 받는 것이 아니며, 정확한 발음과 성조로 또박또박 대답하는 것이 가장 중요하다.

(1) **부연 설명이 가능한 질문**

Q 你游泳游得好吗? 당신은 수영을 잘 합니까?

A ❶ 我(游泳)游得很好，学游泳学了五年。 저는 수영을 잘 합니다. 수영을 5년간 배웠어요.

❷ 我(游泳)游得不好，但想学游泳。 저는 수영을 잘 못하지만, (수영을) 배우고 싶습니다.

(2) **술어가 '知道'인 질문**: 술어가 '知道'인 질문은 알고 있는지 묻는 것이기도 하지만, 본질적으로는 '知道'의 목적어 부분에 대해 질문하는 것으로, 긍정으로 대답할 때 목적어에 대한 내용까지 추가하면 더 높은 점수를 받을 수 있다.

Q 你知道小王什么时候出去吗? 당신은 샤오왕이 언제 나갔는지 알고 있나요?

A ❶ 我知道小王什么时候出去。 저는 샤오왕이 언제 나갔는지 알고 있습니다.

❷ 小王今天四点出去。 샤오왕은 오늘 4시에 나갔어요.

❸ 我不知道小王什么时候出去。 저는 샤오왕이 언제 나갔는지 모릅니다.

어휘 ★ **游泳** yóuyǒng 동 수영하다 | **游** yóu 동 헤엄치다 | ★ **得** de 조 ~하는 정도가 ~하다 [*술어+得+정도보어] | **学** xué 동 배우다 | **五** wǔ 수 5, 오 | **年** nián 명 년 [품사는 명사지만 '양사'의 역할도 포함함] | **但** dàn 접 그렇지만 | **想** xiǎng 조동 ~하고 싶다 | ★ **知道** zhīdào 동 알다 | **小王** Xiǎo Wáng 고유 샤오왕 [인명] | **什么时候** shénme shíhou 언제 | **出去** chūqù 동 나가다 | **今天** jīntiān 명 오늘 | **四** sì 수 4, 넷 | **点** diǎn 양 시 [시간을 세는 단위]

어휘 喝 hē 동 마시다 | ★ 咖啡 kāfēi 명 커피 | ★ 次 cì 양 번 [동작의 횟수를 세는 단위] | 寒假 hánjià 명 겨울 방학 | 去 qù 동 가다 | 美国 Měiguó 고유 미국 | ★ 旅游 lǚyóu 동 여행하다 | ★ 弟弟 dìdi 명 남동생 | 开车 kāichē 동 운전하다 | 酒 jiǔ 명 술 [*喝酒: 술을 마시다] | ★ 所以 suǒyǐ 접 그래서 | 现在 xiànzài 명 지금 | 小李 Xiǎo Lǐ 고유 샤오리 [인명] | 弹钢琴 tán gāngqín 피아노를 치다 | ★ 而且 érqiě 접 뿐만 아니라 | 弹 tán 동 (악기를) 연주하다 | ★ 得 de 조 ~하는 정도가 ~하다 [*술어+得+정도보어] | ★ 但(是) dàn(shì) 접 그러나 | 喜欢 xǐhuan 동 좋아하다 | 听 tīng 동 듣다 | ★ 音乐 yīnyuè 명 음악 | 取得 qǔdé 동 얻다 [*取得成绩: 성적을 받다] | ★ 成绩 chéngjì 명 성적 | 的话 dehuà 조 ~하다면 | ★ 努力 nǔlì 동 열심히 하다 | 学习 xuéxí 동 공부하다 | 下午 xiàwǔ 명 오후 | 和 hé 개 ~와/과 | 妈妈 māma 명 엄마 | 医院 yīyuàn 명 병원 | 看病 kànbìng 동 진찰하다 | 不用 búyòng 부 ~할 필요 없다 | ★ 担心 dānxīn 동 걱정하다 | ★ 考试 kǎoshì 명 시험 | ★ 准备 zhǔnbèi 동 준비하다 | 今天 jīntiān 명 오늘 | ★ 累 lèi 형 피곤하다 | 电影院 diànyǐngyuàn 명 영화관 | 看 kàn 동 보다 | 电影 diànyǐng 명 영화 | 小王 Xiǎo Wáng 고유 샤오왕 [인명] | ★ 聪明 cōngming 형 똑똑하다 | 做 zuò 동 하다 [*做题: 문제를 풀다] | 这个 zhège 대 이 | ★ 题 tí 명 문제 | 在 zài 개 ~에서 | 这里 zhèli 대 여기 | 抽烟 chōuyān 동 담배를 피우다 | 老师 lǎoshī 명 선생님 | ★ 一起 yìqǐ 부 함께 | ★ 跳舞 tiàowǔ 동 춤추다 | 好 hǎo 감탄 좋아 [찬성·동의 등을 나타냄] | 不好意思 bù hǎoyìsi 죄송합니다 | 帮 bāng 동 돕다 | ★ 找 zhǎo 동 찾다 | ★ 手机 shǒujī 명 휴대폰 | ★ 忙 máng 형 바쁘다

3 정도보어를 이용한 정반 의문문 track 211

문장 안에 정도보어가 있을 때는 술어 대신 '得'의 뒷부분을 '긍정+부정' 형식으로 병렬하여 정반 의문문으로 만든다.

Q 你跑步跑得快不快? 당신은 달리기가 빠른가요?

A ❶ 我跑步跑得很快。 저는 달리기가 빠릅니다.

❷ 我跑步跑得不快。 저는 달리기가 빠르지 않습니다.

어휘 ★ 跑步 pǎobù 동 달리다 | 跑 pǎo 동 달리다 | ★ 得 de 조 ~하는 정도가 ~하다 [*술어+得+정도보어] | ★ 快 kuài 형 빠르다

STEP 3 실력 다지기

질문을 듣고 대답해 봅시다. (대답 녹음 시간 약 10초)

5 track **212**

1.
2.
3.
4.
5.

6 track **213**

1.
2.
3.
4.
5.

모범 답안 및 해설 ▶ p.148

03 의문사 의문문

STEP 1 유형 파악하기

의문사 의문문이란 의문사를 사용하여 질문하는 형식의 문장으로, '예/아니오'로 대답할 수 없는 것이 특징이다.

출제 경향

- 의문사의 종류가 다양한 만큼 제2부분에서는 의문사 의문문이 가장 많이 출제된다.

문제 풀이 비법

- 다양한 의문사를 익혀서 질문의 의도를 바로 파악하고 대답할 수 있어야 한다.
- 질문의 의문사 부분을 적절한 말로 바꾸어 대답한다.

예제 3 track 214

해석&모범 답안

Q 今天星期几? 오늘은 무슨 요일입니까?

A 今天星期三。 오늘은 수요일입니다.

의문사 '几'는 '몇'이라는 뜻으로 '星期几'는 요일을 묻는 질문이다. 대답할 때 월요일부터 토요일까지는 '几' 자리에 숫자 1부터 6을 대신 쓰면 된다. 일요일은 '星期天[xīngqītiān]' 혹은 '星期日[xīngqīrì]'라고 한다. 대답은 명사 '星期三'이 술어인 명사술어문으로, 'A是B(A는 B이다)' 구문을 활용하여 '今天是星期三。'이라고 해도 같은 의미이다.

어휘 **今天** jīntiān 명 오늘 | **星期** xīngqī 명 요일 [*星期几: 무슨 요일] [*星期三: 수요일] | **几** jǐ 대 몇 | **三** sān 수 3, 셋

STEP 2 내공 쌓기

1 의문사 track 215

의문사 의문문에서는 각 의문사가 묻는 내용을 알아야 질문에 적절한 대답을 할 수 있다. 아래는 중국어의 의문사를 표로 정리한 것으로, 잘 익혀서 시험에 대비하자.

什么时候 shénme shíhou	언제	**Q** 你是什么时候大学毕业的? 당신은 언제 대학교를 졸업했습니까? **A** 我是去年二月大学毕业的。 저는 작년 2월에 대학교를 졸업했어요.
哪儿 nǎr	어디 [= 哪里 nǎli]	**Q** 那部电影你在哪儿看的? 그 영화를 당신은 어디에서 봤습니까? **A** 我在学校旁边的电影院看了那部电影。 저는 학교 옆의 영화관에서 그 영화를 봤어요.
谁 shéi	누구	**Q** 你昨天和谁看了足球比赛? 당신은 어제 누구와 축구 경기를 봤습니까? **A** 我昨天和朋友们看了足球比赛。 저는 어제 친구들과 축구 경기를 봤습니다.
怎么 zěnme	어떻게 [방식이나 원인을 물음]	**Q** 不好意思，从这儿到火车站怎么走? 실례합니다, 여기에서 기차역까지 어떻게 가나요? **A** 向前走十米，就能看到火车站。 앞으로 10m를 걸으면 바로 기차역이 보일 거예요.
怎么样 zěnmeyàng	어떠한가 [상태나 상황을 물음]	**Q** 你昨天晚上睡得怎么样? 당신은 어젯밤에 잘 잤습니까? **A** 我昨天晚上睡得很香。 저는 어젯밤에 잘 잤어요.
为什么 wèishénme	왜 [이유를 물음]	**Q** 你为什么每天都这么早起床? 당신은 왜 매일 이렇게 일찍 일어납니까? **A** 因为我每天早上都出去跑步。 왜냐하면 저는 매일 아침에 뛰러 나가기 때문입니다.
什么 shénme	무엇	**Q** 生病的时候，你会做什么? 아플 때 당신은 무엇을 합니까? **A** 生病的时候，我会先吃药，然后在家休息。 아플 때 저는 먼저 약을 먹고 나서 집에서 쉽니다.
什么样 shénmeyàng	어떤, 어떠한	**Q** 你喜欢看什么样的电视节目? 당신은 어떤 TV 프로그램을 보는 것을 좋아하나요? **A** 我喜欢看娱乐节目。 저는 예능 프로그램 보는 것을 좋아합니다.

哪 nǎ	어느	**Q** 你妈妈的生日是哪天? (*哪天: 언제) 당신 어머니의 생신은 언제인가요? **A** 她(我妈妈)的生日是十二月九号。 그녀(저희 어머니)의 생신은 12월 9일입니다.
多大 duōdà	얼마 [나이를 물음]	**Q** 你的男朋友今年多大了? 당신의 남자 친구는 올해 몇 살입니까? **A** 他(我的男朋友)今年27岁了。 그(제 남자 친구)는 올해 27살입니다.
多少 duōshao	몇, 얼마 [10 이상의 수를 물음]	**Q** 你的电话号码是多少? 당신의 전화번호는 어떻게 됩니까? **A** 我的电话号码是010-234-5678。 제 전화번호는 010-234-5678입니다. *전화번호는 숫자를 한 글자씩 읽으며, 1은 '一[yī]'가 아니라 '幺[yāo]'로 읽는다. 참고로 '010'은 [líng yāo líng]으로 입에 익을 정도로 연습하자.
几 jǐ	몇, 얼마 [10 미만의 수, 시간·날짜·요일을 물음]	**Q** 你家有几口人? 너는 가족이 몇 명이니? **A** 我家有五口人，爸爸，妈妈，奶奶，哥哥和我。 우리 가족은 아빠, 엄마, 할머니, 오빠, 그리고 나 이렇게 5명이야.
多长时间 duōcháng shíjiān	얼마나 [기간을 물음]	**Q** 你每天学习多长时间汉语? 너는 매일 중국어 공부를 얼마나 하니? **A** 我每天学习两个小时(的)汉语。 나는 매일 두 시간 중국어를 공부해.

어휘 **大学** dàxué 명 대학 | **毕业** bìyè 동 졸업하다 | ★**去年** qùnián 명 작년 | **二** èr 수 2, 이 | **月** yuè 명 월 | **那** nà 대 그 | **部** bù 양 편 [영화나 서적의 편수 등을 세는 단위] | **电影** diànyǐng 명 영화 | **在** zài 개 ~에서 | **看** kàn 동 보다 | **学校** xuéxiào 명 학교 | ★**旁边** pángbiān 명 옆 | **电影院** diànyǐngyuàn 명 영화관 | **昨天** zuótiān 명 어제 | **和** hé 개 ~와/과 접 ~와/과 | **足球** zúqiú 명 축구 | ★**比赛** bǐsài 명 경기 | **朋友** péngyou 명 친구 | **不好意思** bù hǎoyìsi 실례합니다 | **从** cóng 개 ~에서 [*从A到B: A에서 B까지] | **这儿** zhèr 대 여기 | ★**到** dào 개 ~까지 동 (동사 뒤에 결과보어로 쓰여) ~했다 | ★**火车站** huǒchēzhàn 명 기차역 | ★**走** zǒu 동 가다 | ★**向** xiàng 개 ~(으)로 | **前** qián 명 앞 | **十** shí 수 10, 십 | ★**米** mǐ 양 미터(m) | ★**就** jiù 부 바로 [사실을 강조] | **能** néng 조동 ~할 수 있다 | ★**晚上** wǎnshang 명 밤 | **睡** shuì 동 (잠을) 자다 | ★**得** de 조 ~하는 정도가 ~하다 [*술어+得+정도보어] | **香** xiāng 형 (잠이) 달다 | **每天** měitiān 명 매일 | **都** dōu 부 모두 | **这么** zhème 대 이렇게 | **早** zǎo 형 이르다 | ★**起床** qǐchuáng 동 (잠자리에서) 일어나다 | ★**因为** yīnwèi 접 왜냐하면 | ★**早上** zǎoshang 명 아침 | **出去** chūqù 동 나가다 | ★**跑步** pǎobù 동 달리다 | ★**生病** shēngbìng 동 병이 나다 | **时候** shíhou 명 때 [*的时候: ~할 때] | **会** huì 조동 ~할 것이다 [여기에서는 습관적으로 쓰여 해석하지 않음] | **做** zuò 동 하다 | ★**先** xiān 부 먼저 [*先A, 然后B: 먼저 A하고 나중에 B하다] | **吃** chī 동 먹다 | ★**药** yào 명 약 | ★**然后** ránhòu 접 그런 후에 | **家** jiā 명 집 | ★**休息** xiūxi 동 쉬다 | **喜欢** xǐhuan 동 좋아하다 | **电视** diànshì 명 TV | ★**节目** jiémù 명 프로그램 | **娱乐** yúlè 명 오락 [*娱乐节目: 예능 프로그램] | ★**生日** shēngrì 명 생일 | **十二** shí'èr 수 12, 십이 | **九** jiǔ 수 9, 구 | **号** hào 명 일 [날짜를 가리킴] | **男朋友** nánpéngyou 명 남자 친구 | **今年** jīnnián 명 올해 | **岁** suì 양 살 [나이를 세는 단위] | **二十七** èrshíqī 수 27, 스물일곱 | **电话** diànhuà 명 전화 [*电话号码: 전화번호] | **号码** hàomǎ 명 번호 | **有** yǒu 동 있다 [*장소+有+사람/사물] | **口** kǒu 양 식구 [사람을 세는 단위] | **人** rén 명 사람 | **五** wǔ 수 5, 다섯 | ★**奶奶** nǎinai 명 할머니 | ★**哥哥** gēge 명 오빠, 형 | **学习** xuéxí 동 공부하다 | **汉语** Hànyǔ 고유 중국어 | ★**两** liǎng 수 2, 둘 | **个** ge 양 개 [물건을 세는 단위] | ★**小时** xiǎoshí 명 시간

2 '시간'이나 '시점'을 묻는 질문에 답으로 쓰일 수 있는 어휘 track 216

'什么时候(언제)', '哪天(언제, 어느 날)', '几年(몇 년)', '几月几号(몇 월 며칠)', '星期几(무슨 요일)', '几点 (몇 시)' 등의 질문은 시간이나 시점을 묻는 어휘로 아래와 같은 어휘를 대답으로 활용할 수 있다.

今天 jīntiān	昨天 zuótiān	明天 míngtiān	后天 hòutiān	○天前 ○ tiān qián	○天后 ○ tiān hòu
오늘	어제	내일	모레	○일 전	○일 후
这个星期 zhège xīngqī	上个星期 shàng ge xīngqī	下个星期 xià ge xīngqī	这个月 zhège yuè	上个月 shàng ge yuè	下个月 xià ge yuè
이번 주	지난주	다음 주	이번 달	지난달	다음 달
今年 jīnnián	去年 qùnián	明年 míngnián	生日 shēngrì	春节 Chūnjié	中秋节 Zhōngqiūjié
올해	작년	내년	생일	춘절	중추절
星期一 xīngqīyī	星期二 xīngqī'èr	星期三 xīngqīsān	星期四 xīngqīsì	星期五 xīngqīwǔ	星期六 xīngqīliù
월요일	화요일	수요일	목요일	금요일	토요일
星期天 (星期日) xīngqītiān (xīngqīrì)	○月○号/日 ○ yuè ○ hào/rì	春天 chūntiān	夏天 xiàtiān	秋天 qiūtiān	冬天 dōngtiān
일요일	○월 ○일	봄	여름	가을	겨울
早上 zǎoshang	上午 shàngwǔ	中午 zhōngwǔ	下午 xiàwǔ	晚上 wǎnshang	○点○分 ○ diǎn ○ fēn
아침	오전	정오(낮 12시 전후)	오후	저녁, 밤	○시 ○분

Q 你的生日是什么时候? 당신의 생일은 언제입니까?

A 我的生日是三月十六号。 제 생일은 3월 16일입니다.

Q 我们哪天见面? 우리는 언제 만나나요?

A 我们这个星期六见面吧，怎么样? 우리 이번 주 토요일에 만나요, 어때요?

시간은 더 다양한 방법으로 표현할 수도 있다.

8시15분	八点十五分 bā diǎn shíwǔ fēn	八点一刻 bā diǎn yí kè
8시30분	八点三十分 bā diǎn sānshí fēn	八点半 bā diǎn bàn
8시45분	八点四十五分 bā diǎn sìshíwǔ fēn	差一刻九点 chà yí kè jiǔ diǎn

어휘 ★生日 shēngrì 명 생일 | 什么时候 shénme shíhou 언제 | 三 sān 수 3, 삼 | 月 yuè 명 월, 달 | 十六 shíliù 수 16, 십육 | 号 hào 명 일 [날짜를 가리킴] | 哪 nǎ 대 어느 [*哪天: 언제] | 天 tiān 명 날 | ★见面 jiànmiàn 동 만나다 | ★吧 ba 조 ~하자 [제의·청유·기대·명령 등의 어기를 나타냄] | 怎么样 zěnmeyàng 대 어떠하다 | 八 bā 수 8, 여덟 | 点 diǎn 양 시 [시간을 세는 단위] | 十五 shíwǔ 수 15, 십오 | 分 fēn 양 분 | 一 yī 수 1, 일 [성조 변화 주의] | ★刻 kè 양 15분 | 三十 sānshí 수 30, 삼십 | ★半 bàn 수 반, 절반 | 四十五 sìshíwǔ 수 45, 사십오 | ★差 chà 동 모자라다 | 九 jiǔ 수 9, 아홉

3 '장소'나 '위치'를 묻는 질문에 답으로 쓰일 수 있는 어휘 track 217

질문에 '哪儿(어디)', '在哪儿(어디에서)'이 들어가면 장소나 위치를 묻는 것으로 아래 어휘를 활용하여 대답할 수 있다.

家(里) jiā(li)	学校 xuéxiào	公司 gōngsī	饭店 fàndiàn	宾馆 bīnguǎn
집	학교	회사	호텔, 식당	호텔
房间 fángjiān	教室 jiàoshì	办公室 bàngōngshì	商店 shāngdiàn	咖啡厅(咖啡馆) kāfēitīng(kāfēiguǎn)
방	교실	사무실	상점	카페
百货商店 bǎihuòshāngdiàn	图书馆 túshūguǎn	银行 yínháng	火车站 huǒchēzhàn	公共汽车站 gōnggòngqìchēzhàn
백화점	도서관	은행	기차역	버스 정류장
机场 jīchǎng	韩国 Hánguó	中国 Zhōngguó	美国 Měiguó	日本 Rìběn
공항	한국	중국	미국	일본
首尔 Shǒu'ěr	北京 Běijīng	上海 Shànghǎi	前(面) qián(miàn)	后(面) hòu(miàn)
서울	베이징	상하이	앞	뒤
旁边 pángbiān	上(面) shàng(miàn)	下(面) xià(miàn)	左边 zuǒbian	右边 yòubian
옆	위	아래	왼쪽	오른쪽

*'旁边'의 '边'은 1성이고, '左边', '右边'의 '边'은 경성이다.

Q 你在哪儿认识了小丽? 당신은 어디에서 샤오리를 알게 되었습니까?

A 我在办公室认识了小丽。 저는 사무실에서 샤오리를 알게 되었습니다.

Q 你知道我的手机在哪儿吗? 당신은 저의 휴대폰이 어디에 있는지 알고 있습니까?

A 你的手机在桌子上。 당신의 휴대폰은 탁자 위에 있어요.

어휘 在 zài 개 ~에서 동 ~에 있다 | 哪儿 nǎr 대 어디 | 认识 rènshi 동 알다 | 小丽 Xiǎo Lì 고유 샤오리 [인명] | ★知道 zhīdào 동 알다 | ★手机 shǒujī 명 휴대폰 | 桌子 zhuōzi 명 탁자

4 '사람'이나 '인물'을 묻는 질문에 답으로 쓰일 수 있는 어휘 track 218

'谁(누구)', '和谁(누구와)', '哪国人(어느 나라 사람)'은 사람을 묻는 표현으로, 이를 사용한 질문에는 아래 표의 어휘로 대답을 만들 수 있다.

我 wǒ	家人 jiārén	爸爸 bàba	妈妈 māma	哥哥 gēge
나	가족	아빠, 아버지	엄마, 어머니	형, 오빠
姐姐 jiějie	弟弟 dìdi	妹妹 mèimei	爷爷 yéye	奶奶 nǎinai
언니, 누나	남동생	여동생	할아버지	할머니
妻子 qīzi	丈夫 zhàngfu	儿子 érzi	女儿 nǚ'ér	孩子 háizi
아내	남편	아들	딸	아이
朋友 péngyou	同学 tóngxué	老师 lǎoshī	同事 tóngshì	先生 xiānsheng
친구	학우, 동창	선생님	동료	선생, 씨 [성인 남자에 대한 존칭]
韩国人 Hánguórén	中国人 Zhōngguórén	美国人 Měiguórén	服务员 fúwùyuán	小姐 xiǎojie
한국인	중국인	미국인	종업원	양, 아가씨 [미혼 여자에 대한 존칭]

Q 你周末和谁出去玩儿? 당신은 주말에 누구와 나가 놀 것입니까?

A 我周末和我最好的朋友出去玩儿。 저는 주말에 저의 가장 친한 친구와 나가 놀 것입니다.

Q 你一般和谁吃饭? 당신은 보통 누구와 밥을 먹습니까?

A 我一般和我家人吃饭。 저는 보통 저희 가족과 밥을 먹습니다.

어휘 ★ **周末** zhōumò 명 주말 ['末'의 발음 주의] | **和** hé 개 ~와/과 | **谁** shéi 대 누구 | **出去** chūqù 동 나가다 | ★ **玩(儿)** wán(r) 동 놀다 | ★ **最** zuì 부 가장 | ★ **一般** yìbān 형 보통이다 | **吃饭** chīfàn 동 밥을 먹다

STEP 3 실력 다지기

질문을 듣고 대답해 봅시다. (대답 녹음 시간 약 10초)

7 track **219**

1.
2.
3.
4.
5.

8 track **220**

1.
2.
3.
4.
5.

9 track **221**

1.
2.
3.
4.
5.

10 track **222**

1.
2.
3.
4.
5.

모범 답안 및 해설 ▶ p.152

04 제2부분 | 듣고 대답하기
기타 의문문

STEP 1 유형 파악하기

어기조사 '吗'와 의문사를 사용하지 않은 의문문, 정반 의문문 외의 의문문을 '기타 의문문'으로 분류하여 알아보자.

출제 경향

- 기타 의문문에서는 어기조사 '呢'를 사용하여 묻는 의문문이 가장 많이 출제된다.
- 평서문에서 어미를 높여 말하는 의문문이나 어기조사 '吧'를 사용한 의문문이 출제되기도 한다.

문제 풀이 비법

- 어기조사 '呢'를 사용한 의문문은 '명사/대사+呢'의 형식으로 쓰이며, 이 부분의 앞 내용에 대해 질문한 것으로 이에 대해 대답해야 한다. (제2부분에서는 대부분 '你呢?'로 쓰인다.)
- 제2부분 녹음에서 나오는 끝음을 올린 평서문 문장은 평서문이 아니라 의문문으로 받아들이고 대답해야 한다.

예제 4 track 223

해석&모범 답안

Q 我是医生，你呢？ 저는 의사입니다. 당신은요?

A ❶ 我也是医生。 저도 의사입니다.

질문한 사람과 같은 직업이라는 의미로 '是' 앞에 '也'를 붙여 대답할 수 있다.

❷ 我是音乐老师。 저는 음악 선생님입니다.

직업을 물어보는 질문이기 때문에 '是' 뒤에 '医生' 외에 알고 있는 직업을 말하면 된다.

어휘 **医生** yīshēng 명 의사 | **呢** ne 조 ~는요? | ★ **也** yě 부 ~도 | ★ **音乐** yīnyuè 명 음악 | **老师** lǎoshī 명 선생님

STEP 2 내공 쌓기

1 어기조사 '呢' track 224

주어(명사/대사) 뒤에 위치하고 그 뒷부분을 생략하기 때문에 '생략 의문문'이라고 말한다. HSKK 초급 제 2부분에서는 수험자에게 대답을 요구하기 때문에 '你呢?'라고 많이 질문한다.

Q 我三十四岁，你呢？ 저는 34살입니다. 당신은요? [상대방의 나이를 물음]

A 我三十一岁。 저는 31살입니다.

Q 我是运动员，你呢？ 저는 운동선수입니다. 당신은요? [상대방의 직업을 물음]

A ❶ 我也是运动员。 저도 운동선수입니다.

❷ 我是汉语老师。 저는 중국어 선생님입니다.

❸ 我还是学生。 저는 아직 학생입니다.

Q 我觉得这部电影很有意思，你呢？ [상대방의 의견을 물음]
저는 이 영화가 재미있다고 생각해요. 당신은요?

A ❶ 我也觉得这部电影很有意思。 저도 이 영화가 재미있다고 생각해요.

❷ 我觉得这部电影没意思。 저는 이 영화가 재미없다고 생각해요.

❸ 我还没看过这部电影。 저는 이 영화를 아직 보지 못했어요.

어휘 **三十四** sānshísì 수 34, 서른넷 | **岁** suì 양 살 [나이를 세는 단위] | **呢** ne 조 ~는요? | **三十一** sānshíyī 수 31, 서른하나 | **运动员** yùndòngyuán 명 운동선수 | ★ **也** yě 부 ~도 | **汉语** Hànyǔ 고유 중국어 | **老师** lǎoshī 명 선생님 | ★ **还是** háishi 부 아직도 | **学生** xuésheng 명 학생 | ★ **觉得** juéde 동 ~라고 생각하다 | **部** bù 양 편 [영화나 서적의 편수 등을 세는 단위] | **电影** diànyǐng 명 영화 | **有意思** yǒu yìsi 재미있다 | **没意思** méi yìsi 재미없다 | ★ **还** hái 부 아직 | **看** kàn 동 보다 | ★ **过** guo 조 ~한 적이 있다 [과거의 경험을 나타냄]

2 어기조사 '吧' ⊙ track 225

어기조사 '吧'는 주로 '~하자'라는 의미로 청유나 제안을 나타내지만, 의문문으로 쓰이면 '~하지/이지?'라는 의미로 추측을 나타낸다.

Q 你去过中国吧? 당신은 중국에 가봤지요?

A ❶ 对，我去年去中国旅游了。 네, 저는 작년에 중국에 여행 갔습니다.

❷ 不，我没去过中国。 아니요, 저는 중국에 가본 적이 없습니다.

Q 你已经大学毕业了，对吧? 당신은 이미 대학교를 졸업했어요, 그렇죠?

A ❶ 对，我上个月毕业了。 네, 저 지난달에 졸업했어요.

❷ 我还有一年才毕业。 저는 1년 더 있어야 졸업합니다.

어휘 去 qù 동 가다 | ★过 guo 조 ~한 적이 있다 [과거의 경험을 나타냄] | 中国 Zhōngguó 고유 중국 | ★吧 ba 조 ~지? [가능·추측의 어기를 나타냄] | ★对 duì 형 맞다 | ★去年 qùnián 명 작년 | ★旅游 lǚyóu 동 여행하다 | ★已经 yǐjīng 부 이미 [*已经A了: 이미 A했다] | 大学 dàxué 명 대학 | 毕业 bìyè 동 졸업하다 | 上 shàng 명 (시간상으로) 전, 지난(날) | 月 yuè 명 월, 달 | ★还 hái 부 아직 | 有 yǒu 동 있다 | 一 yī 수 1, 일 [성조 변화 주의] | 年 nián 명 년 [품사는 명사지만 '양사'의 역할도 포함함] | ★才 cái 부 ~해야만 비로소

3 평서문으로 의문 표현하기 ⊙ track 226

평서문에서 문장 끝의 음을 올려서 의문을 나타낼 수도 있다. 이 때 '是', '对', '不', '没有' 등으로 짧게 대답한 후 부연 설명을 덧붙이면 보다 좋은 점수를 받을 수 있다.

Q 你昨天做作业了? 당신은 어제 숙제를 했습니까?

A ❶ 对，我昨天做完了。 네, 저는 어제 다 했습니다.

❷ 没有，我还没做作业。 아니요, 저는 아직 숙제를 하지 않았습니다.

Q 你是一个人去旅游的? 당신 혼자 여행 간 것입니까?

A ❶ 是，我一个人去旅游了。 네, 저 혼자 여행을 갔어요.

❷ 没有，我和朋友一起去旅游了。 아니요, 저는 친구와 함께 여행을 갔습니다.

어휘 昨天 zuótiān 명 어제 | 做 zuò 동 하다 | ★作业 zuòyè 명 숙제 | ★对 duì 형 맞다 | ★完 wán 동 (동사 뒤에 쓰여) 마치다 | 没有 méiyǒu 부 ~않다 | ★还 hái 부 아직 | 一 yī 수 1, 하나 [성조 변화 주의] | 去 qù 동 가다 | ★旅游 lǚyóu 동 여행하다 | 是 shì 감탄 네 [응답의 말] | 和 hé 개 ~와/과 | 朋友 péngyou 명 친구 | ★一起 yìqǐ 부 함께

STEP 3 실력 다지기

질문을 듣고 대답해 봅시다. (대답 녹음 시간 약 10초)

11 track **227**

1.
2.
3.
4.
5.

12 track **228**

1.
2.
3.
4.
5.

모범 답안 및 해설 p.160

第三部分 回答问题

제3부분 | 질문에 대답하기

컴퓨터 화면에 제시된 질문에 대한 대답을 하는 영역으로, 총 2개의 문제가 출제되며 문제당 1분 30초 동안 대답한다. 녹음을 하기 전 7분의 준비 시간이 주어지며, 7분 동안 두 문제에 대한 대답을 모두 준비해야 하기 때문에 시간 배분을 잘 해야 한다.

저자 직강

제3부분 공략법

1 논리에 맞게 이야기를 구성하자

제3부분은 질문에 대해 짧게 대답하는 제2부분과는 달리 1분30초 동안 중국어로 말을 이어가야 한다. 그러므로 '도입(서론)-전개(본론)-마무리(결론)' 순서로 이야기를 구성하면 논리적으로 대답할 수 있다.

2 중요한 키워드나 표현을 메모하자

질문이 제시된 화면 아래에 메모를 할 수 있는 칸이 주어지는데, 이 때 주의할 점은 한국어로는 메모를 작성할 수 없다는 것이다. 대답할 내용 중 중요한 키워드, 표현 등은 한어병음이나 중국어로 메모하면 대답할 때 도움이 된다.

3 질문 문장을 활용하여 대답하자

아래와 같이 질문의 문장을 활용하여 이야기의 첫 문장을 만들 수 있다.

예) 질문: 你的爱好是什么?
　　대답: 我的爱好是……

4 실제로 나에 대해 질문하는 것이 아님을 기억하자

HSKK에서 내가 말한 대답의 진실 여부는 전혀 중요하지 않다. 중국어 말하기 실력을 평가하기 위한 질문으로, 실제 나의 상황과는 관련 없는 질문이 나오기도 한다. 따라서 학생이나 직장인 등 특정 신분에 국한된 질문도 출제될 수 있음을 인지하고 평소에 모범 답안을 준비해두는 것이 필요하다.

5 큰 소리로 또박또박 대답하자

고사장에서는 여러 사람이 동시에 녹음하기 때문에 너무 작은 목소리로 녹음하면 소리가 들리지 않을 수 있다. 또한 다른 사람이 녹음하는 소리에 영향을 받아 당황할 수 있다. 다른 응시자가 말하는 소리에 신경 쓰지 않고, 정확한 발음과 크고 자신 있는 목소리로 대답하는 것에 집중하여 녹음해야 한다.

01
제3부분 | 질문에 대답하기
소개 · 설명

STEP 1 유형 파악하기

주로 가족이나 친구 등 자신의 주변 인물을 소개하는 문제가 출제되고, 하루 일과 또는 나를 기쁘게 하거나 기분 나쁘게 하는 일 등을 묻는 문제도 출제된다.

출제 경향

- 소개 관련 문제들은 대부분 질문에 '请介绍……'라고 제시된다.
- 자신의 기분을 좋게 하는 것, 나쁘게 하는 것 등을 설명하고 묘사하는 문제가 출제된다.
- 최근에는 문제의 난이도가 높아져 자주 출제되는 부분은 아니지만, 가장 기본적인 질문 유형이므로 실제 시험에 출제됐을 시 유창하게 말할 수 있을 정도로 대답을 준비해 두어야 한다.

문제 풀이 비법

- 사람을 소개할 때는 그 사람이 누구인지, 나와의 관계가 어떠한지 등에 대한 대답을 준비한다.
- 꼭 자신이 겪은 일을 이야기할 필요는 없다. 기분을 좋게 하는 것(기분 좋았던 일)과 기분을 나쁘게 하는 것(기분 나빴던 일)에 대하여 각각 하나씩 모범 답안을 만들어 두자.
- '一', '不' 등의 성조 변화를 생각하며 발음한다.

예제 1

Qǐng jièshào yíxià nǐ de hǎo péngyou.
请 介绍 一下 你 的 好 朋友。
당신의 친한 친구를 소개해 주세요.

내용 구상하기

도입	친한 친구의 이름과 언제부터 친구였는지 간략히 말한다	我的好朋友叫丽丽，她是我从小到大的好朋友。
전개	친구와 어디에서 어떻게 친해졌는지 설명한다	我们第一次见面是在小学一年级的时候。刚见到她的时候，我一句话都不敢说。可是丽丽非常热情地和我说了话，还和我说："我们做好朋友吧！"
마무리	현재 친구와의 관계가 어떠한지 말한다	现在，我们已经认识二十几年了，关系还是很好。

모범 답안 track 301

我 的① 好 朋友① / 叫 丽丽，她 是 我 / 从㉠ 小
Wǒ de hǎo péngyou jiào Lìli, tā shì wǒ cóng xiǎo

到㉠① 大 的 / 好 朋友。我们① / 第一② 次 见面 是 在
dào dà de hǎo péngyou. Wǒmen dì-yī cì jiànmiàn shì zài

小学① / 一 年级② 的 时候。 刚 见到 她 的 时候，
xiǎoxué yī niánjí de shíhou. Gāng jiàndào tā de shíhou,

我 一① 句③ 话 都 不敢㉡ 说①。 可是① / 丽丽 / 非常
wǒ yí jù huà dōu bùgǎn shuō. Kěshì Lìli fēicháng

热情 地④ / 和㉢ 我 说㉢①了 话， 还 和 我 说：
rèqíng de hé wǒ shuōle huà, hái hé wǒ shuō:

"我们① / 做 好 朋友 吧！" 现在，我们① / 已经㉣①
"Wǒmen zuò hǎo péngyou ba!" Xiànzài, wǒmen yǐjīng

认识 / 二十 几 年① 了㉣，关系 / 还是 很 好⑤。
rènshi èrshí jǐ nián le, guānxi háishi hěn hǎo.

해석 저의 친한 친구는 리리라고 합니다. 그녀는 제가 어릴 때부터 커서까지 친한 친구입니다. 우리가 처음 만난 것은 초등학교 1학년 때였습니다. 막 그녀를 만났을 때 저는 말 한 마디조차 할 용기가 없었습니다. 그런데 리리는 매우 친절하게 저에게 말을 걸었고 '우리 좋은 친구가 되자!' 라고도 말했습니다. 지금 우리는 이미 20여 년째 알고 있고 여전히 사이가 좋습니다.

어휘 **请** qǐng 동 ~해 주세요 [*请+대상+술어/내용] | ★ **介绍** jièshào 동 소개하다 | ★ **一下** yíxià 수량 (동사 뒤에 쓰여) 좀 ~하다 | **你** nǐ 대 당신 | **的** de 조 ~의 [*관형어+的+(명사/대사)] | **好** hǎo 형 친하다, 좋다 | **朋友** péngyou 명 친구 | **我** wǒ 대 저 | **叫** jiào 동 (이름을) ~라고 하다 | **丽丽** Lìli 고유 리리 [인명] | **她** tā 대 그녀 | **是** shì 동 ~이다 [*A是B: A는 B이다] | ★ **从** cóng 개 ~(으)로부터 | **小** xiǎo 형 어리다 | ★ **到** dào 개 ~까지 | **大** dà 형 크다 | ★ **第一** dì-yī 수 맨 처음 | ★ **次** cì 양 번 [동작의 횟수를 세는 단위] | ★ **见面** jiànmiàn 동 만나다 | **在** zài 부 ~하고 있는 중 | **小学** xiǎoxué 명 초등학교 | **一** yī 수 1, 일 [성조 변화 주의] | ★ **年级** niánjí 명 학년 | **时候** shíhou 명 때 [*在A的时候: A할 때] | **刚** gāng 부 막 | **见到** jiàndào 만나다 | ★ **句** jù 양 마디 [언어·시문을 세는 단위] | **话** huà 명 말 | **都** dōu 부 ~조차도 | **不敢** bùgǎn 동 감히 ~하지 못하다 | **说** shuō 동 말하다 | **可是** kěshì 접 그런데 | ★ **非常** fēicháng 부 매우 | ★ **热情** rèqíng 형 친절하다 | ★ **地** de 조 ~하게 [*부사어+地+술어] | **和** hé 개 ~와/과 | ★ **说话** shuōhuà 동 말을 하다 | **了** le 조 ~했다 [동작의 완료를 나타냄] 조 (문장의 말미나 문장 중의 끊어지는 곳에 쓰여) 변화 또는 새로운 상황의 출현을 표시함 | ★ **还** hái 부 또 | **做** zuò 동 ~가 되다 | ★ **吧** ba 조 ~하자 [제의·청유·기대·명령 등의 어기를 나타냄] | **现在** xiànzài 명 지금 | ★ **已经** yǐjīng 부 이미 [*已经A了: 이미 A했다] | **认识** rènshi 동 알다 | **二十** èrshí 수 20, 이십 | **几** jǐ 수 몇 | **年** nián 명 년 [품사는 명사지만 '양사'의 역할도 포함함] | ★ **关系** guānxi 명 관계 | ★ **还是** háishi 부 여전히 | **很** hěn 부 매우

표현 tip

㉠ **从A到B A부터 B까지**
A에는 시작점, B에는 종착점이 들어가 시간의 범위나 두 장소 간의 거리를 나타낼 때 많이 쓰이는 표현이다

㉡ **不敢 ~할 용기가 없다**
'~할 용기가 없다, 감히 ~하지 못하다'라는 뜻으로 뒤에 하기 곤란한 일이 온다

㉢ **A和B说 A는 B에게 말하다**
A에는 말하는 사람, B에는 듣는 사람이 들어가며, 여기에서 A는 '丽丽'이고 B는 '我'이다

㉣ **已经A了 이미 A했다**
A라는 행동이나 상황이 이미 진행되었음을 나타낸다

발음 tip

① 3성-1·2·4·경성으로 이어진 부분은 반3성-1·2·4·경성으로 읽어준다

② '一'가 서수로 쓰일 때는 성조 변화가 나타나지 않으므로 1성 그대로 읽어야 한다

③ '一'는 뒷글자의 성조에 따라 성조가 변화하는데, 4성인 '句' 앞에서는 2성으로 바뀐다

④ '地'는 다음자로 '땅, 바닥'의 의미로 쓰일 때는 [dì]라고 읽어야 하지만, 부사어와 술어를 연결시키는 조사로 쓰일 때는 [de]로 읽어야 한다

⑤ 3성-3성으로 이루어진 단어나 구절은 2성-3성으로 읽는다

STEP 2 내공 쌓기

1 성조 변화 track 302

중국어를 더 편하고 자연스럽게 읽기 위해 성조에 변화가 생기는 경우가 있다. 아래 세 가지 성조 변화 규칙을 익혀서 중국어로 말할 때 발음을 보다 편하게 하면서 유창하게 들릴 수 있도록 연습해보자.

(1) **'一'의 성조 변화:** '一'는 1·2·3성의 글자 앞에서 4성으로 바뀌고, 4성의 글자 앞에서는 2성으로 바뀐다. 하지만 '一'가 단독으로 쓰이거나 서수로 쓰일 때는 1성 그대로 읽어야 한다.

一 yī (1성) + 1·2·3성 → 一 yì (4성)

- 一些 yìxiē 약간
- 一直 yìzhí 줄곧
- 一起 yìqǐ 같이

一 yī (1성) + 4성 → 一 yí (2성)

- 一下 yíxià 좀 ~하다
- 一定 yídìng 반드시
- 一共 yígòng 모두

*'一'가 단독이나 서수로 쓰일 때는 1성 그대로 읽어야 한다.

- 一 yī 1, 하나
- 一月 yīyuè 1월
- 第一 dì-yī 맨 처음

(2) **'不'의 성조 변화:** '不'의 원래 성조는 4성으로, 1·2·3성의 글자 앞에서는 4성 그대로 읽는다. 그러나 4성의 글자 앞에서는 2성으로 바뀐다.

不 bù (4성) + 1·2·3성 → 不 bù (4성)

- 不吃 bù chī 먹지 않다
- 不一样 bù yíyàng 같지 않다
- 不喜欢 bù xǐhuan 좋아하지 않다

不 bù (4성) + 4성 → 不 bú (2성)

- 不客气 bú kèqi 괜찮다
- 不但 búdàn ~뿐만 아니라

(3) **3성의 성조 변화:** 3성이 2개 이상 연속된 부분을 읽을 때는 맨 뒤의 글자만 3성으로 읽고 그 앞은 모두 2성으로 읽어 준다. 또한 3성 뒤에 1·2·4·경성의 글자가 있을 때는 3성을 반3성으로 읽어준다. '一'와 '不'는 성조 변화가 나타날 때 한어병음 표기도 바뀌지만, 3성의 성조 변화는 표기는 3성 그대로 하고 읽을 때만 2성 혹은 반3성으로 소리 낸다.

3성 + 3성 → 2성 + 3성

- 可以 kěyǐ ~할 수 있다
  (3성-3성 → 2성-3성)
- 所以 suǒyǐ 그래서
  (3성-3성 → 2성-3성)

3성 + 1·2·4·경성 → 반3성 + 1·2·4·경성

- 好吃 hǎochī 맛있다
  (3성-1성 → 반3성-1성)
- 起床 qǐchuáng 일어나다
  (3성-2성 → 반3성-2성)
- 考试 kǎoshì 시험
  (3성-4성 → 반3성-4성)
- 姐姐 jiějie 언니, 누나
  (3성-경성 → 반3성-경성)

3성 + 3성 + 1·2·4·경성 → 2성 + 반3성 + 1·2·4·경성

- 我喜欢你。 Wǒ xǐhuan nǐ. 저는 당신을 좋아합니다.
  (3성-3성-경성-3성 → 2성-반3성-경성-3성)

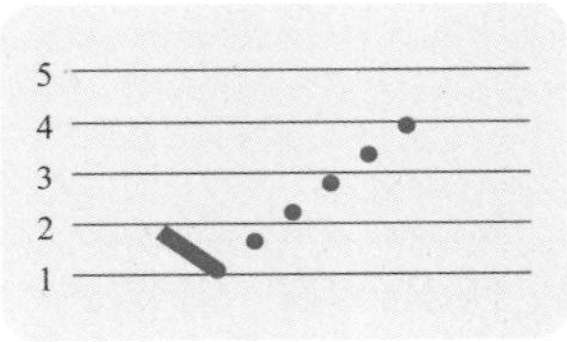

* 반3성은 3성(내려갔다 올라오는 음)을 발음할 때 올라오는 과정에서 올리지 않는 것을 의미한다.

2 답안에 활용할 수 있는 '소개·설명' 관련 표현 track 303

让人(不)高兴 ràng rén (bù) gāoxìng	사람을 기쁘(지 않)게 하다	他说的话总是让人不高兴。 그가 하는 말은 늘 사람을 기쁘지 않게 한다.
快乐的事情 kuàilè de shìqing	즐거운 일	在家休息是一件快乐的事情。 집에서 쉬는 것은 즐거운 일이다.
关系好 guānxi hǎo	사이(관계)가 좋다	你和小王关系好吗? 너는 샤오왕과 사이가 좋니?
身体(不)舒服 shēntǐ (bù) shūfu	몸이 (안) 좋다	我今天身体不舒服，不能去上课。 나는 오늘 몸이 안 좋아서 수업을 들으러 갈 수 없었다.

어휘 ★**让** ràng 동 ~하게 하다 [*(주어)+让+대상+술어/내용] | **人** rén 명 사람 | **不** bù 부 아니다 | **高兴** gāoxìng 형 기쁘다 | **他** tā 대 그 | **说** shuō 동 말하다 | **话** huà 명 말 | ★**总是** zǒngshì 부 늘 | ★**快乐** kuàilè 형 즐겁다 | ★**事情** shìqing 명 일 | **在** zài 개 ~에서 | **家** jiā 명 집 | ★**休息** xiūxi 동 쉬다 | **一** yī 수 1, 하나 [성조 변화 주의] | ★**件** jiàn 양 건 [일·사건·옷 등을 세는 단위] | ★**关系** guānxi 명 관계 | **和** hé 개 ~와/과 | **小王** Xiǎo Wáng 고유 샤오왕 [인명] | **吗** ma 조 (문장 끝에 쓰여) 의문의 어기를 나타냄 | ★**身体** shēntǐ 명 몸 | ★**舒服** shūfu 형 편안하다 | **今天** jīntiān 명 오늘 | **能** néng 조동 ~할 수 있다 | **去** qù 동 가다 | **上课** shàngkè 동 수업을 듣다

3 자주 출제되는 '소개·설명' 관련 질문 track 304

- 请介绍一下你的家人。 당신의 가족을 좀 소개해 주세요.
- 请说说你最喜欢的老师。 당신이 가장 좋아하는 선생님에 대해 말해 보세요.
- 请介绍一件让你很高兴的事情。 당신을 기쁘게 하는 일을 설명해 주세요.
- 请说说你觉得不高兴的一件事。 당신이 불쾌하다고 느끼는 일을 말해 주세요.

어휘 **请** qǐng 동 ~해 주세요 [*请+대상+술어/내용] | ★ **介绍** jièshào 동 소개하다, 설명하다 | ★ **一下** yíxià 수량 (동사 뒤에 쓰여) 좀 ~하다 | **家人** jiārén 명 가족 | **说** shuō 동 말하다 | ★ **最** zuì 부 가장 | **喜欢** xǐhuan 동 좋아하다 | **老师** lǎoshī 명 선생님 | **一** yī 수 1, 하나 [성조 변화 주의] | ★ **件** jiàn 양 벌, 개, 건 [일·사건·옷 등을 세는 단위] | ★ **让** ràng 동 ~하게 하다 [*(주어)+让+대상+술어/내용] | **高兴** gāoxìng 형 기쁘다 | ★ **事情** shìqing 명 일 | ★ **觉得** juéde 동 ~라고 느끼다 | **事** shì 명 일

STEP 3 실력 다지기

다음 질문에 대답해 봅시다. (각 문항당 준비 시간 약 3분 30초, 녹음 시간 약 1분 30초)

Qǐng shuō yí jiàn nǐ juéde kuàilè de shìqing.
1 请 说 一 件 你 觉得 快乐 的 事情。

Qǐng jièshào yíxià nǐ de yì tiān.
2 请 介绍 一下 你 的 一 天。

모범 답안 및 해설 p.164

02 제3부분 | 질문에 대답하기
취미 · 애호

STEP 1 유형 파악하기

어떤 행동을 하는 것을 좋아하는지 묻거나 두 가지 대상 중 어느 것을 더 좋아하는지 묻는 문제가 많이 출제되고 있다. 또 취미가 무엇인지 직접적으로 물어보는 질문도 출제된다.

출제 경향

- '你喜欢(爱)……吗?'의 형식의 질문으로 많이 출제된다.
- 보통 질문을 한 뒤 '为什么?'라고 이유까지 묻기 때문에 그 행동이나 대상을 좋아하는 이유까지 생각해 두어야 한다.

문제 풀이 비법

- 평소 제2부분 '듣고 대답하기'의 문제를 기출 질문이라고 생각하고 모범 답안을 만드는 연습을 하자.
- 다음 페이지의 내공쌓기에 나오는 권설음이나 설치음 등 한국어에 없는 소리는 각별히 주의하여 발음해야 한다.

예제 2

Nǐ xǐhuan kàn diànyǐng ma? Wèishénme?
你 喜欢 看 电影 吗? 为什么?
당신은 영화 보는 것을 좋아합니까? 이유는 무엇입니까?

내용 구상하기

도입	영화 보는 것을 좋아하는지 좋아하지 않는지 하나의 대답을 선택한다	我不太喜欢看电影。
전개	위 대답에 대한 이유를 설명한다	因为我觉得看电影没有意思。去咖啡店喝咖啡或者逛街都比看电影有意思。还有，一部电影一般要看两个多小时，有点儿浪费时间。一边看电影，一边吃东西，对身体也不好。我觉得和朋友一起逛逛街、喝喝咖啡更好。
마무리	첫 문장을 강조하며 마무리한다	所以，我真的不太喜欢看电影。

모범 답안 track 305

我不太① 喜欢/看 电影。因为/我觉得/看电影/没有意思②。去咖啡店③/喝咖啡/或者逛街/都比㉠看电影/有意思。还有，一部④电影/一般④要看/两个多小时②，有点儿/浪费③时间。一边㉡④/看电影，一边㉡④/吃东西，对㉢身体/也不好㉢。我觉得/和㉣朋友③/一起㉣④逛逛⑤街、喝喝⑤咖啡更好。所以，我真的/不太喜欢/看电影。

Wǒ bú tài xǐhuan kàn diànyǐng. Yīnwèi wǒ juéde kàn diànyǐng méiyǒu yìsi. Qù kāfēidiàn hē kāfēi huòzhě guàngjiē dōu bǐ kàn diànyǐng yǒu yìsi. Háiyǒu, yí bù diànyǐng yìbān yào kàn liǎng ge duō xiǎoshí, yǒudiǎnr làngfèi shíjiān. Yìbiān kàn diànyǐng, yìbiān chī dōngxi, duì shēntǐ yě bù hǎo. Wǒ juéde hé péngyou yìqǐ guàngguang jiē、hēhe kāfēi gèng hǎo. Suǒyǐ, wǒ zhēn de bú tài xǐhuan kàn diànyǐng.

해석 저는 영화 보는 것을 그다지 좋아하지 않습니다. 왜냐하면 저는 영화를 보는 것이 재미가 없다고 생각하기 때문입니다. 카페에 가서 커피를 마시거나 아이쇼핑을 하는 것이 영화를 보는 것보다 재미있습니다. 그리고 영화 한 편에 보통 두 시간 정도 봐야 해서 좀 시간 낭비입니다. 영화를 보면서 음식을 먹는 것은 몸에도 좋지 않습니다. 저는 친구와 함께 아이쇼핑을 하고 커피를 마시는 것이 더 좋다고 생각합니다. 그래서 저는 정말 영화 보는 것을 그다지 좋아하지 않습니다.

어휘 **喜欢** xǐhuan 동 좋아하다 | **看** kàn 동 보다 | **电影** diànyǐng 명 영화 | ★ **为什么** wèishénme 왜 | **不太** bú tài 그다지 ~하지 않다 | ★ **因为** yīnwèi 접 왜냐하면 | ★ **觉得** juéde 동 ~라고 생각하다 | **没有意思** méiyǒu yìsi 재미없다 | **去** qù 동 가다 | **咖啡店** kāfēidiàn 명 카페 | **喝** hē 동 마시다 | ★ **咖啡** kāfēi 명 커피 | ★ **或者** huòzhě 접 ~이던가 아니면 ~이다 [선택 관계를 나타냄] | **逛街** guàngjiē 동 아이쇼핑을 하다 | **都** dōu 부 모두 | ★ **比** bǐ 개 ~보다 [*A+比+B+술어] | **有意思** yǒu yìsi 재미있다 | **还有** háiyǒu 접 그리고 | **一** yī 수 1, 하나 [성조 변화 주의] | **部** bù 양 부 [영화나 서적 등의 편수를 세는 단위] | ★ **一般** yìbān 형 일반적이다 | ★ **要** yào 동 (시간이) 걸리다 | ★ **两** liǎng 수 둘 | **个** ge 양 개 [물건·사람을 세는 단위] | **多** duō 수 (수량사 뒤에 쓰여) 정도 | ★ **小时** xiǎoshí 명 시간 | **有点儿** yǒudiǎnr 부 조금 [*有点儿+형용사: 부정이나 불만의 뉘앙스를 나타냄] | **浪费** làngfèi 동 낭비하다 | ★ **时间** shíjiān 명 시간 | ★ **一边** yìbiān 접 한편으로 ~하면서 (~하다) [*一边A一边B: A하면서 B하다] | **吃** chī 동 먹다 | **东西** dōngxi 명 (구체적인 혹은 추상적인) 것, 물건, 음식 | ★ **对** duì 개 ~에 대해 [*A对B好: A는 B에 좋다] | ★ **身体** shēntǐ 명 몸 | ★ **也** yě 부 ~도 | **和** hé 개 ~와/과 | **朋友** péngyou 명 친구 | ★ **一起** yìqǐ 부 함께 | ★ **更** gèng 부 더 [비교문에 주로 쓰임] | ★ **所以** suǒyǐ 접 그래서 | **真的** zhēn de 정말로

표현 tip

㉠ A比BC A는 B보다 C하다
A와 B에는 비교하는 대상, C에는 술어가 들어가며, '比'자 비교문에서는 술어 앞에 '很'이나 '非常'을 쓰지 않고, 대신 '还'나 '更'을 쓸 수 있다

㉡ 一边A一边B A하면서 B하다
A와 B에는 주로 구체적인 동작 동사가 들어가, 동시 동작을 나타낸다

㉢ A对B不好 A는 B에 좋지 않다
A는 B라는 대상에 좋지 않다는 의미로, 'A对B好'라고 쓰면 'A는 B에 좋다'라는 뜻의 반대 의미가 된다

㉣ 和A一起B A와 함께 B하다
A에는 대상, B에는 행동이 들어가며 자주 쓰이는 표현으로 꼭 기억해두자

발음 tip

① '不'는 원래 4성이지만 4성인 글자 앞에 위치하면 2성으로 바뀐다

② 운모가 [i]일 때 설치음(혀끝을 윗니 뒷부분에 마찰시켜 내는 소리)과 권설음(혀를 말아 올린 상태에서 혀끝을 윗잇몸 뒷부분에 대고 내는 소리)을 잘 구분해서 발음해야 한다

③ 한국어에 없는 '咖啡店[kāfēidiàn]', '浪费[làngfèi]'의 [f] 발음과 '朋友[péngyou]'의 [p] 발음을 잘 구분하여 읽어야 한다

④ '一'는 1·2·3성 글자 앞에서는 4성으로, 4성 글자 앞에서는 2성으로 바뀐다

⑤ 1음절 동사를 중첩하여 읽을 때 두 번째 음절은 경성으로 발음한다

STEP 2 **내공 쌓기**

1 주의해야 할 발음 ◎ track 306

중국어 발음 중 일부는 한국어에 없는 소리이기 때문에 발음하기가 어려울 수 있다. 아래는 헷갈리기 쉬운 발음을 비교하여 정리한 내용으로, 소리내는 방법에 주의해서 연습해 보자.

(1) 성모

① 설치음 VS 권설음

	설치음 [z·c·s]	권설음 [zh·ch·sh·r]
소리 내는 방법	혀끝을 윗니 뒷부분에 마찰시켜 소리를 냄	혀를 말아 올린 상태에서 혀끝을 윗잇몸 뒷부분에 대고 소리를 냄
혀의 위치	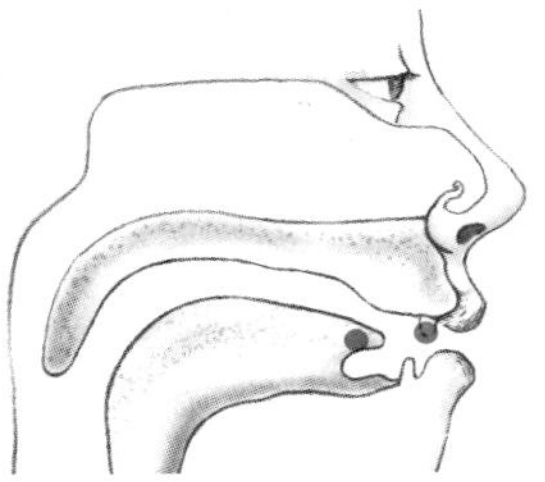	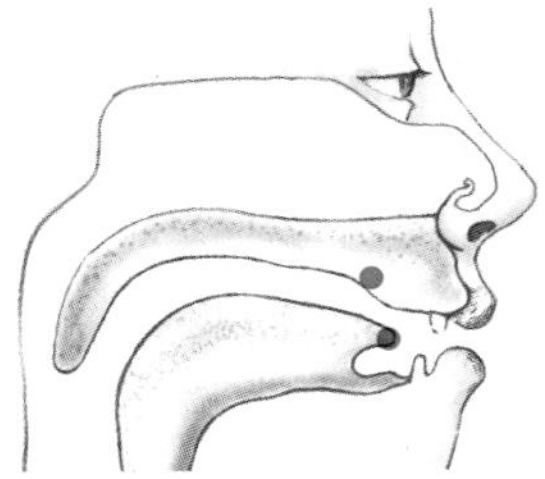
예시	• **左边** zuǒbian 왼쪽 • **菜** cài 요리 • **所以** suǒyǐ 그래서	• **准备** zhǔnbèi 준비하다 • **唱歌** chànggē 노래를 부르다 • **时间** shíjiān 시간 • **让** ràng ~하게 하다

② [f] VS [p]

	[f]	[p]
소리 내는 방법	윗니를 입술 안쪽에 살짝 붙인 채로 바람을 불어 내는 소리로 영어의 [f] 발음과 유사	윗입술과 아랫입술을 붙였다 떼면서 내는 소리로 영어의 [p] 발음과 유사
혀의 위치	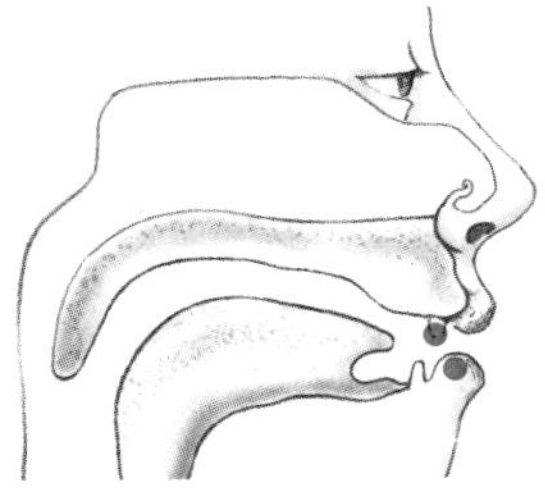	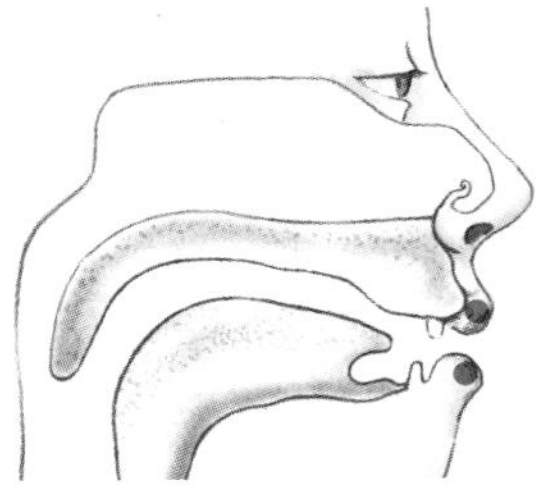
예시	• **飞机** fēijī 비행기 • **非常** fēicháng 매우 • **服务员** fúwùyuán 종업원	• **便宜** piányi (값이) 싸다 • **漂亮** piàoliang 예쁘다 • **苹果** píngguǒ 사과

③ [r] VS [l]

	[r]	[l]
소리 내는 방법	권설음으로, 혀를 만 상태에서 혀끝을 윗잇몸 뒤쪽에 대고 소리를 내며 떨림이 있음	혀끝을 윗니 안쪽에 붙였다 떼며 내는 소리로 떨림이 없음
혀의 위치	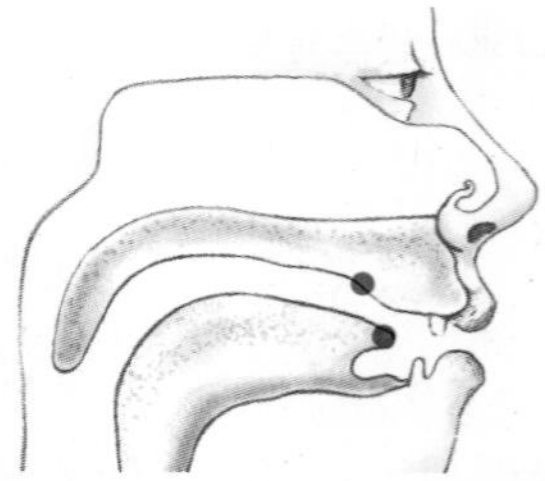	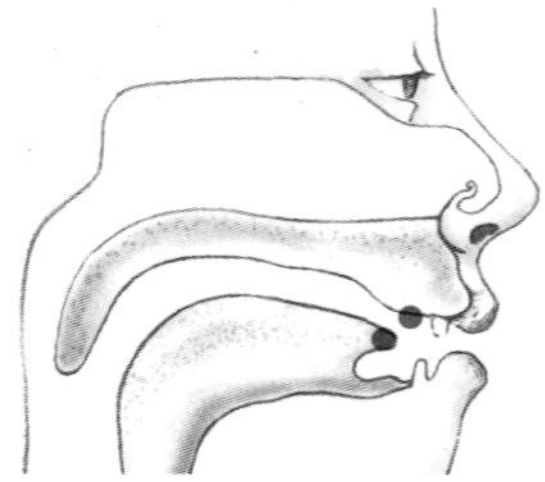
예시	• 热 rè 덥다 • 人 rén 사람 • 认为 rènwéi 여기다	• 来 lái 오다 • 老师 lǎoshī 선생님 • 两 liǎng 둘

(2) 운모

① [u] VS [ü]

	[u]	[ü]
소리 내는 방법	입을 쭉 내밀고 [우] 소리를 냄	입술을 동그랗게 오므린 채로 [이]와 [위] 중간 소리를 냄
예시	• 不 bù ~아니다 • 帮助 bāngzhù 돕다 • 出租车 chūzūchē 택시 • 跑步 pǎobù 달리다 • 住 zhù 살다	• 旅游 lǚyóu 여행하다 • 邻居 línjū 이웃 • 去 qù 가다 • 需要 xūyào 필요로 하다 • 汉语 Hànyǔ 중국어

*[ü]가 [j·q·x]와 결합할 때는 [ü]가 아닌 [u]로 표기한다. 또한 단독 음절로도 쓰일 수 있는데 이때는 [yu]로 표기한다.

2 답안에 활용할 수 있는 '취미·애호' 관련 표현 ○ track 307

特别的爱好 tèbié de àihào	특별한 취미	我有一个特别的爱好，就是做面包。 나는 특별한 취미가 하나 있는데, 바로 빵을 만드는 것이다.
看电影 · 电视剧 kàn diànyǐng diànshìjù	영화·드라마를 보다	周末的时候，我喜欢在家看电影。 주말에 나는 집에서 영화 보는 것을 좋아한다.
喝咖啡·茶 hē kāfēi chá	커피·차를 마시다	你要喝咖啡还是茶? 너는 커피를 마실래, 아니면 차를 마실래?
买东西 mǎi dōngxi	물건을 사다	姐姐常常在网上买东西。 언니는 자주 인터넷에서 물건을 산다.

어휘 ★特别 tèbié 형 특별하다 | ★爱好 àihào 명 취미 | 有 yǒu 동 있다 | ★就 jiù 부 바로 [사실을 강조] | 做 zuò 동 만들다 | ★面包 miànbāo 명 빵 | 看 kàn 동 보다 | 电影 diànyǐng 명 영화 | 电视剧 diànshìjù 명 텔레비전 드라마 | ★周末 zhōumò 명 주말 | 时候 shíhou 명 때 [*的时候: ~할 때] | 喜欢 xǐhuan 동 좋아하다 | 在 zài 개 ~에서 | 家 jiā 명 집 | 喝 hē 동 마시다 | ★咖啡 kāfēi 명 커피 | 茶 chá 명 차 | ★要 yào 조동 ~할 것이다 | ★还是 háishi 접 아니면 | 买 mǎi 동 사다 | 东西 dōngxi 명 물건 | ★姐姐 jiějie 명 언니, 누나 | 常常 chángcháng 부 자주 | 网上 wǎngshàng 명 인터넷

3 자주 출제되는 '취미·애호' 관련 질문 track 308

- 你喜欢看书还是玩儿手机？ 당신은 책 보는 것을 좋아합니까, 아니면 휴대폰 하는 것을 좋아합니까?
- 你喜欢去旅游吗？ 为什么？ 당신은 여행 가는 것을 좋아합니까? 이유는 무엇입니까?
- 请说说你的兴趣爱好。 당신의 취미를 말해 보세요.
- 你爱做运动吗？ 당신은 운동하는 것을 좋아합니까?
- 你喜欢看电视吗？ 为什么？ 당신은 TV 보는 것을 좋아합니까? 이유는 무엇입니까?

어휘 喜欢 xǐhuan 동 좋아하다 | 看 kàn 동 보다 | 书 shū 명 책 | ★还是 háishi 접 아니면 | ★玩(儿) wán(r) 동 놀다 | ★手机 shǒujī 명 휴대폰 | 去 qù 동 가다 | ★旅游 lǚyóu 동 여행하다 | ★为什么 wèishénme 왜 | 请 qǐng 동 ~해 주세요 [*请+대상+술어/내용] | 说 shuō 동 말하다 | 兴趣 xìngqù 명 흥미 [*兴趣爱好: 취미] | ★爱好 àihào 명 취미 | 爱 ài 동 ~하는 것을 좋아하다 | 做 zuò 동 하다 | ★运动 yùndòng 명 운동 | 电视 diànshì 명 TV

STEP 3 실력 다지기

다음 질문에 대답해 봅시다. (각 문항당 준비 시간 약 3분 30초, 녹음 시간 약 1분 30초)

Nǐ xǐhuan shénmeyàng de tiānqì? Wèishénme?
3 你 喜欢 什么样 的 天气？ 为什么？

Gǒu hé māo xiāngbǐ, nǐ xǐhuan nǎge?
4 狗 和 猫 相比，你 喜欢 哪个？

모범 답안 및 해설 p.167

03 제3부분 | 질문에 대답하기

일상

STEP 1 유형 파악하기

일상 관련 질문은 일상에서 일어나는 특정 상황에서 보통 어떻게 행동하는지 등을 묻는 형식으로 많이 출제된다.

출제 경향

- 일상 관련 질문들은 보통 '……你会做什么?'로 제시되는 경우가 많다.

문제 풀이 비법

- 일상 관련 질문은 제대로 된 모범 답안 하나를 만들어 완전히 익히기만 해도, 질문에 따라 내용을 조금씩 수정해서 여러 문제에 두루두루 쓸 수 있다.
- 중국어에는 한자가 같더라도 발음과 의미가 다른 다음자가 있다. 초급 수준의 다음자는 그렇게 많지 않은 편이니 내공 쌓기에 정리된 다음자를 반드시 익혀 두자.

예제 3

Měitiān qǐchuáng hòu, nǐ yìbān huì zuò shénme?
每天 起床 后，你 一般 会 做 什么?
매일 일어나서 당신은 보통 무엇을 합니까?

내용 구상하기

도입	질문에 대해 한 마디로 간략하게 대답한다	我每天早上都会早起，因为起床后，我一般会先看半个小时手机。
전개	도입의 대답에 대해 부연 설명을 한다	我首先会看一下工作短信，看看有没有重要的信息。然后我会上网，因为我喜欢在网上看新闻。我不但起床后就看手机，睡觉前也会看手机。
마무리	역접을 나타내는 접속사 '但是'를 활용하여 휴대폰을 자주 보는 습관을 고치겠다는 의지로 마무리한다	但是躺着看手机对眼睛不好，我最近想改掉这个坏习惯。

모범 답안 track 309

我 每天① 早上 / 都 会 / 早 起，因为 起床 后，
Wǒ měitiān zǎoshang dōu huì zǎo qǐ, yīnwèi qǐchuáng hòu,

我 一般② 会 / 先 看 半 个 小时 / 手机。我 首先㉠①
wǒ yìbān huì xiān kàn bàn ge xiǎoshí shǒujī. Wǒ shǒuxiān

会 / 看 一下② / 工作 短信，看看 / 有 没有 / 重要③
huì kàn yíxià gōngzuò duǎnxìn, kànkan yǒu méiyǒu zhòngyào

的 信息。然后㉠ / 我 会 上网，因为 / 我 喜欢① /
de xìnxī. Ránhòu wǒ huì shàngwǎng, yīnwèi wǒ xǐhuan

在 网上 / 看 新闻。我 / 不但㉡④ 起床 后 / 就 看
zài wǎngshàng kàn xīnwén. Wǒ búdàn qǐchuáng hòu jiù kàn

手机，睡觉 前 / 也㉡ 会 看 手机。但是 / 躺着 / 看
shǒujī, shuìjiào qián yě huì kàn shǒujī. Dànshì tǎngzhe kàn

手机 / 对㉢ 眼睛⑤ / 不 好㉢，我 最近 / 想 改掉① / 这个
shǒujī duì yǎnjing bù hǎo, wǒ zuìjìn xiǎng gǎidiào zhège

坏 习惯。
huài xíguàn.

해석 저는 매일 아침 일찍 일어납니다. 왜냐하면 일어나서 저는 보통 먼저 30분 동안 휴대폰을 보기 때문입니다. 저는 우선 업무 문자 메시지를 확인해서 중요한 소식이 있는지 봅니다. 그다음에 저는 인터넷을 합니다. 왜냐하면 저는 인터넷에서 뉴스 보는 것을 좋아하기 때문입니다. 저는 일어나자마자 휴대폰을 볼 뿐만 아니라 자기 전에도 휴대폰을 봅니다. 그러나 누워서 휴대폰을 보는 것은 눈에 좋지 않습니다. 저는 요즘 이 나쁜 습관을 고치려고 합니다.

어휘 **每天** měitiān 명 매일 | ★ **起床** qǐchuáng 동 (잠자리에서) 일어나다 | **后** hòu 명 (시간상으로) 후 | ★ **一般** yìbān 형 보통이다 | **会** huì 조동 ~할 것이다 [여기에서는 습관적으로 쓰여 해석하지 않음] | **做** zuò 동 하다 | **什么** shénme 대 무엇 | ★ **早上** zǎoshang 명 아침 | **都** dōu 부 모두 | **早** zǎo 형 이르다 | **起** qǐ 동 일어나다 | ★ **因为** yīnwèi 접 왜냐하면 | ★ **先** xiān 부 먼저 | **看** kàn 동 보다 | ★ **半** bàn 수 절반, 2분의 1 | ★ **小时** xiǎoshí 명 시간 | ★ **手机** shǒujī 명 휴대폰 | **首先** shǒuxiān 명 우선 | ★ **一下** yíxià 수량 (동사 뒤에 쓰여) 좀 ~하다 | **工作** gōngzuò 명 업무 | **短信** duǎnxìn 명 문자 메시지 | **没** méi 부 ~않다 | ★ **重要** zhòngyào 형 중요하다 | **信息** xìnxī 명 소식 | ★ **然后** ránhòu 접 그다음에 | ★ **上网** shàngwǎng 동 인터넷을 하다 | **喜欢** xǐhuan 동 좋아하다 | **在** zài 개 ~에서 | **网上** wǎngshàng 명 인터넷 | ★ **新闻** xīnwén 명 뉴스 | ★ **不但** búdàn 접 ~뿐만 아니라 [*不但A，也B: A뿐만 아니라 B도 하다] | ★ **就** jiù 부 ~하자마자 곧 [앞뒤의 두 행위가 연이어서 일어남을 나타냄] | **睡觉** shuìjiào 동 (잠을) 자다 | **前** qián 명 (시간상으로) 전 | ★ **也** yě 부 ~도 | ★ **但是** dànshì 접 그러나 | **躺** tǎng 동 눕다 | ★ **着** zhe 조 ~하고 있다 [동작이나 상태의 지속을 나타냄] | ★ **对** duì 개 ~에 [*A对B不好: A는 B에 좋지 않다] | ★ **眼睛** yǎnjing 명 눈 | ★ **最近** zuìjìn 명 요즘 | **想** xiǎng 조동 ~하려고 하다 | **改** gǎi 동 고치다 [*改掉: 고쳐버리다] | **掉** diào 동 ~해 버리다 [동사 뒤에 쓰여 동작의 완성을 나타냄] | **这个** zhège 대 이 | ★ **坏** huài 형 나쁘다 | ★ **习惯** xíguàn 명 습관

표현 tip

㉠ 首先A，然后B 우선 A하고 나서 B하다
선후 관계에 따라 A와 B라는 동작이 진행됨을 나타낸다

㉡ 不但A，也B A할 뿐만 아니라 게다가 B하다
점층을 나타내는 접속사 구문으로, 접속사 표현은 많이 알아둘수록 제3부분에서 유용하게 쓰인다

㉢ A对B不好 A는 B에 좋지 않다
많이 쓰는 고정격식 표현으로, '不'를 지우면 반대 의미가 된다

발음 tip

① 3성이 두 개 연속되면 첫 번째 글자는 2성으로 읽고, 3성 뒤에 3성 외에 다른 글자가 오면 반3성으로 읽는다. 따라서 3성-3성-1·2·4·경성이 이어지면 2성-반3성-1·2·4·경성으로 읽는다

② '一'는 1·2·3성 앞에서는 4성으로 바뀌고 4성 앞에서는 2성으로 바뀐다

③ '重要'의 한자를 잘 알아두자. '要'가 다음자이기도 하고 간혹 '中要'로 알고 있어 [zhōngyào]라고 읽는 경우가 있는데, [zhòngyào]로 4성-4성을 잘 지켜야 한다

④ '不'는 뒤의 글자의 성조가 4성일 때 2성으로 바뀌기 때문에 '不但'은 2성-4성으로 읽는다

⑤ '眼睛'의 '睛'은 1성이나 4성이 아니라 경성으로 가볍게 읽는 것에 주의하자

STEP 2 내공 쌓기

1 다음자 track 310

중국어에는 다음자가 아주 많지만 HSKK 초급에서는 아래 표의 다음자들만 익히더라도 충분하다. 많지 않은 양이니 꼭 암기하자.

便	biàn	方便 fāngbiàn 편리하다
	pián	便宜 piányi 싸다
差	chā	温差 wēnchā 온도차
	chà	差不多 chàbuduō 거의 비슷하다
	chāi	出差 chūchāi 출장하다
长	cháng	长 cháng 길다
	zhǎng	长大 zhǎngdà 자라다
大	dà	大 dà 크다
	dài	大夫 dàifu 의사
得	dé	取得 qǔdé 얻다
	de	跑得很快 pǎo de hěn kuài 빨리 달리다
	děi	得 děi ~해야 한다
地	de	认真地工作 rènzhēn de gōngzuò 열심히 일하다
	dì	地铁 dìtiě 지하철
发	fā	发现 fāxiàn 발견하다
	fà	头发 tóufa(fà) 머리카락
个	ge	这个 zhège 이것
	gè	个子 gèzi 키
过	guò	过去 guòqù 과거
	guo	去过 qùguo 가 봤다
还	hái	还 hái 더, 더욱, 여전히
	huán	还 huán 반납하다
好	hǎo	好看 hǎokàn 예쁘다
	hào	爱好 àihào 취미
几	jī	几乎 jīhū 거의
	jǐ	几个学生 jǐ ge xuésheng 학생 몇 명
教	jiāo (동사)	教学生 jiāo xuésheng 학생을 가르치다
	jiào (명사)	教室 jiàoshì 교실
觉	jué	觉得 juéde ~라고 생각하다
	jiào	睡觉 shuìjiào 자다
了	le	吃了 chīle 먹었다
	liǎo	了解 liǎojiě 알다
乐	lè	快乐 kuàilè 즐겁다
	yuè	音乐 yīnyuè 음악
里	lǐ	里面 lǐmiàn 안
	li	那里 nàli 그곳
少	shǎo	很少 hěn shǎo 적다
	shao	多少 duōshao 얼마

为	wéi	认为 rènwéi 여기다	要	yāo	要求 yāoqiú 요구하다
	wèi	为什么 wèishénme 왜		yào	要 yào ~해야 한다
西	xī	东西 dōngxī 동서 [방향을 나타냄]	只	zhī	一只猫 yì zhī māo 고양이 한 마리
	xi	东西 dōngxi 물건, 음식		zhǐ	只有 zhǐyǒu ~해야만
行	xíng	行李 xíngli 여행 짐	着	zhe	坐着 zuòzhe 앉아서
	háng	银行 yínháng 은행		zháo	着急 zháojí 조급해하다

2 답안에 활용할 수 있는 '일상' 관련 표현 track 311

在家休息 zài jiā xiūxi	집에서 쉬다	放假的时候，我要在家休息。 방학 때 나는 집에서 쉴 것이다.
看电视 kàn diànshì	TV를 보다	我喜欢一边看电视一边吃东西。 나는 TV를 보면서 음식 먹는 것을 좋아한다.
好吃的东西 hǎochī de dōngxi	맛있는 음식	每次吃好吃的东西时，我都很高兴。 맛있는 음식을 먹을 때마다 나는 기쁘다.
感到舒服 gǎndào shūfu	편안함을 느끼다	休息了一天后，我感到舒服。 하루를 쉬고 났더니, 나는 편안함을 느꼈다.
看・玩手机 kàn wán shǒujī	휴대폰을 보다·하다	我睡觉前一定要看一会儿手机。 나는 잠을 자기 전에 반드시 잠시 동안 휴대폰을 봐야 한다.

어휘 在 zài 개 ~에서 | 家 jiā 명 집 | ★休息 xiūxi 동 쉬다 | 放假 fàngjià 동 방학하다 | 时候 shíhou 명 때 [*的时候: ~할 때] | ★要 yào 조동 ~할 것이다, ~해야 한다 | 看 kàn 동 보다 | 电视 diànshì 명 TV | 喜欢 xǐhuan 동 좋아하다 | ★一边 yìbiān 접 한편으로 ~하면서 ~하다 [*一边A一边B: 한편으로 A하면서 B하다] | 吃 chī 동 먹다 | 东西 dōngxi 명 음식 | ★好吃 hǎochī 형 맛있다 | ★每 měi 대 ~마다 | ★次 cì 양 번 [동작의 횟수를 세는 단위] | 时 shí 명 때 | 都 dōu 부 모두 | 高兴 gāoxìng 형 기쁘다 | 感到 gǎndào 동 느끼다 | ★舒服 shūfu 형 편안하다 | 一 yī 수 1, 하나 [성조 변화 주의] | 天 tiān 명 날 [*一天: 하루] | 后 hòu 명 (시간상으로) 후 | ★玩 wán 동 놀다 | ★手机 shǒujī 명 휴대폰 | 睡觉 shuìjiào 동 (잠을) 자다 | 前 qián 명 (시간상으로) 전 | ★一定 yídìng 부 반드시 | ★一会儿 yíhuìr 명 잠시 동안

3 자주 출제되는 '일상' 관련 질문 ● track 312

- 你和朋友见面的时候一般做什么? 당신은 친구와 만나면 보통 무엇을 합니까?
- 每天睡觉前，你会做什么? 매일 자기 전 당신은 무엇을 합니까?
- 周末你一般会做什么? 주말에 당신은 보통 무엇을 합니까?
- 你平时休息的时候做些什么? 당신은 평소 쉴 때 무엇을 합니까?
- 去上班的时候，你自己开车去还是坐公共汽车去? 为什么?
  출근할 때 당신은 직접 운전해서 갑니까 아니면 버스를 타고 갑니까? 이유는 무엇입니까?

어휘 **和** hé 개 ~와/과 [*和A见面: A와 만나다] | **朋友** péngyou 명 친구 | ★ **见面** jiànmiàn 동 만나다 | **时候** shíhou 명 때 [*的时候: ~할 때] | ★ **一般** yìbān 형 보통이다 | **做** zuò 동 하다 | **什么** shénme 대 무엇 | **每天** měitiān 명 매일 | **睡觉** shuìjiào 동 (잠을) 자다 | **前** qián 명 (시간상으로) 전 | **会** huì 조동 ~할 것이다 [여기에서는 습관적으로 쓰여 해석하지 않음] | ★ **周末** zhōumò 명 주말 | **平时** píngshí 명 평소 | ★ **休息** xiūxi 동 쉬다 | **些** xiē 양 (형용사나 일부 동사 뒤에 쓰여) 조금 | **去** qù 동 가다 | ★ **上班** shàngbān 동 출근하다 | ★ **自己** zìjǐ 대 직접 | **开车** kāichē 동 운전하다 | ★ **还是** háishi 접 아니면 | **坐** zuò 동 (교통수단을) 타다 | ★ **公共汽车** gōnggòngqìchē 명 버스 | ★ **为什么** wèishénme 왜

STEP 3 실력 다지기

다음 질문에 대답해 봅시다. (각 문항당 준비 시간 약 3분 30초, 녹음 시간 약 1분 30초)

Xiàyǔ shí, nǐ yìbān huì zuò shénme?
5 下雨 时，你 一般 会 做 什么?

Nǐ gǎndào lèi de shíhou huì zuò shénme?
6 你 感到 累 的 时候 会 做 什么?

모범 답안 및 해설 p.170

04 제3부분 | 질문에 대답하기
중국어 배우기

STEP 1 유형 파악하기

HSKK 초급은 '중국어 말하기' 시험이므로, 중국어 학습에 관한 질문이 간혹 출제되고 있다.

출제 경향

- 중국어를 언제, 왜 배우기 시작했는지 또는 중국어를 배우는 것이 재미있는지 등에 대해 질문한다.

문제 풀이 비법

- 중국어를 배우기 시작한 시간과 이유를 정리해 보고, 처음 중국어를 배웠을 때와 비교해서 현재는 중국어 공부에 대해 어떻게 생각하는지를 정리해서 대답을 준비해 두는 것이 좋다.
- 접속사는 절과 절을 잇는 역할을 하여 문장을 보다 매끄럽게 만들어 준다. 접속사 구문을 활용하여 대답을 더욱 풍성하게 하는 연습이 필요하다.

예제 4

Nǐ wèishénme xué Hànyǔ?
你 为什么 学 汉语?
당신은 왜 중국어를 배웁니까?

내용 구상하기

도입	이유를 설명하는 접속사 구문 '因为A，所以B'로 간단히 답한다.	因为我喜欢中国的明星，所以学了汉语。
전개	좋아하는 배우를 간단히 언급하며 중국어를 배우고 싶은 이유를 자세히 설명한다	我喜欢的明星叫杨洋，他长得很帅，而且演的电视剧很有意思。他演的电视剧我都看了，我希望有一天不但能看懂他演的电视剧，并且能听懂他说的话。
마무리	앞으로도 중국어를 열심히 공부할 것이라는 포부와 함께 마무리한다	现在我已经学汉语学了一年多了，以后我也会努力学习汉语的!

모범 답안 track 313

因为㉠ / 我 喜欢① / 中国② 的 明星， 所以㉠ / 学了
Yīnwèi wǒ xǐhuan Zhōngguó de míngxīng, suǒyǐ xuéle

汉语③。我 喜欢 的 明星 / 叫 杨洋， 他 长②④ 得
Hànyǔ. Wǒ xǐhuan de míngxīng jiào Yáng Yáng, tā zhǎng de

很 帅②⑥， 而且 / 演 的⑥ 电视剧②③ / 很 有 意思①。他
hěn shuài, érqiě yǎn de diànshìjù hěn yǒu yìsi. Tā

演 的 电视剧 / 我 都⑥ 看了， 我 希望㉡⑥ 有一天⑤⑥
yǎn de diànshìjù wǒ dōu kànle, wǒ xīwàng yǒuyìtiān

不但⑦ / 能 看懂 / 他 演 的 电视剧， 并且 / 能
búdàn néng kàndǒng tā yǎn de diànshìjù, bìngqiě néng

听懂 / 他 说② 的 话。 现在 / 我 已经㉢① / 学 汉语
tīngdǒng tā shuō de huà. Xiànzài wǒ yǐjīng xué Hànyǔ

学了 / 一 年⑤ 多 了㉢， 以后⑥ / 我 也 会㉣① / 努力⑥ 学习
xuéle yì nián duō le, yǐhòu wǒ yě huì nǔlì xuéxí

汉语 的㉣！
Hànyǔ de!

해석 저는 중국의 스타를 좋아하기 때문에 중국어를 배웠습니다. 제가 좋아하는 스타는 양양[杨洋]입니다. 그는 잘생긴 데다가 (그가) 연기한 드라마는 재미있습니다. 저는 그가 출연한 드라마를 다 봤습니다. 저는 언젠가 그가 연기한 드라마를 이해할 수 있을 뿐만 아니라 그가 하는 말도 알아들을 수 있기를 희망합니다. 현재 저는 중국어를 배운 지 이미 1년쯤 되었고 앞으로도 저는 열심히 중국어 공부를 할 것입니다!

어휘 ★为什么 wèishénme 왜 | 学 xué 동 배우다 | 汉语 Hànyǔ 고유 중국어 | ★因为 yīnwèi 접 때문에 | 喜欢 xǐhuan 동 좋아하다 | 中国 Zhōngguó 고유 중국 | 明星 míngxīng 명 스타 | ★所以 suǒyǐ 접 그래서 | 叫 jiào 동 (이름을) ~라고 하다 | 杨洋 Yáng Yáng 고유 양양 [중국의 배우] | ★长 zhǎng 동 생기다 | ★得 de 조 ~하는 정도가 ~하다 [*술어+得+정도보어] | 帅 shuài 형 잘생기다 | ★而且 érqiě 접 게다가 | 演 yǎn 동 연기하다 | 电视剧 diànshìjù 명 텔레비전 드라마 | 有意思 yǒu yìsi 재미있다 | 都 dōu 부 모두 | 看 kàn 동 보다 | ★希望 xīwàng 동 (생각하는 것이 실현되기를) 희망하다 | 有一天 yǒuyìtiān 어느 날 | ★不但 búdàn 접 ~뿐만 아니라 | 能 néng 조동 ~할 수 있다 | ★懂 dǒng 동 이해하다 [*看懂: 이해하다] | 并且 bìngqiě 접 또한 | 听 tīng 동 듣다 [*听懂: 알아듣다] | 说 shuō 동 말하다 | 话 huà 명 말 | 现在 xiànzài 명 현재 | ★已经 yǐjīng 부 이미 [*已经A了: 이미 A했다] | 一 yī 수 1, 일 [성조 변화 주의] | 年 nián 명 년 [품사는 명사지만 '양사'의 역할도 포함함] | 多 duō 수 (수(량)사 뒤에 쓰여) ~쯤 | 以后 yǐhòu 명 이후 | ★也 yě 부 ~도 | 会 huì 조동 ~할 것이다 [*会A的: A할 것이다] | ★努力 nǔlì 동 열심히 하다 | 学习 xuéxí 동 공부하다

표현 tip

㉠ 因为A，所以B A하기 때문에 그래서 B하다
인과를 나타내는 접속사 구문으로 A에는 원인, B에는 결과가 들어간다

㉡ 我希望 나는 ~하기를 희망한다
뒤에 바라는 내용이 들어가며, 여기서는 전개 부분에 쓰였지만 이야기 말미에도 많이 쓰일 수 있는 표현이다

㉢ 已经A了 이미 A했다
A라는 행동이나 상황이 이미 진행되었음을 나타낸다

㉣ 会A的 A할 것이다
다짐이나 의지를 나타내는 표현으로 '的'를 생략하여 쓸 수도 있다

발음 tip

① 3성-3성-1·2·4·경성으로 된 부분을 읽을 때는 2성-반3성-1·2·4·경성으로 읽어준다

② 권설음[zh·sh]은 혀를 만 상태에서 혀끝을 윗잇몸 뒤쪽에 대고 소리를 낸다

③ [ü] 운모를 발음할 때는 입술을 동그랗게 오므린 채로 [이]와 [위] 중간 소리를 낸다

④ '长'은 다음자로 '길다'라는 뜻으로 쓰일 때는 [cháng]으로 읽지만, 여기서는 '생기다'라는 뜻으로 쓰여 [zhǎng]으로 읽어야 한다

⑤ '一'는 1·2·3성 앞에서는 4성으로 바뀌고 4성 앞에서는 2성으로 바뀐다

⑥ 3성인 글자 뒤에 3성 외의 다른 성조의 글자가 오면 반3성으로 읽는다

⑦ '不'는 본래 4성이지만 그 뒤의 글자 '但' 역시 4성이므로, 2성으로 바뀐다

STEP 2 내공 쌓기

1 접속사 ⊙ track 314

접속사 표현은 매우 다양하게 있지만 HSKK 초급에서는 아래의 접속사 구문만 사용하더라도 좋은 문장을 만들어 높은 점수를 받을 수 있다. 일상 회화에서도 많이 쓰는 구문이니 꼭 외우자!

一边A，一边B (yì)biān (yì)biān	A하면서 B하다 (A·B: 구체적인 동작동사)	我喜欢一边喝咖啡，一边看书。 나는 커피를 마시면서 책을 보는 것을 좋아한다.
既(又)A(,) 又B jì (yòu) yòu	A이기도 하고, B이기도 하다 (A·B 동사 또는 A·B 형용사)	她既漂亮又热情。 그녀는 예쁘고 친절하다.
不但A， búdàn 而且·还·也B érqiě hái yě	A할 뿐만 아니라, 게다가 B하다 (A: 대상·범위·행동, B: 이어지는 행동)	我不但喜欢看篮球比赛，而且喜欢打篮球。 나는 농구 경기를 보는 것을 좋아할 뿐만 아니라 농구를 하는 것도 좋아한다.
虽然A， suīrán 但·可(是)B dàn kě(shì)	비록 A하지만, B하다 (A: 상황, B: A와 상반되는 내용)	虽然面包很好吃，可是不能每天吃。 비록 빵은 맛있지만 매일 먹을 수는 없다.
如果A(的话)， rúguǒ (dehuà), 就·那(么)B jiù nà(me)	만약 A라면, B하다 (A: 가정, B: 결과)	如果你喜欢，那么我可以给你买。 만약 네가 좋아한다면 나는 너에게 사 줄 수 있다.
为了A，B wèile	A하기 위해서 B하다 (A: 목적, B: 행동)	为了有健康的身体，我每天都运动。 건강한 신체를 가지기 위해 나는 매일 운동을 한다.
只有A，才B zhǐyǒu cái	A해야만, B하다 (A: 유일한 조건, B: 결과)	只有好好学习，才能上大学。 열심히 공부해야만 대학교에 입학할 수 있다.
因为A，所以B yīnwèi suǒyǐ	A이기 때문에, B하다 (A: 원인, B: 결과)	因为我喜欢看中国电视剧，所以我在学习汉语。 나는 중국 드라마 보는 것을 좋아하기 때문에 중국어를 공부하고 있는 중이다.
(首)先A，然后B (shǒu)xiān ránhòu	먼저 A하고, 그 다음에 B하다 (A·B: 행동)	你先去洗手，然后一起吃饭吧。 너 먼저 손을 씻고 그 다음에 같이 밥을 먹자.
一A(,) 就B yī jiù *'一' 성조 변화 주의	A하면 바로 B하다 (A·B: 행동)	我一有钱就买衣服。 나는 돈이 생기면 바로 옷을 산다.

어휘 **喜欢** xǐhuan 동 좋아하다 | **喝** hē 동 마시다 | ★**咖啡** kāfēi 명 커피 | **看** kàn 동 보다 | **书** shū 명 책 | **漂亮** piàoliang 형 예쁘다 | ★**热情** rèqíng 형 친절하다 | **篮球** lánqiú 명 농구 [*打篮球: 농구를 하다] | ★**比赛** bǐsài 명 경

기 | ★面包 miànbāo 명 빵 | ★好吃 hǎochī 형 맛있다 | 能 néng 조동 ~할 수 있다 | 每天 měitiān 명 매일 | 吃 chī 동 먹다 | ★可以 kěyǐ 조동 ~할 수 있다 | ★给 gěi 개 ~에게 | 买 mǎi 동 사다 | ★健康 jiànkāng 형 건강하다 | ★身体 shēntǐ 명 몸 | 都 dōu 부 모두 | ★运动 yùndòng 동 운동하다 | 好好 hǎohǎo 부 충분히 | 学习 xuéxí 동 배우다 | 上 shàng 동 (정한 시간이 되어) 어떤 일을 하다 [*上大学: 대학교에 입학하다] | 大学 dàxué 명 대학 | 中国 Zhōngguó 고유 중국 | 电视剧 diànshìjù 명 텔레비전 드라마 | 在 zài 부 ~하고 있는 중이다 | 学习 xuéxí 동 공부하다 | 汉语 Hànyǔ 고유 중국어 | 去 qù 동 ~해 보다 [동사 앞에 쓰여 어떤 일을 하겠다는 의지를 나타냄] | ★洗 xǐ 동 씻다 [*洗手: 손을 씻다] | 手 shǒu 명 손 | ★一起 yìqǐ 부 같이 | 吃饭 chīfàn 동 밥을 먹다 | ★吧 ba 조 ~하자 [제의·청유·기대·명령 등의 어기를 나타냄] | 钱 qián 명 돈 | 衣服 yīfu 명 옷

2 답안에 활용할 수 있는 '중국어 배우기' 관련 표현 track 315

学习汉语 xuéxí Hànyǔ	중국어를 공부하다	每周六我都在家学习汉语。 매주 토요일 나는 집에서 중국어를 공부한다.
认真地学习 rènzhēn de xuéxí	성실하게 공부하다	大力在认真地学习汉语。 따리는 성실하게 중국어를 공부하고 있는 중이다.
努力学习 nǔlì xuéxí	열심히 공부하다	他是一个努力学习的好学生。 그는 열심히 공부하는 훌륭한 학생이다.
查词典 chá cídiǎn	사전을 찾다	如果有不知道的单词，可以查词典。 만약 모르는 단어가 있다면 사전을 찾아봐도 된다.

어휘 学习 xuéxí 동 공부하다 | 汉语 Hànyǔ 고유 중국어 | ★每 měi 대 매 | 周六 zhōuliù 명 토요일 | 都 dōu 부 모두 | 在 zài 개 ~에서 부 ~하고 있는 중이다 | 家 jiā 명 집 | ★认真 rènzhēn 형 성실하다 | ★地 de 조 ~하게 [*부사어+地+술어] | 大力 Dàlì 고유 따리 [인명] | ★努力 nǔlì 동 열심히 하다 | 学生 xuésheng 명 학생 | ★查 chá 동 찾아보다 | ★词典 cídiǎn 명 사전 | ★如果 rúguǒ 접 만약 | ★知道 zhīdào 동 알다 | 单词 dāncí 명 단어 | ★可以 kěyǐ 조동 ~해도 된다

3 자주 출제되는 '중국어 배우기' 관련 질문 track 316

- 你觉得学汉语怎么样? 당신은 중국어 배우는 것이 어떻다고 생각합니까?
- 你喜欢学习汉语吗? 为什么? 당신은 중국어를 공부하는 것을 좋아합니까? 이유는 무엇입니까?
- 请介绍一下你的汉语学习方法。 당신의 중국어 공부 방법을 좀 소개해 주세요.
- 你学过汉语吗? 为什么? 당신은 중국어를 배워본 적이 있습니까? 이유는 무엇입니까?

어휘 ★觉得 juéde 동 ~라고 생각하다 | 学 xué 동 배우다 | 汉语 Hànyǔ 고유 중국어 | 怎么样 zěnmeyàng 대 어떻다 | 喜欢 xǐhuan 동 좋아하다 | 学习 xuéxí 동 공부하다 | ★为什么 wèishénme 왜 | 请 qǐng 동 ~해 주세요 [*请+대상+술어/내용] | ★介绍 jièshào 동 소개하다 | ★一下 yíxià 수량 (동사 뒤에 쓰여) 좀 ~하다 | 方法 fāngfǎ 명 방법 | ★过 guo 조 ~한 적이 있다 [과거의 경험을 나타냄]

STEP 3 실력 다지기

다음 질문에 대답해 봅시다. (각 문항당 준비 시간 약 3분 30초, 녹음 시간 약 1분 30초)

Nǐ juéde xué Hànyǔ yǒu méiyǒu yìsi?
7 你 觉得 学 汉语 有 没有 意思?

Nǐ shì cóng shénme shíhou kāishǐ xuéxí Hànyǔ de?
8 你 是 从 什么 时候 开始 学习 汉语 的?

모범 답안 및 해설 p.172

05 제3부분 | 질문에 대답하기

계획 · 준비 · 문제 해결

STEP 1 유형 파악하기

여행, 생일 등의 계획이나 어떤 문제가 생겼을 때 어떻게 할 것인지 묻는 문제가 출제된다.

출제 경향

- 질문으로 '……你准备做什么?'나 '……你要怎么做?' 등으로 계획이나 문제 해결 방법을 묻는 경우가 많다.

문제 풀이 비법

- 계획이나 해결 방법을 묻는 질문은 대답을 바로 생각해내기에는 조금 어려울 수 있다. 질문을 활용하여 대답의 첫 문장을 만든 후, 그에 대한 세부 내용이나 이유를 풀어나가는 식으로 답안을 만들자.
- 고정격식 표현을 많이 알아두면 단어만 바꿔서 여러 질문에 대한 대답에서 다양하게 활용할 수 있다.

예제 5

Guò shēngrì shí, nǐ zhǔnbèi zuò shénme?
过 生日 时，你 准备 做 什么?
생일 때 당신은 무엇을 할 계획입니까?

내용 구상하기

도입	질문을 활용하여 대답한다	我准备和我的父母一起过生日。
전개&마무리	구체적으로 생일을 어떻게 보낼지 설명한다	以前我过生日的时候，常常出去和朋友一起玩，但是现在我更想在家和父母一起过。对于我的父母来说，把我养大很辛苦，所以我希望生日的时候和我的父母一起吃好吃的东西，一起聊天。

모범 답안 track 317

我 准备①② / 和㉠ 我 的 父母③ / 一起㉠ 过④ 生日②。
Wǒ zhǔnbèi hé wǒ de fùmǔ yìqǐ guò shēngrì.

以前 / 我 过 / 生日 的 时候②, 常常② 出去② / 和
Yǐqián wǒ guò shēngrì de shíhou, chángcháng chūqù hé

朋友 / 一起 玩, 但是② 现在 / 我 更 想 / 在 家 /
péngyou yìqǐ wán, dànshì xiànzài wǒ gèng xiǎng zài jiā

和 父母 一起 过。 对于㉡ 我 的 父母 来说㉡②, 把 我 /
hé fùmǔ yìqǐ guò. Duìyú wǒ de fùmǔ láishuō, bǎ wǒ

养 大 / 很 辛苦, 所以 / 我 希望㉢ / 生日 的 时候 /
yǎng dà hěn xīnkǔ, suǒyǐ wǒ xīwàng shēngrì de shíhou

和 我 的 父母 / 一起 吃② 好吃 的 东西⑤, 一起 聊天。
hé wǒ de fùmǔ yìqǐ chī hǎochī de dōngxi, yìqǐ liáotiān.

해석 저는 집에서 부모님과 함께 생일을 보낼 계획입니다. 예전에 저는 생일엔 종종 나가서 친구와 함께 놀았지만, 지금은 집에서 부모님과 함께 보내고 싶습니다. 부모님께 있어서는 저를 키우는 일이 고생스러웠을 것이라서, 저는 생일에 부모님과 함께 맛있는 것을 먹고, 함께 이야기를 나누고 싶습니다.

어휘 ★**过** guò 동 보내다 | ★**生日** shēngrì 명 생일 | **时** shí 명 때 | ★**准备** zhǔnbèi 동 ~할 계획이다 | **做** zuò 동 하다 | **什么** shénme 대 무엇 | **和** hé 개 ~와/과 | **父母** fùmǔ 명 부모 | ★**一起** yìqǐ 부 함께 | ★**以前** yǐqián 명 예전 | **时候** shíhou 명 때 [*的时候: ~할 때] | **常常** chángcháng 부 종종 | **出去** chūqù 동 나가다 | **朋友** péngyou 명 친구 | ★**玩** wán 동 놀다 | ★**但是** dànshì 접 그렇지만 | **现在** xiànzài 명 지금 | ★**更** gèng 부 더 | **想** xiǎng 조동 ~하고 싶다 | **在** zài 개 ~에서 | **家** jiā 명 집 | **对于** duìyú 개 ~에 대해서 [*对于A来说: A에게 있어서] | **来说** láishuō ~으로 말하자면 | ★**把** bǎ 개 ~을/를 [*주어+把+목적어+술어+기타성분] | **养** yǎng 동 키우다 | **大** dà 형 크다 | **辛苦** xīnkǔ 형 고생스럽다 | ★**所以** suǒyǐ 접 ~때문에 | ★**希望** xīwàng 동 (생각하는 것이 실현되기를) 희망하다 | **吃** chī 동 먹다 | ★**好吃** hǎochī 형 맛있다 | **东西** dōngxi 명 (구체적인 혹은 추상적인) 것 | ★**聊天** liáotiān 동 이야기하다

표현 tip

㉠ 和A一起B A와 함께 B하다
자주 쓰이는 고정격식 구문으로, A에는 대상, B에는 행동이 들어간다

㉡ 对于A来说 A에게 있어서
A라는 대상의 입장에서 이야기할 때 쓸 수 있는 표현이다

㉢ 我希望 나는 ~을 희망한다
'希望'은 문장을 목적어로 가지는 동사로 이야기를 정리하며 마지막에 쓸 수 있는 표현이다

발음 tip

① 3성이 두 개 연속되면 첫 번째 글자는 2성으로 읽고, 3성 뒤에 3성 외에 다른 글자가 오면 반3성으로 읽기 때문에, 3성-3성-1·2·4·경성이 이어지면 2성-반3성-1·2·4·경성으로 읽는다

② 권설음 [zh·ch·sh·r]은 혀를 만 상태로 혀끝을 윗잇몸 뒤쪽에 대고 소리를 낸다

③ '父母'의 '父[fù]' 발음은 한국어에 없는 소리로, [p]로 발음하지 않도록 주의해야 한다

④ '过'는 다음자로 과거의 경험을 나타내는 동태조사로 쓰일 땐 경성이지만 여기서는 '보내다, 지내다'라는 뜻의 동사로 쓰여 4성으로 읽어야 한다

⑤ '东西'가 방향을 나타낼 때는 1성-1성으로 읽지만 '음식, 물건'의 뜻으로 쓸 때는 1성-경성으로 읽는다

STEP 2 내공 쌓기

1 고정격식 track 318

从A开始B cóng kāishǐ	A부터 B하기 시작하다	我打算从明天开始运动。 나는 내일부터 운동을 시작할 계획이다.
A和・跟B一起C hé gēn yìqǐ	A는 B와 같이 C하다	昨天我跟妈妈一起吃了饭。 어제 나는 엄마와 함께 밥을 먹었다.
A和・跟B见面 hé gēn jiànmiàn	A는 B와 만나다	周末我打算和朋友见面。 주말에 나는 친구와 만날 계획이다.
A和・跟B一样 hé gēn yíyàng	A는 B와 같다	你长得跟十年前一样。 너는 10년 전과 똑같(이 생겼)다.
A对B很好・不好 duì hěn hǎo bù hǎo	A는 B에(게) (안) 좋다(우호적이다)	老师对每个学生都很好。 선생님은 모든 학생들에게 잘 대해 주신다.
A对B有兴趣・感兴趣 duì yǒuxìngqù gǎnxìngqù	A는 B에 흥미가 있다	丽丽对中国历史很感兴趣。 리리는 중국 역사에 흥미가 있다.
对(于)A来说 duì(yú) láishuō	A에게 있어서	对于我来说，运动累极了。 내게 있어서 운동은 아주 지친다.
A对B说 duì shuō	A는 B에게 말하다	妈妈对我说，快去打扫房间。 엄마는 내게 얼른 방을 청소하라고 말씀하셨다.
A对B有帮助 duì yǒu bāngzhù	A는 B에(게) 도움이 되다	多吃水果对健康有帮助。 과일을 많이 먹는 것은 건강에 도움이 된다.
A给B带来C gěi dàilái	A는 B에(게) C를 가져다주다	学习汉语给我带来了很多快乐。 중국어를 배우는 것은 내게 많은 즐거움을 주었다.
A给B留下C gěi liúxià	A는 B에게 C를 남기다	这次旅游给我留下了很深的印象。 이번 여행은 나에게 깊은 인상을 남겼다.
A是为了B shì wèile	A는 B하기 위한 것이다	努力学习是为了以后找到好的工作。 열심히 공부하는 것은 후에 좋은 일을 찾기 위해서이다.

어휘 ★**从** cóng 개 ~(으)로부터 | ★**开始** kāishǐ 동 시작하다 | ★**打算** dǎsuàn 동 계획하다 | **明天** míngtiān 명 내일 | ★**运动** yùndòng 동 운동하다 명 운동 | **和** hé 개 ~와/과 | ★**跟** gēn 개 ~와/과 | ★**一起** yìqǐ 부 함께 | **昨天** zuótiān 명 어제 | **妈妈** māma 명 엄마 | **吃饭** chīfàn 동 밥을 먹다 | ★**见面** jiànmiàn 동 만나다 | ★**周末** zhōumò 명 주말 | **朋友** péngyou 명 친구 | ★**一样** yíyàng 형 똑같다 | ★**长** zhǎng 동 생기다 | ★**得** de 조 ~하는 정도가 ~하다 [*술어+得+정도보어] | **十** shí 수 10, 십 | **年** nián 명 년 [품사는 명사지만 '양사'의 역할도 포함함] | **前** qián 명 (시간상으로) 전 | ★**对** duì 개 ~에게 | **老师** lǎoshī 명 선생님 | ★**每** měi 대 매 | **学生** xuésheng 명 학생 | **都** dōu 부 모두 | ★**感兴趣** gǎnxìngqù 흥미가 있다 [*兴趣: 흥미] | **丽丽** Lìli 고유 리리 [인명] | **中国** Zhōngguó 고유 중국 | ★**历史** lìshǐ 명 역사 | **对于** duìyú 개 ~에 대해서 | **来说** láishuō ~으로 말하자면 | ★**累** lèi 형 지치다 | **极了** jíle 부 아주 | **说** shuō 동 말하다 | ★**快** kuài 부 곧 | **去** qù 동 ~해 보다 [다른 동사 앞에 쓰여 그 일을 하겠다는 어기를 나타냄] | ★**打扫** dǎsǎo 동 청소하다 | ★**房间** fángjiān 명 방 | ★**帮助** bāngzhù 명 도움 | **多** duō 형 많다 | **吃** chī 동 먹다 | **水果** shuǐguǒ 명

과일 | ★健康 jiànkāng 명 건강 | ★给 gěi 개 ~에게 | ★带 dài 동 가지다 [*带来: 가져다주다] | 来 lái 동 오다 | 学习 xuéxí 동 공부하다 | 汉语 Hànyǔ 고유 중국어 | ★快乐 kuàilè 형 즐겁다 | 留 liú 동 남기다 [*留下: 남기다] | 下 xià 동 동작의 완성이나 결과, 또는 그 결과로 고정·안정된 느낌을 나타냄 | ★次 cì 양 번 [동작의 횟수를 세는 단위] | ★旅游 lǚyóu 명 여행 | 深 shēn 형 깊다 | 印象 yìnxiàng 명 인상 | ★为了 wèile 개 ~을/를 하기 위하여 | ★努力 nǔlì 동 열심히 하다 | 以后 yǐhòu 명 이후 | ★找 zhǎo 동 찾다 | ★到 dào 동 (동사 뒤에 결과보어로 쓰여) ~했다 | 工作 gōngzuò 명 일

2 답안에 활용할 수 있는 '계획·준비·문제 해결' 관련 표현 ● track 319

准备考试 zhǔnbèi kǎoshì	시험을 준비하다	丽丽最近每天都在准备考试。 리리는 요즘 매일 시험 준비를 하고 있는 중이다.
解决问题 jiějué wèntí	문제를 해결하다	你应该自己解决问题。 너는 마땅히 스스로 문제를 해결해야 한다.
想办法 xiǎng bànfǎ	방법을 생각하다	我得想办法找到他。 나는 그를 찾아낼 방법을 생각해야 한다.
问问题 wèn wèntí	문제를 질문하다	大力在向老师问问题。 따리는 선생님께 문제를 질문하고 있다.

어휘 ★准备 zhǔnbèi 동 준비하다 | ★考试 kǎoshì 명 시험 | 丽丽 Lìli 고유 리리 [인명] | ★最近 zuìjìn 명 요즘 | 每天 měitiān 명 매일 | 都 dōu 부 모두 | 在 zài 부 ~하고 있는 중이다 | ★解决 jiějué 동 해결하다 | ★问题 wèntí 명 문제 | ★应该 yīnggāi 조동 (마땅히) ~해야 한다 | ★自己 zìjǐ 대 스스로 | 想 xiǎng 동 생각하다 | ★办法 bànfǎ 명 방법 | 得 děi 조동 ~해야 한다 | ★找 zhǎo 동 찾다 | ★到 dào 동 (동사 뒤에 결과보어로 쓰여) ~했다 | ★问 wèn 동 질문하다 | 大力 Dàlì 고유 따리 [인명] | ★向 xiàng 개 ~에게 | 老师 lǎoshī 명 선생님

3 자주 출제되는 '계획·준비·문제 해결' 관련 질문 ● track 320

- 这次考试结束后，你准备做什么? 이번 시험이 끝나고 나면 당신은 무엇을 할 계획입니까?
- 你这个星期天要做什么? 이번 주 일요일에 당신은 무엇을 할 것입니까?
- 你在公司做工作时遇到问题的话，你会怎么做?
  회사에서 일을 하다가 문제에 부딪히면 당신은 어떻게 할 것입니까?
- 学习的时候，有问题的话，你会怎么做?
  공부를 하다가 문제가 생기면 당신은 어떻게 할 것입니까?

어휘 ★次 cì 양 번 [동작의 횟수를 세는 단위] | ★考试 kǎoshì 명 시험 | ★结束 jiéshù 동 끝나다 | 后 hòu 명 (시간상으로) 후 | ★准备 zhǔnbèi 동 ~할 계획하다 | 做 zuò 동 하다 | 什么 shénme 대 무엇 | 星期天 xīngqītiān 명 일요일 | ★要 yào 조동 ~할 것이다 | 在 zài 개 ~에서 | ★公司 gōngsī 명 회사 | 工作 gōngzuò 명 일 | 时 shí 명 때 | ★遇到 yùdào 동 맞닥뜨리다 | ★问题 wèntí 명 문제 | 的话 dehuà 조 ~하다면 | 会 huì 조동 ~할 것이다 | 怎么 zěnme 대 어떻게 | 学习 xuéxí 동 공부하다 | 时候 shíhou 명 때 [*的时候: ~할 때]

STEP 3 실력 다지기

다음 질문에 대답해 봅시다. (각 문항당 준비 시간 약 3분 30초, 녹음 시간 약 1분 30초)

Nǐ qù Zhōngguó lǚyóu qián, zhǔnbèi zuò shénme?
9 你 去 中国 旅游 前, 准备 做 什么?

Shàngkè de shíhou, rúguǒ yǒu méi tīngdǒng de nèiróng, nǐ yào zěnme zuò?
10 上课 的 时候, 如果 有 没 听懂 的 内容, 你 要 怎么 做?

모범 답안 및 해설 ▶ p.175

06 기타

STEP 1 유형 파악하기

이 파트는 앞의 다섯 파트로 분류되지 않는 질문 유형을 모아 놓은 부분으로, 다양한 주제의 질문을 예로 들어 설명하고 있다.

출제 경향

- 중국인 친구가 있는지, 평소에 운동을 하는지, 선생님이나 의사 같은 특정 직업을 가지고 싶은지 등 다양한 질문이 출제되고 있다.

문제 풀이 비법

- 다양한 형식의 질문에 대해 질문 문장을 활용하여 대답하는 연습을 하자.

예제 6

Nǐ yǒu méiyǒu Zhōngguó péngyou? Nǐmen shì zěnme rènshi de?
你 有 没有 中国 朋友? 你们 是 怎么 认识 的?

당신은 중국인 친구가 있습니까? 어떻게 알게 되었습니까?

내용 구상하기

도입	질문을 활용하여 대답한다	我有一个中国朋友，我们是在咖啡厅认识的。
전개	중국인 친구를 언제 어디에서 어떻게 알게 되었는지 설명한다	一年前，我在咖啡厅学汉语的时候，她在学习韩语。于是我和她说："我们一起学习吧!"就这样，我们约好了一个星期一次在咖啡厅一起学习。
마무리	현재 친구와의 관계를 이야기하며 마무리한다	到现在已经过去一年了，我们不但一直互相帮助，而且也成为了好朋友。

모범 답안 track 321

我 有① / 一 个② 中国 朋友，我们③ / 是 在㉠
Wǒ yǒu yí ge Zhōngguó péngyou, wǒmen shì zài

咖啡厅 / 认识 的㉠。一 年② 前，我 在③ 咖啡厅 / 学习
kāfēitīng rènshi de. Yì nián qián, wǒ zài kāfēitīng xuéxí

汉语④ 的 时候，她 在 / 学习 韩语④。于是 / 我 和㉡③
Hànyǔ de shíhou, tā zài xuéxí Hányǔ. Yúshì wǒ hé

她 说㉡：“我们 / 一起② 学习 吧！”就 这样，我们 /
tā shuō: “Wǒmen yìqǐ xuéxí ba!” Jiù zhèyàng, wǒmen

约好了 / 一 个 星期 一 次② / 在 咖啡厅 / 一起 学习。
yuēhǎole yí ge xīngqī yí cì zài kāfēitīng yìqǐ xuéxí.

到 现在 / 已经③ 过去 / 一 年 了，我们 不但㉢⑤ /
Dào xiànzài yǐjīng guòqù yì nián le, wǒmen búdàn

一直② / 互相 帮助，而且㉢ 也① / 成为了 / 好
yìzhí hùxiāng bāngzhù, érqiě yě chéngwéile hǎo

朋友。
péngyou.

해석 저는 중국 친구가 있고 우리는 카페에서 알게 되었습니다. 1년 전, 제가 카페에서 중국어를 배울 때 그녀는 한국어를 공부하고 있었습니다. 그래서 저는 그녀에게 “우리 같이 공부해요!”라고 말했습니다. 이렇게 우리는 일주일에 한 번씩 카페에서 같이 공부하기로 했습니다. 지금까지 벌써 1년이 지났는데, 우리는 줄곧 서로 도울 뿐 아니라, 좋은 친구도 되었습니다.

어휘 **中国** Zhōngguó 고유 중국 | **朋友** péngyou 명 친구 | **怎么** zěnme 대 어떻게 | **认识** rènshi 동 알다 | **在** zài 개 ~에서 부 ~하고 있는 중이다 | **咖啡厅** kāfēitīng 명 카페 | **一** yī 수 1, 하나 [성조 변화 주의] | **年** nián 명 년 [품사는 명사지만 ‘양사’의 역할도 포함함] | **前** qián 명 (시간상으로) 전 | **学习** xuéxí 동 공부하다 | **汉语** Hànyǔ 고유 중국어 | **时候** shíhou 명 때 [*的时候: ~할 때] | **韩语** Hányǔ 고유 한국어 | **于是** yúshì 접 그래서 [≒所以] | **和** hé 개 ~와/과 | **说** shuō 동 말하다 | ★**一起** yìqǐ 부 같이 | ★**吧** ba 조 ~하자 [제의·청유·기대·명령 등의 어기를 나타냄] | ★**就** jiù 부 바로 [사실을 강조] | **这样** zhèyàng 대 이렇게 | **约** yuē 동 약속하다 [*约好: 약속하다] | **星期** xīngqī 명 주, 주일 | ★**次** cì 양 번 [동작의 횟수를 세는 단위] | ★**到** dào 개 ~까지 | **现在** xiànzài 명 지금 | ★**已经** yǐjīng 부 벌써 [*已经A了: 이미 A했다] | ★**过去** guòqù 동 지나다 | ★**不但** búdàn 접 ~뿐만 아니라 [*不但A，而且B: A뿐만 아니라 게다가 B하다] | ★**一直** yìzhí 부 줄곧 | **互相** hùxiāng 부 서로 | ★**帮助** bāngzhù 동 돕다 | ★**而且** érqiě 접 뿐만 아니라 | ★**也** yě 부 ~도 | **成为** chéngwéi 동 ~이 되다

표현 tip

㉠ 是在A认识的 A에서 알게 됐다
A에는 장소가 들어가며, 그 장소에서 알게 됐음을 강조하기 위해 ‘是A的’ 강조 구문을 사용하였다

㉡ A和B说 A는 B에게 말하다
A에는 말하는 사람, B에는 듣는 사람이 들어간다

㉢ 不但A，而且B A할 뿐만 아니라 게다가 B하다
점층을 나타내는 접속사 구문으로, 많이 쓰이는 표현이니 꼭 기억하자

발음 tip

① 3성이 연속되는 단어나 구절에서 앞의 글자는 2성으로 읽는다. 이 때 마지막 글자의 3성을 반3성으로 발음하면 보다 자연스럽다

② ‘一’는 1·2·3성 앞에서는 4성으로, 4성 앞에서는 2성으로 성조의 변화가 일어난다 (참고로 양사 ‘个’는 경성이지만 본래 성조는 4성이므로 ‘一个’의 ‘一’는 2성으로 읽는다)

③ 3성-1·2·4·경성으로 이루어진 부분은 반3성-1·2·4·경성으로 읽으면 읽기에도 편하고 훨씬 자연스럽게 들린다

④ ‘汉语’와 ‘韩语’는 한어병음이 같아서 헷갈리기 쉬운데, 중국어의 ‘汉’은 4성, 한국어의 ‘韩’은 2성으로 읽는 것에 주의하자

⑤ ‘不’는 본래 4성이지만 그 뒤의 글자인 ‘但’ 역시 4성이기 때문에 ‘不但’은 [búdàn]으로 ‘不’의 성조가 변하는 단어이다

STEP 2 내공 쌓기

1 질문을 활용하여 답안 만들기 track 322

질문에 대답할 때 첫 번째 문장은 질문에서 주어를 바꾸거나 질문의 의문사 부분에 대답을 넣어 만들 수 있으며, 이렇게 첫 문장을 빠르게 만들면 답안의 전개 부분을 생각하는 시간을 충분히 확보할 수 있다.

Q 狗和猫，你更喜欢哪个？为什么？
개와 고양이 중 당신은 무엇을 더 좋아합니까? 이유는 무엇입니까?

A 狗和猫，我更喜欢狗。因为……。
개와 고양이 중 저는 개를 더 좋아합니다. 왜냐하면 ~이기 때문입니다.

Q 不高兴的时候，你会做什么？ 기분이 안 좋을 때(불쾌할 때) 당신을 무엇을 할 것입니까?

A 不高兴的时候，我会……。 기분이 안 좋을 때(불쾌할 때) 저는 ~을 할 것입니다.

Q 你喜欢看什么样的电影？ 당신은 어떤 영화를 보는 것을 좋아합니까?

A 我喜欢看……的电影。 저는 ~영화를 보는 것을 좋아합니다.

Q 你觉得学汉语怎么样？ 당신은 중국어를 배우는 것이 어떻다고 생각합니까?

A 我觉得学汉语……。 저는 중국어를 배우는 것이 ~하다고 생각합니다.

Q 下雪时，你喜欢做什么？ 눈이 내리면 당신은 무엇을 하는 것을 좋아합니까?

A 下雪时，我喜欢……。 눈이 오면 저는 ~을 즐겨 합니다(하기를 좋아합니다).

Q 你妈妈的生日时，你准备做什么？ 당신 어머니의 생신 때 당신은 무엇을 할 계획입니까?

A 我妈妈的生日时，我准备……。 제 어머니의 생신 때 저는 ~을 할 계획입니다.

Q 你一个星期打扫几次房间？ 당신은 일주일에 몇 번 방을 청소합니까?

A 我一个星期打扫三次房间。 저는 일주일에 세 번 방을 청소합니다.

어휘 狗 gǒu 명 개 | 和 hé 접 ~와/과 | 猫 māo 명 고양이 | ★ 更 gèng 부 더 | 喜欢 xǐhuan 동 좋아하다 | 哪个 nǎge 대 어느 (것) | ★ 为什么 wèishénme 왜 | ★ 因为 yīnwèi 접 왜냐하면 | 高兴 gāoxìng 형 기쁘다 | 时候 shíhou 명 때 [*的时候: ~할 때] | 会 huì 조동 ~할 것이다 | 做 zuò 동 하다 | 什么 shénme 대 무엇 | 看 kàn 동 보다 | 什么样 shénmeyàng 대 어떠한 | 电影 diànyǐng 명 영화 | ★ 觉得 juéde 동 ~라고 생각하다 | 学 xué 동 배우다 | 汉语 Hànyǔ 고유 중국어 | 怎么样 zěnmeyàng 대 어떻다 | 下雪 xiàxuě 동 눈이 내리다 | 时 shí 명 때 | ★ 生日 shēngrì 명 생일 | ★ 准备 zhǔnbèi 동 ~할 계획하다 | 一 yī 수 1, 하나 [성조 변화 주의] | 星期 xīngqī 명 주, 주일 | ★ 打扫 dǎsǎo 동 청소하다 [*打扫房间: 방을 청소하다] | 几 jǐ 대 몇 | ★ 次 cì 양 번 [동작의 횟수를 세는 단위] | ★ 房间 fángjiān 명 방 | 三 sān 수 3, 셋

2 답안에 활용할 수 있는 '기타' 질문 관련 표현 track 323

知道+사람·장소·물건 zhīdào	~을 알다 (기본적 이해만 있음)	你知道哪里可以买咖啡吗? 너는 어디에서 커피를 살 수 있는지 알고 있니?
认识+사람·장소·물건 rènshi	~을 알다 ('知道'보다 깊이 이해함)	他认识到了自己的问题。 그는 스스로의 문제를 알게 되었다.
没有时间+행동 méiyǒu shíjiān	~할 시간이 없다	我今天没有时间跟你一起吃饭。 나는 오늘 너와 함께 밥을 먹을 시간이 없다.
忙于+행동 mángyú	~하느라 바쁘다	丽丽最近一直忙于准备考试。 리리는 요즘 시험 준비를 하느라 계속 바쁘다.

어휘 ★ 知道 zhīdào 동 알다 | 哪里 nǎli 대 어디 | ★ 可以 kěyǐ 조동 ~할 수 있다 | 买 mǎi 동 사다 | ★ 咖啡 kāfēi 명 커피 | 认识 rènshi 동 알다 | ★ 到 dào 동 (동사 뒤에 결과보어로 쓰여) ~했다 | ★ 自己 zìjǐ 대 스스로 | ★ 问题 wèntí 명 문제 | ★ 时间 shíjiān 명 시간 | 今天 jīntiān 명 오늘 | ★ 跟 gēn 개 ~와/과 | ★ 一起 yìqǐ 부 함께 | 吃饭 chīfàn 동 밥을 먹다 | ★ 忙 máng 형 바쁘다 [*忙于: ~하느라 바쁘다] | 于 yú 개 ~(하기)에 | 丽丽 Lìli 고유 리리 [인명] | ★ 最近 zuìjìn 명 요즘 | ★ 一直 yìzhí 부 계속 | ★ 准备 zhǔnbèi 동 준비하다 | ★ 考试 kǎoshì 명 시험

3 자주 출제되는 '기타' 질문 track 324

- 你长大后，想做老师吗? 당신은 커서 선생님이 되고 싶습니까?
- 你有中国朋友吗? 如果没有的话，你想交中国朋友吗?
  당신은 중국인 친구가 있습니까? 만약 없다면 당신은 중국인 친구를 사귀고 싶습니까?
- 你大学毕业后，想做什么? 당신은 대학을 졸업한 후 무엇을 하고 싶습니까?

어휘 长大 zhǎngdà 동 크다 | 后 hòu 명 (시간상으로) 후 | 想 xiǎng 조동 ~하고 싶다 | 做 zuò 동 ~이 되다 | 老师 lǎoshī 명 선생님 | 中国 Zhōngguó 고유 중국 | 朋友 péngyou 명 친구 | ★ 如果 rúguǒ 접 만약 [*如果A的话: 만약 A하다면] | 的话 dehuà 조 ~하다면 | 交 jiāo 동 사귀다 [*交朋友 친구를 사귀다] | 大学 dàxué 명 대학 | 毕业 bìyè 동 졸업하다 | 什么 shénme 대 무엇

STEP 3 실력 다지기

다음 질문에 대답해 봅시다. (각 문항당 준비 시간 약 3분 30초, 녹음 시간 약 1분 30초)

Nǐ yí ge xīngqī zuò jǐ cì yùndòng? Wèishénme?
11 你 一 个 星期 做 几 次 运动? 为什么?

Nǐ zuò de zuì hǎo de cài shì shénme?
12 你 做 得 最 好 的 菜 是 什么?

모범 답안 및 해설 ▶ p.178

모의고사

차례

新汉语水平考试

HSK 口试（初级）

模拟试题（一）

注　　意

一、HSK 口试（初级）分三部分：

1. 听后重复（15 题，6 分钟）
2. 听后回答（10 题，4 分钟）
3. 回答问题（2 题，3 分钟）

二、全部考试约 20 分钟（含准备时间 7 分钟）。

第一部分

第 1-15 题：听后重复

第二部分

第 16-25 题：听后回答

第三部分

第 26-27 题：回答问题

Xiūxi de shíhou, nǐ yìbān zuò shénme ne?
26. 休息的时候，你一般做什么呢？（1.5 分钟）

Nǐ de Hànyǔ lǎoshī zěnmeyàng? Qǐng shuō yíxià.
27. 你的汉语老师怎么样？请说一下。（1.5 分钟）

제1부분 모범 답안 및 해설 p.181
제2부분 모범 답안 및 해설 p.184
제3부분 모범 답안 및 해설 p.188

新汉语水平考试

HSK 口试（初级）

模拟试题（二）

注　意

一、HSK 口试（初级）分三部分：

1. 听后重复（15 题，6 分钟）

2. 听后回答（10 题，4 分钟）

3. 回答问题（2 题，3 分钟）

二、全部考试约 20 分钟（含准备时间 7 分钟）。

track 402

第一部分

第 1-15 题：听后重复

第二部分

第 16-25 题：听后回答

第三部分

第 26-27 题：回答问题

Fàngjià de shíhou, nǐ huì zhǔnbèi zuò shénme?
26. 放假 的 时候，你 会 准备 做 什么？(1.5 分钟)

Nǐ zuì xǐhuan zuò shénme yùndòng? Wèishénme?
27. 你 最 喜欢 做 什么 运动？ 为什么？(1.5 分钟)

제1부분 모범 답안 및 해설	p.191
제2부분 모범 답안 및 해설	p.195
제3부분 모범 답안 및 해설	p.198

新汉语水平考试

HSK 口试（初级）

模拟试题（三）

注　　意

一、HSK 口试（初级）分三部分：

1. 听后重复（15 题，6 分钟）
2. 听后回答（10 题，4 分钟）
3. 回答问题（2 题，3 分钟）

二、全部考试约 20 分钟（含准备时间 7 分钟）。

第一部分

第 1-15 题：听后重复

第二部分

第 16-25 题：听后回答

第三部分

第 26-27 题：回答问题

Nǐ xǐhuan hé shéi qù lǚyóu? Wèishénme?
26. 你 喜欢 和 谁 去 旅游？ 为什么？（1.5 分钟）

Kǎoshì jiéshù dehuà, nǐ yào zuò shénme?
27. 考试 结束 的话，你 要 做 什么？（1.5 分钟）

제1부분 모범 답안 및 해설 p.202
제2부분 모범 답안 및 해설 p.206
제3부분 모범 답안 및 해설 p.209

新汉语水平考试

HSK 口试（初级）

模拟试题（四）

注　意

一、HSK 口试(初级)分三部分:

　　1. 听后重复(15 题，6 分钟)

　　2. 听后回答(10 题，4 分钟)

　　3. 回答问题(2 题，3 分钟)

二、全部考试约 20 分钟(含准备时间 7 分钟)。

track 404

第一部分

第 1-15 题：听后重复

第二部分

第 16-25 题：听后回答

第三部分

第 26-27 题：回答问题

Qǐng jièshào ràng nǐ bù gāoxìng de yí jiàn shìqing.
26. 请 介绍 让 你 不 高兴 的 一 件 事情。(1.5 分钟)

Nǐ zhǔnbèi kǎoshì shí, yǒu wèntí dehuà, nǐ yào zěnme zuò?
27. 你 准备 考试 时，有 问题 的话，你 要 怎么 做？(1.5 分钟)

제1부분 모범 답안 및 해설 p.212
제2부분 모범 답안 및 해설 p.216
제3부분 모범 답안 및 해설 p.220

新汉语水平考试

HSK 口试（初级）

模拟试题（五）

注　意

一、HSK 口试(初级)分三部分:

1. 听后重复(15 题，6 分钟)
2. 听后回答(10 题，4 分钟)
3. 回答问题(2 题，3 分钟)

二、全部考试约 20 分钟(含准备时间 7 分钟)。

track 405

第一部分

第 1-15 题：听后重复

第二部分

第 16-25 题：听后回答

第三部分

第 26-27 题：回答问题

Nǐ shuìjiào qián yìbān huì zuò shénme?
26. 你 睡觉 前 一般 会 做 什么？（1.5 分钟）

Nǐ juéde shǒujī huòzhě diànnǎo duì xuéxí Hànyǔ yǒu bāngzhù ma?
27. 你 觉得 手机 或者 电脑 对 学习 汉语 有 帮助 吗？
Wèishénme?
为什么？（1.5 分钟）

제1부분 모범 답안 및 해설 p.223
제2부분 모범 답안 및 해설 p.226
제3부분 모범 답안 및 해설 p.230

모범 답안 및 해설

실력 다지기 | 모의고사

차례

실력 다지기

모의고사

제1부분 | 실력 다지기

01 술어문

본문 p.27

1
1. 女儿在看电视呢。
2. 儿子爱游泳。
3. 你们学校真大!
4. 这个杯子太小了。
5. 明天星期天。

해석&풀이

1. 看电视: TV를 보다 · 在A呢: 한창 A하고 있는 중이다 (A: 동사)

track 501

女儿 / 在 / 看电视呢。
주어 / 부사어 / 술어+목적어+呢
딸은 한창 TV를 보고 있는 중이다.

부사어 '在' 앞뒤에서 끊어 읽는다. 아니면 '女儿 / 在看电视呢。'와 같이 좀 더 빠르게 읽어도 된다. '女儿'은 반3성-2성으로 읽고, 특히 '女[nǚ]'를 발음할 때는 입술을 동그랗게 오므린 채로 [이]와 [위] 중간 소리를 내야 한다.

어휘 女儿 nǚ'ér 명 딸 | 在 zài 부 ~하고 있는 중이다 | 看 kàn 동 보다 | 电视 diànshì 명 TV | 呢 ne 조 동작의 지속을 나타냄

2. 爱+좋아하는 것: ~하는 것을 좋아하다

track 502

儿子 / 爱游泳。
주어 / 술어+목적어
아들은 수영하는 것을 좋아한다.

일반적으로 주어와 술어는 끊어 읽기 때문에 주어까지 읽고 잠깐 쉰다. 술어와 목적어는 붙여 읽는다.

어휘 儿子 érzi 명 아들 | 爱 ài 동 ~하는 것을 좋아하다 | ★游泳 yóuyǒng 동 수영하다

3. 정도부사+형용사

track 503

你们学校 / 真大!
관형어+주어 / 부사어+술어
너희 학교 진짜 크다!

이 문제는 형용사술어문으로 관형어와 주어를 읽은 후 잠깐 쉬고 나서 부사어와 술어를 함께 읽는다.

어휘 你 nǐ 대 너 [*你们: 너희들] | 学校 xuéxiào 명 학교 | ★真 zhēn 부 진짜 | 大 dà 형 (부피·면적이) 크다

4. 太A了: 너무 A하다 ◉ track **504**

这个杯子 / 太小了。
관형어+주어 부사어+술어+了
이 컵은 너무 작다.

크게 주어부와 술어부로 끊어 읽으며, 관형어는 주어와 붙여 읽고 부사어는 술어와 붙여 읽는다. '这[zhè]'는 혀를 말아 올린 상태에서 혀끝을 윗잇몸 뒷부분에 대고 소리를 내는 권설음으로 주의해서 발음하자. 이 문장은 '太A了(너무 A하다)'가 포인트인 문제로, 마지막의 '了'까지 잊지 않고 꼭 발음해야 한다.

어휘 **这个** zhège 대 이 | **杯子** bēizi 명 컵 | **太** tài 부 너무 [정도가 지나침을 나타냄] | **小** xiǎo 형 작다 | **了** le 조 부사 '太'·'可'와 함께 쓰여 성질·상태를 강조함

5. 주어+명사술어 ◉ track **505**

明天 / 星期天。
주어 술어
내일은 일요일이다.

주어와 술어 사이에서 한 번 끊어 읽고, 명사술어인 '星期天'을 강조하여 읽는다. 짧은 문장이기 때문에 한 호흡에 읽어도 좋다.

어휘 **明天** míngtiān 명 내일 | **星期天** xīngqītiān 명 일요일

2 1. 昨天天气很热。
2. 我儿子今年七岁。
3. 这里的鱼很好吃。
4. 现在九点半。
5. 你早点儿睡觉吧。

해석&풀이

1. 天气热: 날씨가 덥다 ◉ track **506**

昨天天气 / 很热。
관형어+주어 부사어+술어
어제 날씨는 더웠다.

문장에서 핵심 내용인 주어 '天气'와 술어 '热'를 강조해서 읽고, 주어와 부사어 사이에서 끊어 읽는다. '很热'는 반3성-4성으로 소리 낸다.

어휘 **昨天** zuótiān 명 어제 | **天气** tiānqì 명 날씨 | **很** hěn 부 매우 | **热** rè 형 덥다

2. 명사+나이: (명사)가 ~살이다 ◉ track **507**

我儿子 / 今年 / 七岁。
관형어+주어 부사어 술어
내 아들은 올해 7살이다.

시간을 나타내는 부사어 '今年'을 기준으로 앞뒤로 끊어 읽으며, 좀 더 빠르게 읽고 싶다면 부사어와 술어를 붙여 읽는다. '我儿子'는 반3성-2성-경성으로 읽는다.

어휘 **我** wǒ 대 나 | **儿子** érzi 명 아들 | **今年** jīnnián 명 올해 | **七** qī 수 7, 일곱 | **岁** suì 양 살 [나이를 세는 단위]

3. 음식+好吃: ~가 맛있다

track 508

这里的鱼 / 很好吃。
관형어+的+주어 부사어+술어
이곳의 생선은 맛있다.

크게 주어부와 술어부로 끊어 읽고, 관형어는 주어와 붙여 읽고 부사어는 술어와 붙여 읽는다. '很好吃'는 3성-3성-1성이 아니라 2성-반3성-1성으로 읽어야 한다. '这[zhè]'와 '吃[chī]'는 권설음이므로 혀를 말아 올린 상태에서 혀끝을 윗잇몸 뒷부분에 대고 발음한다.

어휘 **这里** zhèli 대 이곳 | **的** de 조 ~의 [*관형어+的+(명사/대사)] | ★ **鱼** yú 명 물고기 | ★ **好吃** hǎochī 형 맛있다

4. ○点(○): ~시 ~(분)이다

track 509

现在 / 九点半。
주어 술어
지금은 9시 반이다.

시간을 나타내는 명사술어문으로 주어와 술어를 끊어 읽는데, 주어와 술어 모두 짧기 때문에 한꺼번에 읽어도 무관하다. '九点'은 3성-3성이므로 앞 글자 '九'를 2성으로 읽어야 한다. 3성의 성조 변화에 항상 유의하자.

어휘 **现在** xiànzài 명 지금 | **九** jiǔ 수 9, 아홉 | **点** diǎn 양 시 | ★ **半** bàn 수 절반

5. 早点儿A吧: 일찍 좀 A해 (A: 동사)

track 510

你早点儿 / 睡觉吧。
주어+부사어 술어+吧
(너) 일찍 좀 자.

주어 '你'는 1음절로 부사어 '早点儿'과 붙여 읽고, 잠시 쉰 후 나머지를 읽는다. 문장의 핵심인 '睡觉'를 강조하여 읽는다. 또한 '你早点'은 3성이 3개 연속하므로 2성-2성-(반)3성으로 발음한다. 睡觉' 같이 4성-4성인 단어는 뒷글자의 4성을 앞 글자의 4성보다 약하게 발음한다.

어휘 **早** zǎo 형 이르다 | **(一)点儿** (yì)diǎnr 수량 좀 | **睡觉** shuìjiào 동 (잠을) 자다 | ★ **吧** ba 조 (문장 맨 끝에 쓰여) 제의·청유·기대·명령 등의 어기를 나타냄

3
1. 我今天很不高兴。
2. 爸爸六点回家。
3. 妹妹很喜欢喝茶。
4. 这个椅子四百块钱。
5. 你的手机很漂亮。

해석&풀이

1. 정도부사+부정부사+형용사

track 511

我今天 / 很不高兴。
주어+부사어 술어
나는 오늘 매우 기쁘지 않다.

주어 '我'가 1음절이므로 시간을 나타내는 부사어 '今天'과 함께 읽는다. 정도부사 '很'과 부정부사 '不'는 형용사술어인 '高兴'을 수식하기 때문에 함께 읽는다. 부정부사는 일반적으로 다른 부사 뒤에 위치하며 '不很高兴'이라고 말하지 않도록 주의하자.

어휘 今天 jīntiān 명 오늘 | 不 bù 부 아니다 | 高兴 gāoxìng 형 기쁘다

2. 시점+술어(행동): ~에 ~하다

track 512

爸爸 / 六点 / 回家。
주어 부사어 술어
아빠는 6시에 집에 돌아오신다.

각각의 문장성분을 따로 읽으며, 집에 돌아오는 시간이 문장의 핵심이므로 시간을 나타내는 부사어와 술어를 강조해서 읽는다. '回家'는 목적어를 가지지 않는 이합동사임을 기억하자.

*이합동사는 '1음절 동사+목적어' 형태로 이루어져, 이미 목적어를 포함하고 있기 때문에 뒤에 목적어를 취하지 않는다.

어휘 爸爸 bàba 명 아빠 | 六 liù 수 6, 여섯 | 点 diǎn 양 시 | 回家 huíjiā 동 집으로 돌아오다

3. 喜欢+명사·동사(구)·문장: ~(하는 것)을 좋아하다 · 喝茶: 차를 마시다

track 513

妹妹 / 很喜欢 / 喝茶。
주어 부사어+술어 목적어
여동생은 차 마시는 것을 좋아한다.

주어, 술어, 목적어를 모두 끊어 읽으며, 부사어는 술어를 수식하기 때문에 술어와 한 호흡에 읽는다. '妹妹'에서 첫 번째 '妹'는 4성, 두 번째 '妹'는 경성으로 읽어야 하며, 3성의 성조 변화로 '很'이 2성으로 바뀌는 것에 주의하자.

어휘 ★ 妹妹 mèimei 명 여동생 | 喜欢 xǐhuan 동 좋아하다 | 喝 hē 동 마시다 | 茶 chá 명 차

4. 숫자+块钱: ~위안이다

track 514

这个椅子 / 四百块钱。
관형어+주어 술어
이 의자는 400위안이다.

금액을 나타내는 명사술어문으로, 술어 앞에서 끊어 읽는다. '椅子'의 '子[zi]'는 권설음이 아닌 설치음으로, 혀끝을 윗니 뒷부분에 마찰시켜 소리 낸다. 금액을 표현하는 명사술어 '四百块钱'을 강조하여 읽자.

어휘 椅子 yǐzi 명 의자 | 四 sì 수 4, 사 | ★ 百 bǎi 수 100, 백 | 块 kuài 양 위안 [중국의 화폐단위] | 钱 qián 명 돈

5. 手机漂亮: 휴대폰이 예쁘다

track 515

你的手机 / 很漂亮。
관형어+的+주어 부사어+술어
네 휴대폰 예쁘다.

형용사술어문이므로 주어부(관형어+주어)와 술어부(부사어+술어)로 나누어 읽고, 주어와 술어를 강조해서 발음한다. 3성의 글자는 다른 성조의 글자 앞에서 반3성으로 읽기 때문에 '你'와 '很'은 반3성으로 발음한다.

어휘 ★ 手机 shǒujī 명 휴대폰 | 漂亮 piàoliang 형 예쁘다

4 1. 一共四十五块八。
2. 最近他工作很忙。
3. 弟弟非常爱打篮球。
4. 我觉得有点儿累。
5. 这本书非常有意思。

해석&풀이

1. 一共+가격: 모두 ~입니다 (합계) ● track 516

一共 / 四十五块八。
주어 술어
모두 45.8위안입니다.

금액을 나타내는 명사술어문으로 주어와 술어 사이에서 끊어 읽고, 문장의 핵심 내용인 술어를 강조해서 읽는다. '一共'의 '一'는 뒷글자인 '共'의 영향을 받아 2성으로 성조가 변한다. '四[sì]'는 설치음으로 혀끝을 윗니 뒷부분에 마찰시켜 소리 내고, '十[shí]'는 권설음으로 혀를 말아 올린 상태에서 혀끝을 윗잇몸 뒷부분에 대고 소리 낸다. 이 두 한자의 발음을 반드시 구분하자.

어휘 ★**一共** yígòng 명 모두 [주로 합계를 계산하는 의미로 쓰임] | **四十五** sìshíwǔ 수 45, 사십오 | **块** kuài 양 위안 [중국의 화폐단위] | **八** bā 수 8, 팔

2. 工作忙: 일이 바쁘다 ● track 517

最近 / 他工作 / 很忙。
부사어 관형어+주어 부사어+술어
요즘 그는 일이 바쁘다.

시간을 나타내는 부사어 '最近'을 읽은 후 주어를 수식하는 관형어와 주어를 한 묶음, 술어를 수식하는 부사어와 술어를 한 묶음으로 읽는다. 이때 주어와 술어를 강조하여 읽고 '很忙'은 반3성-2성으로 발음한다.

어휘 ★**最近** zuìjìn 명 요즘 | **他** tā 대 그 | **工作** gōngzuò 명 일 | ★**忙** máng 형 바쁘다

3. 爱+좋아하는 것: ~하는 것을 좋아하다 · 打篮球: 농구를 하다 ● track 518

弟弟 / 非常爱 / 打篮球。
주어 부사어+술어 목적어
남동생은 농구를 하는 것을 매우 좋아한다.

주어부, 술어부, 목적어부로 나누어 읽으며, 부사어 '非常'은 술어 '爱'를 수식하기 때문에 같이 읽는다. '非常'의 '非[fēi]'는 한국어에는 없는 발음으로 영어의 [f]발음과 비슷하다. '打篮球'를 읽을 때 '打'를 반3성으로 발음한다.

어휘 ★**弟弟** dìdi 명 남동생 | ★**非常** fēicháng 부 매우 | **爱** ài 동 ~하는 것을 좋아하다 | ★**打篮球** dǎ lánqiú 농구를 하다

4. 觉得: ~라고 느끼다 · 有点儿+형용사: 조금 ~하다 track 519

我觉得 / 有点儿累。
주어+술어 목적어
나는 조금 피곤하다고 느껴.

주어와 술어를 끊어 읽어도 되지만 붙여 읽는 것이 좀 더 자연스러우며, 붙여 읽을 때는 주어 '我'를 반3성으로 발음해야 한다. '有点儿'은 3성-3성이므로 앞의 '有'는 2성으로 발음한다.

어휘 ★ 觉得 juéde 동 ~라고 느끼다 | 有点儿 yǒudiǎnr 부 조금 [*有点儿+형용사: 부정이나 불만의 뉘앙스를 나타냄] | ★ 累 lèi 형 피곤하다

5. 지시대사+양사+명사 track 520

这本书 / 非常 / 有意思。
관형어+주어 부사어 술어
이 책은 매우 재미있다.

문장의 핵심 내용인 주어와 술어를 강조하여 읽으며, '这本书'의 '本'과, '有意思'의 '有'를 반3성으로 읽으면 보다 자연스럽게 들린다. 좀 더 빠르게 읽는다면 부사어와 술어를 붙여서 '这本书 / 非常有意思'라고 읽을 수도 있다.

어휘 这 zhè 대 이 | 本 běn 양 권 [책을 세는 단위] | 书 shū 명 책 | ★ 非常 fēicháng 부 매우 | 有意思 yǒu yìsi 재미있다

02 조동사 · 부사

본문 p.33

5 1. 他不会开车。
2. 他正在喝水呢。
3. 她已经到机场了。
4. 明天我们不能去了。
5. 生病的时候要去医院。

해석&풀이

1. 不会+동사: ~할 줄 모르다 track 521

他不会 / 开车。
주어+부사어 술어
그는 운전을 할 줄 모른다.

주어가 1음절이기 때문에 부사어와 함께 읽고 술어를 따로 읽는다. 하지만 문장 자체가 짧기 때문에 전체를 한 호흡에 읽을 수도 있다. 부정부사 '不'는 4성의 글자인 '会' 앞에서 2성으로 바뀐다.

어휘 会 huì 조동 (배워서) ~를 할 줄 알다 | 开车 kāichē 동 운전하다

2. 正在A呢: 지금 A하고 있는 중이다 (A: 동사)

track 522

他正在 / 喝水呢。
주어+부사어 술어+목적어+呢
그는 지금 물을 마시고 있는 중이다.

주어와 부사어가 모두 짧기 때문에 붙여 읽고, 술어와 목적어 역시 각각 한 글자로 짧기 때문에 한 번에 읽는다. 동작의 지속을 나타내는 '呢'까지 말해야 하는 것을 잊지 말자.

어휘 ★正在 zhèngzài 부 지금 ~하고 있는 중이다 | 喝 hē 동 마시다 | 水 shuǐ 명 물 | 呢 ne 조 동작의 지속을 나타냄

3. 已经A了: 이미 A했다

track 523

她已经 / 到机场了。
주어+부사어 술어+목적어+了
그녀는 이미 공항에 도착했다.

주어와 부사어가 짧기 때문에 함께 읽는다. 일반적으로 술어와 목적어는 붙여 읽으며, 이 문장에서도 함께 읽는다. 부사 '已经'은 '了'와 자주 함께 쓰이는데, 여기서도 '已经A了'라고 쓰였으므로 문장 맨 뒤의 '了'를 잊지 말고 발음하자.

어휘 她 tā 대 그녀 | ★已经 yǐjīng 부 이미 [*已经A了: 이미 A했다] | ★到 dào 동 도착하다 | ★机场 jīchǎng 명 공항

4. 不能+동사: ~할 수 없다

track 524

明天 / 我们 / 不能去了。
부사어 주어 부사어+술어+了
내일 우리는 갈 수 없다.

주어 앞뒤가 모두 부사어로 주어 앞뒤에서 끊어 읽는다. '去[qù]'를 읽을 때는 입술을 동그랗게 오므린 채로 [이]와 [위] 중간 소리를 낸다. 문장 끝의 '了'까지 잊지 말고 발음하자.

어휘 明天 míngtiān 명 내일 | 能 néng 조동 ~할 수 있다 | 去 qù 동 가다

5. A的时候: A할 때 · 要+동사: ~해야 한다

track 525

生病的时候 / 要去医院。
주어 부사어+술어+목적어
병이 나면 병원에 가야 한다.

주어까지 읽고 잠시 쉰 후 나머지를 읽는다. 부사어 '要'와 술어 '去'는 4성이 두 번 연속하기 때문에 두 번째 4성인 '去'는 '要'보다 가볍게 읽는다. '生病'의 '生'과 '时候'의 '时'의 권설음[sh] 발음에 주의하여 읽자.

어휘 ★生病 shēngbìng 동 병이 나다 | 时候 shíhou 명 때 [*的时候: ~할 때] | ★要 yào 조동 ~해야 한다 | 去 qù 동 가다 | 医院 yīyuàn 명 병원

6
1. 我想喝咖啡。
2. 别睡觉了。
3. 电影快要开始了。
4. 我们每天都一起玩儿。
5. 有问题你可以找我。

해석&풀이

1. 想+동사: ~하고 싶다 · 喝咖啡: 커피를 마시다 ● track 526

我想 / 喝咖啡。 주어+부사어 술어+목적어 나는 커피를 마시고 싶다.	주어와 부사어가 모두 한 글자이므로 붙여 읽으며, 이때 '我'와 '想'이 모두 3성이므로 '我'는 2성이 되는 것에 주의하자. 그리고 나서 술어와 목적어도 한 호흡에 읽는다. '咖啡'의 '啡[fēi]'는 한국어에 없는 소리로 영어의 [f]와 비슷하게 발음한다.

어휘 想 xiǎng 조동 ~하고 싶다 | 喝 hē 동 마시다 | ★咖啡 kāfēi 명 커피

2. 别A了: A하지 마라 (A: 금지하는 내용) ● track 527

别睡觉了。 부사어+술어+了 자지 마라.	'别A了'는 'A하지 마라'라는 뜻의 금지를 나타내는 표현으로, 한꺼번에 외워 두면 '了'까지 잊지 않고 말할 수 있다. 짧은 문장이기 때문에 한 호흡에 읽으며, '睡觉'의 '睡[shuì]'는 권설음으로 혀를 말아 올린 상태에서 혀끝을 윗잇몸 뒷부분에 대고 소리 낸다.

어휘 ★别 bié 부 ~하지 마라 | 睡觉 shuìjiào 동 (잠을) 자다

3. 快要A了: 곧 A하다 ● track 528

电影 / 快要 / 开始了。 주어 부사어 술어+了 영화가 곧 시작된다.	각 문장성분끼리 끊어 읽거나 부사어와 술어를 붙여서 '电影 / 快要开始了。'로 읽을 수 있다. '快要A了'는 하나의 표현으로 자주 쓰이기 때문에 '了'를 말하는 것을 잊지 말아야 한다.

어휘 电影 diànyǐng 명 영화 | 快要 kuàiyào 부 곧 [짧은 시간 내에 곧 나타나려는 상황을 가리키며 일반적으로 끝에 '了'가 옴] | ★开始 kāishǐ 동 시작하다

4. 一起+동사: 함께 ~하다 ● track 529

我们 / 每天都 / 一起玩儿。 주어 부사어 술어 우리는 매일 함께 논다.	우선 주어 뒤에서 한 번 끊어 읽는다. 부사 '一起'는 술어 '玩儿'을 직접 수식하기 때문에 술어와 같이 읽고, 그 앞에서 끊어 읽는다. '一起玩儿'을 발음할 때 '一'는 성조 변화에 따라 4성으로 읽고 '起'는 반3성으로 소리 낸다.

어휘 每天 měitiān 명 매일, 날마다 | 都 dōu 부 모두 | ★一起 yìqǐ 부 같이 | ★玩(儿) wán(r) 동 놀다

5. 可以+동사: ~해도 된다 (허가) ● track 530

有问题 / 你可以 / 找我。 술어1+목적어1 주어+부사어 술어2+목적어2 문제가 있으면 (너는) 날 찾아도 돼.	두 개의 절로 구성된 문장으로, 첫 번째 술어와 목적어까지 읽고 나서 짧은 주어와 부사어를 읽고, 두 번째 술어와 목적어를 읽어준다. 이때 '你可以'는 3성이 3개 연속 이어져 있기 때문에 2성-2성-3성으로 발음하고, '找我' 역시 두 글자 모두 3성이기 때문에 2성-3성으로 발음해야 한다.

어휘 有 yǒu 동 있다 | ★问题 wèntí 명 문제 | ★可以 kěyǐ 조동 ~해도 된다 | ★找 zhǎo 동 찾다

본문 p.38

7
1. 我弟弟跑得很快。
2. 他坐在我前面。
3. 你说汉语说得很好。
4. 我两个小时后回来。
5. 爸爸开出租车开了十多年了。

해석&풀이

1. 술어+得+정도보어: ~하는 정도가 ~하다

track 531

我弟弟 / 跑得 / 很快。
관형어+주어 술어+得 보어
나의 남동생은 달리기가 빠르다.
(=나의 남동생은 달리는 정도가 빠르다.)

우선 관형어와 주어까지 읽는다. 일반적으로 정도보어 구문을 읽을 때는 '得' 뒤에서 끊어 읽기 때문에 '跑得 / 很快' 라고 읽는데, 글자수가 많지 않기 때문에 '跑得很快' 라고 붙여 읽을 수도 있다.

어휘 ★弟弟 dìdi 명 남동생 | 跑 pǎo 동 달리다 | ★得 de 조 ~하는 정도가 ~하다 [*술어+得+정도보어] | ★快 kuài 형 빠르다

2. 坐在+장소: ~에 앉다

track 532

他坐在 / 我前面。
주어+술어+보어 목적어
그는 내 앞에 앉았다.

주어와 술어가 모두 1음절 단어로 붙여 읽는다. 술어 '坐'와 그 뒤에 장소를 나타내는 부분을 강조해서 읽는다. 목적어 부분의 '我'는 반3성으로 소리 낸다.

어휘 坐 zuò 동 앉다 | 在 zài 개 ~에(서) | 前面 qiánmiàn 명 앞

3. 술어+목적어+술어+得+정도보어: ~하는 정도가 ~하다

track 533

你说汉语 / 说得很好。
주어+술어+목적어 술어+得+보어
너 중국어를 잘하는구나.

짧은 정도보어가 쓰인 문장이므로 목적어 뒤에서 한 번만 끊어 읽는다. 3성 뒤에 3성 외의 다른 성조의 글자가 오면 반3성으로 소리 내기 때문에 주어 '你'를 반3성으로 발음한다. '很好'는 3성-3성으로, 읽을 때는 2성-3성으로 발음한다.

어휘 说 shuō 동 말하다 | 汉语 Hànyǔ 고유 중국어 | ★得 de 조 ~하는 정도가 ~하다 [*술어+得+정도보어] | 好 hǎo 형 훌륭하다

4. 回来: 돌아오다

track 534

我 / 两个小时后 / 回来。
주어 / 부사어 / 술어+보어

나 두 시간 후에 돌아올게.

부사어 앞뒤를 기준으로 끊어 읽는다. '个'가 양사로 쓰였을 때는 경성으로 소리 내고, '小时'의 성조를 반3성-2성으로 소리 내면 더 유창하게 들린다.

어휘 ★两 liǎng 수 2, 둘 | 个 ge 양 개 [사람·물건을 세는 단위] | ★小时 xiǎoshí 명 시간 | 后 hòu 명 (시간상으로) 후 | 回来 huílái 동 돌아오다

5. 동사+了+十多年了: ~한 지 10여 년이 되었다

track 535

爸爸 / 开出租车 / 开了 / 十多年了。
주어 / 술어+목적어 / 술어+了(동태) / 보어+了(어기)

아버지는 택시를 운전하신 지 10여 년이 되었다.

술어와 목적어가 모두 1성이므로 발음할 때 성조에 주의하자. 또한 '出租车'는 권설음[ch]과 설치음[z]이 연달아 나오므로 주의하여 발음하자. 동태조사 '了'와 어기조사 '了'가 모두 쓰여 과거부터 현재까지 지속됨을 나타내는 문장으로, '了'를 하나라도 빼고 읽을 경우 의미가 아예 달라질 수 있기 때문에 주의해야 한다.

어휘 开 kāi 동 운전하다 | 出租车 chūzūchē 명 택시 | 十 shí 수 10, 십 | 多 duō 수 ~여 | 年 nián 명 년 [품사는 명사지만 '양사'의 역할도 포함함]

8
1. 你们进去看看吧。
2. 妈妈，等我一下。
3. 他的歌儿唱得很好。
4. 我每天都工作八个小时。
5. 对不起，我没听懂你的话。

해석&풀이

1. 进去: 들어가다

track 536

你们 / 进去 / 看看吧。
주어 / 술어1+보어 / 술어2+吧

너희 들어가서 봐 봐.

1음절 동사가 중첩된 '看看'을 읽을 때 두 번째 '看'은 가볍게 경성으로 읽는다. 청유를 나타내는 어기조사 '吧'까지 경성으로 가볍게 읽는 것을 잊지 말자.

어휘 ★进 jìn 동 (밖에서 안으로) 들다 | 去 qù 동 동사 뒤에 쓰여, 사람 또는 사물의 동작이 원래의 장소에서 떠나는 것을 나타냄 | 看 kàn 동 보다 | ★吧 ba 조 (문장 맨 끝에 쓰여) 상의·제의·청유·기대·명령 등의 어기를 나타냄

2. 동사+一下: 좀 ~하다

track 537

妈妈，等我 / 一下。

妈妈 술어+목적어 보어

엄마, 저를 좀 기다려 주세요.

누군가를 부르고 나서는 항상 끊어 읽는다. 술어와 목적어까지 읽고 쉬어도 되고, 문장이 짧기 때문에 '等我一下'를 한 번에 읽어도 괜찮다. '等我'는 3성-3성이므로 '等'을 2성으로 발음한다. 또한 '一'는 4성인 글자 '下' 앞에서 2성으로 발음해야 하는 것에 유의하자.

어휘 妈妈 māma 명 엄마 | ★ 等 děng 동 기다리다 | ★ 一下 yíxià 수량 (동사 뒤에 쓰여) 좀 ~하다

3. 술어+得+정도보어: ~하는 정도가 ~하다

track 538

他的歌儿 / 唱得 / 很好。

관형어+的+주어 술어+得 보어

그는 노래를 잘 부른다.

크게 주어부, 술어부, 보어부로 끊어 읽는다. '得'는 다음자로 여러 발음이 있는데, 정도보어로 쓰일 때는 [de]라고 가볍게 발음한다. '很好'에서 '很'은 2성으로 소리 내는 것에 주의하자.

어휘 歌(儿) gē(r) 명 노래 | 唱 chàng 동 노래하다 | ★ 得 de 조 ~하는 정도가 ~하다 [*술어+得+정도보어]

4. 每天都+동사+八个小时: 매일 8시간 ~하다

track 539

我每天都 / 工作 / 八个小时。

주어+부사어 술어 보어

나는 매일 8시간 일을 한다.

각각의 문장성분마다 끊어 읽는다. 이때 '小时'의 성조를 반3성-2성으로 발음하면 더 좋다. 또한 '时[shí]'는 권설음으로 혀를 말아 올린 상태에서 혀끝을 윗잇몸 뒷부분에 대고 소리를 낸다.

어휘 每天 měitiān 명 매일 | 都 dōu 부 모두 | 工作 gōngzuò 동 일하다 | 八 bā 수 8, 여덟 | ★ 小时 xiǎoshí 명 시간

5. 没听懂: 못 알아듣다

track 540

对不起，我没听懂 / 你的话。

对不起 주어+부사어+술어+보어 관형어+的+목적어

미안해, 나 너의 말을 못 알아들었어.

사과의 표현을 하고 잠깐 쉰다. 주어가 1음절이기 때문에 크게 주어부+술어부 / 목적어부로 나누어 읽는다. 부사어와 보어는 술어 '听'과 관련이 있으므로 술어와 함께 읽고, 관형어는 목적어를 꾸며주므로 목적어와 함께 읽는다.

어휘 对不起 duìbuqǐ 동 미안합니다 | 没 méi 부 ~않다 | 听 tīng 동 듣다 | ★ 懂 dǒng 동 이해하다 | 话 huà 명 말

04 '是'자문 · '有'자문 · '在'자문

본문 p.42

9
1. 她有一个孩子。
2. 王老师在北京。
3. 电影院在后面。
4. 房间里没有电脑。
5. 我是从韩国来的。

해석&풀이

1. A有B: A는 B가 있다 (A: 사람·B: 소유 대상) track 541

她有 / 一个孩子。
주어+술어 관형어+목적어
그녀는 아이 하나가 있다.

주어와 술어가 모두 1음절이므로 붙여 읽고, 그 뒤의 관형어와 목적어를 함께 읽어준다. '一'는 성조 변화에 따라 2성이 되며, '个'는 본래 4성이지만 양사로 쓰일 때는 경성으로 가볍게 발음한다.

어휘 一 yī 수 1, 하나 [성조 변화 주의] | ★孩子 háizi 명 아이

2. A在B: A는 B에 있다 (A: 사람, 사물·B: 장소) track 542

王老师 / 在北京。
주어 술어+목적어
왕(王) 선생님은 베이징에 계신다.

'在'가 동사로 쓰인 문장으로, 주어를 읽고 잠시 끊은 후 술어와 목적어를 읽는다. 3성 뒤에 3성 이외의 다른 성조의 글자가 오는 경우 반3성으로 발음하는 것이 자연스러운데, '老师'와 '北京'의 성조는 3성-1성이므로 '老'와 '北'를 반3성으로 발음하는 것이 좋다.

어휘 王 Wáng 고유 왕 [성씨] | 老师 lǎoshī 명 선생님 | 在 zài 동 ~에 있다 | 北京 Běijīng 고유 베이징

3. A在B: A는 B에 있다 (A: 사람, 사물·B: 장소) track 543

电影院 / 在后面。
주어 술어+목적어
영화관은 뒤에 있다.

주어 뒤에서 한 번 끊어 읽는다. '电影院'의 성조는 4성-3성-4성으로, 읽을 때는 4성-반3성-4성으로 발음하는 것이 말하기에도 편하고 듣기에도 자연스럽다.

어휘 电影院 diànyǐngyuàn 명 영화관 | 在 zài 동 ~에 있다 | 后面 hòumiàn 명 뒤

4. A没有B: A에 B가 없다 (A: 장소·B: 사물) track 544

房间里 / 没 有 电脑。
주어 부사어+술어+목적어
방에 컴퓨터가 없다.

일반명사 '房间'에 방위사 '里'를 더해 장소를 표현한 문장이다. 술어와 목적어를 강조하여 읽으며, 이 문장에서는 컴퓨터가 '없는' 것이 핵심이므로 부정부사 '没'까지 강조하여 읽는다. 주어 '房间'에서 '房[fáng]'의 [f]는 한국어에 없는 소리로 [p]로 발음하지 않도록 주의하자.

어휘 ★房间 fángjiān 명 방 | 里 li 명 안 | 电脑 diànnǎo 명 컴퓨터

5. 是A的 강조 구문 (장소 강조) track 545

我是 / 从韩国来的。
주어+是 부사어 + 술어+的
나는 한국에서 왔다.

'是A的' 강조 구문으로 장소 '韩国'를 강조하여 읽고, '的'를 잊지 않고 말해야 한다. '是'의 권설음[sh]과 '从'의 설치음[c] 발음에 주의하자. '从韩国来'가 모두 2성이므로 위로 음을 올리는 것에 주의하여 발음한다.

어휘 是 shì 동 '的'와 호응하여 '是A的'의 격식으로 강조함을 나타냄 | ★从 cóng 개 ~에서/~(으)로부터 [*从+출발점] | 韩国 Hánguó 고유 한국 | 来 lái 동 오다

10

1. 家里没有鸡蛋了。
2. 这是小李的电脑。
3. 后面有一家商店。
4. 她现在在火车站。
5. 我的生日是八月九号。

해석&풀이

1. A没有B: A에 B가 없다 (A: 장소·B: 사물) track 546

家里 / 没有 / 鸡蛋了。
주어 부사어+술어 목적어+了
집에 달걀이 떨어졌다.

주어부, 술어부, 목적어부로 나누어 읽는다. 술어와 목적어를 강조하여 읽으며, 문장에서 '没'의 유무에 따라 의미가 완전히 달라지기 때문에 부정부사 '没'까지 강조한다. 변화를 나타내는 어기조사 '了'를 꼭 말해야 한다.

어휘 家里 jiāli 명 집 | ★鸡蛋 jīdàn 명 달걀

2. A是B: A는 B이다 (A: 특정 어휘·B: 설명) track 547

这是 / 小李的 / 电脑。
주어+술어 관형어+的 목적어
이것은 샤오리의 컴퓨터이다.

주어와 술어가 모두 1음절 단어로 붙여 읽는다. 관형어와 목적어는 끊어 읽어도, 붙여 읽어도 다 괜찮다. 다만 '小李'의 성조가 3성-3성이므로, '小'는 2성으로 발음해야 한다.

어휘 是 shì 동 ~이다 [*A是B: A는 B이다] | 小李 Xiǎo Lǐ 고유 샤오리 [인명] | 电脑 diànnǎo 명 컴퓨터

3. A有B: A에 B가 있다 (A: 장소·B: 사물)

track 548

后面 / 有一家商店。
주어 술어+관형어+목적어
뒤에 상점 하나가 있다.

'有'자문은 일반적으로 목적어를 강조해서 읽는다. 또한 '一'는 뒷글자 '家'가 1성이므로 4성으로 변한다.

어휘 后面 hòumiàn 명 뒤 | 有 yǒu 동 있다 [*장소+有+사물·사람] | 一 yī 수 1, 하나 | 家 jiā 양 가게·기업 등을 세는 단위 | 商店 shāngdiàn 명 상점

4. A在B: A는 B에 있다 (A: 사람, 사물·B: 장소)

track 549

她现在 / 在火车站。
주어+부사어 술어+목적어
그녀는 지금 기차역에 있다.

주어가 1음절이기 때문에 부사어와 함께 읽은 후, 술어와 목적어도 함께 읽는다. '在'가 두 번 쓰였으므로, 빠트리고 한 번만 말하면 안 된다.

어휘 现在 xiànzài 명 지금 | 在 zài 동 ~에 있다 | ★ 火车站 huǒchēzhàn 명 기차역

5. A是B: A는 B이다 (A: 특정 어휘·B: 설명)

track 550

我 的 生日 / 是八月九号。
관형어+的+주어 술어+목적어
내 생일은 8월 9일이다.

관형어와 주어를 함께 읽고, 술어와 목적어를 함께 읽는다. '生日'와 '是'의 권설음[sh·r]에 주의하며 발음하자. 생일과 같이 숫자가 나오는 경우 반드시 주의하여 듣고 따라 말해야 한다.

어휘 ★ 生日 shēngrì 명 생일 | 八 bā 수 8, 팔 | 月 yuè 명 월 | 九 jiǔ 수 9, 구 | 号 hào 명 일 [날짜를 가리킴]

05 연동문 · 겸어문 · 비교문

본문 p.47

11 1. 飞机比火车还快。
2. 他去书店买了一本书。
3. 医生让他多运动。
4. 我们坐飞机去上海。
5. 姐姐比我大两岁。

해석&풀이

1. A比B+还+술어: A가 B보다 더 ~하다 (A·B: 비교대상)

track 551

飞机 / 比火车 / 还快。
주어 / 부사어 / 술어
비행기는 기차보다 더 빠르다.

주어인 비교대상 A를 읽고 '比'와 비교대상 B를 읽은 후, 술어를 수식하는 '还'와 술어 '快'를 함께 읽는다. 이때 '比'는 2성으로 발음한다. 두 개의 비교대상을 바꿔 말하지 않도록 주의하자.

어휘 ★ 飞机 fēijī 명 비행기 | ★ 比 bǐ 개 ~보다 [비교를 나타냄] [*A+比+B+술어] | 火车 huǒchē 명 기차 | ★ 还 hái 부 더 ['比'와 함께 쓰여 비교되는 사물의 정도가 심함을 나타냄] | ★ 快 kuài 형 빠르다

2. 去+장소+행동: ~에 가서 ~하다

track 552

他 去 书店 / 买了一本书。
주어 술어1+목적어1 / 술어2+了+관형어+목적어2
그는 서점에 가서 책 한 권을 샀다.

보통 주어 뒤, 술어 앞에서 끊어 읽지만 이 문장에서는 주어가 한 글자로 짧기 때문에 첫 번째 술어와 붙여 읽고, 첫 번째 목적어 뒤, 두 번째 술어 앞에서 끊어 읽는다. '一'의 뒷글자 '本'이 3성이므로 '一'는 4성으로 변하는 것에 주의하자. 연동문에서의 동태조사 '了'의 위치에 주의해서 듣고 말해야 한다.

어휘 去 qù 동 가다 | 书店 shūdiàn 명 서점 | 买 mǎi 동 사다 | 一 yī 수 1, 하나 [성조 변화 주의] | 本 běn 양 권 [책을 세는 단위] | 书 shū 명 책

3. 让AB: A가 B하도록 하다 (A: 대상·B: 행동)

track 553

医生 / 让他 / 多运动。
주어 / 술어1+목적어1 (=의미상 주어) / 부사어+술어2
의사는 그에게 운동을 많이 하라고 한다.
(의사는 그로 하여금 운동을 많이 하도록 한다.)

이 문장은 겸어문으로 주어와 첫 번째 술어 사이인 '让' 앞에서 한 번 끊어 읽고, 첫 번째 목적어(겸어)이자 의미상 주어인 '他' 뒤에서 한 번 더 끊어 읽는다. '生'과 '让'의 권설음 [sh·r]은 혀를 말아 올린 채로 혀끝을 윗잇몸 뒷부분에 대고 발음한다.

어휘 医生 yīshēng 명 의사 | ★ 让 ràng 동 ~하게 하다 [*(주어)+让+대상+술어/내용] | 多 duō 형 많다 | ★ 运动 yùndòng 동 운동하다

4. 坐+운송수단+행동: ~를 타고 ~하다 track 554

我们 / 坐飞机 / 去上海。
주어 술어1+목적어1 술어2+목적어2
우리는 비행기를 타고 상하이에 간다.

기본적인 연동 구조의 문장으로, 각 술어 앞에서 한 번씩 끊어 읽는다. '飞机'의 '飞[fēi]'는 한국어에 없는 소리로 발음이 어려운데, 영어의 [f]와 비슷하게 발음한다. '비행기를 타는' 행동과 '상하이에 가는' 행동이 발생하는 순서대로 문장을 기억하면 듣고 따라 말하기가 좀 더 쉽다.

어휘 坐 zuò 동 (교통수단을) 타다 | 飞机 fēijī 명 비행기 | 去 qù 동 가다 | 上海 Shànghǎi 고유 상하이

5. A比B+술어+구체적인 차이: A가 B보다 (얼마만큼) ~하다 (A·B: 비교대상) track 555

姐姐 / 比我 / 大两岁。
주어 부사어 술어+보어
누나는 나보다 2살 많다.

비교를 나타내는 개사 '比' 앞에서 한 번 끊어 읽고 술어인 '大' 앞에서 한 번 더 끊어 읽는다. 이때 '比我'는 3성의 성조 변화로 2성-3성이 된다는 것을 기억하자. 비교대상인 '姐姐'와 '我'를 헷갈리지 않도록 주의하자.

어휘 ★姐姐 jiějie 명 언니, 누나 | ★比 bǐ 개 ~보다 [비교를 나타냄] [*A+比+B+술어] | 大 dà 형 많다 | ★两 liǎng 수 2, 둘 | 岁 suì 양 살 [나이를 세는 단위]

12 1. 儿子现在比我高。
2. 爸爸不让我去玩儿。
3. 下午我要去医院看病。
4. 我想请同事看电影。
5. 一会儿我要去商店买菜。

해석&풀이

1. A比B+술어: A는 B보다 ~하다 (A·B: 비교대상) track 556

儿子 / 现在 / 比我高。
주어 부사어 술어
아들은 지금 나보다 크다.

주어 다음에 한 번 끊어 읽고, 술어 '高'가 한 글자로 짧으므로 '比我'와 함께 읽는다. 좀 더 빠르게 '儿子现在 / 比我高。'라고 읽어도 좋다. '比我高'는 3성-3성-1성으로, 2성-반3성-1성으로 발음한다.

어휘 儿子 érzi 명 아들 | 现在 xiànzài 명 지금 | ★比 bǐ 개 ~보다 [비교를 나타냄] [*A+比+B+술어] | 高 gāo 형 (키가) 크다

2. 不让AB: A가 B하지 못하게 하다 (A: 대상·B: 행동)

● track 557

爸爸 / 不让我 / 去玩儿。

주어 / 부사어+술어1+목적어1 (=의미상 주어) / 술어2+술어3

아빠는 내가 놀러 가지 못하게 하신다.

주어까지 읽고 잠시 쉰 후, 첫 번째 목적어이자 의미상 주어인 '我' 뒤에서 한 번 더 끊어 읽는다. 부정부사 '不'는 본래 4성이지만 여기서 뒤의 '让'이 4성이므로 2성으로 바뀐다. 또한 '让'의 권설음[r]은 각별히 주의하여 발음하자.

어휘 ★让 ràng 통 ~하게 하다, 하도록 하다 [*(주어)+让+대상+술어/내용] | 去 qù 통 가다 | ★玩(儿) wán(r) 통 놀다

3. 去+장소+행동: ~하러 ~에 가다

● track 558

下午 / 我要 / 去医院 / 看病。

부사어 / 주어+부사어 / 술어1+목적어1 / 술어2

오후에 나는 진찰을 받으러 병원에 갈 것이다.

일반적인 연동문을 읽는 방식에 따라 술어 앞에서 한 번씩 끊어 읽는다. '去[qù]'를 발음할 때는 입술을 동그랗게 오므린 채로 [이]와 [위] 중간 소리를 낸다. 연동문은 보통 일이 일어나는 순서대로 문장을 기억하면 다시 말하기가 더 쉽다.

어휘 下午 xiàwǔ 명 오후 | ★要 yào 조동 ~할 것이다 | 去 qù 통 가다 | 医院 yīyuàn 명 병원 | 看病 kànbìng 통 진찰하다

4. 请AB: A가 B하도록 청하다 (A: 대상·B: 행동)

● track 559

我想 / 请同事 / 看电影。

주어+부사어 / 술어1+목적어1 / 술어2+목적어2

나는 동료에게 영화를 보여주고 싶다.
(나는 동료에게 영화를 볼 것을 청하고 싶다.)

주어와 부사어가 모두 1음절로 붙여 읽고, 술어 앞에서 한 번씩 끊어 읽는다. 이 문장을 읽을 때는 성조에 주의해야 하는데 '我想'의 '我'는 2성으로, '请同事'의 '请'은 반3성으로 소리 낸다.

어휘 想 xiǎng 조동 ~하고 싶다 | 请 qǐng 통 청하다 | ★同事 tóngshì 명 동료 | 看 kàn 통 보다 | 电影 diànyǐng 명 영화

5. 去+장소+행동: ~하러 ~에 가다

● track 560

一会儿 / 我要 / 去商店 / 买菜。

부사어 / 주어+부사어 / 술어1+목적어1 / 술어2+목적어2

이따가 나는 반찬을 사러 상점에 갈 것이다.

이 문장은 연동문이기 때문에 술어 앞에서 한 번씩 끊어 읽는다. '一会儿'에서 '一'의 성조 변화에 주의하자. 3성-1·2·4·경성으로 이어지는 부분은 반3성-1·2·4·경성으로 읽는 것이 자연스럽기 때문에 '我'와 '买'를 반3성으로 소리 낸다.

어휘 一会儿 yíhuìr 수량 잠시, 짧은 시간 | ★要 yào 조동 ~할 것이다 | 去 qù 통 가다 | 商店 shāngdiàn 명 상점 | 买 mǎi 통 사다 | 菜 cài 명 요리

06 기타

본문 p.51

13 1. 生日快乐!
2. 那个人我不认识。
3. 王先生，再见。
4. 多做运动对身体好。
5. 请告诉我他的电话号码。

해석&풀이

1. A快乐: A축하해 (A: 축하하는 내용)

track 561

生日快乐! 주어+술어 생일 축하해!	생일을 축하할 때 쓰는 관용적인 표현으로 한 호흡으로 다 읽는다. '生日'는 두 글자 모두 권설음[sh·r]으로 이루어진 단어로 주의하여 발음하자.

어휘 ★生日 shēngrì 명 생일 | ★快乐 kuàilè 형 즐겁다

2. 认识A: A를 알다 (A: 알고 있는 것)

track 562

那个人 / 我不认识。 관형어+목적어 / 주어+부사어+술어 그 사람을 나는 모른다.	목적어를 강조하기 위해 목적어가 맨 앞으로 도치된 문장으로, '不'의 성조가 2성으로 바뀌는 것을 꼭 기억하자.

어휘 那个 nàge 대 그 | 人 rén 명 사람 | 认识 rènshi 동 알다

3. 再见: 또 봐, 안녕

track 563

王先生，再见。 王先生 / 부사어+술어 왕(王) 선생님, 또 봬요.	'再见'은 헤어질 때 쓰는 관용적인 표현으로, 이 앞에서 끊어 읽는다. '先生'의 '生[sheng]'은 한국어에는 없는 권설음으로 혀를 둥그렇게 만 채로 혀끝을 윗잇몸 뒤쪽에 대고 소리를 낸다.

어휘 王 Wáng 고유 왕 [성씨] | 先生 xiānsheng 명 (성인 남자) 선생님 | 再见 zàijiàn 동 또 뵙겠습니다

4. A对B好: A는 B에 좋다 (A: 내용·B: 대상)

track 564

多做运动 / 对身体 / 好。 주어 / 부사어 / 술어 운동을 많이 하는 것은 몸에 좋다.	'A对B好'를 활용한 고정격식 구문으로, 각 문장성분을 따로따로 끊어 읽거나 부사어와 술어를 붙여 '多做运动 / 对身体好。'로 읽는다. 부사어와 술어를 붙여서 '对身体好'를 한 호흡에 읽으면 '身体'의 '体'는 2성으로 발음해야 하는 점을 잊지 말자.

어휘 多 duō 형 많다 | 做 zuò 동 하다 | ★运动 yùndòng 명 운동 | ★对 duì 개 ~에(게) | ★身体 shēntǐ 명 몸, 건강

5. 请+(대상)+내용: ~해 주세요 ● track 565

请 告诉 我 / 他的电话号码。
술어1+술어2+목적어2 관형어+的+목적어
저에게 그의 전화번호를 알려주세요.

맨 앞에 '请'이 쓰여 부탁을 하는 문장이다. '请'은 반3성으로 소리 내고, '电话'는 모두 4성으로 이루어진 단어로 '电'보다 '话'를 약하게 소리 낸다.

어휘 请 qǐng 동 ~해 주세요 | ★ 告诉 gàosu 동 알리다 | 电话 diànhuà 명 전화 | 号码 hàomǎ 명 번호

14 1. 姐姐在医院工作。
2. 李先生，请喝杯茶。
3. 认识你很高兴。
4. 我下午给你打电话。
5. 谢谢你来机场送我。

해석&풀이

1. A在BC: A는 B에서 C하다 (A: 대상·B: 장소·C: 행동) ● track 566

姐姐 / 在医院 / 工作。
주어 부사어 술어
누나는 병원에서 일한다.

장소를 나타내는 '在'가 개사로 쓰인 고정격식 구문으로 주어, 부사어, 술어를 모두 끊어 읽는다. '姐姐'는 글자는 같지만, 첫 번째 '姐'는 반3성, 두 번째 '姐'는 경성으로 가볍게 읽어야 한다.

어휘 ★ 姐姐 jiějie 명 언니, 누나 | 在 zài 개 ~에서 | 医院 yīyuàn 명 병원 | 工作 gōngzuò 동 일하다

2. 请+(대상)+내용: ~하세요 ● track 567

李先生，请喝杯茶。
李先生 술어1+술어2+목적어2
이(李) 선생님, 차 드세요.

호칭이 있는 문장은 부르는 말 뒤에서 끊어 읽는다. 3성 뒤에 1·2·4·경성의 글자가 올 경우, 3성을 반3성으로 읽는 것이 훨씬 유창하게 들린다. 여기에서 '李'와 '请'은 반3성으로 읽도록 하자.

어휘 李 Lǐ 고유 이 [성씨] | 先生 xiānsheng 명 (성인 남자) 선생님 | 请 qǐng 동 청하다 | 喝 hē 동 마시다 | 杯 bēi 양 잔 | 茶 chá 명 차

3. 认识你A: 당신을 알게 되어 A합니다 ● track 568

认识你 / 很高兴。
주어 부사어+술어
당신을 알게 되어 반갑습니다.

처음 만난 사람과 인사할 때 많이 쓰는 표현이다. '认识你'라는 절이 주어가 되어, 이 뒤에서 끊어 읽는다. '认识'는 두 글자 모두 권설음[r·sh]으로 주의하여 발음하자.

어휘 认识 rènshi 동 알다 | 高兴 gāoxìng 형 기쁘다

4. A给B打电话: A가 B에게 전화를 걸다 (A: 주어·B: 대상)

track **569**

我下午 / 给你 / 打 电话。 주어+부사어　　　술어+목적어 내가 오후에 너에게 전화를 걸게.	개사구 부사어 '**给你**'는 3성-3성이므로 2성-3성으로 발음해야 한다. '**我下午 / 给你打电话。**'로 빠르게 읽어도 되는데, 이럴 경우 '**给你打**'가 3성-3성-3성으로 '**打**' 앞의 '**给你**'를 모두 2성으로 발음해야 하는 점에 주의하자.

어휘 **下午** xiàwǔ 명 오후 | ★ **给** gěi 개 ~에게 | **打电话** dǎ diànhuà 전화하다

5. 谢谢你A: A해서 감사합니다 (A: 고마운 내용)

track **570**

谢谢你 / 来机场 / 送我。 술어1+목적어1　술어2+목적어2　술어3+목적어3 저를 배웅하러 공항으로 와 주셔서 감사합니다.	술어와 목적어를 한 묶음으로 하여 첫 번째 목적어 뒤, 두 번째 목적어 뒤에서 끊어 읽는다. '**谢谢**'는 글자는 같지만 두 번째 '**谢**'는 4성이 아닌 경성으로 읽어 준다.

어휘 **谢谢** xièxie 동 고맙습니다 | **来** lái 동 오다 | ★ **机场** jīchǎng 명 공항 | ★ **送** sòng 동 배웅하다

제2부분 | 실력 다지기

01 일반 의문문

본문 p.57

1
1. 你有手机吗?
2. 你早上游泳了吗?
3. 下个星期你能来吗?
4. 你家离公司远吗?
5. 你去过中国饭馆儿吗?

해석 **모범 답안**

1. **Q 你有手机吗?** 당신은 휴대폰을 가지고 있습니까? ⊙ track **601**

A ❶ 有，我有手机。
있어요, 저는 휴대폰을 가지고 있습니다.

❷ 有，几天前，我买了新手机。
있어요, 며칠 전에 새 휴대폰을 샀습니다.

❸ (没有,)我没有手机。
(없습니다.) 저는 휴대폰을 가지고 있지 않아요.

❶ 긍정의 대답으로 의문을 나타내는 어기조사 '吗'를 빼고 주어를 '你'에서 '我'로 바꾼다. 3성 성조가 연속되는 것에 주의하여 발음하자.
❷ 긍정의 대답 '有'와 함께 휴대폰을 새로 샀다는 부연 설명을 추가할 수도 있다.
❸ '有' 앞에 '没'를 붙이면 부정적 의미의 대답이 된다. '我不有手机。'라고 말하면 안 된다.

어휘 **你** nǐ 대 당신 | **有** yǒu 동 가지고 있다 | ★**手机** shǒujī 명 휴대폰 | **吗** ma 조 (문장 끝에 쓰여) 의문의 어기를 나타냄 | **我** wǒ 대 저 | **几** jǐ 수 몇 | **天** tiān 명 일 | **前** qián 명 (시간상으로) 전, 앞 | **买** mǎi 동 사다 | **了** le 조 ~했다 [동작의 완료를 나타냄] | ★**新** xīn 형 새롭다 | **没** méi 부 ~않다

2. **Q 你早上游泳了吗?** 당신은 아침에 수영을 했습니까? ⊙ track **602**

A ❶ 对，我早上游泳了。
네, 저는 아침에 수영을 했습니다.

❷ 没有，我早上没游泳。
아니요, 저는 아침에 수영을 하지 않았습니다.

❶ 긍정의 표현으로 '对'라고 대답한 후, 어기조사 '吗'를 빼고 주어를 '你'에서 '我'로 바꾼다.
❷ 부정의 표현으로 '没有'라고 짧게 대답한 후, 술어 앞에 부정부사 '没'를 붙여 부정적 의미로 대답한다. '没'는 과거에 대해 부정할 때 쓰는 부사로, 이때 '了'를 붙여서 말하면 안 된다.

어휘 ★**早上** zǎoshang 명 아침 | ★**游泳** yóuyǒng 동 수영하다 | ★**对** duì 형 맞다 | **没有** méiyǒu 부 ~않다 [과거의 경험·행위·사실 등을 부정함]

3. Q 下个星期你能来吗? 다음 주에 당신은 올 수 있어요?

track **603**

A ❶ 下个星期我能去。
다음 주에 저는 갈 수 있어요.

❷ 对不起，我不能去。
죄송해요, 저는 갈 수 없어요.

❶ 이 문제의 핵심은 질문에서는 '来'라고 묻지만 대답할 때는 '去'라고 해야 한다는 점이다. 대답할 때 질문의 '你'를 '我'로 바꿔 말하는 것도 잊지 말자.
❷ 먼저 '对不起'라고 완곡하게 거절한 후, 그 뒤에 '갈 수 없다'라고 부정으로 대답할 수 있다. 조동사를 부정할 때는 일반적으로 '不'를 사용한다.

어휘 **下** xià 명 다음 | **个** ge 양 개, 명 [사물·사람을 세는 단위] | **星期** xīngqī 명 주 | **能** néng 조동 ~할 수 있다 | **来** lái 동 오다 | **去** qù 동 가다 | **对不起** duìbuqǐ 동 죄송합니다 | **不** bù 부 아니다

4. Q 你家离公司远吗? 당신의 집은 회사에서 먼가요?

track **604**

A ❶ 我家离公司很远。
우리 집은 회사에서 멀어요.

❷ 我家离公司不远。
우리 집은 회사에서 멀지 않아요.

❷ 不远，我家离公司很近。
안 멀어요, 우리 집은 회사에서 가까워요.

❶ 긍정적 의미의 대답으로 어기조사 '吗'를 빼고 주어를 '你'에서 '我'로 바꾼다. 형용사는 정도부사의 수식을 받기 때문에 '远' 앞에 '很'을 붙여 말하면 훨씬 좋은 대답이 된다. 이때, '很远'은 성조가 3성-3성이므로 2성-3성으로 발음해야 한다.
❷ 부정적 의미의 대답으로 술어 '远' 앞에 부정부사 '不'를 붙여 말한다. 술어 '远'은 형용사로, 형용사의 상태를 부정할 때는 '没'가 아닌 '不'를 사용한다.
❸ 간단히 멀지 않다고 대답한 뒤, '远'의 반의어 '近'을 활용한 고정격식 'A离B近'으로 답을 할 수 있다.

어휘 **家** jiā 명 집 | ★ **离** lí 개 ~에서 [*A离B远: A는 B에서 멀다] | ★ **公司** gōngsī 명 회사 | ★ **远** yuǎn 형 (거리가) 멀다 | **很** hěn 부 매우 | ★ **近** jìn 형 가깝다

5. Q 你去过中国饭馆儿吗? 당신은 중국 음식점에 가본 적이 있나요?

track **605**

A ❶ 我去过中国饭馆儿。
저는 중국 음식점에 가본 적이 있습니다.

❷ 我没去过中国饭馆儿。
저는 중국 음식점에 가본 적이 없습니다.

❶ 어기조사 '吗'를 빼고 주어를 '你'에서 '我'로 바꾸면 긍정의 대답이 된다. 동태조사 '过'는 가볍게 경성으로 소리 낸다.
❷ 과거의 경험을 부정하는 것이므로, 술어 '去' 앞에 부정부사 '没'를 붙이면 부정의 대답이 된다.

어휘 **去** qù 동 가다 | ★ **过** guo 조 ~한 적이 있다 [과거의 경험을 나타냄] | **中国** Zhōngguó 고유 중국 | **饭馆儿** fànguǎnr 명 음식점

2 1. 你会开车吗?
2. 你坐过飞机吗?
3. 你喜欢吃面条吗?
4. 今天早上你看报纸了吗?
5. 你知道现在几点吗?

해석 **모범 답안**

1. Q 你会开车吗? 당신은 운전할 줄 압니까?

track **606**

A ❶ **我会开车。**
저는 운전할 줄 압니다.

❷ **我不会开车。**
저는 운전할 줄 모릅니다.

❶ 어기조사 '吗'를 빼고 주어를 '你'에서 '我'로 바꾸어 긍정으로 대답한다.

❷ 조동사 '会'가 들어간 문장을 부정할 때 '会' 앞에 부정부사 '不'를 붙인다. '会'가 4성이기 때문에 '不'는 4성에서 2성으로 바뀌는 것에 주의하자.

어휘 **会** huì 조동 (배워서) ~를 할 줄 알다 | **开车** kāichē 동 운전하다

2. Q 你坐过飞机吗? 당신은 비행기를 타본 적이 있나요?

track **607**

A ❶ **我坐过飞机。**
저는 비행기를 타본 적이 있습니다.

❷ **坐过，我坐飞机去了美国。**
타봤습니다. 저는 비행기를 타고 미국에 갔어요.

❸ **我没坐过飞机。**
저는 비행기를 타본 적이 없습니다.

❶ 긍정의 대답으로 주어를 '你'에서 '我'로 바꾸고 의문을 나타내는 어기조사 '吗'를 뺀다. '飞机'의 [f]는 한국어에 없는 소리로 발음에 주의하자.

❷ 짧게 '坐过'라고 대답한 후, 비행기를 타고 어디에 갔는지 부연 설명할 수 있다.

❸ 술어 '坐' 앞에 과거의 경험을 부정하는 부사 '没'를 붙이면 부정의 대답이 된다.

어휘 **坐** zuò 동 (교통수단을) 타다 | ★**过** guo 조 ~한 적이 있다 [과거의 경험을 나타냄] | **飞机** fēijī 명 비행기 | **去** qù 동 가다 | **美国** Měiguó 고유 미국

3. **Q 你喜欢吃面条吗?** 당신은 국수 먹는 것을 좋아합니까? track **608**

A ❶ 我喜欢吃面条。
저는 국수 먹는 것을 좋아합니다.

❷ 我不太喜欢吃面条。
저는 국수 먹는 것을 그다지 좋아하지 않습니다.

❶ 주어를 '你'에서 '我'로 바꾸고 어기조사 '吗'를 빼면 긍정의 대답이 된다.
❷ '不太'는 '그다지 ~하지 않다'라는 뜻으로 술어 앞에 붙이면 부정의 대답이 된다.

어휘 **喜欢** xǐhuan 동 좋아하다 | **吃** chī 동 먹다 | ★**面条(儿)** miàntiáo(r) 명 국수 | **不太** bú tài 그다지 ~하지 않다

4. **Q 今天早上你看报纸了吗?** 오늘 아침 당신은 신문을 봤습니까? track **609**

A ❶ 今天早上我看报纸了。
오늘 아침 저는 신문을 봤습니다.

❷ 今天早上我没看报纸。
오늘 아침 저는 신문을 보지 않았습니다.

❶ 앞의 3번 문제와 마찬가지로, 어기조사 '吗'를 빼고 주어를 '你'에서 '我'로 바꾸면 긍정의 대답이 된다.
❷ 과거에 대해 부정으로 대답할 때 술어 '看' 앞에 부정부사 '没'를 붙이면 되는데 이때 '了'는 빼고 말해야 한다.

어휘 **今天** jīntiān 명 오늘 | ★**早上** zǎoshang 명 아침 | **看** kàn 동 보다 | ★**报纸** bàozhǐ 명 신문

5. **Q 你知道现在几点吗?** 당신은 지금 몇 시인지 알고 있나요? track **610**

A ❶ 现在七点半。
지금은 일곱 시 반입니다.

❷ 对不起，我不知道。
죄송해요, 저는 모릅니다.

❶ 질문은 '현재 시간을 알고 있는지' 물어보는 것으로, '알고 있는지' 여부보다는 '현재 시간'에 초점을 두고 있다. 따라서 '시간'을 말하면 된다.
❷ 현재 시간을 물어봤지만 시간을 말하는데 어려움이 있다면 모른다고 대답해도 괜찮다.

어휘 ★**知道** zhīdào 동 알다 | **现在** xiànzài 명 지금 | **几** jǐ 대 몇, 얼마 | **点** diǎn 양 시 [시간을 세는 단위] | **七** qī 수 7, 일곱 | ★**半** bàn 수 절반 [시간을 나타낼 때는 '30분'을 의미함] | **对不起** duìbuqǐ 동 죄송합니다

3
1. 你学过英语吗?
2. 那本书是你的吗?
3. 星期天你有时间吗?
4. 你能做一下这个题吗?
5. 他说的话你听懂了吗?

해석 **모범 답안**

1. **Q 你学过英语吗?** 당신은 영어를 배운 적 있나요? track **611**

A ❶ **我学过英语。(很有意思。)**
저는 영어를 배운 적이 있습니다. (재미있었어요.)

❷ **我没学过英语。**
저는 영어를 배운 적이 없습니다.

❶ 어기조사 '吗'를 빼고 주어를 '你'에서 '我'로 바꾸어 대답한다. 이렇게 한 문장으로 말해도 괜찮지만 시간적 여유가 된다면 짧게 부연 설명을 덧붙여도 좋다.
❷ 부정의 대답으로 술어 '学' 앞에 부정부사 '没'를 붙인다. '没'는 과거의 경험을 부정할 때 사용한다.

어휘 **学** xué 동 배우다 | ★**过** guo 조 ~한 적이 있다 [과거의 경험을 나타냄] | **英语** Yīngyǔ 고유 영어 | **有意思** yǒu yìsi 재미있다

2. **Q 那本书是你的吗?** 저 책은 당신의 것입니까? track **612**

A ❶ **是啊，那本书是我的。**
(=那是我的书。)
네, 저 책은 제 것이에요.
(= 저것은 저의 책이에요.)

❷ **那本书不是我的。**
저 책은 제 것이 아닙니다.

❸ **不是，那本书是小王的。**
아니요, 저 책은 샤오왕의 것입니다.

❶ 긍정의 대답으로 저 책이 '나'의 것이라고 말한다. 권설음[sh]에 주의하며 발음하자.
❷ 술어 '是' 앞에 부정부사 '不'를 붙이면 부정의 대답이 된다. '是' 앞에 있는 '不'는 2성으로 발음해야 한다. '那本书没是我的。'라고 말하지 않도록 주의하자.
❸ 또 다른 표현으로는 '不是'라고 짧게 부정한 후, 저 책이 누구의 것인지 말할 수도 있다.

어휘 **那** nà 대 저 | **本** běn 양 권 [책을 세는 단위] | **书** shū 명 책 | **是** shì 동 ~이다 [*A是B: A는 B이다] 감탄 네 [응답할 때 쓰는 말] | **的** de 조 ~의 것 [중심어가 없는 '的'자 구조를 이루어 명사로 만듦] | ★**啊** a 조 (문장 끝에 쓰여) 긍정을 나타냄 | **小王** Xiǎo Wáng 고유 샤오왕 [인명]

3. Q 星期天你有时间吗? 일요일에 당신은 시간이 있습니까? track 613

A ❶ (有,)星期天我有时间。
(있습니다.) 일요일에 저는 시간이 있어요.

❷ (没有,)星期天我没有时间。
(없습니다.) 일요일에 저는 시간이 없어요.

(我要做作业。)
(저는 숙제를 해야 해요.)

❶ 긍정의 대답을 할 때는 어기조사 '吗'를 빼고 주어를 '你'에서 '我'로 바꾸면 된다.

❷ 부정의 대답을 할 때는 술어 '有' 앞에 부정부사 '没'를 붙인다. 술어 '有'를 부정할 때는 '不'를 사용하면 안 된다. 또한 시간적 여유가 있다면 부연 설명을 해도 좋다.

어휘 星期天 xīngqītiān 명 일요일 | ★时间 shíjiān 명 시간 | ★要 yào 조동 ~해야 한다 | 做 zuò 동 하다 | ★作业 zuòyè 명 숙제

4. Q 你能做一下这个题吗? 당신은 이 문제를 풀 수 있습니까? track 614

A ❶ 我能做这个题。(很容易。)
저는 이 문제를 풀 수 있어요. (쉬워요.)

❷ 我不能做这个题。
저는 이 문제를 풀 수 없어요.

❶ 긍정의 대답으로 어기조사 '吗'와 '一下'를 빼고 주어를 '你'에서 '我'로 바꾼다. 뒤에 '쉽다'는 말을 덧붙여도 좋다.

❷ 조동사 '能'이 쓰인 문장을 부정할 때는 '能' 앞에 부정부사 '不'를 붙여 대답한다. '没能'은 과거에 할 수 없었음을 나타내는 표현으로, 이 질문의 대답에는 어울리지 않는다.

어휘 能 néng 조동 ~할 수 있다 | 做 zuò 동 하다 [*做题: 문제를 풀다] | ★一下 yíxià 수량 (동사 뒤에 쓰여) 좀 ~하다 | 这个 zhège 대 이 | ★题 tí 명 문제 | ★容易 róngyì 형 쉽다

5. Q 他说的话你听懂了吗? 그가 한 말을 당신은 이해했습니까? track 615

A ❶ 我听懂了他说的话。
저는 그가 한 말을 이해했습니다.

❷ 我没听懂他说的话。
저는 그가 한 말을 이해하지 못했습니다.

❸ 我听不懂他说的话。
저는 그가 한 말을 알아듣지 못했습니다.

❶ 질문은 목적어 부분인 '他说的话'를 맨 앞으로 도치시킨 문장이다. 대답할 때는 '주어(我)+술어(听)+목적어(他说的话)' 형태의 일반적인 어순으로 말할 수 있다.

❷ 부정의 형식으로 대답할 때는 '술어(听)+결과보어(懂)'를 부정하는 '没听懂'이라고 말할 수 있다.

❸ 또 다른 부정의 답안으로 가능보어의 부정형인 '听不懂'이라는 표현을 써서 말할 수도 있다.

*TIP) 没听懂 VS 听不懂
没听懂: 말의 내용을 이해하지 못할 때 사용
听不懂: 말 자체를 아예 알아듣지 못할 때 사용

어휘 他 tā 대 그 | 说 shuō 동 말하다 | 的 de 조 ~의 [*관형어+的+(명사/대사)] | 话 huà 명 말 | 听 tīng 동 듣다 [*听懂: (듣고) 이해하다] | ★懂 dǒng 동 이해하다

4 1. 你上班了吗?
2. 你喜欢帮助朋友吗?
3. 你旁边的人是你的丈夫吗?
4. 你的汉字写得好看吗?
5. 你认识穿白色衣服的那个人吗?

해석 모범 답안

1. **Q 你上班了吗?** 당신은 출근했습니까? track 616

A ❶ **对，我上班了。**
네, 저는 출근했어요.
❷ **我还没上班。**
저는 아직 출근하지 않았어요.

❶ 긍정의 대답으로 짧게 '对'라고 말한 후 어기조사 '吗'를 빼고 주어를 '你'에서 '我'로 바꾸면 된다.
❷ 아직 하지 않았다는 뜻으로 '还没'를 술어 앞에 붙이고 '了'는 빼고 대답한다.

어휘 ★上班 shàngbān 동 출근하다 | ★对 duì 형 맞다 | ★还 hái 부 아직

2. **Q 你喜欢帮助朋友吗?** 당신은 친구를 돕는 것을 좋아합니까? track 617

A ❶ **我喜欢帮助朋友。**
저는 친구를 돕는 것을 좋아합니다.
❷ **我不太喜欢帮助朋友。**
저는 친구를 돕는 것을 그다지 좋아하지 않습니다.

❶ 주어를 '你'에서 '我'로 바꾸고 어기조사 '吗'를 빼면 긍정의 대답이 된다.
❷ 부정적 의미의 대답으로 술어 '喜欢' 앞에 '不太'를 붙이면 된다.

어휘 喜欢 xǐhuan 동 좋아하다 | ★帮助 bāngzhù 동 돕다 | 朋友 péngyou 명 친구 | 不太 bú tài 그다지 ~하지 않다

3. **Q 你旁边的人是你的丈夫吗?** 당신 옆에 있는 분은 당신의 남편인가요? track 618

A ❶ **我旁边的人是我的丈夫。**
제 옆에 있는 사람은 제 남편입니다.
❷ **我旁边的人不是我的丈夫。(他是我姐姐的丈夫。)**
제 옆에 있는 사람은 제 남편이 아니에요.
(그는 제 언니의 남편입니다.)

❶ 질문의 '你'를 '我'로 바꾸고 어기조사 '吗'를 빼면 긍정의 대답이 된다. '丈夫'의 권설음[zh] 발음과 [f] 발음에 주의하자.
❷ 부정의 대답으로 술어 '是' 앞에 부정부사 '不'를 붙인다. 부연 설명할 시간이 있다면 옆에 있는 사람이 누구인지까지 말하면 더 좋다.

어휘 ★旁边 pángbiān 명 옆 | 人 rén 명 사람 | ★丈夫 zhàngfu 명 남편 | ★姐姐 jiějie 명 언니

4. **Q 你的汉字写得好看吗?** 당신은 한자를 예쁘게 쓰나요? ◎ track **619**

A ❶ 我的汉字写得很好看。
저는 한자를 예쁘게 써요.

❷ 我的汉字写得不好看。
저는 한자를 잘 쓰지 못해요.

❶ 긍정의 대답을 하려고 한다면 '你'를 '我'로 바꾸고 어기조사 '吗'를 빼면 된다.
❷ 정도보어가 있는 문장을 부정할 때는 '得' 뒤에 부정부사 '不'를 붙여 말한다.

어휘 **汉字** Hànzì 고유 한자 | **写** xiě 동 쓰다 | ★ **得** de 조 ~하는 정도가 ~하다 [*술어+得+정도보어] | **好看** hǎokàn 형 예쁘다, 보기 좋다

5. **Q 你认识穿白色衣服的那个人吗?** 당신은 흰색 옷을 입은 저 사람을 압니까? ◎ track **620**

A ❶ 我认识穿白色衣服的那个人。(他是我的汉语老师。)
저는 흰색 옷을 입은 저 사람을 압니다. (그는 저의 중국어 선생님이에요.)

❷ 我不认识穿白色衣服的那个人。
저는 흰색 옷을 입은 저 사람을 모릅니다.

❶ 문장 길이가 길어 어렵게 느껴질 수 있지만 집중해서 잘 들으면 충분히 이해할 수 있는 질문이다. 긍정의 대답으로 어기조사 '吗'를 빼고 주어를 '你'에서 '我'로 바꾸어 대답한다. 그 사람이 누구인지까지 추가해서 말하면 더 좋다. '认识'는 두 글자 모두 권설음[r·sh]으로, 혀를 둥그렇게 만 채로 혀끝을 윗잇몸 뒤쪽에 대고 소리를 낸다.
❷ 부정의 대답으로 술어 '认识' 앞에 부정부사 '不'를 붙인다. 이때 '认识'의 '认'이 4성이기 때문에 '不'는 2성으로 발음해야 한다.

어휘 **认识** rènshi 동 알다 | ★ **穿** chuān 동 (옷·신발·양말 등을) 입다/신다 | **白色** báisè 명 흰색 | **衣服** yīfu 명 옷 | **那个** nàge 대 저 | **汉语** Hànyǔ 고유 중국어 | **老师** lǎoshī 명 선생님

본문 p.62

5
1. 你会不会做饭?
2. 你这几天忙不忙?
3. 你爱不爱吃羊肉?
4. 火车站离这儿远不远?
5. 这个星期六我要去游泳，你去不去?

해석 **모범 답안**

1. **Q 你会不会做饭?** 당신은 밥을 할 줄 아나요? track **621**

A ❶ 我会做饭。
저는 밥을 할 줄 알아요.

❷ 我不会做饭。
저는 밥을 할 줄 몰라요.

❶ 조동사 '会'가 쓰인 정반 의문문에 긍정으로 대답하는 경우, 주어를 '我'로 바꾼 후 '不会'를 빼고 '我会做饭。'이라고 대답하면 된다.
❷ 부정의 대답을 하려면 위와 반대로 긍정을 나타내는 '会'를 빼고 주어를 '我'로 바꾸면 된다. '不'는 4성인 단어 '会' 앞에서 2성으로 바뀐다.

어휘 **会** huì 조동 (배워서) ~를 할 줄 알다 | **做** zuò 동 하다 | **饭** fàn 명 밥

2. **Q 你这几天忙不忙?** 당신은 요 며칠 바쁜가요? track **622**

A ❶ 我这几天很忙。
저는 요 며칠 바빴습니다.

❷ 我这几天不(太)忙。
저는 요 며칠 (그다지) 바쁘지 않았습니다.

❶ 정반 의문문에 긍정의 대답을 할 때, 질문 문장에서 '不+술어'를 빼면 된다. 형용사술어문에서 형용사술어는 정도부사의 수식을 받는 경우가 많기 때문에, '忙' 앞에 '很'까지 추가하면 더 좋은 대답이 된다.
❷ 정반 의문문에 부정의 대답을 할 경우, 질문에서 첫 번째로 쓰인 술어를 빼고 '我这几天不忙。'이라고 말하면 된다. '不太'는 '그다지 ~하지 않다'라는 뜻으로, '我这几天不太忙。'이라고 대답해도 된다.

어휘 **这** zhè 대 이 [*这几天: 요 며칠] | **几** jǐ 수 몇 | **天** tiān 명 일 | ★**忙** máng 형 바쁘다 | **不太** bú tài 그다지 ~하지 않다

3. Q 你爱不爱吃羊肉? 당신은 양고기 먹는 것을 좋아합니까?

track 623

A ❶ 我爱吃羊肉。
저는 양고기 먹는 것을 좋아합니다.

❷ 我不爱吃羊肉。(爱吃牛肉。)
저는 양고기 먹는 것을 좋아하지 않습니다.
(소고기 먹는 것을 좋아합니다.)

❶ 질문에서 부정 형태인 '不爱'를 빼면 긍정 형태의 평서문이 된다. 대답을 할 때는 주어를 '我'로 바꿔야 하는 것을 잊지 말자. '吃'와 '肉'는 권설음[ch·r]으로 혀를 말고 있는 상태에서 혀끝을 윗잇몸 뒤쪽에 대고 소리 낸다. 권설음은 한국어에 없는 소리로 평소에 연습을 많이 하자.

❷ 위와 반대로 긍정 형태의 첫 번째 '爱'를 빼면 부정 형태의 대답이 된다. '不爱'에서 '爱'가 4성이기 때문에 '不'는 2성으로 발음해야 한다. 뒤에 좋아하는 고기를 말해도 괜찮다.

어휘 爱 ài 동 ~하는 것을 좋아하다 | 吃 chī 동 먹다 | ★ 羊肉 yángròu 명 양고기 | 牛肉 niúròu 명 소고기

4. Q 火车站离这儿远不远? 기차역은 여기서 먼가요?

track 624

A ❶ 火车站离这儿很远。
기차역은 여기서 멀어요.

❷ 火车站离这儿不远。
기차역은 여기서 멀지 않아요.

❶ 고정격식 'A离B远(A는 B에서 멀다)'을 정반 의문문으로 만든 질문이다. 긍정의 대답을 하려면 질문에 있는 '不远'을 빼고 술어 '远' 앞에 정도부사 '很'을 붙이면 된다.

❷ 부정의 대답을 할 때는 술어인 첫 번째 '远'을 빼도 좋고, '远'의 반의어인 '近[jìn]'을 사용하여 '火车站离这儿很近。(기차역은 여기서 가깝다)'이라고 해도 괜찮다.

어휘 ★ 火车站 huǒchēzhàn 명 기차역 | ★ 离 lí 개 ~에서 [*A离B远: A는 B에서 멀다] | 这儿 zhèr 대 여기 | ★ 远 yuǎn 형 (거리가) 멀다

5. Q 这个星期六我要去游泳，你去不去?
이번 주 토요일에 저는 수영하러 가는데, 당신은 가실 겁니까?

track 625

A ❶ 我要和你一起去。
저는 당신과 같이 가겠습니다.

❷ 我很忙，所以不能(一起)去。
저는 바빠서 (같이) 갈 수 없습니다.

❶ 문제에서 앞 문장은 토요일에 수영하러 간다는 내용으로, 뒷문장인 질문에서는 목적어를 생략하고 '你去不去?'라고 써서 '함께' 가겠는지 묻고 있다. 따라서 '我去。' 또는 '我也要去。'라고 간단히 대답하는 것보다 '我要和你一起去。'라고 말하는 것이 질문의 요지를 잘 이해한 것으로, 더 좋은 점수를 받을 수 있다.

❷ '我很忙'이라고 간접적으로 돌려 이유를 말하고, 상황이 안 되어 갈 수 없다는 뜻으로 조동사 '能'의 부정형을 사용하여 '不能去'라고 말하면 부정의 대답이 된다.

어휘 星期六 xīngqīliù 명 토요일 | ★ 要 yào 조동 ~하려 하다 | 去 qù 동 가다 | ★ 游泳 yóuyǒng 동 수영하다 | 和 hé 개 ~와/과 | ★ 一起 yìqǐ 부 같이 | ★ 忙 máng 형 바쁘다 | ★ 所以 suǒyǐ 접 그러므로 | 能 néng 조동 ~할 수 있다

6

1. 你有没有弟弟?
2. 你想不想吃西瓜?
3. 你喜不喜欢打篮球?
4. 你要不要和我一起吃饭?
5. 你歌唱得好不好?

해석 모범 답안

1. Q 你有没有弟弟? 당신은 남동생이 있나요?

track 626

A ❶ **有，我有一个弟弟。**
네, 저는 남동생이 한 명 있어요.

❷ **没有，我有两个妹妹。**
없어요, 저는 여동생이 두 명 있어요.

❶ 긍정의 의미로 짧게 '有'라고 말한 뒤, 완전한 문장으로 대답한다. 주어 '我'는 술어 '有'의 영향으로 2성으로 바뀌고, '수사+양사' 형태의 '一个'는 항상 2성–경성으로 소리 내는 것을 잊지 말자.

❷ 부정의 대답은 간단히 '我没有弟弟。'라고 해도 괜찮지만 짧게 '没有'라고 말한 뒤, 자신의 가족 관계를 밝히는 것도 좋다.

어휘 ★**弟弟** dìdi 명 남동생 | **一** yī 수 1, 하나 [성조 변화 주의] | **个** ge 양 명 [사람·물건을 세는 단위] | ★**两** liǎng 수 2, 둘 | ★**妹妹** mèimei 명 여동생

2. Q 你想不想吃西瓜? 당신은 수박을 먹고 싶습니까?

track 627

A ❶ **我想吃西瓜。**
(西瓜是我最喜欢的水果。)
저는 수박을 먹고 싶습니다.
(수박은 제가 가장 좋아하는 과일입니다.)

❷ **我不想吃西瓜。**
저는 수박을 먹고 싶지 않습니다.

❸ **我喜欢吃西瓜，但是现在不想吃。**
저는 수박을 먹는 걸 좋아하지만, 지금은 먹고 싶지 않습니다.

❶ 정반 의문문으로 질문할 경우, 부정형인 '不想'을 빼고 주어를 '我'로 바꾸면 긍정적 의미의 대답이 된다. 시간적 여유가 있다면 'A是B' 구문을 사용하여 부연 설명을 하는 것도 좋다.

❷ 위와 반대로 긍정형 조동사인 첫 번째 '想'을 빼면 부정적 의미의 대답이 된다.

❸ 또 다른 부정의 대답으로 수박을 좋아하지만 '지금'은 먹고 싶지 않다고 말할 수도 있다.

어휘 **想** xiǎng 조동 ~하고 싶다 | **吃** chī 동 먹다 | ★**西瓜** xīguā 명 수박 | ★**最** zuì 부 가장 | **喜欢** xǐhuan 동 좋아하다 | **水果** shuǐguǒ 명 과일 | ★**但是** dànshì 접 그렇지만 | **现在** xiànzài 명 지금

3. **Q 你喜不喜欢打篮球?** 당신은 농구를 하는 것을 좋아합니까? track **628**

A ❶ **我喜欢打篮球。(打得很好/但打得不太好。)**
저는 농구를 하는 것을 좋아합니다. ((농구를) 잘 합니다/그러나 그다지 잘하지는 않습니다.)

❷ **我不喜欢打篮球。**
저는 농구를 하는 것을 좋아하지 않습니다.

❶ 2음절 술어 '喜欢'으로 정반 의문문을 만들 때, 술어의 첫 번째 음절 뒤에 '不'를 붙여서 '喜不喜欢'이라는 표현으로 질문한다. 긍정으로 대답하려면 '我喜欢打篮球。'라고 말하면 되고, 시간적 여유가 있다면 '농구를 잘 하는지/못하는지' 부연 설명을 해도 좋다.
❷ 질문의 '你'를 '我'로 바꾸고 첫 번째 '喜'를 빼면 부정의 대답이 된다.

어휘 **喜欢** xǐhuan 동 좋아하다 | ★ **打篮球** dǎ lánqiú 농구를 하다 | ★ **得** de 조 ~하는 정도가 ~하다 [*술어+得+정도보어] | **好** hǎo 형 좋다 | ★ **但(是)** dàn(shì) 접 그러나 | **不太** bú tài 그다지 ~하지 않다

4. **Q 你要不要和我一起吃饭?** (당신은) 저와 함께 밥 먹을래요? track **629**

A ❶ **我要和你一起吃饭。**
저는 당신과 함께 밥을 먹겠습니다.

❷ **对不起，我不能和你一起吃饭。**
미안합니다, 저는 당신과 함께 밥을 먹을 수 없어요.

❸ **不好意思，我已经吃了。**
죄송해요, 저는 이미 먹었어요.

❶ 긍정의 대답으로 질문에서 '你'와 '我'의 위치를 바꾸고 '不要'를 빼고 말한다.
❷ 부정의 대답으로 '对不起'라고 말한 뒤, 상황이 안 되어 밥을 함께 먹을 수 없다는 뜻으로 조동사 '能'의 부정형과 질문의 표현 일부를 활용하여 대답한다.
❸ 밥을 이미 먹었다고 돌려 말하면, 직접적으로 '먹지 않겠다'라고 말하지 않아도 거절의 표현을 할 수 있다.

어휘 ★ **要** yào 조동 ~하려 하다 | **和** hé 개 ~와/과 | ★ **一起** yìqǐ 부 함께 | **吃** chī 동 먹다 | **饭** fàn 명 밥 | **对不起** duìbuqǐ 동 미안합니다 | **能** néng 조동 ~할 수 있다 | **不好意思** bù hǎoyìsi 죄송합니다 | ★ **已经** yǐjīng 부 이미 [*已经 A了: 이미 A했다]

5. **Q 你歌唱得好不好?** 당신은 노래를 잘 부릅니까? track **630**

A ❶ **我歌唱得非常好。**
저는 노래를 아주 잘 부릅니다.

❷ **我歌唱得不好。**
저는 노래를 잘 부르지 못합니다.

❶ 정도보어가 있는 문장을 정반 의문문으로 만든 문제로, '得'의 뒷부분을 '非常好'라고 바꿔 말하면 노래를 잘 부른다는 긍정 형태의 대답이 된다. 이때 정도부사 '非常'의 [f] 발음에 주의하자.
❷ 부정 형태의 대답은 정도부사 '非常' 대신 부정부사 '不'를 넣어 말하면 된다.

어휘 **歌** gē 명 노래 [*唱歌: 노래를 부르다] | **唱** chàng 동 노래하다 | ★ **得** de 조 ~하는 정도가 ~하다 [*술어+得+정도보어] | ★ **非常** fēicháng 부 아주

03 의문사 의문문

본문 p.69

7 1. 杯子里有什么?
2. 你学校在哪儿?
3. 你喜欢看谁的电影?
4. 你去过几次北京?
5. 考试什么时候开始?

해석 **모범 답안**

1. Q 杯子里有什么? 컵 안에는 무엇이 있습니까?

track 631

A ❶ 杯子里有牛奶。
컵 안에는 우유가 있습니다.

❷ 杯子里什么都没有。
컵 안에는 아무것도 없습니다.

❶ 의문사 '什么'를 이용한 의문문으로, 의문사 자리에 '컵' 안에 들어갈 만한 명사를 넣어 대답하면 된다. 이때 '里'는 경성으로 소리 낸다.

❷ 컵 안에 아무것도 없다고 표현하고 싶을 때는 '有'의 부정형 '没有'를 써서 '杯子里什么都没有。'라고 말할 수 있다.

어휘 **杯子** bēizi 명 컵 | **里** li 명 안 [명사 뒤에 붙어 일정한 공간·시간·범위를 나타냄] | **什么** shénme 대 무엇 | ★ **牛奶** niúnǎi 명 우유 | **都** dōu 부 ~조차도

2. Q 你学校在哪儿? 당신의 학교는 어디에 있습니까?

track 632

A ❶ 我学校在釜山。
저의 학교는 부산에 있습니다.

❷ 我学校在医院的旁边。
저의 학교는 병원 옆에 있습니다.

❶ 'A在哪儿'이라고 질문하는 것은 A가 있는 장소를 묻는 것으로, '哪儿' 자리에 '釜山'과 같은 구체적인 지역을 넣어 대답할 수 있다.

❷ '哪儿' 자리에 구체적인 지역 외에 '위치'를 나타내는 표현을 넣어서 말해도 좋은 답안이 된다. 위치를 나타낼 때 '边'은 주로 경성으로 읽지만, '옆'이라는 뜻의 '旁边'의 '边'은 반드시 1성으로 발음해야 한다.

어휘 **学校** xuéxiào 명 학교 | **在** zài 동 ~에 있다 | **哪儿** nǎr 대 어디 | **釜山** Fǔshān 고유 부산 | **医院** yīyuàn 명 병원 | ★ **旁边** pángbiān 명 옆

3. Q 你喜欢看谁的电影? 당신은 누구의 영화를 보는 것을 좋아합니까? ⊙ track 633

A 我喜欢看孙艺珍的电影。
저는 손예진의 영화를 보는 것을 좋아합니다.

의문사 '谁'를 이용한 질문으로 '누구'의 영화를 보는 것을 좋아하는지 묻고 있다. 이런 유형의 질문에 대비하여 좋아하는 배우의 이름을 중국어로 발음하는 법을 알아두면 유용하다. 배우 이름의 중국어 발음을 모른다면 한국어로 발음해서라도 대답해야 한다.

어휘 喜欢 xǐhuan 동 좋아하다 | 看 kàn 동 보다 | 谁 shéi 대 누구 | 电影 diànyǐng 명 영화 | 孙艺珍 Sūn Yìzhēn 고유 손예진 [한국의 배우]

4. Q 你去过几次北京? 당신은 베이징에 몇 번 가봤습니까? ⊙ track 634

A ❶ 我去过三次北京。
저는 베이징에 세 번 가봤습니다.

❷ 我没有去过北京。
저는 베이징에 가본 적이 없습니다.

❶ 수를 물어보는 의문사 '几'를 이용해 베이징에 몇 번 가봤냐고 질문했기 때문에 '几' 자리에 숫자를 써서 대답할 수 있다.
❷ 베이징에 한 번도 가본 적이 없다고 표현할 때는 술어 '去' 앞에 부정부사 '没有'를 붙이고 질문의 '几次'는 빼고 대답하면 된다.

어휘 去 qù 동 가다 | ★过 guo 조 ~한 적이 있다 [과거의 경험을 나타냄] | 几 jǐ 대 몇, 얼마 | ★次 cì 양 번 | 北京 Běijīng 고유 베이징 | 三 sān 수 3, 셋

5. Q 考试什么时候开始? 시험은 언제 시작됩니까? ⊙ track 635

A ❶ 考试早上九点开始。
시험은 아침 9시에 시작됩니다.

❷ 考试明天开始。
시험은 내일 시작됩니다.

❸ 考试就要开始了。
시험은 곧 시작됩니다.

❶ '什么时候'는 언제인지 '시점이나 시간'을 묻는 것이므로, 구체적인 시간을 답으로 말할 수 있다. 이때 '考试'와 '早上'은 각각 반3성-4성, 반3성-경성으로 발음하고, '九点'은 3성-3성이므로 말할 때 2성-(반)3성으로 발음해야 한다. 문장에 권설음[sh]이 많으므로 주의해서 발음하자.
❷ 정확한 시간을 말하기 부담스럽다면 '明天', '星期五' 등 날을 표현하는 단어를 사용해도 된다.
❸ '就要A了'는 '곧 A한다'라는 뜻으로 상황이 곧 발생함을 나타낸다.

어휘 ★考试 kǎoshì 명 시험 | 什么时候 shénme shíhou 언제 | ★开始 kāishǐ 동 시작하다 | ★早上 zǎoshang 명 아침 | 九 jiǔ 수 9, 아홉 | 点 diǎn 양 시 [시간을 세는 단위] | 明天 míngtiān 명 내일 | 就要 jiùyào 부 곧 [*就要A了: 곧 A하려 한다]

8 1. 你一个月能看多少本书?
2. 你昨天中午在哪儿吃饭?
3. 你最好的朋友是哪国人?
4. 下班后，你会做什么?
5. 你说汉语说得怎么样?

해석 **모범 답안**

1. **Q 你一个月能看多少本书?** 당신은 한 달에 몇 권의 책을 볼 수 있습니까? track 636

A 我一个月能看两本书。
저는 한 달에 두 권의 책을 볼 수 있습니다.

'多少'는 수량을 묻는 의문대사로, 대답할 때 주어를 '你'에서 '我'로 바꾸고 '多少' 자리에 숫자를 넣어 말하면 된다. '个'의 성조는 4성이지만 양사로 쓰일 때는 경성으로 발음하고, '一'는 본래 '个'의 성조에 의해 2성으로 바뀌기 때문에 '一个'는 2성-경성으로 읽어야 한다. 양사 앞에서 숫자 2는 '两[liǎng]'으로 말해야 하는 것을 절대 잊지 말자.

어휘 **一** yī 수 1, 하나 [성조 변화 주의] | **月** yuè 명 달 | **能** néng 조동 ~할 수 있다 | **看** kàn 동 보다 | **多少** duōshao 대 몇 | **本** běn 양 권 [책을 세는 단위] | **书** shū 명 책 | ★ **两** liǎng 수 2, 둘

2. **Q 你昨天中午在哪儿吃饭?** 당신은 어제 점심에 어디에서 밥을 먹었습니까? track 637

A 我昨天中午在中国饭店吃饭。
저는 어제 점심에 중국 식당에서 밥을 먹었습니다.

장소를 묻는 질문으로 '哪儿' 자리에 '中国饭店'과 같이 밥을 먹을 만한 장소 명사를 넣으면 된다. 대답할 때 주어를 '我'로 바꾸는 것 또한 잊지 말자.

어휘 **昨天** zuótiān 명 어제 | **中午** zhōngwǔ 명 점심 | **在** zài 개 ~에서 | **哪儿** nǎr 대 어디 | **吃** chī 동 먹다 | **饭** fàn 명 밥 | **中国** Zhōngguó 고유 중국 | **饭店** fàndiàn 명 식당

3. **Q 你最好的朋友是哪国人?** 당신의 가장 친한 친구는 어느 나라 사람입니까? track 638

A 我最好的朋友是美国人。
저의 가장 친한 친구는 미국인입니다.

의문대사 '哪'는 '어느'라는 뜻으로 '哪国人'은 '어느 나라 사람'이 된다. 이 자리에 '美国人'뿐만 아니라 '내가 알고 있는 나라+人'을 넣어 대답하면 된다. '美国人'의 '美'는 반3성으로 읽으면 보다 자연스럽게 들린다.

어휘 ★ **最** zuì 부 가장 | **朋友** péngyou 명 친구 | **哪** nǎ 대 어느 | **国** guó 명 나라 | **美国人** Měiguórén 고유 미국인

4. **Q 下班后，你会做什么?** 퇴근 후에 당신은 무엇을 합니까? track **639**

A ❶ **下班后，我会做运动。**
퇴근 후에 저는 운동을 합니다.

❷ **下班后，我会在家休息。**
퇴근 후에 저는 집에서 쉽니다.

❶ '做什么'는 어떤 행동을 하는지 묻는 것으로, 이 자리에 '술어+목적어' 형태의 어휘를 넣으면 된다.

❷ 개사구 고정격식 '在+장소+행동'을 활용하여 대답할 수도 있다.

어휘 **下班** xiàbān 동 퇴근하다 | **后** hòu 명 (시간상으로) 후 | **会** huì 조동 ~할 것이다 [여기에서는 습관적으로 쓰여 해석하지 않음] | **做** zuò 동 하다 | **什么** shénme 대 무엇 | ★**运动** yùndòng 명 운동 | **在** zài 개 ~에서 | **家** jiā 명 집 | ★**休息** xiūxi 동 쉬다

5. **Q 你说汉语说得怎么样?** 당신의 중국어는 어떠합니까(당신은 중국어를 어떻게 말합니까)? track **640**

A ❶ **我(说)汉语说得很好。**
저는 중국어를 잘합니다(잘 말합니다).

❷ **我(说)汉语说得不太好。**
저는 중국어를 그다지 잘하지 못합니다.

❶ '怎么样'은 상태를 묻는 의문사로, 정도보어를 만드는 '得'를 사용하여 '중국어 잘하는지' 질문하고 있다. '怎么样' 자리에 '很好'를 넣어 말하면 중국어를 잘한다는 의미의 대답이 된다. '很好'는 3성이 두 번 연속하므로 2성-3성으로 발음한다.

❷ 부정의 대답을 할 때는 '很好' 대신 '不好'나 '不太好'를 넣어 말하면 된다. '不太好'에서 '太'가 4성이므로, 말할 때 '不'의 성조 변화가 일어나 4성에서 2성으로 바뀐다.

어휘 **说** shuō 동 말하다 | **汉语** Hànyǔ 고유 중국어 | ★**得** de 조 ~하는 정도가 ~하다 [*술어+得+정도보어] | **怎么样** zěnmeyàng 대 어떻다 | **不太** bú tài 그다지 ~하지 않다

9

1. 你想喝什么?
2. 你的生日是哪天?
3. 你有几个中国朋友?
4. 你的运动鞋是什么时候买的?
5. 你考试考得怎么样?

해석 **모범 답안**

1. Q 你想喝什么? 당신은 무엇을 마시고 싶습니까?

track 641

A 我想喝可乐。
저는 콜라를 마시고 싶습니다.

대상을 묻는 의문사 '什么'를 사용하여 무엇을 마시고 싶은지 묻고 있다. 대답할 때는 '什么' 자리에 '可乐'나 '水'와 같은 음료 명사를 넣으면 된다. 또한 질문의 '你'는 꼭 '我'로 바꿔 대답하자.

어휘 想 xiǎng 조동 ~하고 싶다 | 喝 hē 동 마시다 | 什么 shénme 대 무엇 | 可乐 kělè 명 콜라

2. Q 你的生日是哪天? 당신의 생일은 언제입니까?

track 642

A ❶ 我的生日是四月十二号。
저의 생일은 4월 12일입니다.

❷ 十月十八号是我的生日。
10월 18일이 저의 생일입니다.

❶ 의문사 '哪'를 이용한 질문으로 '哪天'은 '언제'를 의미한다. 이 자리에 '○月○号'라고 날짜를 넣어 말하면 된다.
❷ 'A是B' 구문은 회화에서 A와 B를 바꾸어 말할 수도 있기 때문에, 날짜를 A(주어)자리에 넣고, '我的生日'를 B(목적어)자리에 넣어 말해도 대답이 완성된다.

어휘 ★生日 shēngrì 명 생일 | 哪 nǎ 대 어느 [*哪天: 언제] | 天 tiān 명 일 | 四 sì 수 4, 사 | 月 yuè 명 월 | 十二 shí'èr 수 12, 십이 | 号 hào 명 일 [날짜를 가리킴] | 十 shí 수 10, 십 | 十八 shíbā 수 18, 십팔

3. Q 你有几个中国朋友? 당신은 중국인 친구가 몇 명 있습니까?

track 643

A ❶ 我有两个中国朋友。
저는 두 명의 중국인 친구가 있습니다.

❷ 我没有中国朋友。
저는 중국인 친구가 없습니다.

❶ '几'는 수를 묻는 의문사로 대답할 때는 주어를 '你'에서 '我'로 바꾸고 '几' 자리에 구체적인 수를 넣어 말하면 된다. 참고로 '几'는 주로 10 미만의 수를 묻는 것으로 대답할 때 10 이상의 숫자는 말하지 않도록 하자.
❷ 중국인 친구가 아예 없다고 표현할 때는 술어 '有'를 부정하는 부사 '没'를 붙이고 질문의 '几个'는 뺀다.

어휘 几 jǐ 대 몇, 얼마 | 中国 Zhōngguó 고유 중국 | 朋友 péngyou 명 친구 | ★两 liǎng 수 2, 둘

4. **Q 你的运动鞋是什么时候买的?** 당신의 운동화는 언제 샀나요? track **644**

A ❶ 我的运动鞋是上个星期天买的。
저의 운동화는 지난주 일요일에 샀습니다.

❷ 我的运动鞋是我生日的时候买的。
저의 운동화는 제 생일 때 샀어요.

❶ 시점이나 시간을 묻는 '什么时候'를 사용한 질문으로, 이 자리에 운동화를 산 날을 넣어 대답하면 된다. '下个星期天'은 '다음 주 일요일'이기 때문에 '上'과 '下'를 잘 구분해서 대답해야 한다.

❷ '什么时候' 자리에 '我生日的时候'와 같이 시기나 때를 넣어 말해도 좋은 답안이 된다.

어휘 **运动鞋** yùndòngxié 명 운동화 | **什么时候** shénme shíhou 언제 | **买** mǎi 동 사다 | **上** shàng 명 (시간상으로) 전, 지난(날) | **星期天** xīngqītiān 명 일요일 | ★ **生日** shēngrì 명 생일 | **时候** shíhou 명 때 [*的时候: ~할 때]

5. **Q 你考试考得怎么样?** 당신은 시험을 어떻게 봤습니까? track **645**

A ❶ 我考试考得很不错。
저는 시험을 잘 봤습니다.

❷ 我考试考得不好。
저는 시험을 못 봤습니다.

❶ 정도보어를 만드는 '得'와 상태를 묻는 의문사 '怎么样'을 이용한 질문으로, 시험을 어떻게 봤는지 묻고 있다. 질문의 '怎么样' 자리에 정도보어 형태의 '(정도부사)+형용사'를 넣으면 대답이 된다. 여기서는 반드시 '考试考得'라고 말해야 하는 것을 기억하자. 또한 '不错'를 읽을 때는 '错'가 4성이기 때문에 '不'가 2성으로 변하는 것에 주의하자.

❷ 부정적인 의미의 대답을 하려면 '怎么样' 자리에 정도보어의 부정 형태인 '不好'나 '不太好'와 같은 표현을 사용할 수 있다. '得'는 경성으로 가볍게 말해야 한다.

어휘 ★ **考试** kǎoshì 동 시험을 치다 | ★ **得** de 조 ~하는 정도가 ~하다 [*술어+得+정도보어] | **怎么样** zěnmeyàng 대 어떻다 | **不错** búcuò 형 잘하다

10 1. 你是在哪儿学汉语的?
2. 你的汉语书多少钱?
3. 你最喜欢哪个水果?
4. 你为什么不吃早饭?
5. 你是怎么来上海的?

해석 모범 답안

1. **Q 你是在哪儿学汉语的?** 당신은 어디서 중국어를 배웠습니까? track **646**

A ❶ 我是在学校学汉语的。
저는 학교에서 중국어를 배웠습니다.

❷ 我是在中国北京学汉语的。
저는 중국 베이징에서 중국어를 배웠습니다.

❶ 장소를 묻는 질문으로 중국어를 배울 만한 장소인 '学校'를 '哪儿' 자리에 넣어 답안을 만들 수 있다. 주어는 '我'로 바꿔 말하는 것을 잊지 말자.
❷ '学校'와 같은 장소 외에도 구체적인 지역을 '哪儿' 자리에 넣어 대답해도 좋다.

어휘 **在** zài 개 ~에서 | **哪儿** nǎr 대 어디 | **学** xué 동 배우다 | **汉语** Hànyǔ 고유 중국어 | **学校** xuéxiào 명 학교 | **中国** Zhōngguó 고유 중국 | **北京** Běijīng 고유 베이징

2. **Q 你的汉语书多少钱?** 당신의 중국어 책은 얼마입니까? track **647**

A 我的汉语书二十块钱。
저의 중국어 책은 20위안입니다.

'多少钱'은 가격을 묻는 것으로, 질문의 '你'를 '我'로 바꾸고 '多少钱' 자리에 금액을 나타내는 '숫자+块钱'을 넣어 대답한다.

어휘 **汉语** Hànyǔ 고유 중국 | **书** shū 명 책 | **多少** duōshao 대 얼마 | **钱** qián 명 돈 | **二十** èrshí 수 20, 이십 | **块** kuài 양 위안 [중국의 화폐단위]

3. **Q 你最喜欢哪个水果?** 당신이 가장 좋아하는 과일은 무엇입니까? track **648**

A ❶ 我最喜欢的水果是苹果。
제가 가장 좋아하는 과일은 사과입니다.

❷ 西瓜是我最喜欢的水果。
수박은 제가 가장 좋아하는 과일입니다.

❶ 질문을 활용하여 주어 '你'는 '我'로 바꾸고 '哪个水果' 자리에 알고 있는 과일의 이름을 말하면 된다. 이때 '我最喜欢的水果苹果。'는 술어가 빠진 불완전한 문장으로 '~이다'라는 뜻을 가진 동사 '是'를 목적어 '苹果' 앞에 꼭 말해야 한다.
❷ 'A是B' 구문에서 주어 A에는 보통 구체적인 어휘, 목적에 B에는 그에 대한 설명이 많이 들어가기 때문에 '西瓜是我最喜欢的水果。'가 어법적으로는 더 정확한 대답이 된다.

어휘 ★**最** zuì 부 가장 | **喜欢** xǐhuan 동 좋아하다 | **哪** nǎ 대 어느 | **水果** shuǐguǒ 명 과일 | **苹果** píngguǒ 명 사과 | ★**西瓜** xīguā 명 수박

4. **Q 你为什么不吃早饭?** 당신은 왜 아침밥을 먹지 않습니까? track **649**

A ❶ 因为我起晚了。
왜냐하면 저는 늦게 일어났기 때문입니다.

❷ (因为)不吃早饭成为了习惯。
(왜냐하면) 아침밥을 먹지 않는 게 습관이 되었기 때문입니다.

❶ 이유를 묻는 의문사 '为什么'를 사용한 질문에는 원인을 나타내는 접속사 '因为'로 시작하는 문장으로 대답할 수 있다. '**起晚了**'는 3성이 두 개 연속되고 경성으로 끝나므로 '2성-반3성-경성'으로 발음해야 한다.
❷ '成为习惯(습관이 되다)'이라는 표현을 사용하여 대답하는 것도 좋다. 어려울 수도 있겠지만 알아두면 좋은 표현이다.

어휘 ★**为什么** wèishénme 왜 | **吃** chī 동 먹다 | **早饭** zǎofàn 명 아침밥 | ★**因为** yīnwèi 접 왜냐하면 | **起** qǐ 동 일어나다 | **晚** wǎn 형 늦다 | **成为** chéngwéi 동 ~이 되다 | ★**习惯** xíguàn 명 습관

5. **Q 你是怎么来上海的?** 당신은 어떻게 상하이에 왔습니까? track **650**

A 我是坐飞机来上海的。
저는 비행기를 타고 상하이에 왔습니다.

방법을 묻는 의문사 '怎么'를 사용한 질문으로, 상하이에 올 수 있는 방법은 여러 가지가 있겠지만 '怎么' 자리에 제1부분에서 배운 '坐+교통수단'을 넣어 대답할 수 있다.

어휘 **怎么** zěnme 대 어떻게 | **来** lái 동 오다 | **上海** Shànghǎi 고유 상하이 | **坐** zuò 동 (교통수단을) 타다 | **飞机** fēijī 명 비행기

04 기타 의문문

본문 p.73

11 1. 你是老师?
2. 我二十八岁，你呢?
3. 你家离机场不远吧?
4. 上个月我非常忙，你呢?
5. 你今天是坐出租车来的?

해석 **모범 답안**

1. **Q 你是老师?** 당신은 선생님입니까?

track **651**

A ❶ 对啊，我是老师。
맞아요, 저는 선생님이에요.

❷ 不是，我是大学生。
아니요, 저는 대학생이에요.

❶ 질문은 평서문이지만 말끝을 올리면서 의문을 표현한 문장이다. 긍정의 의미로 '**对啊**'라고 대답한 뒤, 다시 자신이 선생님이라고 말한다. 권설음[sh]은 혀를 말고 있는 채로 혀끝을 잇몸의 뒤쪽 끝에 대고 소리를 낸다.

❷ 부정의 대답으로 술어 '**是**' 앞에 부정부사 '**不**'를 붙여 간단히 답한 뒤 자신의 신분을 말한다. 참고로 '**学生**[xuésheng]'의 '**生**'은 경성이지만 '**大学生**[dàxuéshēng]'의 '**生**'은 1성이라는 점에 주의하자.

어휘 **老师** lǎoshī 명 선생님 | ★ **对** duì 형 맞다 | ★ **啊** a 조 (문장 끝에 쓰여) 긍정을 나타냄 | **大学生** dàxuéshēng 명 대학생

2. **Q 我二十八岁，你呢?** 저는 28살이에요, 당신은요?

track **652**

A ❶ 我也二十八岁。
저도 28살이에요.

❷ 我二十七岁。
저는 27살이에요.

❶ 자신의 나이를 말한 뒤 '**你呢**'라고 말하는 것은 상대방의 나이를 묻는 것이다. 나이 앞에 부사 '**也**'를 붙여 질문한 사람과 나이가 같다는 것을 표현할 수 있다. '**我也**'는 3성 2개가 이어지므로 성조 변화가 일어나 2성-(반)3성으로 발음한다.

❷ 질문한 사람과 나이가 다르다면 '我○○○岁。' 라고 ○○○에 숫자를 넣어 자신의 나이를 말하면 된다.

어휘 **二十八** èrshíbā 수 28, 스물여덟 | **岁** suì 양 살 [나이를 세는 단위] | **呢** ne 조 ~는요? | ★ **也** yě 부 ~도 | **二十七** èrshíqī 수 27, 스물일곱

3. **Q 你家离机场不远吧?** 당신의 집은 공항에서 안 멀죠? track 653

A ❶ 对，我家离机场不远。
네, 우리 집은 공항에서 안 멀어요.

❷ 不，我家离机场很远。
아니요, 우리 집은 공항에서 멀어요.

❶ 질문하는 사람이 자신이 추측하는 내용을 확인하기 위해 어기조사 '吧'를 사용한 질문이다. 긍정의 의미로 간단하게 '对'라고 말한 다음, 질문 문장의 주어를 '我'로 바꾸고 '吧'를 빼서 대답한다.
❷ 부정의 대답은 간단히 '不'라고 한 뒤, 질문의 '不远'을 '很远'으로 바꾸어 말하면 된다. '很远'은 3성의 성조 변화가 나타나 2성-3성으로 발음한다.

어휘 家 jiā 명 집 | ★离 lí 개 ~에서 [*A离B远: A는 B에서 멀다] | ★机场 jīchǎng 명 공항 | ★远 yuǎn 형 (거리가) 멀다 | ★吧 ba 조 ~지? [가늠·추측의 어기를 나타냄] | ★对 duì 형 맞다

4. **Q 上个月我非常忙，你呢?** 지난달에 저는 아주 바빴어요, 당신은요? track 654

A ❶ 上个月我也很忙。
지난달에 저도 바빴어요.

❷ 上个月我不太忙。
(但这个月我很忙。)
지난달에 전 그다지 바쁘지 않았어요.
(하지만 이번 달에 전 바빠요.)

❶ '你呢'는 앞의 내용에 대해 상대방은 어떠했는지 물어보는 것으로, 질문하는 사람과 마찬가지로 바빴다면 주어 뒤에 부사 '也'를 써서 '上个月我也很忙。'이라고 답할 수 있다.
❷ 부정의 대답으로 술어 '忙' 앞에 부정을 나타내는 '不太'를 붙이면 된다. 시간적 여유와 자신이 있다면, 지난달과 반대로 이번 달은 바쁘다는 등의 내용을 추가로 말하는 것도 괜찮다.

어휘 上 shàng 명 (시간상으로) 전, 지난(날) | 月 yuè 명 달 | ★非常 fēicháng 부 아주 | ★忙 máng 형 바쁘다 | 呢 ne 조 ~는요? | ★也 yě 부 ~도 | 不太 bú tài 그다지 ~하지 않다 | ★但(是) dàn(shì) 접 그러나

5. **Q 你今天是坐出租车来的?** 당신은 오늘 택시를 타고 왔나요? track 655

A ❶ 是，我今天是坐出租车来的。
네, 저는 오늘 택시를 타고 왔어요.

❷ 不，我今天是坐地铁来的。
아니요, 저는 오늘 지하철을 타고 왔어요.

❶ 평서문의 말끝을 살짝 올려 질문하는 형식으로, '是'라고 짧게 답한 후 질문의 주어 '你'를 '我'로 바꾸면 긍정의 대답이 된다. '出租车'는 혀를 말아 올린 상태에서 혀끝을 윗잇몸 뒷부분에 대고 내는 권설음[ch]과 혀끝을 윗니 뒷부분에 마찰시켜 내는 설치음[z]이 번갈아 나오므로 말할 때 각별히 주의하자.
❷ 위와 반대로 '是' 대신 '不'라고 말하면 부정의 대답이 된다. '不'라고 한 글자만 말하는 것은 너무 짧기 때문에, '出租车' 대신 '地铁' 등의 다른 교통수단을 넣어 더욱 유창한 답안을 만들어 보자.

어휘 今天 jīntiān 명 오늘 | 坐 zuò 동 (교통수단을) 타다 | 出租车 chūzūchē 명 택시 | 来 lái 동 오다 | 是 shì 동 '的'와 호응하여 '是A的'의 격식으로 강조함을 나타냄 감탄 네 [응답의 말] | ★地铁 dìtiě 명 지하철

모범 답안 및 해설

12 1. 你下班了?
2. 我很喜欢小猫，你呢?
3. 你住在宾馆?
4. 你一个人去过中国?
5. 我还不会开车，你呢?

해석 ▸ **모범 답안**

1. **Q 你下班了?** 당신은 퇴근했습니까? ● track **656**

A ❶ 对，我已经下班了。
네, 저 이미 퇴근했어요.

❷ 没有，我还没下班。(今天很忙。)
아니요, 저는 아직 퇴근하지 않았어요.
(오늘 바빠요.)

❶ 문장 끝의 억양을 살짝 올려 평서문 형태로 질문하는 문제이다. '**对**'라고 긍정의 답을 한 뒤, '**已经A**(술어)**了**'라는 표현을 추가해서 답하면 그냥 '**我下班了**'라고 말하는 것보다 훨씬 유창하게 들린다.
❷ 부정의 대답으로 '**没有**'라고 답한 뒤 '아직 ~하지 않았다'라는 뜻의 '**还没**'를 술어 앞에 쓴다. 여기서 주의할 점은 '**了**'는 쓰지 않는다는 것이다. 이때 퇴근하지 못한 이유를 덧붙여도 좋다.

어휘 **下班** xiàbān 동 퇴근하다 | ★ **对** duì 형 맞다 | ★ **已经** yǐjīng 부 이미 [*已经A了: 이미 A했다] | ★ **还** hái 부 아직도 | **今天** jīntiān 명 오늘 | ★ **忙** máng 형 바쁘다

2. **Q 我很喜欢小猫，你呢?** 저는 고양이를 좋아해요, 당신은요? ● track **657**

A ❶ 我也喜欢小猫。
저도 고양이를 좋아해요.

❷ 我不太喜欢小猫，喜欢小狗。
저는 고양이를 그다지 좋아하지 않아요, 강아지를 좋아해요.

❶ 질문하는 사람이 자신은 고양이를 좋아한다고 말한 뒤 '**你呢**'를 사용하여 상대방은 어떠한지 묻고 있다. 질문하는 사람과 마찬가지로 고양이를 좋아한다면 술어 '**喜欢**' 앞에 '**也**'를 써서 대답한다. '**我也**'는 3성-3성이므로 2성-3성으로 발음한다.
❷ 부정의 대답으로 '**也**' 대신 '**不太**'를 붙여 말한 뒤, 고양이 말고 강아지를 좋아한다고 말할 수 있다. '**不太**'의 '**不**'는 2성으로 바뀌는 것에 주의하자.

어휘 **喜欢** xǐhuan 동 좋아하다 | **小猫** xiǎomāo 고양이 | **呢** ne 조 ~는요? | ★ **也** yě 부 ~도 | **不太** bú tài 그다지 ~하지 않다 | **小狗** xiǎogǒu 강아지

3. Q 你住在宾馆? 당신은 호텔에서 머무나요?

track 658

A ❶ 是，我现在住在宾馆。

네, 저는 지금 호텔에서 머물고 있어요.

❷ 不，我住在朋友家。

아니요, 저는 친구 집에서 머물고 있어요.

❶ 평서문 말끝을 올려 말하면서 질문하는 문장으로, '是'라고 간단히 말하고 나서, 문장의 주어를 '我'로 바꾸면 긍정의 대답이 된다. '现在住在'는 모두 4성으로 성조를 잘 살려 읽고, '在'를 두 번 모두 말하는 것을 잊지 말자.
❷ 부정의 대답으로 '不'라고 답한 후, 질문의 '宾馆' 대신 머물고 있는 장소를 말하면 된다.

어휘 住 zhù 동 머물다 | 在 zài 개 ~에서 | ★宾馆 bīnguǎn 명 호텔 | 现在 xiànzài 명 지금 | 朋友 péngyou 명 친구 | 家 jiā 명 집

4. Q 你一个人去过中国? 당신은 혼자 중국에 가본 적이 있나요?

track 659

A ❶ 是啊，我一个人去过中国。

네, 저 혼자 중국에 가본 적 있어요.

❷ 我一个人没去过中国。

저는 혼자 중국에 가본 적이 없어요.

❶ 의문을 나타내는 어기조사 '吗'나 의문사를 쓰지 않고 평서문의 말끝을 올려 질문하는 문장이다. 긍정의 의미로 '是啊'라고 대답한 뒤 질문의 '你'를 '我'로 바꾸면 된다.
❷ 부정의 대답을 하고 싶다면 술어 '去' 앞에 과거를 부정하는 부사 '没'를 써서 말하면 된다.

어휘 一 yī 수 1, 하나 [성조 변화 주의] | 去 qù 동 가다 | ★过 guo 조 ~한 적이 있다 [과거의 경험을 나타냄] | 中国 Zhōngguó 고유 중국 | ★啊 a 조 (문장 끝에 쓰여) 긍정을 나타냄

5. Q 我还不会开车，你呢? 저는 아직 운전을 할 줄 몰라요, 당신은요?

track 660

A ❶ 我会开车。

저는 운전을 할 줄 알아요.

❷ 我也不会开车。

저도 운전을 할 줄 몰라요.

❸ 我开车开得不错。

저는 운전을 잘해요.

❶ '你呢'를 사용하여 운전할 줄 아는지 물어본 문제로, 가장 간단하게 '我会开车。'라고 답할 수 있다.
❷ 질문한 사람과 마찬가지로 운전을 할 줄 모른다면 부사 '也'를 써서 '我也不会开车。'라고 대답할 수도 있다. 이때 '我也'는 3성의 성조 변화로 2성-(반)3성으로 발음하고, '不' 역시 뒷글자 '会'의 영향을 받아 2성으로 바뀌는 것에 주의하자.
❸ 위의 두 답안보다 어려운 문장으로 정도보어(술어+목적어+술어+得+정도보어)를 활용하여 운전을 잘한다고 대답할 수 있다. '不错'를 발음할 때 '不'의 성조가 2성으로 변하는 것에 주의해야 한다.

어휘 ★还 hái 부 아직 | 开车 kāichē 동 운전하다 | 呢 ne 조 ~는요? | ★也 yě 부 ~도 | ★得 de 조 ~하는 정도가 ~하다 [*술어+得+정도보어] | 不错 búcuò 형 잘하다

제3부분 | 실력 다지기

01 소개 · 설명

본문 p.80

1 Qǐng shuō yí jiàn nǐ juéde kuàilè de shìqing.
请 说 一 件 你 觉得 快乐 的 事情。
당신이 즐겁다고 느끼는 일을 말해 보세요.

내용 구상하기

도입	질문에 대한 대답을 간략히 한다	看电视剧能让我觉得快乐。
전개	드라마를 보는 이유를 설명한다	我不高兴或者压力大的时候，就会看电视剧。因为看电视剧可以让人高兴。我坐在沙发上，和家人一边看电视剧，一边吃好吃的东西，什么不高兴的事情就都忘了。
마무리	드라마 보는 것이 자신에게 어떠한 의미인지 말한다	对我来说，每天晚上最高兴的事就是和家人一起看电视剧。

모범 답안 track 701

看 电视剧① / 能 让㉠① 我 / 觉得 快乐。我 不②
Kàn diànshìjù néng ràng wǒ juéde kuàilè. Wǒ bù

高兴 / 或者① / 压力 大 的 时候①，就 会 看 / 电视剧。
gāoxìng huòzhě yālì dà de shíhou, jiù huì kàn diànshìjù.

因为 看 电视剧 / 可以③ 让 人① / 高兴。我 坐在② /
Yīnwèi kàn diànshìjù kěyǐ ràng rén gāoxìng. Wǒ zuòzài

沙发① 上①，和 家人 / 一边㉡④ 看 电视剧，一边㉡④ 吃①
shāfā shang, hé jiārén yìbiān kàn diànshìjù, yìbiān chī

好吃② 的 / 东西⑤，什么① / 不 高兴 的 事情① / 就 都
hǎochī de dōngxi, shénme bù gāoxìng de shìqing jiù dōu

忘了。对㉢ 我 来② 说㉢①，每天② 晚上② / 最 高兴 的
wàngle. Duì wǒ lái shuō, měitiān wǎnshang zuì gāoxìng de

事 / 就是① 和 家人 / 一起④ 看② 电视剧。
shì jiùshì hé jiārén yìqǐ kàn diànshìjù.

표현 tip

㉠ 让AB A로 하여금 B하게 하다
A에는 대상, B에는 행동(술어)이 들어가며 '让'의 목적어 A가 B의 주어를 겸한 문장이다

㉡ 一边A，一边B A하면서 B하다
A와 B라는 동작이 동시에 일어남을 표현할 때 쓸 수 있다

㉢ 对A来说 A에게 있어서
A에게 드라마를 보는 것이 어떤 의미인지 알 수 있다

발음 tip

① 권설음 [zh·ch·sh·r]은 혀를 만 상태로 혀끝을 윗잇몸 뒤쪽에 대고 소리를 낸다

해석 드라마를 보는 것이 저를 즐겁게 할 수 있습니다. 저는 기분이 나쁘거나 스트레스가 클 때 드라마를 봅니다. 왜냐하면 드라마를 보는 것은 (사람을) 기쁘게 할 수 있기 때문입니다. 저는 소파에 앉아 가족과 함께 드라마를 보면서 맛있는 것을 먹으면 어떤 기분 안 좋은(불쾌한) 일도 모두 잊어버립니다. 저에게 있어서 매일 밤 가장 기쁜 일은 바로 가족과 함께 드라마를 보는 것입니다.

어휘 **请** qǐng 동 ~해 주세요 [*请+대상+술어/내용] | **说** shuō 동 말하다 | **一** yī 수 1, 하나 [성조 변화 주의] | ★**件** jiàn 양 건 [일·사건·옷 등을 세는 단위] | **你** nǐ 대 당신 | ★**觉得** juéde 동 ~라고 느끼다 | ★**快乐** kuàilè 형 즐겁다 | **的** de 조 ~의 [*관형어+的+명사/대사] | ★**事情** shìqing 명 일 | **看** kàn 동 보다 | **电视剧** diànshìjù 명 텔레비전 드라마 | **能** néng 조동 ~할 수 있다 | ★**让** ràng 동 ~하게 하다 [*(주어)+让+대상+술어/내용] | **我** wǒ 대 저 | **不** bù 부 아니다 | **高兴** gāoxìng 형 즐겁다 | ★**或者** huòzhě 접 ~이던가 아니면 ~이다 [주로 평서문에 사용하며 선택 관계를 나타냄] | **压力** yālì 명 스트레스 | **大** dà 형 (힘·강도 등이) 세다 | **时候** shíhou 명 때 [*的时候: ~할 때] | ★**就** jiù 부 바로 [사실을 강조] | **会** huì 조동 ~할 것이다 [여기에서는 습관적으로 쓰여 해석하지 않음] | ★**因为** yīnwèi 접 왜냐하면 | ★**可以** kěyǐ 조동 ~할 수 있다 | **人** rén 명 사람 | **坐** zuò 동 앉다 | **在** zài 개 ~에서 | **沙发** shāfā 명 소파 | **上** shang 명 위 | **和** hé 개 ~와/과 | **家人** jiārén 명 가족 | ★**一边** yìbiān 접 한편으로 ~하면서 (~하다) [*一边A一边B: A하면서 B하다] | **吃** chī 동 먹다 | ★**好吃** hǎochī 형 맛있다 | **东西** dōngxi 명 (구체적인 혹은 추상적인) 것 | **什么** shénme 대 어떤 | **都** dōu 부 모두 | **忘** wàng 동 잊다 | **了** le 조 문장 끝에서 어떤 변화나 새로운 상황의 출현을 나타냄 | ★**对** duì 개 ~에게 | **来说** láishuō ~으로 말하자면 [*对A来说: A에게 있어서] | **每天** měitiān 명 매일 | ★**晚上** wǎnshang 명 밤 | ★**最** zuì 부 가장 | **事** shì 명 일 | **是** shì 동 ~이다 [*A是B: A는 B이다] | ★**一起** yìqǐ 부 함께

② 3성의 글자 뒤에 3성 외에 다른 글자가 오면 반3성으로 읽는 것이 자연스럽다

③ 3성이 두 개 연속된 어휘의 첫 글자의 성조는 2성으로 바뀌는 것에 주의하자

④ '一'는 뒷글자의 성조에 따라 성조 변화가 일어나는데 1·2·3성 앞에서는 4성으로 바뀌고 4성 앞에서는 2성으로 바뀐다

⑤ '东西'에서 '西'를 1성으로 발음할 때는 '동쪽과 서쪽'을 의미하며, '음식, 물건'의 뜻으로 쓰일 때는 경성으로 소리 내야 한다

2 Qǐng jièshào yíxià nǐ de yì tiān.
请 介绍 一下 你 的 一 天。
당신의 하루에 대해 소개해 주세요.

내용 구상하기

도입	아침에 무엇을 하는지 말한다	我每天早上八点坐地铁去上班。
전개	낮부터 오후까지 회사에서 무엇을 하는지 이야기한다	到了公司后，我一般先喝一杯咖啡，然后开始工作。中午休息的时候我会和同事在办公室一起点外卖，一边吃，一边聊。下午我一般把工作做完后下班。
마무리	퇴근 후의 일과를 설명하며 마무리한다	下班后，去健身房运动三十分钟后再回家。回家后，我会先吃晚饭，然后做自己想做的事情。这就是我的一天。

모범 답안 track 702

我 每天① / 早上 八 点 / 坐㉠ 地铁 / 去② 上班㉠。
Wǒ měitiān zǎoshang bā diǎn zuò dìtiě qù shàngbān.

到了 公司③ 后，我 一般④ 先㉡ 喝 / 一 杯④ 咖啡，然后㉡
Dàole gōngsī hòu, wǒ yìbān xiān hē yì bēi kāfēi, ránhòu

표현 tip

㉠ 坐A去上班 A를 타고 출근하다
A에는 교통수단이 들어가며, '地铁'가 떠오르지 않는다면 '公共汽车'와 같은 다른 교통수단을 말해도 괜찮다

开始③ 工作。中午 休息 的 时候③ / 我 会 / 和Ⓒ 同事③ /
kāishǐ gōngzuò. Zhōngwǔ xiūxi de shíhou wǒ huì hé tóngshì

在 办公室③ / 一起Ⓒ④ 点 外卖①，一边④ 吃，一边④ 聊。
zài bàngōngshì yìqǐ diǎn wàimài, yìbiān chī, yìbiān liáo.

下午 / 我 一般④ / 把 工作 / 做完 后 下班。下班 后，
Xiàwǔ wǒ yìbān bǎ gōngzuò zuòwán hòu xiàbān. Xiàbān hòu,

去 健身房 / 运动② / 三十③ 分钟 后 / 再 回家。
qù jiànshēnfáng yùndòng sānshí fēnzhōng hòu zài huíjiā.

回家 后，我 会 / 先 吃 晚饭，然后 做 / 自己 想 做①
Huíjiā hòu, wǒ huì xiān chī wǎnfàn, ránhòu zuò zìjǐ xiǎng zuò

的 / 事情。这 就 是③ / 我 的 一 天④。
de shìqing. Zhè jiù shì wǒ de yì tiān.

해석 저는 매일 아침 8시에 지하철을 타고 출근을 합니다. 회사에 도착한 후 저는 보통 먼저 커피를 한 잔 마시고 나서 일을 시작합니다. 점심 때 저는 동료들과 사무실에서 배달 음식을 시켜 먹으면서 이야기를 나눕니다. 오후에 저는 보통 일을 다 하고 퇴근합니다. 퇴근 후, 헬스클럽에 가서 30분 간 운동을 한 뒤 집으로 돌아갑니다. 집에 돌아오면 저는 먼저 저녁을 먹고 그 다음에 제가 싶은 일을 합니다. 이것이 바로 저의 하루입니다.

어휘 **请** qǐng 동 ~해 주세요 [*请+대상+술어/내용] | ★ **介绍** jièshào 동 소개하다 | ★ **一下** yíxià 수량 (동사 뒤에 쓰여) 좀 ~하다 | **一** yī 수 1, 하나 [성조 변화 주의] | **天** tiān 명 하루 | **每天** měitiān 명 매일 | ★ **早上** zǎoshang 명 아침 | **八** bā 수 8, 여덟 | **点** diǎn 양 시 [시간을 세는 단위] | **坐** zuò 동 (교통수단을) 타다 | ★ **地铁** dìtiě 명 지하철 | **去** qù 동 가다 | ★ **上班** shàngbān 동 출근하다 | ★ **到** dào 동 도착하다 | **了** le 조 ~했다 [동작의 완료를 나타냄] | ★ **公司** gōngsī 명 회사 | **后** hòu 명 (시간상으로) 후 | ★ **一般** yìbān 형 보통이다 | ★ **先** xiān 부 먼저 [*先A然后B: 먼저 A하고 나중에 B하다] | **喝** hē 동 마시다 | **杯** bēi 양 잔 | ★ **咖啡** kāfēi 명 커피 | ★ **然后** ránhòu 접 그리고 나서 | ★ **开始** kāishǐ 동 시작하다 | **工作** gōngzuò 동 일하다 명 일 | **中午** zhōngwǔ 명 점심 | ★ **休息** xiūxi 동 쉬다 | **时候** shíhou 명 때 [*的时候: ~할 때] | **会** huì 조동 ~할 것이다 [여기에서는 습관적으로 쓰여 해석하지 않음] | **和** hé 개 ~와/과 | ★ **同事** tóngshì 명 동료 | **在** zài 개 ~에서 | ★ **办公室** bàngōngshì 명 사무실 | ★ **一起** yìqǐ 부 같이 | **点** diǎn 동 주문하다 | **外卖** wàimài 명 포장 판매하는 식품 | ★ **一边** yìbiān 접 한편으로 ~하면서 (~하다) [*一边A一边B: A하면서 B하다] | **吃** chī 동 먹다 | **聊** liáo 동 이야기하다 | **下午** xiàwǔ 명 오후 | ★ **把** bǎ 개 ~을/를 [*주어+把+목적어+술어+기타성분] | **做** zuò 동 하다 | ★ **完** wán 동 (동사 뒤에 쓰여) 끝나다 | **下班** xiàbān 동 퇴근하다 | **健身房** jiànshēnfáng 명 헬스클럽 | ★ **运动** yùndòng 동 운동하다 | **三十** sānshí 수 30, 삼십 | **分钟** fēnzhōng 명 분 [시간의 길이를 나타냄] | ★ **再** zài 부 다시 | **回家** huíjiā 동 집으로 돌아가다 | **晚饭** wǎnfàn 명 저녁밥 | ★ **自己** zìjǐ 대 자신 | **想** xiǎng 조동 ~하고 싶다 | ★ **事情** shìqing 명 일 | ★ **就** jiù 부 바로 [사실을 강조]

Ⓛ 先A然后B 먼저 A하고 나서 B하다
시간 순서를 나타내고 A라는 동작을 한 뒤 B라는 동작을 함을 표현할 때 쓴다

Ⓒ 和A一起B A와 함께 B하다
대상 A와 B라는 행동을 함께 함을 나타낼 때 쓰는 표현이다

발음 tip

① 3성-3성-1·2·4·경성을 한 번에 이어 읽을 때는 2성-반3성-1·2·4·경성으로 읽는다

② '去'와 '运动'의 '运'을 발음할 때는 입술을 동그랗게 오므린 상태에서 [이]와 [위] 중간 소리를 낸다

③ 운모가 [i]일 때 설치음(혀끝을 윗니 뒷부분에 마찰시켜 내는 소리)과 권설음(혀를 말아 올린 상태에서 혀끝을 윗잇몸 뒷부분에 대고 내는 소리)을 잘 구분해서 발음해야 한다

④ '一'는 1·2·3성의 글자 앞에서 '一'가 4성으로, 4성일 글자 앞에서는 2성으로 바뀐다

본문 p.85

3 Nǐ xǐhuan shénmeyàng de tiānqì? Wèishénme?
你 喜欢 什么样 的 天气? 为什么?
당신은 어떠한 날씨를 좋아합니까? 이유는 무엇입니까?

내용 구상하기

도입	어떤 날씨를 가장 좋아하는지 말한다	我最喜欢下雨天。
전개	그 이유에 대해 설명한다	虽然很多人觉得下雨天出去很麻烦，但是下雨会把道路洗干净，让环境变好。我有一个特别的爱好就是听雨的声音。如果休息天下雨的话，我就会在家里听着雨声睡午觉。我记得小时候下雨的话，我还会和朋友一起出去玩水。
마무리	다시 한 번 가장 좋아하는 날씨를 이야기하며 마무리한다	我真的很喜欢下雨天。

모범 답안 track 703

我 最 喜欢 / 下雨① 天。 虽然㉠ / 很 多 人 觉得 /
Wǒ zuì xǐhuan xiàyǔ tiān. Suīrán hěn duō rén juéde

下雨 天 / 出去① / 很 麻烦，但是㉠ / 下雨 会 / 把 道路 /
xiàyǔ tiān chūqù hěn máfan, dànshì xiàyǔ huì bǎ dàolù

洗 干净，让㉡ 环境 变好。我 有② / 一 个③ 特别
xǐ gānjìng, ràng huánjìng biànhǎo. Wǒ yǒu yí ge tèbié

的 / 爱好④ 就是 / 听 雨 的 声音。如果㉢ / 休息 天
de àihào jiùshì tīng yǔ de shēngyīn. Rúguǒ xiūxī tiān

下雨 的话㉢，我 就㉢ 会 / 在 家里 / 听着 雨声 / 睡
xiàyǔ dehuà, wǒ jiù huì zài jiāli tīngzhe yǔshēng shuì

午觉。我 记得 / 小时候 / 下雨 的话，我 还 会 / 和
wǔjiào. Wǒ jìde xiǎoshíhou xiàyǔ dehuà, wǒ hái huì hé

朋友 / 一起③ 出去 玩 水。我 真 的 / 很 喜欢② /
péngyou yìqǐ chūqù wán shuǐ. Wǒ zhēn de hěn xǐhuan

下雨 天。
xiàyǔ tiān.

표현 tip

㉠ 虽然A但是B 비록 A하지만 B하다
역접을 나타내는 접속사 구문으로, A와 B는 서로 반대 의미의 내용이 들어간다

㉡ 让AB A로 하여금 B하게 하다
A에는 대상, B에는 행동(술어)이 들어간다. '让'은 겸어문에서 첫 번째 술어로 쓰이는 대표적인 동사로 A는 B의 주체가 된다

㉢ 如果A的话，就B 만약 A하다면 B하다
A에는 가정한 내용, B에는 가정한 내용에 따른 결과가 들어간다

해석 저는 비 오는 날을 가장 좋아합니다. 비록 많은 사람들이 비 오는 날 밖에 나가는 것이 귀찮다고 생각하지만, 비가 오면 길을 깨끗하게 씻겨주고 환경을 좋아지게 합니다. 저는 특별한 취미가 있는데 바로 빗소리를 듣는 것입니다. 만약 쉬는 날 비가 내리면 저는 집에서 빗소리를 들으며 낮잠을 잡니다. 저는 어릴 적 비가 내리면 친구들과 함께 물놀이를 했던 기억도 납니다. 저는 비 오는 날을 정말 좋아합니다.

어휘 **喜欢** xǐhuan 동 좋아하다 | **什么样** shénmeyàng 대 어떠한 | **天气** tiānqì 명 날씨 | ★ **为什么** wèishénme 왜 | ★ **最** zuì 부 가장 | **下雨** xiàyǔ 동 비가 내리다 | **天** tiān 명 날 | ★ **虽然A, 但是B** suīrán A, dànshì B 비록 A이지만, B하다 | **很** hěn 부 매우 | **多** duō 형 많다 | ★ **觉得** juéde 동 ~라고 생각하다 | **出去** chūqù 동 나가다 | **麻烦** máfan 형 귀찮다 | **会** huì 조동 ~할 것이다 [여기에서는 습관적으로 쓰여 해석하지 않음] | ★ **把** bǎ 개 ~을/를 [*주어+把+목적어+술어+기타성분] | **道路** dàolù 명 길 | ★ **洗** xǐ 동 씻다 | ★ **干净** gānjìng 형 깨끗하다 | ★ **让** ràng 동 ~하게 하다 [*(주어)+让+대상+술어/내용] | ★ **环境** huánjìng 명 환경 | **变好** biànhǎo 동 좋아지다 | **有** yǒu 동 있다 | **一** yī 수 1, 하나 [성조 변화 주의] | **个** ge 양 개, 명 [사람·물건을 세는 단위] | ★ **特别** tèbié 형 특별하다 | ★ **爱好** àihào 명 취미 | ★ **就** jiù 부 바로 [사실을 강조] | **听** tīng 동 듣다 | **雨** yǔ 명 비 | ★ **声音** shēngyīn 명 소리 | ★ **如果** rúguǒ 접 만약 [*如果A的话，就B: 만약 A라면, B하다] | ★ **休息** xiūxi 동 쉬다 | **的话** dehuà 조 ~하다면 | **在** zài 개 ~에서 | **家里** jiāli 명 집 | ★ **着** zhe 조 ~하면서 [동작의 지속을 나타냄] | **雨声** yǔshēng 명 빗소리 | **睡** shuì 동 (잠을) 자다 | **午觉** wǔjiào 명 낮잠 | ★ **记得** jìde 동 기억하다 | **小时候** xiǎoshíhou 어렸을 때 | ★ **还** hái 부 ~까지도 | **和** hé 개 ~와/과 | **朋友** péngyou 명 친구 | ★ **一起** yìqǐ 부 함께 | **玩水** wán shuǐ 물놀이 | **真的** zhēn de 정말로

발음 tip

① 운모가 [ü]인 단어 '雨'와 '去'를 발음할 때는 입술을 오므린 채로 [이]와 [위] 중간 소리를 낸다

② 3성-3성으로 이루어진 단어나 구절은 2성-3성으로 읽는다. 이때 '很喜欢' 같이 '喜' 뒤에 글자가 1·2·4·경성이라면 '喜'는 반3성으로 읽어주면 훨씬 자연스럽다

③ '一' 뒤에 오는 글자가 1·2·3성일 때는 '一'가 4성으로, '一' 뒤에 오는 글자가 4성일 때는 '一'가 2성으로 바뀐다('个'는 본래 4성이지만 양사로 쓰일 땐 경성으로 읽는다)

④ '好'가 '爱好(취미)'로 쓰일 때는 3성이 아니라 4성으로 읽어야 하는 것을 꼭 주의하자

Gǒu hé māo xiāngbǐ, nǐ xǐhuan nǎge?

4 狗 和 猫 相比，你 喜欢 哪个?

개와 고양이 중, 당신을 어떤 것을 좋아합니까?

내용 구상하기

도입	고양이를 좋아한다고 대답한다	我喜欢猫。我已经养猫养了十年了。
전개	고양이의 장점을 나열한다	首先，猫长得很可爱，让人一看就喜欢；其次，猫很爱干净，它会把自己整理干净；再次，猫不用每天出去玩儿，只要给它好玩的东西就能玩一天。最重要的是，猫知道自己的卫生间在哪里，不会把家弄脏。
마무리	마지막으로 고양이를 좋아한다고 한 번 더 말한다	所以，我喜欢猫。

모범 답안 track **704**

我 喜欢① 猫。我 已经① / 养 猫 养了 / 十② 年 了。
Wǒ xǐhuan māo. Wǒ yǐjīng yǎng māo yǎngle shí nián le.

首先㉠②，猫 长②③ 得 / 很 可爱①，让② 人② / 一㉡ 看
Shǒuxiān, māo zhǎng de hěn kě'ài, ràng rén yí kàn

就㉡ 喜欢；其次㉠，猫 很 爱 / 干净，它 会 / 把 自己 /
jiù xǐhuan; qícì, māo hěn ài gānjìng, tā huì bǎ zìjǐ

整理② 干净①；再次㉠，猫 / 不用 每天 / 出去② 玩儿④，
zhěnglǐ gānjìng; zàicì, māo búyòng měitiān chūqù wánr,

只要㉢② 给 它 / 好玩 的 东西 / 就㉢ 能 玩 一 天。
zhǐyào gěi tā hǎowán de dōngxi jiù néng wán yì tiān.

最 重要② 的 是㉣，猫 知道② / 自己 的 卫生间② / 在
Zuì zhòngyào de shì, māo zhīdào zìjǐ de wèishēngjiān zài

哪里，不 会 / 把 家 / 弄脏。所以，我 喜欢① 猫。
nǎli, bú huì bǎ jiā nòngzāng. Suǒyǐ, wǒ xǐhuan māo.

해석 저는 고양이를 좋아합니다. 저는 고양이를 이미 10년째 키우고 있습니다. 첫째, 고양이는 귀엽게 생겨서 보기만 해도 바로 좋아집니다. 둘째, 고양이는 깨끗한 것을 좋아해서, 스스로 정돈을 깨끗이 합니다. 셋째, 고양이는 매일 나가서 놀지 않아도 되고, 흥미 있는 것을 주기만 하면 하루 종일 놀 수 있습니다. 가장 중요한 것은 고양이는 자신의 화장실이 어디에 있는지 알아서 집을 더럽히지 않습니다. 그래서 저는 고양이를 좋아합니다.

어휘 **狗** gǒu 명 개 | **和** hé 개 ~와/과 | **猫** māo 명 고양이 | **相比** xiāngbǐ 동 비교하다 | **喜欢** xǐhuan 동 좋아하다 | **哪个** nǎge 대 어느 것 | ★**已经** yǐjīng 부 이미 [*已经A 了: 이미 A했다] | **养** yǎng 동 (동물을) 키우다 | **十** shí 수 10, 십 | **年** nián 명 년 [품사는 명사지만 '양사'의 역할도 포함함] | **首先** shǒuxiān 명 우선 [*首先A, 其次B: 우선 A하고, 다음은 B 하다] | ★**长** zhǎng 동 생기다 | ★**得** de 조 ~하는 정도가 ~하다 [*술어+得+정도보어] | ★**可爱** kě'ài 형 귀엽다 | ★**让** ràng 동 ~하게 하다 [*(주어)+让+대상+술어/내용] | **一A就B** yī A jiù B A하기만 해도 B하다 ['一' 성조 변화 주의] | **看** kàn 동 보다 | **其次** qícì 명 그 다음 | **爱** ài 동 ~하는 것을 좋아하다 | ★**干净** gānjìng 형 깨끗하다 | ★**它** tā 대 그, 그것 [사람 이외의 것을 가리킴] | **会** huì 조동 ~할 것이다 [여기에서는 습관적으로 쓰여 해석하지 않음] | ★**把** bǎ 개 ~을/를 [*주어+把+목적어+술어+기타성분] | ★**自己** zìjǐ 대 스스로, 자신 | **整理** zhěnglǐ 동 정리하다 | **再次** zàicì 부 재차 | **不用** búyòng 부 ~할 필요가 없다 | **每天** měitiān 명 매일 | **出去** chūqù 동 나가다 | ★**玩(儿)** wán(r) 동 놀다 | **只要** zhǐyào 접 ~하기만 하면 [*只要A就B: A하기만 하면 B하다] | ★**给** gěi 개 ~에게 | **好玩** hǎowán 형 흥미 있다 | **东西** dōngxi 명 (구체적인 혹은 추상적인) 것 | ★**就** jiù 부 ~면 [조건이나 상황을 나타내는 문장의 다음에 쓰여 앞의 조건이나 상황 아래에서 자연히 어떠하다는 것을 나타내며, 이때 앞의 절에 보통 '只要' 등의 말이 옴] | **能** néng 조동 ~할 수 있다 | **一** yī 수 1, 하나 [성조 변화 주의] | **天** tiān 명 하루 | ★**最** zuì 부 가장 | ★**重要** zhòngyào 형 중요하다 | ★**知道** zhīdào 동 알다 | **卫生间** wèishēngjiān 명 화장실 | **在** zài 동 ~에 있다 | **哪里** nǎli 대 어디 | **家** jiā 명 집 | **弄脏** nòngzāng 동 더럽히다 | ★**所以** suǒyǐ 접 그래서

표현 tip

㉠ **首先A；其次B；再次C** 첫째로 A하고 둘째로 B하고 셋째로 C하다
열거를 하기 위해 쓰이는 표현으로, 여기서는 고양이를 좋아하는 이유를 들고 있다

㉡ **一A就B** A하기만 해도 B하다
A라는 조건이 갖추어지면 B라는 결과가 따르는 것을 나타낸다

㉢ **只要A就B** A하기만 하면 B하다
'只要'는 충분조건으로, 조건 A가 갖춰지면 그에 상응하는 결과 B가 있음을 의미한다

㉣ **最重要的是A** 가장 중요한 것은 A이다
제3부분에서 유용하게 쓰이는 표현으로, 여기에서는 고양이를 좋아하는 가장 큰 이유를 나타낸다

발음 tip

① 3성이 두 개 연속되면 첫 번째 글자는 2성으로 읽고 3성 뒤에 3성 외에 다른 글자가 오면 반3성으로 읽기 때문에 3성-3성-1·2·4·경성이 오면 2성-반3성-1·2·4·경성으로 읽는다

② 권설음[zh·ch·sh·r]은 혀를 만 상태로 혀끝을 윗잇몸 뒤쪽에 대고 소리를 낸다

③ '长'은 다음자로 여기서는 '생기다'라는 뜻이므로 [zhǎng]으로 읽어야 한다. [cháng]으로 읽으면 '길다'라는 뜻이므로 반드시 구분해야 한다

④ '玩'과 같은 일부 단어의 운모 뒤에 '儿'을 덧붙여 권설음처럼 발음해야 하는데 '玩儿[wánr]'이라고 발음하는 것이 부담된다면 그냥 '玩[wán]'으로만 말해도 괜찮다

5	Xiàyǔ shí, nǐ yìbān huì zuò shénme? 下雨 时，你 一般 会 做 什么? 비가 오면 당신은 보통 무엇을 합니까?

내용 구상하기

도입	질문에 대해 간략히 대답한다	如果不用上班的话，下雨时，我一般会在家里休息。
전개 & 마무리	비가 오면 무엇을 하는지 구체적으로 이야기한다	我喜欢一边听雨的声音，一边躺在床上休息。听雨的声音，可以让我感到舒服，也可以让我缓解平时工作中的压力。还有，下雨的时候我喜欢喝热饮，比如：热巧克力、热牛奶。我喜欢下雨天。

모범 답안 track 705

如果㉠ / 不用① 上班 的话㉠，下雨 时，我 一般② 会 /
Rúguǒ búyòng shàngbān dehuà, xiàyǔ shí, wǒ yìbān huì

在 家里 / 休息。我 喜欢③ / 一边㉡② 听 雨 的 声音，
zài jiāli xiūxi. Wǒ xǐhuan yìbiān tīng yǔ de shēngyīn,

一边㉡② 躺 在 床 上 / 休息。听 雨 的 声音，
yìbiān tǎng zài chuáng shang xiūxi. Tīng yǔ de shēngyīn,

可以③ 让㉢ 我 / 感到 舒服，也 可以③ 让 我 / 缓解③
kěyǐ ràng wǒ gǎndào shūfu, yě kěyǐ ràng wǒ huǎnjiě

平时 工作 中 的 / 压力。还有，下雨 的 时候 /
píngshí gōngzuò zhōng de yālì. Háiyǒu, xiàyǔ de shíhou

我 喜欢③ / 喝 热饮，比如㉣：热 巧克力、热 牛奶。
wǒ xǐhuan hē rèyǐn, bǐrú: rè qiǎokèlì、rè niúnǎi.

我 喜欢③ / 下雨 天。
Wǒ xǐhuan xiàyǔ tiān.

해석 만약 출근할 필요가 없다면 비가 올 때 저는 보통 집에서 쉽니다. 저는 빗소리를 들으면서 침대에 누워 쉬는 것을 좋아합니다. 비 오는 소리를 듣는 것은 저로 하여금 편안하게 하고 업무 중의 스트레스를 해소할 수 있게 합니다. 그리고 비가 올 때 저는 따뜻한 음료를 마시는 것을 좋아합니다. 예를 들면, 핫초코, 따뜻한 우유입니다. 저는 비 오는 날을 좋아합니다.

어휘 **下雨** xiàyǔ 동 비가 내리다 | **时** shí 명 때 | ★ **一般** yìbān 형 보통이다 | **会** huì 조동 ~할 것이다 [여기에서는 습관적으로 쓰여 해석하지 않음] | **做** zuò 동 하다 | **什么** shénme 대 무엇 | ★ **如果** rúguǒ 접 만약 [*如果A的话: 만약 A라면] | **不用** búyòng 부 ~할 필요

표현 tip

㉠ **如果A的话** 만약 A하다면
A라는 상황을 가정할 때 쓰는 표현이다

㉡ **一边A一边B** A하면서 B하다
동작 A와 B가 동시에 일어남을 나타낼 때 쓴다

㉢ **让AB** A로 하여금 B하게 하다
A에는 대상, B에는 행동(술어)이 들어가며, A가 B의 주어가 되는 겸어문 문장이다

㉣ **比如** 예를 들어 ~가 있다
'比如' 뒤에는 '热饮'에 해당하는 구체적인 어휘가 예시로 들어간다

발음 tip

① '不'는 4성인 단어 '用' 앞에 위치하여 성조가 2성으로 바뀐다

② '一'는 1성인 '般', '边' 앞에 위치하므로 4성으로 바뀐다

③ 3성으로 연속된 부분의 앞 글자는 2성으로 읽고 '也可以'와 같이 3성이 연속해서 3

가 없다 | ★上班 shàngbān 동 출근하다 | 的话 dehuà 조 ~하다면 | 在 zài 개 ~에서 | 家里 jiāli 명 집 | ★休息 xiūxi 동 쉬다 | 喜欢 xǐhuan 동 좋아하다 | ★一边 yìbiān 접 한편으로 ~하면서 [*一边A一边B: A하면서 B하다] | 听 tīng 동 듣다 | 雨 yǔ 명 비 | ★声音 shēngyīn 명 소리 | 躺 tǎng 동 눕다 | 床 chuáng 명 침대 | 上 shang 명 위 | ★可以 kěyǐ 조동 ~할 수 있다 | ★让 ràng 동 ~하게 하다 [*(주어)+让+대상+술어/내용)] | 感到 gǎndào 동 느끼다 | ★舒服 shūfu 형 편안하다 | ★也 yě 부 ~도 | 缓解 huǎnjiě 동 해소하다 [*缓解压力: 스트레스를 해소하다] | 平时 píngshí 명 평소 | 工作 gōngzuò 명 업무 | 中 zhōng 명 안, ~의 중의 | 压力 yālì 명 스트레스 | 还有 háiyǒu 접 그리고 | 时候 shíhou 명 때 [*的时候: ~할 때] | 喝 hē 동 마시다 | 热饮 rèyǐn 명 따뜻한 음료 | 比如 bǐrú 접 예를 들어 | 巧克力 qiǎokèlì 명 초콜릿 [*热巧克力: 핫초코] | ★牛奶 niúnǎi 명 우유 | 下雨天 xiàyǔ tiān 비 오는 날

번 나오면, 앞의 두 글자 '也'와 '可'는 2성으로 읽는다

6 Nǐ gǎndào lèi de shíhou huì zuò shénme?
你 感到 累 的 时候 会 做 什么?
당신은 지칠 때 무엇을 합니까?

내용 구상하기

도입	질문에 대해 대답한다	我感到累的时候，就会吃好吃的东西。
전개	대답에 대한 이유를 설명한다	因为吃好吃的东西会让我的心情变好。坐在沙发上吃好吃的东西时，我会感到非常舒服。和妈妈一边吃，一边聊天儿，感觉好极了。吃完以后，再去睡觉的话，会睡得非常好。
마무리	첫 문장의 내용을 다시 한 번 강조한다	所以我觉得累的时候，吃好吃的东西是最有效果的。

모범 답안 track 706

我 感到㉠① / 累 的 时候②，就 会 吃② / 好吃 的 东西③。
Wǒ gǎndào lèi de shíhòu, jiù huì chī hǎochī de dōngxi.

因为 / 吃 / 好吃 的 东西 会 / 让② 我 的 心情 / 变好。
Yīnwèi chī hǎochī de dōngxi huì ràng wǒ de xīnqíng biànhǎo.

坐在 沙发②④ 上② / 吃 / 好吃 的 东西 时，我 会 感到 /
Zuòzài shāfā shang chī hǎochī de dōngxi shí, wǒ huì gǎndào

非常②④ 舒服②④。和 妈妈 / 一边㉡⑤ 吃，一边㉡⑤ 聊天儿，
fēicháng shūfu. Hé māma yìbiān chī, yìbiān liáotiānr,

感觉 好 极了。吃完 以后，再 去 睡觉② 的话，会
gǎnjué hǎo jíle. Chīwán yǐhòu, zài qù shuìjiào dehuà, huì

睡 得 / 非常 好。所以 / 我 觉得㉢ / 累 的 时候，
shuì de fēicháng hǎo. Suǒyǐ wǒ juéde lèi de shíhou,

표현 tip

㉠ 感到+감정 ~을 느끼다
'感到' 뒤에는 감정을 나타내는 어휘가 들어간다

㉡ 一边A一边B A하면서 B하다
A와 B에는 주로 구체적인 동작 동사가 들어가 두 동작을 동시에 함을 나타낸다

㉢ 我觉得 나는 ~라고 생각하다
'我觉得' 뒤에는 자신이 생각하는 내용이 들어가며 이야기를 시작하거나 마무리할 때 자주 쓰는 표현이다

吃 / 好吃 的 东西 是② / 最 有 效果 的。
chī hǎochī de dōngxi shì zuì yǒu xiàoguǒ de.

해석 저는 지칠 때 맛있는 음식을 먹습니다. 왜냐하면 맛있는 음식을 먹는 것은 저의 기분을 좋게 하기 때문입니다. 소파에 앉아 맛있는 음식을 먹을 때 저는 마음이 매우 편해집니다. 엄마와 먹으면서 이야기하는 것은 기분이 아주 좋습니다. 맛있는 것을 다 먹고 나서 자러 가면, 잠을 아주 잘 잡니다. 그래서 저는 지칠 때 맛있는 음식을 먹는 것이 가장 효과적이라고 생각합니다.

어휘 **感到** gǎndào 동 느끼다 | ★**累** lèi 형 지치다 | **时候** shíhou 명 때 [*的时候: ~할 때] | **会** huì 조동 ~할 것이다 [여기에서는 습관적으로 쓰여 해석하지 않음] | **做** zuò 동 하다 | **什么** shénme 대 무엇 | ★**就** jiù 부 바로 [사실을 강조] | **吃** chī 동 먹다 | ★**好吃** hǎochī 형 맛있다 | **东西** dōngxi 명 음식 | ★**因为** yīnwèi 접 왜냐하면 | ★**让** ràng 동 ~하게 하다 [*(주어)+让+대상+술어/내용] | **心情** xīnqíng 명 기분 | **变好** biànhǎo 동 좋아지다 | **坐** zuò 동 앉다 | **在** zài 개 ~에서 | **沙发** shāfā 명 소파 | **上** shang 명 위 | **时** shí 명 때 | ★**非常** fēicháng 부 매우 | ★**舒服** shūfu 형 편안하다 | **和** hé 개 ~와/과 | **妈妈** māma 명 엄마 | ★**一边** yìbiān 접 한편으로 ~하면서 [*一边A一边B: A하면서 B하다] | ★**聊天儿** liáotiānr 동 이야기하다 | **感觉** gǎnjué 동 느끼다 | ★**极** jí 부 아주 [대개 뒤에 '了'를 수반함] | ★**完** wán 동 (동사 뒤에 쓰여) 마치다 | **以后** yǐhòu 명 이후 | ★**再** zài 부 다시 | **去** qù 동 가다 | **睡觉** shuìjiào 동 (잠을) 자다 | **的话** dehuà 조 ~하다면 | **睡** shuì 동 (잠을) 자다 | ★**得** de 조 ~하는 정도가 ~하다 [*술어+得+정도보어] | ★**所以** suǒyǐ 접 그래서 | ★**觉得** juéde 동 ~라고 생각하다 | ★**最** zuì 부 가장 | **效果** xiàoguǒ 명 효과 [*有效果: 효과적이다]

발음 tip

① '我感到'는 3성-3성-4성으로, 3성의 성조 변화에 따라 2성-반3성-4성으로 읽어준다

② [zh·ch·sh·r] 소리가 나는 권설음은 혀를 만 상태로 혀끝을 윗잇몸 뒤쪽에 대고 소리를 낸다

③ '东西'가 방향이 아닌 '음식'으로 쓰였을 때는 '西'를 1성이 아닌 경성으로 읽어야 한다

④ '沙发'의 '发', '非常'의 '非'와 '舒服'의 '服' [f]발음은 한국어에는 없는 소리로 영어의 [f]와 비슷한 소리를 낸다

⑤ '一'는 1·2·3성의 단어 앞에서 4성으로 바뀐다

04 중국어 배우기

본문 p.95

7 Nǐ juéde xué Hànyǔ yǒu méiyǒu yìsi?
你 觉得 学 汉语 有 没有 意思?
당신은 중국어를 배우는 것이 재미있다고 생각합니까?

내용 구상하기

도입	질문을 활용하여 간단하게 대답한다	我觉得学汉语很有意思。
전개	처음 중국어를 배웠을 때를 이야기한다	虽然刚开始学汉语的时候，我觉得汉语不但发音很难，而且汉字也很难写，我有时都不想学汉语了。但是我很喜欢我的汉语老师，因为她每次都对我说："你说得已经很好了，再努力一点，就能说得更好了。"
마무리	현재는 중국어 공부가 어떠한지 이야기하며 마무리한다	现在我学汉语学了一年多了，越学越有意思，我很感谢我的汉语老师。

모범 답안 track 707

我觉得㉠ / 学汉语 / 很有意思①②。虽然刚开始② / 学汉语的时候②，我觉得 / 汉语 / 不但㉡③ / 发音很难，而且㉡ / 汉字 / 也很难①写，我有时① / 都不想学 / 汉语了。但是② / 我很喜欢④ / 我的汉语老师①②，因为 / 她每次 / 都对我说："你说得 / 已经很好了①，再努力一点⑤，就能说得 / 更好。" 现在 / 我学 / 汉语学了 / 一年⑤多了，越㉢学越㉢有意思，我很感谢④ / 我的汉语老师①。

Wǒ juéde xué Hànyǔ hěn yǒu yìsi. Suīrán gāng kāishǐ xué Hànyǔ de shíhou, wǒ juéde Hànyǔ búdàn fāyīn hěn nán, érqiě Hànzì yě hěn nán xiě, wǒ yǒushí dōu bù xiǎngxué Hànyǔ le. Dànshì wǒ hěn xǐhuān wǒ de Hànyǔ lǎoshī, yīnwèi tā měi cì dōu duì wǒ shuō: "Nǐ shuō de yǐjīng hěn hǎo le, zài nǔlì yìdiǎn, jiù néng shuō de gèng hǎo. Xiànzài wǒ xué Hànyǔ xuéle yì nián duō le, yuè xué yuè yǒu yìsi, wǒ hěn gǎnxiè wǒ de Hànyǔ lǎoshī.

해석 저는 중국어를 배우는 것이 재미있다고 생각합니다. 비록 중국어를 막 배우기 시작했을 때, 저는 중국어가 발음이 어려울 뿐만 아니라 한자도 쓰기 어렵다고 생각해서 때로는 중국어를 배우고 싶지 않기도 했습니다. 그러나 저는 저의 중국어 선생님을 아주 좋아하는데, 그녀는 매번 저에게 "넌 이미 잘 (말)하고 있어, 더 노력하면 훨씬 잘하게 될 거야." 라고 말씀해 주셨기 때문입니다. 현재 저는 중국어를 배운 지 1년 정도 되었고, 배울수록 재미있습니다. 저는 저의 중국어 선생님께 매우 감사합니다.

어휘 ★ **觉得** juéde 동 ~라고 생각하다 | **学** xué 동 배우다 | **汉语** Hànyǔ 고유 중국어 | **有意思** yǒu yìsi 재미있다 [*没有意思: 재미없다] | ★ **虽然A但是B** suīrán A dànshì B 비록 A이지만 B하다 | **刚** gāng 부 막 | ★ **开始** kāishǐ 동 시작하다 | **时候** shíhou 명 때 [*的时候: ~할 때] | ★ **不但A而且B** búdàn A érqiě B A뿐만 아니라 게다가 B하다 | **发音** fāyīn 명 발음 | ★ **难** nán 형 어렵다 | **汉字** Hànzì 고유 한자 | ★ **也** yě 부 ~도 | **写** xiě 동 쓰다 | **有时** yǒushí 부 때로는 | **都** dōu 부 모두 | **想** xiǎng 조동 ~하고 싶다 | **喜欢** xǐhuan 동 좋아하다 | **老师** lǎoshī 명 선생님 | ★ **因为** yīnwèi 접 때문에 | ★ **每** měi 대 매 | ★ **次** cì 양 번 [동작의 횟수를 세는 단위] | ★ **对** duì 개 ~에게 | **说** shuō 동 말하다 | ★ **得** de 조 ~하는 정도가 ~하다 [*술어+得+정도보어] | ★ **已经** yǐjīng 부 이미 [*已经A了: 이미 A 했다] | ★ **再** zài 부 더 | ★ **努力** nǔlì 동 노력하다 | **一点** yìdiǎn 수량 조금 | ★ **就** jiù 부 ~면 [어떠한 조건이나 상황을 나타내는 문장의 다음에 쓰여 앞의 조건이나 상황 아래에서 자연히 어떠하다는 것을 나타냄] | **能** néng 조동 ~할 수 있다 | ★ **更** gèng 부 훨씬 | **现在** xiànzài 명 현재 | **一** yī 수 1, 일 [성조 변화 주의] | **年** nián 명 년 [품사는 명사지만 '양사'의 역할도 포함함] | **多** duō 수 (수(량)사 뒤에 쓰여) 정도 | ★ **越** yuè 부 ~할수록 ~하다 [중첩하여 '越……越……'의 형식을 취하며, 상황에 따라 정도가 점점 가중됨을 나타냄] | **感谢** gǎnxiè 동 감사하다

표현 tip

㉠ **我觉得** 나는 ~라고 생각한다
이야기의 첫 부분에 쓰여 뒤에 이에 대한 부연 설명을 하거나, 앞에서 여러 근거를 댄 뒤 마지막 부분에 많이 쓰인다. 특히 여기서는 질문에서 '你觉得……'라고 묻고 있어서 질문에 대한 첫 대답으로 활용할 수 있다

㉡ **不但A，而且B** A할 뿐만 아니라 게다가 B하다
점층을 나타내는 접속사 표현으로, 중국어의 발음과 한자가 모두 어려움을 표현하기 위해 사용되었다

㉢ **越A越B** A할수록 B하다
정도의 심화를 나타내는 표현으로, A가 심화될수록 B도 심해짐을 의미한다

발음 tip

① 3성-3성-1·2·4경성을 읽을 때는 3성의 성조 변화에 따라 2성-반3성-1·2·4경성으로 읽으면 말하기에도 편하고 듣기에도 유창하다

② 설치음은 혀끝을 아랫니 뒤쪽에 댄 채로 소리를 내고, 권설음은 혀를 만 상태로 혀끝을 윗잇몸 뒤쪽에 대고 소리를 내며, 운모가 [i]일 때 [si]와 [shi]를 구분하여 발음해야 한다

③ '不'는 4성 글자 '但' 앞에서 2성으로 성조 변화가 일어난다

④ 3성이 여러 번 연속되는 경우 맨 뒤의 글자만 (반)3성으로 발음하고, 앞의 글자는 모두 2성으로 발음한다

⑤ '一'는 3성 단어 '点'과 2성 단어 '年' 앞에서 4성으로 바뀐다

8 Nǐ shì cóng shénme shíhou kāishǐ xuéxí Hànyǔ de?
你 是 从 什么 时候 开始 学习 汉语 的?
당신은 언제부터 중국어를 배우기 시작했습니까?

내용 구상하기

도입	질문에 대해 대답한다	我是从去年6月开始学汉语的。
전개	대답에 대한 이유를 설명한다	我以前不想学习汉语，但是我的朋友一直想和我一起去补习班学习汉语，所以我为了朋友，开始学习汉语。但是没想到，汉语越学越有意思，而且我对中国的文化也越来越感兴趣了。
마무리	첫 문장의 내용을 다시 한 번 강조한다	现在我学汉语比我的朋友还认真，我希望能得到HSK6级。

모범 답안 track 708

我 是 / 从 去年① 6 月 / 开始 / 学 汉语①② 的。
Wǒ shì cóng qùnián 6 yuè kāishǐ xué Hànyǔ de.

我 以前③ / 不 想 学习 汉语，但是 / 我 的 朋友 /
Wǒ yǐqián bù xiǎng xuéxí Hànyǔ, dànshì wǒ de péngyou

一直④ 想 和 我 / 一起④ 去 补习班 / 学习 汉语，
yìzhí xiǎng hé wǒ yìqǐ qù bǔxíbān xuéxí Hànyǔ,

所以 / 我 为了㉠ 朋友，开始 学习 汉语。但是
suǒyǐ wǒ wèile péngyou, kāishǐ xuéxí Hànyǔ. Dànshì

没 想到㉡，汉语 / 越 学 越 有意思，而且 / 我 对
méi xiǎngdào, Hànyǔ yuè xué yuè yǒu yìsi, érqiě wǒ duì

中国 的 文化 / 也 越来越 感兴趣① 了。现在 / 我
Zhōngguó de wénhuà yě yuèláiyuè gǎnxìngqù le. Xiànzài wǒ

学 汉语 / 比㉢ 我 的③ 朋友 / 还㉢ 认真，我 希望㉣ /
xué Hànyǔ bǐ wǒ de péngyou hái rènzhēn, wǒ xīwàng

能 得到 HSK 6 级。
néng dédào HSK 6 jí.

해석 저는 작년 6월부터 중국어를 배우기 시작했습니다. 저는 이전에는 중국어를 배우고 싶지 않았는데, 친구가 계속 저와 함께 중국어를 배우러 학원에 가고 싶어해서 친구를 위해 중국어를 공부하기 시작했습니다. 그런데 생각지도 못하게 중국어는 배울수록 재미있었고 저는 중국 문화에도 점점 관심을 갖게 되었습니다. 이제 저는 제 친구보다 중국어를 더 열심히 배우고 있습니다. 저는 HSK 6급을 딸 수 있기를 희망합니다.

표현 tip

㉠ 为了A，B A를 위해 B하다
보통 A라는 목적을 이루기 위해 B라는 행동을 함을 나타내는 표현이지만, A라는 대상을 위해 B라는 행동을 할 때 쓰기도 하며 여기서는 '친구'를 위해 중국어를 배우기 시작함을 나타낸다

㉡ 没想到 생각지 못하다
예상 밖의 일이 발생했음을 나타낸다

㉢ A比B还C A는 B보다 더 C하다
'比'자 비교문에서는 '很'이나 '非常' 같은 정도부사를 쓸 수 없음에 주의하자. 대신 '还'나 '更'을 쓸 수 있다

㉣ 我希望 나는 ~하기를 희망한다
'希望'은 절을 목적어로 가질 수 있는 동사 술어로, 뒤에 희망하는 내용을 적고, 이야기를 마무리할 때 많이 쓴다

발음 tip

① 운모가 [ü]인 단어를 발음할 때는 입술을 오므리고 고정

어휘 ★从 cóng 개 ~에서 | 什么时候 shénme shíhou 언제 | ★开始 kāishǐ 동 시작하다 | 学习 xuéxí 동 배우다 | 汉语 Hànyǔ 고유 중국어 | ★去年 qùnián 명 작년 | 月 yuè 명 월 | ★以前 yǐqián 명 이전 | 想 xiǎng 조동 ~하고 싶다 | ★但是 dànshì 접 그렇지만 | 朋友 péngyou 명 친구 | ★一直 yìzhí 부 계속 | 和 hé 개 ~와/과 | ★一起 yìqǐ 부 같이 | 去 qù 동 가다 | 补习班 bǔxíbān 명 학원 | ★所以 suǒyǐ 접 그래서 | ★为了 wèile 개 ~을/를 하기 위하여 [*为了+목적, 행동: ~하기 위하여 ~하다] | 没想到 méi xiǎngdào 생각지 못하다 | ★越 yuè 부 ~할수록 ~하다 [중첩하여 '越……越……'의 형식을 취하며, 상황에 따라 정도가 점점 가중됨을 나타냄] | 学 xué 동 배우다 | 有意思 yǒu yìsi 재미있다 | ★而且 érqiě 접 또한 | ★对 duì 개 ~에, ~에 대해 | 中国 Zhōngguó 고유 중국 | ★文化 wénhuà 명 문화 | ★也 yě 부 ~도 | 越来越 yuèláiyuè 부 점점 | ★感兴趣 gǎnxìngqù 관심이 있다 [*对A感兴趣: A에 관심이 있다] | 现在 xiànzài 명 이제 | 学 xué 동 배우다 | ★比 bǐ 개 ~보다 [비교를 나타냄] [*A+比+B+술어] | ★还 hái 부 더 ['比'와 함께 쓰여 비교되는 사물의 정도가 심함을 나타냄] | ★认真 rènzhēn 형 진지하다, 성실하다 | ★希望 xīwàng 동 (생각하는 것이 실현되기를) 희망하다 | 能 néng 조동 ~할 수 있다 | 得到 dédào 동 얻다 | 级 jí 명 등급

한 상태에서 [이]와 [위] 중간 소리를 낸다

② '韩语(한국어)'와 '汉语(중국어)'는 병음은 [Hanyu]로 같지만 성조가 다르다. '韩语'의 '韩'은 2성이고 '汉语'의 '汉'은 4성이다. [Hányǔ]로 읽지 않도록 각별히 주의하자

③ 3성이 두 개 연속되면 첫 번째 글자는 2성으로 읽고 3성 뒤에 3성 외에 다른 글자가 오면 반3성으로 오기 때문에 3성-3성-1·2·4·경성이 오면 2성-반3성-1·2·4·경성으로 읽는다

④ '一'는 1·2·3성의 글자 앞에서 4성으로 바뀐다

05 계획 · 준비 · 문제 해결

본문 p.100

9 Nǐ qù Zhōngguó lǚyóu qián, zhǔnbèi zuò shénme?
你 去 中国 旅游 前，准备 做 什么？
당신은 중국으로 여행가기 전, 무엇을 할 계획입니까?

내용 구상하기

도입	질문에 대해 간략히 대답한다	我去中国旅游前，会先做旅游计划。
전개	세부적으로 무엇을 할 것인지 이야기한다	我每次订机票，然后订酒店。接下来我会在网上查查有哪些地方比较有名。还有最重要的是，我一定要吃很多好吃的中国菜，还要吃中国的火锅。
마무리	'我希望'을 활용하여 이야기를 마무리한다	我希望能经常去中国旅游。

모범 답안 track 709

我 去 / 中国 旅游① 前，会 先㉠ / 做 旅游 计划。
Wǒ qù Zhōngguó lǚyóu qián, huì xiān zuò lǚyóu jìhuà.

我 每 次② / 订 机票，然后㉠ / 订 酒店。接下来㉡ /
Wǒ měi cì dìng jīpiào, ránhòu dìng jiǔdiàn. Jiēxiàlai

표현 tip

㉠ 先A，然后B 먼저 A하고 나서 B하다
선후를 표현하는 접속사 구문으로 A 동작 다음에 B 동작이 진행됨을 나타낸다

我 会 / 在 网上 / 查查③ / 有 哪些② 地方 / 比较
wǒ huì zài wǎngshàng chácha yǒu nǎxiē dìfang bǐjiào

有名。 还有 / 最 重要④ 的 是ⓒ, 我 一定⑤ 要 / 吃
yǒumíng. Háiyǒu zuì zhòngyào de shì, wǒ yídìng yào chī

很 多 / 好吃 的 中国 菜, 还 要 吃 / 中国 的
hěn duō hǎochī de Zhōngguó cài, hái yào chī Zhōngguó de

火锅。 我 希望ⓓ / 能 经常 去 / 中国 旅游。
Huǒguō. Wǒ xīwàng néng jīngcháng qù Zhōngguó lǚyóu.

해석 저는 중국으로 여행 가기 전, 우선 여행 계획을 세울 것입니다. 저는 매번 항공권을 예약하고 나서 호텔을 예약합니다. 다음으로 저는 인터넷에서 어느 지역이 유명한지 찾아볼 것입니다. 그리고 가장 중요한 것은, 저는 반드시 맛있는 중국요리를 많이 먹을 것이고, 중국의 훠궈도 먹을 것입니다. 저는 중국으로 자주 여행을 갈 수 있기를 희망합니다.

어휘 **去** qù 동 가다 | **中国** Zhōngguó 고유 중국 | ★ **旅游** lǚyóu 동 여행하다 | **前** qián 명 (시간의) 전 | ★ **准备** zhǔnbèi 동 ~할 계획이다 | **做** zuò 동 하다 | **什么** shénme 대 무엇 | **会** huì 조동 ~할 것이다 [미래 추측] | ★ **先** xiān 부 우선 [*先A然后B: 먼저 A하고 나중에 B하다] | **计划** jìhuà 명 계획 [*做计划: 계획을 세우다] | ★ **每** měi 대 매 | ★ **次** cì 양 번 [동작의 횟수를 세는 단위] | **订** dìng 동 예약하다 | **机票** jīpiào 명 비행기표 | ★ **然后** ránhòu 접 그런 후에 | **酒店** jiǔdiàn 명 호텔 | **接下来** jiēxiàlai 다음으로 | **在** zài 개 ~에서 | **网上** wǎngshàng 명 인터넷 | ★ **查** chá 동 조사하다 | **哪些** nǎxiē 대 어느 | ★ **地方** dìfang 명 지역 | ★ **比较** bǐjiào 부 비교적 | ★ **有名** yǒumíng 형 유명하다 | **还有** háiyǒu 접 그리고 | ★ **最** zuì 부 가장 | ★ **重要** zhòngyào 형 중요하다 | ★ **一定** yídìng 부 반드시 | ★ **要** yào 조동 ~할 것이다 | **吃** chī 동 먹다 | **多** duō 형 많다 | ★ **好吃** hǎochī 형 맛있다 | **菜** cài 명 요리 | ★ **还** hái 부 또 | **火锅** Huǒguō 고유 훠궈 | ★ **希望** xīwàng 동 (생각하는 것이 실현되기를) 희망하다 | **能** néng 조동 ~할 수 있다 | ★ **经常** jīngcháng 부 자주

ⓑ **接下来** 다음으로
'다음으로'라는 뜻으로 뒤에 이어서 할 내용이 들어간다

ⓒ **最重要的是** 가장 중요한 것은
뒤에 가장 중요하다고 생각되는 내용이 들어간다

ⓓ **我希望** ~하기를 희망하다
뒤에 바라는 내용을 목적어로 가지며, 이야기를 끝맺을 때 자주 쓰인다

발음 tip

① '旅游'는 반3성-2성으로 발음하며, 운모 [ǚ]는 입술을 동그랗게 오므린 상태로 [이]와 [위] 중간 소리를 낸다

② 3성-3성-1·2·4·경성으로 된 부분을 읽을 때는 2성-반3성-1·2·4·경성으로 읽는다

③ 동사 중첩은 '~해보다'라는 뜻으로 어감을 가볍게 만들어 주는 역할을 하며 보통 두 번째 동사는 경성으로 가볍게 읽는다

④ '중요하다'라는 뜻의 '重要'를 '中要'로 알고 있는 경우가 있는데, 한자를 정확하게 기억해서 발음해야 한다. '要' 또한 다음자로 1성이 아닌 4성으로 정확히 소리 내자

⑤ '一' 뒤에 오는 글자가 4성일 때는 '一'가 2성으로 바뀌어 '一定'은 [yídìng]으로 읽는다

10 Shàngkè de shíhou, rúguǒ yǒu méi tīngdǒng de nèiróng, nǐ yào zěnme zuò?
上课 的 时候, 如果 有 没 听懂 的 内容, 你 要 怎么 做?
수업을 들을 때 만약 못 알아들은 내용이 있다면 당신은 어떻게 할 것입니까?

내용 구상하기

도입	질문 문장을 활용하여 질문에 바로 대답한다	上课的时候，如果有没听懂的内容，我会下课以后去问老师。

전개	접속사 '因为'를 사용하여 대답에 대한 이유를 설명한다	因为上课的时候问老师的话，会浪费其他同学的上课时间。下课以后去问的话，不但能听到详细的回答，还能多跟老师交流。
마무리	결과를 나타내는 접속사 '所以'를 사용하여 주장하는 바를 강조한다	所以，如果有没听懂的内容，我会选择下课以后去问老师。

모범 답안 track 710

上课① 的 时候①，如果① / 有 没② 听懂 的② 内容①，
Shàngkè de shíhou, rúguǒ yǒu méi tīngdǒng de nèiróng,

我 会② / 下课 以后② / 去③ 问 老师①②。因为㉠ / 上课
wǒ huì xiàkè yǐhòu qù wèn lǎoshī. Yīnwèi shàngkè

的 时候 / 问 老师 的话㉡，会 浪费 / 其他 同学 的 /
de shíhou wèn lǎoshī dehuà, huì làngfèi qítā tóngxué de

上课 时间。下课 以后② / 去 问 的话，不但㉢④ /
shàngkè shíjiān. Xiàkè yǐhòu qù wèn dehuà, búdàn

能 听到 详细 的 回答，还㉢ 能 多 跟 老师
Néng tīngdào xiángxì de huídá, hái néng duō gēn lǎoshī

交流。所以㉠⑤，如果 有 没 听懂 的 内容，我 会
jiāoliú. Suǒyǐ, rúguǒ yǒu méi tīngdǒng de nèiróng, wǒ huì

选择② / 下课 以后 / 去 问 老师。
xuǎnzé xiàkè yǐhòu qù wèn lǎoshī.

해석 수업을 들을 때 만약 못 알아들은 내용이 있다면 저는 수업이 끝난 후 선생님께 여쭤보러 갈 것입니다. 왜냐하면 수업할 때 선생님께 여쭤본다면 그 외 학생들의 수업 시간을 낭비할 수 있고, 수업이 끝난 후 물어본다면 자세한 대답을 들을 수 있을 뿐만 아니라 선생님과 소통도 많이 할 수 있기 때문입니다. 그래서 만약 못 알아들은 내용이 있으면 저는 수업이 끝난 뒤에 선생님께 여쭤보는 것을 선택할 것입니다.

어휘 **上课** shàngkè 동 수업을 듣다 | **时候** shíhou 명 때 [*的时候: ~할 때] | ★**如果** rúguǒ 접 만약 | **听** tīng 동 듣다 [*没听懂: 못 알아듣다] | ★**懂** dǒng 동 이해하다 | **内容** nèiróng 명 내용 | ★**要** yào 조동 ~할 것이다 | **怎么** zěnme 대 어떻게 | **做** zuò 동 하다 | **会** huì 조동 ~할 것이다 [미래 추측] | **下课** xiàkè 동 수업이 끝나다 | **以后** yǐhòu 명 이후 | **去** qù 동 가다 | ★**问** wèn 동 묻다 | **老师** lǎoshī 명 선생님 | ★**因为** yīnwèi 접 ~때문이다 | **的话** dehuà 조 ~하다면 | **浪费** làngfèi 동 낭비하다 | ★**其他** qítā 대 그 외 | **同学** tóngxué 명 학생 | ★**时间** shíjiān 명 시간 | ★**不但** búdàn 접 ~뿐만 아니라 [*不但A，还B: A뿐만 아니라 게다가 B하다] | **能** néng 조동 ~할 수 있다 | ★**到** dào 동 (동사 뒤에 결과보어로 쓰여) ~했다 | **详细** xiángxì 형 자세하다 | ★**回答** huídá 명 대답 | ★**还** hái 부 더 | **多** duō 형 많다 | ★**跟** gēn 개 ~와/과 | **交流** jiāoliú 동 서로 소통하다 | ★**所以** suǒyǐ 접 그래서 | ★**选择** xuǎnzé 동 선택하다

표현 tip

㉠ 因为A所以B A하기 때문에 B하다
인과관계 접속사 구문으로, A에는 원인, B에는 결과를 쓴다

㉡ A的话 A하다면
A 앞에 접속사 '如果'가 없더라도 가정을 나타낼 수 있는 표현으로 기억해두자

㉢ 不但A, 还B A할 뿐만 아니라 게다가 B하다
'不但A而且B'는 점층을 나타내는 접속사 구문으로, '而且' 대신 '还'를 쓰기도 한다

발음 tip

① 권설음 [zh·ch·sh·r]은 한국어에는 없는 소리로, 혀를 만 상태에서 혀끝을 윗잇몸 뒤쪽에 대고 발음한다

② 3성-1·2·4·경성으로 이어지는 부분은 반3성-1·2·4·경성으로 발음한다

③ '去'의 [ü] 운모 발음을 할 때는 입술을 동그랗게 만 채로 [이]와 [위] 중간 소리를 낸다

④ '不但'의 '但'이 4성이기 때문에 '不'는 2성으로 성조 변화가 나타난다

⑤ '所以'와 같이 3성이 2번 연속된 어휘의 첫 글자는 3성이 아닌 2성으로 소리 낸다

Nǐ yí ge xīngqī zuò jǐ cì yùndòng? Wèishénme?
11 你一个星期做几次运动? 为什么?
당신은 일주일에 몇 번 운동을 합니까? 이유는 무엇입니까?

내용 구상하기

도입	질문에서 의문사 '几'를 숫자로 바꾸어 간단히 대답한다	我一个星期做两次运动。
전개	바쁘지만 운동을 꾸준히 하고 있음을 이야기한다	虽然我每天下班的时间很晚，没有时间做运动，但是为了我的健康，下班后我会一边看着YOUTUBE，一边运动。每次运动后，我都感到很快乐。
마무리	중요하다고 생각하는 내용을 말하며 이야기를 마무리한다	我觉得运动的次数不是最重要的，重要的是运动时的态度。

모범 답안 track 711

我 一个① 星期 / 做 两 次 运动。 虽然㉠ /
Wǒ yí ge xīngqī zuò liǎng cì yùndòng. Suīrán

我 每天② / 下班 的 时间 / 很 晚，没有 时间㉡ / 做
wǒ měitiān xiàbān de shíjiān hěn wǎn, méiyǒu shíjiān zuò

运动， 但是㉠ / 为了㉢ 我 的 健康， 下班 后 我 会
yùndòng, dànshì wèile wǒ de jiànkāng, Xiàbān hòu wǒ huì

一边㉣① 看着 YOUTUBE，一边㉣① 运动。 每 次 /
yìbiān kànzhe YOUTUBE, yìbiān yùndòng. Měi cì

运动 后，我 都 感到 / 很 快乐。 我 觉得㉤ /
yùndòng hòu, wǒ dōu gǎndào hěn kuàilè. Wǒ juéde

运动 的 次数③ / 不 是④ / 最 重要 的， 重要 的
yùndòng de cìshù bú shì zuì zhòngyào de, zhòngyào de

是 运动 时 的 态度。
shì yùndòng shí de tàidu.

해석 저는 일주일에 두 번 운동을 합니다. 비록 저는 매일 퇴근 시간이 늦어서 운동할 시간이 없지만, 저의 건강을 위해 퇴근 후 유튜브를 보면서 운동을 합니다. 매번 운동을 하고 나면 저는 즐겁습니다. 저는 운동 횟수가 가장 중요한 게 아니라, 중요한 것은 운동할 때의 태도라고 생각합니다.

표현 tip

㉠ 虽然A，但是B 비록 A하지만 B하다
역접을 나타내는 접속사로, A와 B에는 서로 반대되는 내용이 들어간다

㉡ 没有时间 ~할 시간이 없다
뒤에 동사를 넣어 그 동작을 할 시간이 없다는 뜻으로 쓰인다

㉢ 为了A，B A하기 위해 B하다
A에는 목적, B에는 행동이 들어가며, A라는 목적을 이루기 위해 B라는 행동을 하는 것을 나타낸다

㉣ 一边A，一边B A하면서 B하다
동시 동작을 나타내는 접속사 표현으로, A와 B에는 주로 구체적인 동작 동사가 온다

㉤ 我觉得 나는 ~라고 생각한다
이야기를 처음 시작하거나 마무리할 때 많이 쓰는 표현으로, 말하는 사람의 의견을 나타낸다

어휘 一 yī 수 1, 하나 [성조 변화 주의] | 星期 xīngqī 명 주일 | 几 jǐ 대 몇, 얼마 | ★次 cì 양 번 [동작의 횟수를 세는 단위] | 做 zuò 동 하다 | ★运动 yùndòng 명 운동 동 운동하다 | ★为什么 wèishénme 왜 | 两 liǎng 수 2, 둘 | ★虽然A, 但是B suīrán A, dànshì B 비록 A이지만, B하다 | 每天 měitiān 명 매일 | 下班 xiàbān 동 퇴근하다 | ★时间 shíjiān 명 시간 | 晚 wǎn 형 늦다 | ★为了 wèile 개 ~을/를 하기 위하여 [*为了+목적, 행동: ~하기 위하여 ~하다] | ★健康 jiànkāng 명 건강 | 后 hòu 명 (시간상으로) 후 | ★一边 yìbiān 접 한편으로 ~하면서 (~하다) [*一边A, 一边B: A하면서 B하다] | 看 kàn 동 보다 | ★着 zhe 조 ~하면서 [*술어1+着+술어2] | ★每 měi 대 매 | 都 dōu 부 모두 | 感到 gǎndào 동 느끼다 | ★快乐 kuàilè 형 즐겁다 | ★觉得 juéde 동 ~라고 생각하다 | 次数 cìshù 명 횟수 | ★最 zuì 부 가장 | ★重要 zhòngyào 형 중요하다 | 时 shí 명 때 | 态度 tàidu 명 태도

발음 tip

① '一'는 뒤의 글자가 1·2·3성일 때는 4성으로, 뒤의 글자가 4성일 때는 2성으로 바뀐다. 양사 '个'는 경성이지만 본래는 4성이므로 '一个'는 2성-경성으로 읽는다

② 3성-3성-1·2·4·경성으로 된 부분을 읽을 때는 2성-반3성-1·2·4·경성으로 읽어준다

③ '次数'는 설치음과 권설음으로 이루어진 단어로 두 발음의 차이에 유의하며 읽어야 한다

④ '不'는 4성인 단어 '是' 앞에서 2성으로 바뀌며 '不是'에서 '是'는 경성으로 읽어도 무방하다

12 Nǐ zuò de zuì hǎo de cài shì shénme?
你做得最好的菜是什么?
당신이 가장 잘하는 요리는 무엇입니까?

내용 구상하기

도입	질문의 '什么'를 잘하는 요리의 이름으로 바꿔 대답한다	我做得最好的菜是炒饭。
전개	볶음밥을 만드는 것이 얼마나 간단한지 설명한다	炒饭是一种非常简单又好吃的东西。每次我不知道要吃什么的时候，我就会选择做炒饭。做炒饭的时候，只需要把自己喜欢吃的东西和饭一起炒一下就行了，可以放肉也可以放鸡蛋，如果没有肉的话，只放鸡蛋也可以。
마무리	볶음밥은 맛있다는 말로 마무리한다	炒饭好吃极了。

모범 답안 track 712

我做得 / 最好的菜 / 是炒饭。炒饭是 /
Wǒ zuò de zuì hǎo de cài shì chǎofàn. Chǎofàn shì

一种① / 非常简单 / 又好吃② 的东西。每次㉠② /
yìzhǒng fēicháng jiǎndān yòu hǎochī de dōngxi. Měi cì

표현 tip

㉠ 每次A的时候B A할 때마다 B하다
A라는 동작이나 상황이 일어날 때마다 B라는 동작을 하거나 상황이 벌어짐을 의미한다

我 不 知道② / 要 吃 什么 的时候㉠, 我 就 会
wǒ bù zhīdào yào chī shénme de shíhou, wǒ jiù huì

选择 / 做 炒饭。做 炒饭 的 时候, 只②③ 需要 / 把
xuǎnzé zuò chǎofàn. Zuò chǎofàn de shíhou, zhǐ xūyào bǎ

自己② 喜欢④ 吃 的 东西 和 饭 / 一起① 炒 一下①④ /
zìjǐ xǐhuan chī de dōngxi hé fàn yìqǐ chǎo yíxià

就 行 了, 可以 放④ 肉 / 也 可以 放⑤ 鸡蛋, 如果㉡ /
jiù xíng le, kěyǐ fàng ròu yě kěyǐ fàng jīdàn, rúguǒ

没有 肉 的话㉡, 只③ 放 鸡蛋 / 也 可以。炒饭
méiyǒu ròu dehuà, zhǐ fang jīdàn yě kěyǐ. Chǎofàn

好吃 极了㉢。
hǎochī jíle.

해석 제가 가장 잘하는 요리는 볶음밥입니다. 볶음밥은 매우 간단하고 맛있는 음식입니다. 제가 뭘 먹어야 모를 때마다 저는 볶음밥을 만들기로 선택합니다. 볶음밥을 만들 때 자신이 먹기 좋아하는 것을 밥과 함께 볶기만 하면 되고 고기를 넣어도 되고 달걀을 넣어도 됩니다. 만약 고기가 없다면 달걀만 넣어도 됩니다. 볶음밥은 아주 맛있습니다.

어휘 **做** zuò 동 만들다 | ★**得** de 조 ~하는 정도가 ~하다 [*술어+得+정도보어] | ★**最** zuì 부 가장 | **菜** cài 명 요리 | **什么** shénme 대 무엇 | **炒饭** chǎofàn 명 볶음밥 | **一** yī 수 1, 하나 [성조 변화 주의] | ★**种** zhǒng 양 종류 | ★**非常** fēicháng 부 매우 | ★**简单** jiǎndān 형 간단하다 | ★**又** yòu 부 ~도 | ★**好吃** hǎochī 형 맛있다 | **东西** dōngxi 명 음식 | ★**每** měi 대 매 | ★**次** cì 명 번 [동작의 횟수를 세는 단위] | ★**知道** zhīdào 동 알다 | ★**要** yào 조동 ~하려 하다 | **吃** chī 동 먹다 | **时候** shíhou 명 때 [*的时候: ~할 때 | ★**就** jiù 부 바로 [강조를 나타냄] | **会** huì 조동 ~할 것이다 [여기에서는 습관적으로 쓰여 해석하지 않음] | ★**选择** xuǎnzé 동 선택하다 | ★**只** zhǐ 부 단지 | ★**需要** xūyào 동 필요하다 | ★**把** bǎ 개 ~을/를 [*주어+把+목적어+술어+기타성분] | ★**自己** zìjǐ 대 자신 | **喜欢** xǐhuan 동 좋아하다 | **和** hé 개 ~와/과 | **饭** fàn 명 밥 | ★**一起** yìqǐ 부 함께 | **炒** chǎo 동 (기름 따위로) 볶다 | ★**一下** yíxià 수량 (동사 뒤에 쓰여) 좀 ~하다 | **行** xíng 동 ~해도 좋다 | ★**可以** kěyǐ 조동 ~해도 된다 | ★**放** fàng 동 (집어)넣다 | **肉** ròu 명 고기 | ★**也** yě 부 ~도 | ★**鸡蛋** jīdàn 명 달걀 | ★**如果** rúguǒ 접 만약 [*如果A的话: 만약 A라면] | **的话** dehuà 조 ~한다면 | ★**极** jí 부 아주 [대개 뒤에 '了'를 수반함]

㉡ 如果A的话 만약 A하다면
가정 상황을 나타낼 때 쓰는 표현으로, A에는 가정한 내용이 들어간다

㉢ A极了 아주 A하다
A에는 형용사나 심리활동 동사가 들어가 '아주 A하다'라는 뜻이 된다. '极了'는 형용사/심리활동 동사 앞이 아니라 뒤에 쓰는 것에 주의하자

발음 tip

① '一'는 뒤의 글자의 성조에 따라 성조가 변화한다. 1·2·3성 앞에서는 4성으로, 4성 앞에서는 2성으로 바뀐다

② 권설음과 운모 [i]의 조합인 [zhi·chi]와 설치음과 운모 [i]의 조합인 [zi·ci]를 반드시 구분하여 발음하자

③ '只'는 다음자로, 동물을 세는 양사로 쓰일 때는 1성이지만, 여기서는 '단지'라는 뜻의 부사로 쓰여 3성으로 읽어야 한다

④ 3성이 두 개 연속되면 첫 번째 글자는 2성으로 읽고, 3성 뒤에 3성 외에 다른 글자가 오면 반3성으로 오기 때문에 3성-3성-1·2·4·경성이 오면 2성-반3성-1·2·4·경성으로 읽는다

⑤ 3성이 여러 번 연속되면 맨 뒤의 글자만 (반)3성으로 발음하고, 앞의 3성은 모두 2성으로 발음한다

모의고사 (1회)

제1부분

1. 弟弟生病了。
2. 我很喜欢吃面条。
3. 我今年二十岁了。
4. 这不是我的铅笔。
5. 小猫不在椅子上。
6. 我送你去火车站。
7. 桌子上有两个杯子。
8. 那里的咖啡真好喝。
9. 妈妈中午做了很多菜。
10. 我住二零三房间。
11. 你跳舞跳得真不错！
12. 她可能不知道这件事。
13. 这家商店的东西很便宜。
14. 爸爸给我买了一个新手机。
15. 服务员，我要一杯热水。

해석&풀이

1. 生病了: 병이 났다 ⊙ track T-101

弟弟 / 生病了。
주어 술어+了
남동생은 병이 났다.

주어 뒤에서 한 번 끊어 읽거나, 문장이 짧기 때문에 한 호흡에 다 읽는다. 주어 '弟弟'의 두 번째 '弟'는 경성으로 발음한다. 문장 맨 뒤의 '了'까지 말하는 것을 잊지 말자.

어휘 ★弟弟 dìdi 명 남동생 | ★生病 shēngbìng 동 병이 나다 | 了 le 조 문장 끝이나 중간의 끊어지는 곳에 쓰여서 변화나 새로운 상황의 출현을 표시함

2. 喜欢+좋아하는 내용: ~하는 것을 좋아하다 ⊙ track T-102

我很喜欢 / 吃面条。
주어+부사어+술어 목적어
나는 국수를 먹는 것을 좋아한다.

'喜欢'은 동사구를 목적어로 가질 수 있는 동사술어로, 동사구가 목적어인 문장은 주어와 술어를 붙여 읽는다. '我很喜欢'의 성조는 3성-3성-3성-경성으로, 2성-2성-반3성-경성으로 읽으면 훨씬 자연스럽다.

어휘 我 wǒ 대 나 | 很 hěn 부 매우 | 喜欢 xǐhuan 동 좋아하다 | 吃 chī 동 먹다 | ★面条(儿) miàntiáo(r) 명 국수

3. 명사+나이: (명사)가 ~살이다 ⊙ track T-103

我今年 / 二十岁了。
주어+부사어 술어+了
나는 올해 20살이다.

주어가 짧으므로 주어와 부사어를 한 호흡에 읽는다. '十[shí]'는 권설음으로 혀를 말아 올린 상태에서 혀끝을 윗잇몸 뒷부분에 대고 소리를 낸다. 문장 맨 끝에 있는 '了'까지 말하는 것을 잊지 말자.

어휘 今年 jīnnián 명 올해 | 二十 èrshí 수 20, 스물 | 岁 suì 양 살 [나이를 세는 단위]

4. A不是B: A는 B가 아니다 (A: 특정 어휘·B: 설명)

track T-104

这不是 / 我的铅笔。
주어+부사어+술어 관형어+的+목적어
이것은 나의 연필이 아니다.

주어부터 술어까지 모두 한 글자로 짧기 때문에 '这不是'를 한 번에 읽는다. 이때 '是'가 4성이므로 그 앞의 '不'의 성조는 2성으로 바뀐다. '不是'를 읽을 때 '是'는 가볍게 경성으로 읽기도 한다.

어휘 这 zhè 대 이것, 이 | 不 bù 부 아니다 [성조 변화 주의] | 是 shì 동 ~이다 [*A是B: A는 B이다] | 的 de 조 ~의 [*관형어+的+(명사/대사)] | ★ 铅笔 qiānbǐ 명 연필

5. A不在B: A는 B에 없다 (A: 사람, 사물·B: 장소)

track T-105

小猫 / 不在 / 椅子上。
주어 부사어+술어 목적어
고양이는 의자 위에 없다.

크게 주어부, 술어부, 목적어부로 나누어 읽는다. '不'는 4성인 '在' 앞에 있기 때문에 2성으로 성조가 바뀐다. 또한 '椅子'의 '子[zi]'는 혀끝을 윗니 뒷부분에 마찰시켜 소리를 내는 설치음으로 권설음[zh]과 구분하여 발음해야 한다. 방위사 '上'은 경성으로 소리 낸다.

어휘 小猫 xiǎomāo 명 고양이 | 在 zài 동 ~에 있다 | 椅子 yǐzi 명 의자 | 上 shang 명 위

6. 送A去B: A를 B에 바래다주다 (A: 대상·B: 장소)

track T-106

我送你 / 去火车站。
주어+술어1+목적어1 술어2+목적어2
내가 널 기차역에 바래다줄게.

연동문은 일반적으로 첫 번째 목적어와 두 번째 술어 사이에서 끊어 읽는다. '去[qù]'를 발음할 때는 입술을 동그랗게 오므린 채로 [이]와 [위] 중간 소리를 낸다.

어휘 ★ 送 sòng 동 바래다주다 | 你 nǐ 대 너 | 去 qù 동 가다 | ★ 火车站 huǒchēzhàn 명 기차역

7. A有B: A에 B가 있다 (A: 장소·B: 사물)

track T-107

桌子上 / 有两个杯子。
주어 술어+관형어+목적어
탁자에 컵 두 개가 있다.

주어 뒤에서 한 번 끊어 읽는데 그 뒤를 한 번에 읽는 것이 어렵다면 '桌子上 / 有两个 / 杯子。'로도 읽을 수 있다. 방위사 '上'과 양사 '个'는 경성으로 소리 내며, '有两个'를 읽을 때는 3성의 성조 변화가 있기 때문에 2성-반3성-경성으로 발음한다.

어휘 桌子 zhuōzi 명 탁자 | 上 shang 명 위 | 有 yǒu 동 있다 [*장소+有+사람/사물] | ★ 两 liǎng 수 2, 둘 | 个 ge 양 개 [물건을 세는 단위] | 杯子 bēizi 명 컵

8. 咖啡好喝: 커피가 맛있다

track T-108

那里的咖啡 / 真好喝。
관형어+的+주어 부사어+술어
그곳의 커피는 정말 맛있다.

크게 주어부와 술어부로 나누어 읽고 주어와 술어를 강조하여 읽는다. '咖啡'의 '啡[fēi]'는 한국어에 없는 소리로 영어의 알파벳 [f]와 비슷한 소리를 낸다. 많은 수험생들이 '的[de]'를 길게 발음하는데, 경성으로 가볍게 소리 내야 한다.

어휘 那里 nàli 대 그곳 | ★ 咖啡 kāfēi 명 커피 | ★ 真 zhēn 부 정말 | 好喝 hǎohē 형 (음료가) 맛있다

9. 做菜: 요리를 하다

track **T-109**

妈妈 / 中午做了 / 很多菜。
주어 　부사어+술어+了　관형어+목적어
엄마는 점심에 많은 요리를 하셨다.

크게 주어부, 술어부, 목적어부로 나누어 읽고 술어와 목적어를 강조하여 읽는다. 술어 뒤에 있는 동태조사 '了'를 잊지 않고 말하도록 하자.

어휘 **妈妈** māma 명 엄마 | **中午** zhōngwǔ 명 점심 | **做** zuò 동 하다 | **了** le 조 ~했다 [동작의 완료를 나타냄] | **多** duō 형 많다 | **菜** cài 명 요리

10. 住房间: 방에 살다

track **T-110**

我住 / 二零三房间。
주어+술어　관형어+목적어
나는 203호 방에 산다.

주어와 술어가 모두 한 글자로, 붙여서 한 번에 읽는다. 보통은 술어와 목적어를 강조하여 읽지만 이 문장에서는 목적어를 꾸며 주는 관형어 '二零三'이 문장의 핵심이기 때문에 이 부분을 강조하여 말한다. 시험에서 숫자는 반드시 주의해서 듣고 기억해야 한다.

어휘 **住** zhù 동 살다 | **二** èr 수 2, 이 | ★ **零** líng 수 0 , 영 | **三** sān 수 3, 삼 | ★ **房间** fángjiān 명 방

11. 술어+得+정도보어

track **T-111**

你跳舞 / 跳得 / 真不错!
주어+술어+목적어　술어+得　보어
너 춤을 진짜 잘 추는구나!

주어가 짧기 때문에 '跳舞'까지 한 번에 읽고 '得' 뒤에서 한 번 더 끊어 읽는다. '不错'의 '错'가 4성이므로 '不'는 2성으로 바뀐다. '你跳舞得真不错!'가 아니라 '你跳舞跳得真不错!'로 말해야 하는 것에 주의하자.

어휘 ★ **跳舞** tiàowǔ 동 춤을 추다 | ★ **得** de 조 ~하는 정도가 ~하다 [*술어+得+정도보어] | ★ **真** zhēn 부 진짜, 정말 | **不错** búcuò 형 잘하다

12. 知道+알고 있는 것: ~을 알다

track **T-112**

她可能 / 不知道 / 这件事。
주어+ 부사어　술어　관형어+목적어
그녀는 아마도 이 일을 모를 것이다.

크게 주어부, 술어부, 목적어부로 나누어 읽는데, 주어 '她'가 짧기 때문에 '可能'과 함께 읽고 부정부사 '不'는 동사인 '知道'를 수식하므로 함께 읽는다. 여기서 '不'는 성조 변화 없이 원래 성조인 4성으로 읽는다. '知[zhī]'와 '事[shì]'의 권설음은 혀를 만 상태에서 혀끝을 윗잇몸 뒤쪽에 대고 소리를 낸다.

어휘 **她** tā 대 그녀 | ★ **可能** kěnéng 부 아마도 (~일지도 모른다) | ★ **知道** zhīdào 동 알다 | ★ **件** jiàn 양 건 [일을 세는 단위] | **事** shì 명 일

13. 정도부사+형용사

track **T-113**

这家商店的 / 东西 / 很便宜。
관형어+的　주어　부사어+술어
이 상점의 물건은 싸다.

관형어가 길기 때문에 주어 앞에서 끊어 읽는다. '东西'가 방향을 나타낼 때는 [dōngxī]라고 읽지만, '물건'이라는 의미일 경우 [dōngxi]라고 '西'를 경성으로 읽어야 한다.

어휘 **家** jiā 양 상점 등을 세는 단위 | **商店** shāngdiàn 명 상점 | **东西** dōngxi 명 (구체적인 혹은 추상적인) 물건 | ★ **便宜** piányi 형 (값이) 싸다

14. A给B买C: A는 B에게 C를 사 주다 (A: 대상·B: 대상·C: 물건)

track T-114

爸爸 / 给我买了 / 一个新手机。
주어 부사어+술어+了 관형어+목적어
아빠는 내게 새 휴대폰을 사 주셨다.

고정격식 'A给B买C'를 활용한 문장으로 고정격식 패턴을 암기하면 긴 문장도 듣고 외울 수 있다. '给我买了'는 3성이 3번 연속되어 읽을 때 2성-2성-반3성-경성으로 읽는다. 또한 양사 '个'는 경성으로 읽지만 본래는 4성이므로 '一'는 2성으로 바뀐다.

어휘 **爸爸** bàba 명 아빠 | ★**给** gěi 개 ~에게 | **买** mǎi 동 사다 | **一** yī 수 1, 하나 [성조 변화 주의] | ★**新** xīn 형 새롭다 | ★**手机** shǒujī 명 휴대폰

15. 我要: 저는 ~을 원해요

track T-115

服务员，我要 / 一杯热水。
服务员 주어+술어 관형어+목적어
여기요(종업원), 뜨거운 물 한 잔을 주세요(원해요).

호칭 '服务员' 뒤에서 한 번 끊어 읽고 주어와 술어가 한 글자로 짧기 때문에 함께 읽는다. 양사 '杯'는 1성이기 때문에 수사 '一'는 4성으로 읽는다.

어휘 ★**服务员** fúwùyuán 명 종업원 | ★**要** yào 동 원하다 | **一** yī 수 1, 하나 [성조 변화 주의] | **杯** bēi 양 잔 | **热** rè 형 뜨겁다 | **水** shuǐ 명 물

제2부분

16. 你有手表吗?
17. 你住在哪儿?
18. 我爱跳舞，你呢?
19. 你姐姐今年多大了?
20. 黑色和白色，你觉得哪个好看?
21. 你儿子的生日是几月几号?
22. 你会不会说汉语?
23. 你一个人去吗?
24. 你准备什么时候睡觉?
25. 你身体好多了吗?

해석 모범 답안

16. Q 你有手表吗? 당신은 손목시계를 가지고 있나요?

track T-116

A ❶ (有,)我有手表。
(있습니다,) 저는 손목시계를 가지고 있습니다.

❷ (有,)我有一块漂亮的手表。
(있습니다,) 저는 예쁜 손목시계를 가지고 있습니다.

❸ (没有,)我没有手表。
(없습니다,) 저는 손목시계를 가지고 있지 않습니다.

❶ 긍정적 의미의 대답을 할 때는 질문에서 주어를 '你'에서 '我'로 바꾸고 어기조사 '吗'를 지우면 된다. 이때 '我有手表。'를 한 번에 읽는다면 '我有'는 모두 2성으로, '手'는 반3성으로 읽는다.
❷ 첫 번째 대답에서 목적어 앞에 '一块漂亮的'를 추가하여 어떠한 손목시계를 가지고 있는지 대답할 수도 있다. 이때 '一'의 성조 변화에 주의하자.
❸ 부정적 의미의 대답을 할 때는 긍정의 대답인 '我有手表。'에서 술어 '有' 앞에 부정부사 '没'를 붙이면 된다. '不有'라고는 하지 않는다.

어휘 **有** yǒu 동 가지고 있다 | ★**手表** shǒubiǎo 명 손목시계 | **吗** ma 조 (문장 끝에 쓰여) 의문의 어기를 나타냄 | **一** yī 수 1, 하나 [성조 변화 주의] | **块** kuài 양 덩이 [덩이로 된 물건을 세는 단위] | **漂亮** piàoliang 형 예쁘다 | **没** méi 부 ~않다

17. Q 你住在哪儿? 당신은 어디에 살고 있나요?

track T-117

A ❶ 我住在北京。
저는 베이징에 살고 있습니다.

❷ 我住在韩国。
저는 한국에 살고 있습니다.

❶ 의문사 '哪儿'을 사용하여 장소를 묻는 질문이다. 질문에 있는 주어 '你'를 '我'로 바꾸고 '哪儿' 자리에 '北京'과 같이 알고 있는 도시를 넣으면 된다. '住在'는 권설음[zh]과 설치음[z]이 연속되므로 발음의 차이에 유의하여 대답하자.

❷ 의문사 '哪儿' 자리에 도시 대신에 '韩国'처럼 알고 있는 국가나 '学校宿舍[xuéxiào sùshè](학교 기숙사)' 등 거주할 수 있는 장소를 넣어도 된다.

어휘 住 zhù 동 살다 | 在 zài 개 ~에(서) | 哪儿 nǎr 대 어디 | 北京 Běijīng 고유 베이징 | 韩国 Hánguó 고유 한국

18. Q 我爱跳舞，你呢? 저는 춤을 추는 것을 좋아합니다, 당신은요?

track T-118

A ❶ 我也爱跳舞。(但跳得不太好。)
저도 춤을 추는 것을 좋아합니다.
(그렇지만 잘 추지 못합니다.)

❷ 我不爱跳舞。(可我爱唱歌。)
저는 춤을 추는 것을 좋아하지 않습니다.
(하지만 노래 부르는 것은 좋아해요.)

❶ 질문하는 사람이 먼저 자신이 춤추는 것을 좋아한다고 말한 뒤 '你呢?'를 사용하여 상대방도 좋아하는지 묻고 있다. 술어 '爱' 앞에 '也'를 넣어 '我也爱跳舞。'라고 말하면 나 역시 춤추는 것을 좋아한다는 의미의 대답이 된다. 말한 후에 남은 시간이 충분하다면 '술어+得+정도보어' 형식을 활용하여 추가 설명을 할 수도 있다.

❷ 부정적 의미의 대답은 술어 '爱' 앞에 부정부사 '不'를 붙이면 된다. 이때 '不'는 2성으로 바뀐다. '不' 대신 '没'를 쓰지 않는다. 춤추는 것 외에 좋아하는 것을 이야기해도 좋다.

어휘 爱 ài 동 ~하는 것을 좋아하다 | ★ 跳舞 tiàowǔ 동 춤을 추다 | 呢 ne 조 ~는요? | ★ 也 yě 부 ~도 | ★ 但(是) dàn(shì) 접 그러나 | ★ 得 de 조 ~하는 정도가 ~하다 [*술어+得+정도보어] | 不太 bú tài 그다지 ~하지 않다 | 好 hǎo 형 좋다 | ★ 唱歌 chànggē 동 노래를 부르다

19. Q 你姐姐今年多大了? 당신의 누나는 올해 몇 살인가요?

track T-119

A 我姐姐今年二十五岁了。
저의 누나는 올해 25살입니다.

'多大'는 나이를 묻는 의문사로, 질문에서 주어를 '你'에서 '我'로 바꾸고 '多大' 대신에 '숫자+岁'를 넣으면 나이를 표현하는 말이 된다. '多大'는 보통 묻는 사람보다 어리거나 또래인 경우 사용할 수 있기 때문에 나이를 너무 많게 말하지 않는 것이 좋다.

어휘 ★ 姐姐 jiějie 명 언니, 누나 | 今年 jīnnián 명 올해 | 多大 duōdà (나이가) 얼마인가 | 二十五 èrshíwǔ 수 25, 스물다섯 | 岁 suì 양 살 [나이를 세는 단위]

20. Q 黑色和白色，你觉得哪个好看?

검정색과 흰색 중 당신은 어느 것이 예쁘다고 생각하나요?

● track **T-120**

A ❶ 我觉得黑色好看。

저는 검정색이 예쁘다고 생각합니다.

❷ 我觉得白色比黑色还好看。

저는 흰색이 검정색보다 더 예쁘다고 생각합니다.

❶ 질문의 주어 '你'를 '我'로 바꾸고 '哪个' 대신에 '黑色'나 '白色' 중 하나를 넣어 말하면 된다. 질문에서 '黑色和白色'라고 색을 지정하여 물었기 때문에 다른 색상으로 답하지 않도록 한다.

❷ '黑色'와 '白色' 중 어느 것이 예쁘다고 생각하는지 물었으므로 첫 번째 답안처럼 '我觉得'까지 답한 뒤 목적어 자리에는 '白色(비교대상A)比黑色(비교대상B)还好看(술어)'의 비교구문을 활용하여 답할 수도 있다.

어휘 **黑色** hēisè 명 검은색 | **和** hé 접 ~와/과 | **白色** báisè 명 흰색 | ★ **觉得** juéde 동 ~라고 생각하다 | **哪个** nǎge 대 어느 것 | **好看** hǎokàn 형 예쁘다 | ★ **比** bǐ 개 ~보다 [비교를 나타냄] [*A+比+B+술어] | ★ **还** hái 부 더 ['比'와 함께 쓰여 비교되는 사물의 정도가 심함을 나타냄]

21. Q 你儿子的生日是几月几号? 당신 아들의 생일은 몇 월 며칠입니까?

● track **T-121**

A ❶ 我儿子的生日是六月二十七号。

제 아들의 생일은 6월 27일입니다.

❷ 十一月三号是我儿子的生日。

11월 3일이 제 아들의 생일입니다.

❶ '几月几号'는 날짜를 묻는 질문이다. 질문의 주어 '你'를 '我'로 바꾸고 날짜를 말하면 된다. '生日'는 권설음[sh·r]이 연속된 단어로 주의하여 발음하자.

❷주어와 목적어를 바꿔 '날짜+是+我儿子的生日'라고 대답할 수도 있다.

어휘 **儿子** érzi 명 아들 | ★ **生日** shēngrì 명 생일 | **几** jǐ 대 몇 | **月** yuè 명 월 | **号** hào 명 일 [날짜를 가리킴] | **六** liù 수 6, 육 | **二十七** èrshíqī 수 27, 이십칠 | **十一** shíyī 수 11, 십일 | **三** sān 수 3, 삼

22. Q 你会不会说汉语? 당신은 중국어를 (말)할 줄 압니까?

● track **T-122**

A ❶ 我会说汉语。
(我觉得汉语很有意思。)

저는 중국어를 (말)할 줄 압니다.
(저는 중국어가 재미있다고 생각합니다.)

❷ 我会说一点儿汉语。

저는 중국어를 조금 할 줄 알아요.

❶ 정반 의문문을 사용한 질문에는 주어를 '我'로 바꾼 후 부정 형식 '不会'를 지우면 긍정형의 대답을 만들 수 있다. 대답을 하고 나서 시간적 여유가 있다면 중국어에 대한 자신의 생각을 덧붙일 수도 있다.

❷ 중국어로 묻는 질문에 중국어를 전혀 할 줄 모른다고 중국어로 대답하는 것은 모순이 있다. 중국어를 할 수 있지만 '조금' 할 줄 안다고 표현하고 싶을 때는 '我会说汉语(나는 중국어를 (말)할 줄 안다)'에서 술어 '说' 뒤에 수량사 '一点儿'을 붙이면 된다. '一点儿'의 위치에 주의하자.

어휘 **会** huì 조동 (배워서) ~를 할 줄 알다 | **说** shuō 동 말하다 | **汉语** Hànyǔ 고유 중국어 | ★ **觉得** juéde 동 ~라고 생각하다 | **有意思** yǒu yìsi 재미있다 | **一点儿** yìdiǎnr 수량 조금

23. Q 你一个人去吗? 당신은 혼자 갔습니까?

track T-123

A ❶ 是，我一个人去。
네, 저는 혼자 갔어요.

❷ 不，我不是一个人去。
아니요, 저는 혼자 가지 않았어요.

❸ 不，我和家人(朋友)一起去。
아니요, 저는 가족(친구)과 함께 갔어요.

❶ 긍정의 대답을 할 때는 주어를 '我'로 바꾸고 의문을 나타내는 어기조사 '吗'를 빼면 된다.
❷ 부정으로 대답할 때는 긍정의 대답인 '我一个人去。'에서 '一个人' 앞에 '不是'를 쓰면 된다. '不是'의 '不'는 2성으로 바뀌는 것을 잊지 말자.
❸ 또 다른 부정의 대답으로 '和A(사람)一起B(행동)'라는 고정격식을 사용하여 누구와 함께 갔는지 쓸 수 있다.

어휘 一 yī 수 1, 하나 [*一个人: 혼자] | 个 ge 양 명 [사람을 세는 단위] | 人 rén 명 사람 | 去 qù 동 가다 | 是 shì 감탄 네 [응답의 말] | 和 hé 개 ~와/과 | 家人 jiārén 명 가족 | 朋友 péngyou 명 친구 | ★ 一起 yìqǐ 부 함께

24. Q 你准备什么时候睡觉? 당신은 언제 잘 계획입니까?

track T-124

A ❶ 我准备晚上十一点睡觉。
저는 밤 11시에 잘 계획입니다.

❷ 我洗完澡就要睡觉。
저는 목욕을 다 하고 나면 바로 잘 것입니다.

❶ '什么时候'는 시간을 묻는 의문사로 이 자리에 구체적인 시간을 넣어 대답하면 된다.
❷ 조금 더 어려운 대답으로는, 구체적인 시간 대신 시점이나 어떤 행동을 하고 난 후에 잔다고 말할 수도 있다. '我A(행동)就要睡觉。'라고 하면 '저는 A를 하고 난 후 바로 잘 것입니다'라는 대답이 된다.

어휘 ★ 准备 zhǔnbèi 동 ~하려고 하다 | 什么时候 shénme shíhou 언제 | 睡觉 shuìjiào 동 (잠을) 자다 | ★ 晚上 wǎnshang 명 밤 | 十一 shíyī 수 11, 열하나 | 点 diǎn 양 시 [시간을 세는 단위] | ★ 洗澡 xǐzǎo 동 목욕하다 | ★ 完 wán 동 (동사 뒤에 결과보어로 쓰여) 다하다 | ★ 就 jiù 부 바로 [사실을 강조] | ★ 要 yào 조동 ~할 것이다

25. Q 你身体好多了吗? 당신은 몸이 많이 나아졌나요?

track T-125

A ❶ 我身体好多了，谢谢。
저는 몸이 훨씬 좋아졌어요, 고마워요.

❷ 我觉得要再休息一下。
제 생각엔 좀 더 쉬어야 할 것 같아요.

❶ 주어를 '你'에서 '我'로 바꾸고 의문을 나타내는 어기조사 '吗'를 빼면 된다. 그 뒤에 '谢谢'라고까지 덧붙이면 걱정해줘서 고맙다는 의미이므로 보다 좋은 대답이 된다.
❷ 조금 어렵지만 질문을 그대로 활용하지 않고 이와 같이 새로운 대답을 만들 수도 있다.

어휘 ★ 身体 shēntǐ 명 몸 | 好 hǎo 형 (병이) 낫다, 좋아지다 [*好多了: 훨씬 좋아졌다] | 多 duō 형 훨씬 | 谢谢 xièxie 동 고맙습니다 | ★ 觉得 juéde 동 ~라고 생각하다 [단정적인 어기가 아님] | ★ 要 yào 조동 ~해야 한다 | ★ 再 zài 부 더 | ★ 休息 xiūxi 동 쉬다 | ★ 一下 yíxià 수량 (동사 뒤에 쓰여) 좀 ~하다

제3부분

Xiūxi de shíhou, nǐ yìbān zuò shénme ne?
26. 休息 的 时候，你 一般 做 什么 呢？
쉴 때 당신은 보통 무엇을 합니까?

내용 구상하기

도입	질문을 활용하여 간략히 답한다	我一般在家里休息。
전개 & 마무리	집에서 쉬는 것이 좋은 이유와 집에서 쉬면서 무엇을 하는 지 이야기한다	比起出去玩，我更喜欢在家休息。平时我的工作很忙，每天很晚回家，所以休息的时间很少。休息的时候也出去玩儿的话，我会很累。休息的时候，我会在家里看我喜欢的电视剧，玩游戏，还有和我的小猫一起玩儿。

모범 답안 track **T-126**

我 一般① / 在 家里 / 休息。比起㉠ 出去②③ 玩，我
Wǒ yìbān zài jiāli xiūxi. Bǐqǐ chūqù wán, wǒ

更㉠ 喜欢 / 在 家 / 休息。平时 / 我 的 工作 / 很 忙，
gèng xǐhuan zài jiā xiūxi. Píngshí wǒ de gōngzuò hěn máng,

每天 / 很 晚 回家②，所以 / 休息 的 时间 / 很 少。
měitiān hěn wǎn huíjiā, suǒyǐ xiūxi de shíjiān hěn shǎo.

休息 的 时候 / 也 出去 玩儿 的话㉡，我 会 / 很 累。
Xiūxi de shíhou yě chūqù wánr dehuà, wǒ huì hěn lèi.

休息 的 时候，我 会 / 在 家里 / 看 我 喜欢② 的 /
Xiūxi de shíhou, wǒ huì zài jiāli kàn wǒ xǐhuan de

电视剧③，玩 游戏，还有 / 和㉢ 我 的 小猫 / 一起㉢①
diànshìjù, wán yóuxì, háiyǒu hé wǒ de xiǎomāo yìqǐ

玩儿。
wánr.

해석 저는 보통 집에서 쉽니다. 나가서 노는 것보다 집에서 쉬는 것을 저는 더 좋아합니다. 평소 일이 바빠서 매일 밤 늦게 집에 돌아오기 때문에 쉴 시간이 적습니다. 쉴 때도 나가 논다면 저는 지칠 것입니다. 쉴 때는 집에서 제가 좋아하는 드라마를 보고 게임을 하고 고양이와 함께 놉니다.

어휘 ★**休息** xiūxi 동 쉬다 | **时候** shíhou 명 때 [*的时候: ~할 때] | ★**一般** yìbān 형 일반적이다 | **做** zuò 동 하다 | **什么** shénme 대 무엇 | **呢** ne 조 의문의 어기를 나타냄 | **在** zài 개 ~에서 | **家里** jiāli 명 집 | **比起** bǐqǐ ~와 비교하다 | **出去** chūqù 동 나가다 | ★**玩(儿)** wán(r) 동 놀다 | ★**更** gèng 부 더 [비교문에 주로 쓰임] | **喜欢** xǐhuan 동 좋

표현 tip

㉠ **比起A, B更C** A와 비교해서 B가 더 C하다
비교를 나타내는 표현으로 A와 B에는 비교 대상이 들어가고 C에는 비교 내용이 들어간다

㉡ **A的话** A하다면
가정 상황을 표현할 때 쓰며 A에는 가정하는 내용이 들어가고 그 뒤에 가정한 내용에 대한 결과를 쓴다

㉢ **和A一起B** A와 함께 B하다
A라는 대상과 B라는 행동을 함께 함을 나타낼 때 사용한다

발음 tip

① '一'는 뒷글자의 성조에 따라 성조 변화가 일어나는데, 1성인 '般'과 3성인 '起' 앞에서는 4성으로 소리 낸다

② 3성이 두 개 연속되면 첫 번째 글자는 2성으로 읽고 3성 뒤에 3성 외에 다른 글자가 오면 반3성으로 성조의 변화가 있기 때문에, 3성-3성-1·2·4·경성이 오면 2성-반3성-1·2·4·경성으로 읽는다

아하다 | **平时** píngshí 명 평소 | **工作** gōngzuò 명 일 | ★**忙** máng 형 바쁘다 | **每天** měitiān 명 매일 | **晚** wǎn 형 늦다 | **回家** huíjiā 동 집으로 돌아가다 | ★**所以** suǒyǐ 접 그래서 | ★**时间** shíjiān 명 시간 | **少** shǎo 형 적다 | ★**也** yě 부 ~도 | **的话** dehuà 조 ~하다면 | **会** huì 조동 ~할 것이다 [미래 추측] | ★**累** lèi 형 지치다 | **看** kàn 동 보다 | **电视剧** diànshìjù 명 텔레비전 드라마 | ★**游戏** yóuxì 명 게임 [*玩游戏: 게임을 하다] | **还有** háiyǒu 접 그리고 | **和** hé 개 ~와/과 | **小猫** xiǎomāo 고양이 | ★**一起** yìqǐ 부 함께

③ 운모가 [ü]인 글자를 발음할 때는 입술을 동그랗게 오므리고 [이]와 [위] 중간 소리를 낸다

Nǐ de Hànyǔ lǎoshī zěnmeyàng? Qǐng shuō yíxià.
27. 你 的 汉语 老师 怎么样? 请 说 一下。
당신의 중국어 선생님은 어떠한가요? 한 번 말해보세요.

내용 구상하기

도입	중국어 선생님이 누구인지 말한다	我的汉语老师是牟老师。
전개	중국어 선생님에 대해 묘사한다	她给我的第一印象是非常认真，和她一起上课的时候我非常怕她。她不常笑，而且对我们的要求也很高。可是时间长了以后，我发现她是一个爱笑而且爱学生的老师。我每次有问题问她时，她都会热情地回答我。
마무리	중국인 선생님에 대한 애정을 드러내며 이야기를 마무리한다	她是我最喜欢的老师。

모범 답안

track **T-127**

我 的 汉语 老师① / 是㉠ 牟 老师。她 / 给 我 的①
Wǒ de Hànyǔ lǎoshī shì Mù lǎoshī. Tā gěi wǒ de

第一② 印象③ / 非常 认真，和 她 / 一起② 上课 的
dì-yī yìnxiàng fēicháng rènzhēn, hé tā yìqǐ shàngkè de

时候 / 我 非常 怕 她。她 不 常 笑，而且 / 对
shíhou wǒ fēicháng pà tā. Tā bù cháng xiào, érqiě duì

我们 的 要求④ / 也 很 高①。可是㉡ / 时间 / 长⑤了
wǒmen de yāoqiú yě hěn gāo. Kěshì shíjiān chángle

以后，我 发现 / 她 是 / 一个② 爱 笑 / 而且 爱 学生 的
yǐhòu, wǒ fāxiàn tā shì yí ge ài xiào érqiě ài xuésheng de

老师。我 每 次㉢① / 有 问题 / 问 她 时㉢，她 都㉢会 /
lǎoshī. Wǒ měi cì yǒu wèntí wèn tā shí, tā dōu huì

热情 地 / 回答 我。她 是㉠ / 我 最 喜欢 的 / 老师。
rèqíng de huídá wǒ. Tā shì wǒ zuì xǐhuan de lǎoshī.

표현 tip

㉠ A是B A는 B이다
'是'가 술어로 쓰인 문장으로 A와 B는 동격을 나타낸다

㉡ 可是 그러나
역접을 나타내는 접속사로 앞의 내용과 상반된 내용이 뒤에 나올 것임을 알 수 있다

㉢ 每次A时，都B A할 때마다 (모두) B하다
상황 A가 벌어질 때마다 상황 B도 벌어짐을 의미할 때 쓰는 표현이다

발음 tip

① 3성-3성-1·2·4·경성인 부분은 2성-반3성-1·2·4·경성으로 읽는다

해석 저의 중국어 선생님은 모(牟) 선생님입니다. 선생님이(그녀가) 저에게 준 첫인상은 매우 진지해서 그녀와 함께 수업할 때 저는 선생님이(그녀가) 매우 무서웠습니다. 선생님이(그녀가) 잘 웃지도 않고, 게다가 저희에 대한 요구도 높았습니다. 그러나 시간이 흐른 후, 저는 그녀가 웃는 것을 좋아하고 학생들을 사랑하는 선생님이라는 것을 알게 되었습니다. 제가 선생님께(그녀에게) 질문을 할 때마다 그녀는 저에게 친절하게 대답해줍니다. 그녀는 제가 가장 좋아하는 선생님입니다.

어휘 **汉语** Hànyǔ 고유 중국어 | **老师** lǎoshī 명 선생님 | **怎么样** zěnmeyàng 대 어떻다 | **请** qǐng 동 ~해 주세요 [*请+대상+술어/내용] | **说** shuō 동 말하다 | ★**一下** yíxià 수량 (동사 뒤에 쓰여) 좀 ~하다 | **牟** Mù 고유 모 [성씨] | ★**给** gěi 동 ~에게 ~을 주다 | ★**第一** dì-yī 수 첫(번)째 | **印象** yìnxiàng 명 인상 | ★**非常** fēicháng 부 매우 | ★**认真** rènzhēn 형 진지하다 | **和** hé 개 ~와/과 | ★**一起** yìqǐ 부 함께 | **上课** shàngkè 동 수업하다 | **时候** shíhou 명 때 [*的时候: ~할 때] | **怕** pà 동 무서워하다 | **常** cháng 부 자주 | ★**笑** xiào 동 웃다 | ★**而且** érqiě 접 게다가 | ★**对** duì 개 ~에 대해 | ★**要求** yāoqiú 명 요구 ['要' 성조 조심] | ★**也** yě 부 ~도 | ★**高** gāo 형 높다 | **可是** kěshì 접 그러나 | ★**时间** shíjiān 명 시간 | ★**长** cháng 형 (공간적·시간적으로) 길다 | **以后** yǐhòu 명 이후 | ★**发现** fāxiàn 동 (모르던 것을) 알게 되다 | **爱** ài 동 ~하는 것을 좋아하다 | **学生** xuésheng 명 학생 | ★**每** měi 대 매 | ★**次** cì 명 번 [동작의 횟수를 세는 단위] | ★**问题** wèntí 명 문제 | ★**问** wèn 동 질문하다 | **时** shí 명 때 | **都** dōu 부 모두 | **会** huì 조동 ~할 것이다 [여기에서는 습관적으로 쓰여 해석하지 않음] | ★**热情** rèqíng 형 친절하다 | ★**地** de 조 ~하게 [*부사어+地+술어] | ★**回答** huídá 동 대답하다 | ★**最** zuì 부 가장 | **喜欢** xǐhuan 동 좋아하다

② '一'는 성조 변화가 있는 어휘이지만 서수를 나타낼 때는 1성 그대로 읽는다. '一' 뒤에 오는 글자가 1·2·3성일 때는 '一'가 4성으로, '一' 뒤에 오는 글자가 4성일 때는 '一'가 2성으로 바뀐다 ('个'의 본래 성조는 4성이지만 양사로 쓰일 땐 경성으로 읽는다)

③ '印象[yìnxiàng](인상)'과 '影响[yǐngxiǎng](영향)'을 헷갈리는 경우가 많으니 주의하여 사용해야 한다

④ '要求'의 '要'는 다음자로, '~해야 한다'라는 의미일 때는 [yào]로 발음하지만 여기에서처럼 '요구'라는 뜻일 경우 [yāo]라고 발음해야 한다

⑤ '长'은 다음자로 '생기다'라는 뜻일 때는 [zhǎng]으로 발음하고 '길다'라는 뜻으로 쓰일 때는 [cháng]으로 발음해야 한다

모의고사 (2회)

제1부분

1. 弟弟不在房间里。
2. 商店里人很多。
3. 汉语课很有意思。
4. 明天可能要下雨。
5. 哥哥一米八零。
6. 我不认识那个人。
7. 你女儿真聪明。
8. 我家离火车站很近。
9. 介绍一下，这是王小姐。
10. 我想和朋友去看电影。
11. 他们正在等公共汽车。
12. 公司旁边就有咖啡厅。
13. 这个手机是男朋友送我的。
14. 孩子吃药了，已经好多了。
15. 我们昨天玩儿得很高兴。

해석&풀이

1. 在+장소: ~에 있다 track T-201

弟弟 / 不在 / 房间里。
주어 / 부사어+술어 / 목적어
남동생은 방 안에 없다.

크게 주어부, 술어부, 목적어부로 나누어 읽는다. 부정부사 '不'는 4성인 '在' 앞에서 2성으로 바뀐다. '房间'의 [f] 발음에 주의해서 소리를 낸다.

어휘 ★弟弟 dìdi 명 남동생 | 不 bù 부 아니다 | 在 zài 동 ~에 있다 | ★房间 fángjiān 명 방 | 里 li 명 안

2. 정도부사+형용사 track T-202

商店里 / 人很多。
부사어 / 주어+부사어+술어
상점에 사람이 많다.

'商店[shāngdiàn]'과 '人[rén]'의 권설음[sh·r]은 혀를 말아 올린 채 혀끝을 윗잇몸 뒷부분에 대고 소리를 내야 한다. '商店' 뒤의 방위사 '里'까지 빼먹지 않고 말하도록 하자.

어휘 商店 shāngdiàn 명 상점 | 里 li 명 안 | 人 rén 명 사람 | 很 hěn 부 매우 | 多 duō 형 많다

3. 很有意思: 재미있다 track T-203

汉语课 / 很有意思。
주어 / 부사어+술어
중국어 수업은 재미있다.

주어 뒤에서 한 번 끊어 읽는다. '很有意思'의 본래 성조는 3성-3성-4성-경성이지만, 말할 때는 2성-반3성-4성-경성으로 발음하는 것이 듣기에도 자연스럽고 말하기에도 편하다.

어휘 汉语 Hànyǔ 고유 중국어 | ★课 kè 명 수업 | 有意思 yǒu yìsi 재미있다

4. 可能要: 아마도 ~할 것이다

track T-204

明天 / 可能要 / 下雨。
주어 부사어 술어
내일은 아마도 비가 내릴 것이다.

각 문장성분을 기준으로 끊어 읽는다. 부사어의 어순은 부사-조동사-개사구로 부사 '可能'과 조동사 '要'의 순서를 바꿔 말하지 않도록 해야 한다. 또한 '可能'은 반3성-2성으로 발음한다.

어휘 明天 míngtiān 명 내일 | ★可能 kěnéng 부 아마도 (~일지도 모른다) | ★要 yào 조동 ~할 것이다 | 下雨 xiàyǔ 동 비가 내리다

5. 一米八零: 1m 80(cm)

track T-205

哥哥 / 一米八零。
주어 술어
형은 (키가) 1m 80(cm)이다.

이 문장은 키를 표현하는 명사구 '一米八零'이 술어인 명사술어문으로, 술어를 강조하여 읽는다. '哥哥[gēge]'와 같이 가족 구성원을 호칭하는 단어의 두 번째 글자는 경성으로 발음하며, '米'가 3성이므로 '一'는 4성으로 성조가 변화한다.

어휘 ★哥哥 gēge 명 형, 오빠 | 一 yī 수 1, 하나 [성조 변화 주의] | ★米 mǐ 양 미터(m) | 八 bā 수 8, 여덟 | ★零 líng 수 0, 영

6. 不认识: ~를 모르다

track T-206

我 不 认识 / 那个人。
주어+부사어+술어 관형어+목적어
나는 그 사람을 모른다.

'不'는 원래 4성이지만 뒤의 글자 '认' 역시 4성이므로 2성으로 바뀐다. 특히 '认识[rènshi]'는 두 글자 모두 권설음 [r·sh]으로 주의하여 발음해야 한다.

어휘 我 wǒ 대 나 | 不 bù 부 아니다 | 认识 rènshi 동 알다 | 那个 nàge 대 그

7. 정도부사+형용사

track T-207

你女儿 / 真聪明。
관형어+주어 부사어+술어
당신 딸은 정말 총명합니다.

주어부와 술어부로 나누어 읽는다. 관형어는 주어를 수식하기 때문에 주어와 붙여 읽고, 부사어는 술어를 수식하기 때문에 술어와 붙여 읽는다. '女儿'을 발음할 때는 반3성-2성으로 소리 내고, 특히 '女[nǚ]'의 [ü]는 입술을 동그랗게 오므린 채로 [이]와 [위] 중간 소리를 낸다.

어휘 你 nǐ 대 너 | 女儿 nǚ'ér 명 딸 | ★真 zhēn 부 정말 | ★聪明 cōngming 형 총명하다

8. A离B近: A는 B에서 가깝다 (A: 장소·B: 기준점)

track T-208

我 家 / 离火车站 / 很近。
관형어+주어 부사어 술어
나의 집은 기차역에서 가깝다.

고정격식 'A离B近'을 활용한 문장으로, 주어와 부사어 사이에서 한 번 끊어 읽은 후, 개사구 '离火车站' 뒤에서도 한 번 끊어 읽는다. 좀 더 빠르게 읽고 싶다면 '我家离火车站 / 很近。'이라고 읽어도 좋다.

어휘 家 jiā 명 집 | ★离 lí 개 ~에서 | ★火车站 huǒchēzhàn 명 기차역 | ★近 jìn 형 (거리가) 가깝다

9. A是B: A는 B이다 (A: 특정 어휘·B: 설명)

track T-209

介绍一下，这是 / 王小姐。

술어+보어 / 주어+술어 / 목적어

소개할게, 이 분은 왕 샤오제야.

두 개의 짧은 절로 이루어진 문장으로, 첫 번째 절인 '介绍一下' 뒤에서 잠깐 쉰다. 주어와 술어가 모두 한 글자로 짧기 때문에 붙여 읽는다. '一下'의 '下'가 4성이기 때문에 '一'는 2성으로 성조가 변한다. 또한 '小姐'처럼 3성이 두 번 연속하는 단어는 2성-3성으로 읽는다.

어휘 ★介绍 jièshào 동 소개하다 | ★一下 yíxià 수량 (동사 뒤에 쓰여) 좀 ~하다 | 这 zhè 대 이 분 | 是 shì 동 ~이다 [*A是B: A는 B이다] | 王 Wáng 고유 왕 [성씨] | 小姐 xiǎojiě 명 샤오제, 아가씨 [미혼 여성을 높여 부르는 말]

10. 去+(장소)+행동: (~에) ~하러 가다

track T-210

我想 / 和朋友 / 去看电影。

주어 + 부사어 / 술어1+술어2+목적어

나는 친구와 영화를 보러 가고 싶다.

일반적으로 연동문은 두 번째 술어 앞에서 끊어 읽지만, 이 문장은 첫 번째 술어의 목적어가 생략된 경우로 '去看电影'을 붙여 읽는다. 또한 '我想'의 성조가 3성-3성이므로, 주어 '我'는 2성으로 읽는다. 빠르게 '我想和朋友/去看电影'이라고 읽어도 좋다.

어휘 想 xiǎng 조동 ~하고 싶다 | 和 hé 개 ~와/과 | 朋友 péngyou 명 친구 | 去 qù 동 가다 | 看 kàn 동 보다 | 电影 diànyǐng 명 영화

11. 等公共汽车: 버스를 기다리다

track T-211

他们 / 正在 / 等公共汽车。

주어 / 부사어 / 술어+목적어

그들은 지금 버스를 기다리고 있는 중이다.

부사어를 기준으로 앞뒤로 끊어 읽는다. 좀 더 빠르게 읽는다면 주어와 부사어를 붙여 '他们正在 / 等公共汽车。'라고 읽는 것도 괜찮다. '公共汽车'에서 '公共'의 발음은 [gōnggòng]으로 한어병음은 같지만 성조가 다르므로 정확하게 소리 내야 한다.

어휘 他们 tāmen 대 그들 | ★正在 zhèngzài 부 지금 ~하고 있는 중이다 | ★等 děng 동 기다리다 | ★公共汽车 gōnggòngqìchē 명 버스

12. A有B: A에 B가 있다 (A: 장소·B: 사물)

track T-212

公司旁边 / 就有 / 咖啡厅。

관형어+주어 / 부사어+술어 / 목적어

회사 옆에 바로 카페가 있다.

주어와 목적어를 강조하여 읽는다. 빠르게 읽는다면 '公司旁边 / 就有咖啡厅'이라고 읽을 수도 있는데, 이때 '有'는 반3성으로 읽는 것이 훨씬 자연스럽다.

어휘 ★公司 gōngsī 명 회사 | ★旁边 pángbiān 명 옆 | ★就 jiù 부 바로 [사실을 강조] | 有 yǒu 동 있다 | 咖啡厅 kāfēitīng 명 카페

13. A是B的: A는 B한 것이다

track **T-213**

这个手机是 / 男朋友 / 送我的。
관형어+주어+술어 목적어 的
이 휴대폰은 남자 친구가 내게 준 것이다.

목적어가 비교적 길고 까다로운 문장으로 '男朋友'의 앞뒤를 기준으로 끊어 읽고 문장 내용의 핵심인 '手机'와 '男朋友'를 강조하여 읽는다. 주어에 대한 분류, 성질, 용도, 특징 등을 나타내는 'A是B' 구문으로, 문장 맨 뒤의 '的'까지 잊지 말고 말해야 한다.

어휘 **这个** zhège 대 이 | ★**手机** shǒujī 명 휴대폰 | **男朋友** nánpéngyou 명 남자 친구 | ★**送** sòng 동 (~에게 ~를) 주다

14. 吃药: 약을 먹다 · 已经A了: 이미 A하다

track **T-214**

孩子 / 吃药了，已经 / 好多了。
주어 술어+了 부사어 술어+보어+了
아이는 약을 먹어서 이미 훨씬 좋아졌다.

두 개의 절로 구성된 문장으로 크게 절을 기준으로 끊어 읽고, 각 술어 앞에서 한 번 더 끊어 읽는다. 두 절이 모두 비교적 짧기 때문에 '孩子吃药了，已经好多了。'로 쉼표가 있는 부분에서 한 번만 끊어 읽으면 더 유창하게 들린다. '已经'의 '经'은 1성을 살려 발음하거나, 경성으로 가볍게 발음해도 모두 무방하나, '已'는 반3성으로 소리 내는 것이 좋다. '孩子'의 '子[zi]'는 혀끝을 윗니 뒷부분에 마찰시켜 내는 소리인 설치음이며, '吃[chī]'는 혀를 말아 올린 상태에서 혀끝을 윗잇몸 뒷부분에 대고 내는 소리인 권설음으로 두 글자를 잘 구분해서 발음하자.

어휘 ★**孩子** háizi 명 아이 | **吃药** chīyào 동 약을 먹다 | ★**已经** yǐjīng 부 이미 [*已经A了: 이미 A했다] | **好** hǎo 형 (병이) 좋아지다 | **多** duō 형 훨씬

15. 술어+得+정도보어: ~하는 정도가 ~하다

track **T-215**

我们 / 昨天 / 玩儿得 / 很高兴。
주어 부사어 술어+得 보어
우리는 어제 즐겁게 놀았다.

각 문장성분마다 끊어 읽거나 '我们昨天 / 玩儿得很高兴。'이라고 빠르게 읽을 수 있다. 또한 '得'는 정도보어 문장에서 쓰일 때 가볍게 [de]로 읽는 것을 잊지 말자.

어휘 **昨天** zuótiān 명 어제 | ★**玩(儿)** wán(r) 동 놀다 | ★**得** de 조 ~하는 정도가 ~하다 [*술어+得+정도보어] | **高兴** gāoxìng 형 즐겁다

제2부분

16. 今天星期四吗?	21. 你的手机是什么颜色的?
17. 你每天几点上班?	22. 你是哪年上学的?
18. 一个星期有多少天?	23. 你去过北京，对吧?
19. 你最想和谁一起跳舞?	24. 你能不能帮我找一下我的书?
20. 介绍一下你的家人，好吗?	25. 你妈妈最近身体怎么样?

해석 모범 답안

16. Q 今天星期四吗? 오늘은 목요일인가요?

track T-216

A ❶ 对，今天星期四。
맞아요, 오늘은 목요일이에요.

❷ 今天不是星期四，是星期六。
오늘은 목요일이 아니에요, 토요일이에요.

❶ 명사술어문에 의문을 나타내는 어기조사 '吗'를 붙여 '오늘이 목요일이 맞는지' 묻고 있다. 맞다면 '对'라고 간단히 답한 후 질문에서 '吗'만 빼고 그대로 말하면 된다.

❷ 목요일이 아니라고 말하고 싶다면 '星期四' 앞에 부정을 나타내는 '不是'를 붙이고, 뒤에 오늘은 무슨 요일인지 밝힌다. '是[shì]'의 권설음과 '四[sì]'의 설치음 발음의 차이에 유의하자. 또한 명사술어문에서 명사술어 앞에 '是'를 붙이면 'A是B' 구문으로 바뀐다는 것도 알아 두자.

어휘 **今天** jīntiān 명 오늘 | **星期四** xīngqīsì 명 목요일 | **吗** ma 조 (문장 끝에 쓰여) 의문의 어기를 나타냄 | ★ **对** duì 형 맞다 | **星期六** xīngqīliù 명 토요일

17. Q 你每天几点上班? 당신은 매일 몇 시에 출근합니까?

track T-217

A 我每天九点上班。
저는 매일 9시에 출근해요.

'几点'은 시간을 물어보는 것으로 대답할 때는 질문에 있는 '你'를 '我'로 바꾸고 '几' 자리에 1부터 12까지의 숫자만 넣어 말하면 된다. 9시는 '九点[jiǔ diǎn]'으로 3성이 두 번 연속하므로 '九'는 2성으로 읽는다.

어휘 **每天** měitiān 명 매일 | **几** jǐ 대 몇, 얼마 | **点** diǎn 양 시 [시간을 세는 단위] | ★ **上班** shàngbān 동 출근하다 | **九** jiǔ 수 9, 아홉

18. Q 一个星期有多少天? 일주일은 며칠이 있어요?

track T-218

A 一个星期有七天。
일주일은 7일이 있어요.

수량을 묻는 의문사 '多少'를 써서 일주일이 총 며칠인지 묻는 질문으로 '多少' 자리에 '七'를 넣어 말하면 된다. 이렇게 일주일은 며칠이 있는지, 하루는 몇 시간인지 묻는 질문은 답이 정해져 있으므로 놓치지 말고 꼭 대답하자. 대답과는 상관없지만 질문의 '多少'에서 '少'는 경성이라는 점도 잊지 말자.

어휘 一 yī 수 1, 하나 [성조 변화 주의] | 个 ge 양 개 [물건을 세는 단위] | 星期 xīngqī 명 주일 | 多少 duōshao 대 몇 | 天 tiān 명 일 | 七 qī 수 7, 칠

19. Q 你最想和谁一起跳舞? 당신은 누구와 함께 가장 춤을 추고 싶나요?

track T-219

A 我最想和我女朋友一起跳舞。
저는 제 여자 친구와 가장 춤을 추고 싶어요.

'谁'는 '누구'라는 뜻으로 대답할 때는 '谁' 대신 '女朋友', '男朋友' 등 특정 인물을 넣어 말하면 된다. 이때 주어는 '你'가 아니라 '我'로 말해야 하는 것을 잊지 말자. '女朋友'라고 대답할 때 '女[nǚ]'의 [ü]는 입술을 동그랗게 오므린 채로 [이]와 [위]의 중간 소리를 내야 한다.

어휘 ★最 zuì 부 가장 | 想 xiǎng 조동 ~하고 싶다 | 和 hé 개 ~와/과 | 谁 shéi 대 누구 | ★一起 yìqǐ 부 함께 | ★跳舞 tiàowǔ 동 춤을 추다 | 女朋友 nǚpéngyou 명 여자 친구

20. Q 介绍一下你的家人，好吗? 당신의 가족을 좀 소개해주세요, 괜찮아요?

track T-220

A 好，我家有四口人。
(爸爸，妈妈，弟弟和我。)
네, 저희 가족은 4명이 있어요.
(아버지, 어머니, 남동생 그리고 저요.)

가족을 소개해 달라고 말한 뒤 '好吗?' 라고 질문했으므로, 우선 '好'라고 간단히 대답한다. 이어서 가족이 총 몇 명인지 말하고 시간적 여유가 있다면 가족 구성원을 열거하는 것도 좋다.

어휘 ★介绍 jièshào 동 소개하다 | ★一下 yíxià 수량 (동사 뒤에 쓰여) 좀 ~하다 | 的 de 조 ~의 [*관형어+的+(명사/대사)] | 家人 jiārén 명 가족 | 四 sì 수 4, 넷 | ★口 kǒu 양 식구 [사람을 셀 때 쓰임] | 人 rén 명 사람 | 爸爸 bàba 명 아버지 | 妈妈 māma 명 어머니 | ★弟弟 dìdi 명 남동생 | 和 hé 접 ~와/과

21. Q 你的手机是什么颜色的? 당신의 휴대폰은 무슨 색깔입니까?

track T-221

A 我的手机是白色的。
제 휴대폰은 흰색입니다.

의문사 '什么'를 이용한 의문문으로 '什么颜色' 자리에 알고 있는 색깔 명사를 넣어 답하면 된다. 질문에서 '你'로 물어봤으니, 대답할 때는 '我'로 말하는 것도 잊지 말자.

어휘 ★手机 shǒujī 명 휴대폰 | 什么 shénme 대 무슨 | ★颜色 yánsè 명 색깔 | 白色 báisè 명 흰색

22. Q 你是哪年上学的? 당신은 몇 년도에 입학했나요?

track T-222

A 我是2008年上学的。
저는 2008년에 입학했습니다.

'哪年'이라고 질문하는 것은 몇 년도인지 묻는 것이다. 따라서 이 자리에 연도를 넣어 대답하면 된다. 연도를 말할 때 숫자 2는 [liǎng]이 아니라 [èr]로 말해야 하는 것을 잊지 말자. 참고로 2008년도는 [èr líng líng bā]라고 읽는다.

어휘 **哪** nǎ 대 어느 [*哪年: 몇 년] | **年** nián 명 년 | **上学** shàngxué 동 입학하다

23. Q 你去过北京，对吧? 당신은 베이징에 가봤죠, 그렇죠?

track T-223

A ❶ 对，我去过北京。
맞아요, 저는 베이징에 가봤습니다.

❷ 不对，我没去过北京。
아니요, 저는 베이징에 가본 적이 없어요.

❶ 평서문으로 이야기한 뒤 '对吧?'를 사용하여 앞의 내용을 추측하면서 묻는 질문이다. 긍정적 의미의 대답을 할 때는 '对'라고 간략히 답한 뒤 질문의 주어를 '我'로 바꾸어 말한다.
❷ 부정적 의미의 대답을 할 때는 '不对'라고 말한 뒤 술어 '去' 앞에 과거의 부정을 나타내는 '没'를 붙인다.

어휘 **去** qù 동 가다 | ★**过** guo 조 ~한 적이 있다 [과거의 경험을 나타냄] | **北京** Běijīng 고유 베이징 | ★**对** duì 형 맞다 | ★**吧** ba 조 ~지? [가능·추측의 어기를 나타냄] | **没** méi 부 ~않다

24. Q 你能不能帮我找一下我的书? 당신은 저를 도와 저의 책을 좀 찾아줄 수 있나요?

track T-224

A ❶ (当然,)我能帮你找你的书。
(당연하죠,) 저는 당신을 도와 당신의 책을 찾을 수 있어요.

❷ 对不起，现在很忙，所以我不能帮你。
죄송해요, 지금은 바빠서 당신을 도와줄 수 없어요.

❶ 정반 의문문 형태로 '책을 찾아줄 수 있는지' 묻는 질문으로, 긍정적 의미의 대답을 한다면 부정 형태인 '不能'을 빼면 된다. 또한 대답할 때는 질문의 '你'는 '我'로, '我'는 '你'로 바꿔 말해야 한다.
❷ 부정적 의미의 대답을 할 때는 긍정 형태인 '能'을 빼면 된다. 그 앞에 도와줄 수 없는 이유까지 덧붙이면 더 좋은 대답이 되는데, '所以我不能帮你找一下你的书。'라고 말하는 것이 너무 길어 부담이 된다면 '所以我不能帮你。'까지만 말해도 충분하다.

어휘 **能** néng 조동 ~할 수 있다 | **帮** bāng 동 돕다 | ★**找** zhǎo 동 찾다 | ★**一下** yíxià 수량 (동사 뒤에 쓰여) 좀 ~하다 | **书** shū 명 책 | ★**当然** dāngrán 형 당연하다 | **对不起** duìbuqǐ 동 죄송합니다 | **现在** xiànzài 명 지금 | ★**忙** máng 형 바쁘다 | ★**所以** suǒyǐ 접 그래서

25. **Q 你妈妈最近身体怎么样?** 당신의 어머니는 요즘 몸이 어떠한가요? ◎ track **T-225**

A ❶ **我妈妈最近身体还好。**
저의 어머니는 요즘 몸이 그런대로 좋아요.

❷ **我妈妈最近身体好多了。**
저의 어머니는 요즘 몸이 많이 좋아지셨어요.

❸ **我妈妈最近身体不太好。**
저의 어머니는 요즘 몸이 그다지 좋지 않으세요.

❶ '怎么样'은 상태를 묻는 의문사로, '몸의 상태'를 묻는 질문이다. 몸 상태를 나타내는 형용사 '好'를 '怎么样' 자리에 넣어 답하면 된다. '好'는 앞에 정도부사의 수식을 받는 경우가 많기 때문에 '그런대로'라는 뜻의 '还'를 덧붙여준다. '还' 대신 일반적으로 많이 쓰는 '很'을 써도 좋다. 주어를 '我'로 바꾸어 말하는 것도 잊지 말자.

❷ '好多了'는 많이 좋아졌다는 뜻으로, 몸 상태나 병세가 많이 좋아졌다는 의미로 쓰인다. '身体好多了'는 하나의 표현으로 익혀 두는 것이 좋다.

❸ 부정적 의미로 대답할 때는 형용사 '好'를 부정하는 '不(太)'를 넣어 말하면 된다. '不太'를 읽을 때 '不'는 성조 변화로 2성이 된다.

어휘 ★**最近** zuìjìn 명 요즘 | ★**身体** shēntǐ 명 몸 | **怎么样** zěnmeyàng 대 어떻다, 어떠하다 | ★**还** hái 부 그런대로 | **多** duō 형 훨씬 [*好多了: 좋아졌다] | **不太** bú tài 그다지 ~하지 않다

제3부분

Fàngjià de shíhou, nǐ huì zhǔnbèi zuò shénme?
26. **放假 的 时候, 你 会 准备 做 什么?**
휴가 때 당신은 무엇을 할 계획입니까?

내용 구상하기

도입	질문에 대해 집에서 드라마를 볼 것이라고 간략히 대답한다	放假的时候，我打算在家里看电视剧。
전개	첫 문장에 대해 세부적으로 설명한다	平时我有很多想看的电视剧，但是因为工作很忙，没有时间看。我想在放假的时候，把我想看的电视剧都看完，一边看电视剧，一边吃饼干，特别快乐。
마무리	'我觉得'를 사용하여 자신의 생각을 이야기하며 마무리한다	我觉得放假的时候就应该在家里好好休息。

모범 답안 track T-226

放假[①] 的 时候[㉠]，我 打算[②] / 在 家里 / 看 电视剧[③]。
Fàngjià de shíhou, wǒ dǎsuàn zài jiāli kàn diànshìjù.

平时 / 我 有[②] / 很 多[②] 想 看[②] 的 / 电视剧，但是 /
Píngshí wǒ yǒu hěn duō xiǎng kàn de diànshìjù, dànshì

因为 / 工作 / 很 忙[②]，没 有 时间[㉡] 看。我 想[②] / 在
yīnwèi gōngzuò hěn máng, méi yǒu shíjiān kàn. Wǒ xiǎng zài

放假 的 时候，把 我 想 看[②] 的 / 电视剧 / 都 看 完，
fàngjià de shíhou, bǎ wǒ xiǎng kàn de diànshìjù dōu kàn wán,

一边[㉢④] 看 电视剧，一边[㉢④] 吃 饼干[②]，特别 快乐。
yìbiān kàn diànshìjù, yìbiān chī bǐnggān, tèbié kuàilè.

我 觉得[㉣②] / 放假 的 时候 / 就 应该 / 在 家里 /
Wǒ juéde fàngjià de shíhou jiù yīnggāi zài jiāli

好好[②⑤] 休息。
hǎohǎo xiūxi.

해석 휴가 때 저는 집에서 드라마를 볼 계획입니다. 평소 저는 보고 싶은 드라마가 많이 있지만 일이 바빠서 볼 시간이 없습니다. 저는 휴가 때 제가 보고 싶은 드라마를 다 보고 싶습니다. 드라마를 보면서 과자를 먹는 것은 아주 즐겁습니다. 저는 휴가 때 집에서 잘 쉬어야 한다고 생각합니다.

어휘 **放假** fàngjià 동 방학하다, 휴가로 쉬다 | **时候** shíhou 명 때 [*的时候: ~할 때] | **会** huì 조동 ~할 것이다 [미래 추측] | ★ **准备** zhǔnbèi 동 ~할 계획이다 | **做** zuò 동 하다 | **什么** shénme 대 무엇 | ★ **打算** dǎsuàn 동 ~할 계획이다 | **在** zài 개 ~에서 부 ~하고 있는 중이다 | **家里** jiāli 명 집 (안) | **看** kàn 동 보다 | **电视剧** diànshìjù 명 텔레비전 드라마 | **平时** píngshí 명 평소 | **想** xiǎng 조동 ~하고 싶다 | ★ **但是** dànshì 접 그렇지만 | ★ **因为** yīnwèi 접 때문에 | **工作** gōngzuò 명 일 | ★ **忙** máng 형 바쁘다 | ★ **时间** shíjiān 명 시간 | ★ **把** bǎ 개 ~을/를 [*주어+把+목적어+술어+기타성분] | **都** dōu 부 모두 | ★ **完** wán 동 (동사 뒤에 쓰여) 마치다 | ★ **一边** yìbiān 접 한편으로 ~하면서 (~하다) [*一边A一边B: A하면서 B하다] | **吃** chī 동 먹다 | **饼干** bǐnggān 명 과자 | ★ **特别** tèbié 부 아주 | ★ **快乐** kuàilè 형 즐겁다 | ★ **觉得** juéde 동 ~라고 생각하다 | ★ **就** jiù 부 바로 [사실을 강조] | ★ **应该** yīnggāi 조동 (마땅히) ~해야 한다 | **好好** hǎohǎo 부 잘 | ★ **休息** xiūxi 동 쉬다

표현 tip

㉠ A的时候 A할 때
같은 표현으로 'A时'가 있는데 'A的时'라고는 하지 않는 점에 주의하자

㉡ 没有时间A A할 시간이 없다
A라는 행동을 할 시간이 없음을 나타낼 때 쓴다

㉢ 一边A，一边B A하면서 B하다
A와 B라는 동작이 동시에 일어나는 것을 표현할 때 쓴다

㉣ 我觉得 나는 ~라고 생각한다
주로 이야기의 맨 마지막에 쓰여 말하는 사람의 생각을 드러내는 표현으로 꼭 기억해두자

발음 tip

① '放假'에서 '放'의 [f]는 한국어에 없는 소리로 영어 알파벳 f와 비슷한 소리를 낸다

② 3성이 연속해서 이어진 부분을 읽을 때는 마지막 글자만 3성으로 읽고, 앞은 모두 2성으로 읽는다. 또 3성 뒤에 다른 성조의 글자가 오면 반3성으로 읽는다

③ '电视剧'에서 '剧'의 운모는 [ü]로 입술을 오므리고 [이]와 [위] 중간 소리를 낸다

④ '一'는 뒷글자의 성조에 따라 성조가 변하는데, 1성인 '边' 앞에서는 4성으로 바뀐다

⑤ '好好'는 '잘'이라는 뜻으로 3성-3성이기 때문에 읽을 때 2성-(반)3성으로 발음한다. (참고로 '好好'는 뒤에 '儿'을 붙여서 '好好儿'이라고 많이 쓰는데, 이때는 두 번째 '好'의 성조가 1성으로 변해서, [hǎohāor]이라고 발음한다)

Nǐ zuì xǐhuan zuò shénme yùndòng? Wèishénme?
27. 你 最 喜欢 做 什么 运动? 为什么?
당신은 어떤 운동을 하는 것을 가장 좋아합니까? 이유는 무엇입니까?

내용 구상하기

도입	좋아하는 운동이 달리기라고 이야기한다	我最喜欢的运动是跑步。
전개&마무리	달리기의 장점을 '第一', '第二'이라는 표현을 사용하여 좋아하는 이유를 나열하여 설명한다	其实我是一个不喜欢运动的人，如果让我选择一个运动的话，我会选择跑步。第一，跑步可以让身体健康。第二，跑步不用花钱就可以做到。每天吃完晚饭，在家里附近的公园跑步半个小时，不但对身体好，而且也能缓解工作上的压力。

모범 답안 track T-227

我 最 喜欢 的 运动 / 是① 跑步。其实① / 我 是㉠ /
Wǒ zuì xǐhuan de yùndòng shì pǎobù. Qíshí wǒ shì

一 个② / 不 喜欢 / 运动 的 人㉠①，如果㉡① / 让㉢① 我
yí ge bù xǐhuan yùndòng de rén, rúguǒ ràng wǒ

选择 / 一 个 运动 的话㉡，我 会 / 选择 跑步。
xuǎnzé yí ge yùndòng dehuà, wǒ huì xuǎnzé pǎobù.

第一㉣③，跑步 可以 / 让 身体① / 健康。第二㉣，跑步 /
Dì-yī, pǎobù kěyǐ ràng shēntǐ jiànkāng. Dì-èr, pǎobù

不用④ 花 钱 / 就 可以 做到。每天 / 吃完① 晚饭，
búyòng huā qián jiù kěyǐ zuòdào. Měitiān chīwán wǎnfàn,

在 家里 / 附近 的 公园 / 跑步 / 半 个 小时①，不但④ /
zài jiāli fùjìn de gōngyuán pǎobù bàn ge xiǎoshí, búdàn

对㉤ 身体 / 好㉤，而且 / 也 能 缓解 / 工作 上①
duì shēntǐ hǎo, érqiě yě néng huǎnjiě gōngzuò shang

的 压力。
de yālì.

표현 tip

㉠ 我是A的人 나는 A하는 사람이다
'A是B' 구문을 활용하여 자신이 어떤 사람인지 나타낼 수 있다

㉡ 如果A的话 만약 A하다면
A라는 상황을 가정할 때 쓰는 표현이다

㉢ 让AB A로 하여금 B하게 하다
A에는 대상이 들어가 전체 문장에서 목적어 역할을 하면서 행동 B의 주어 역할을 한다

㉣ 第一, A. 第二, B 첫째, A하다. 둘째, B하다
나열할 때 쓰는 표현으로 달리기의 장점을 이야기하고 있다

㉤ A对B好 A는 B에 좋다
A라는 행동이나 대상이 B에 좋다는 뜻으로, 반대 의미로 쓰고 싶다면 '好' 앞에 '没'가 아닌 '不'를 써야 한다

해석 제가 가장 좋아하는 운동은 달리기입니다. 사실 저는 운동을 좋아하지 않는 사람인데, 만약 저에게 운동 하나를 선택하라고 하면 달리기를 선택할 것입니다. 첫째, 달리기는 몸을 건강하게 할 수 있습니다. 둘째, 달리기는 돈을 쓰지 않아도 할 수 있습니다. 매일 저녁 식사를 마치고 집 근처 공원에서 30분 동안 달리면 몸에 좋을 뿐만 아니라 게다가 업무 스트레스도 해소할 수 있습니다.

어휘 ★最 zuì 부 가장 | 喜欢 xǐhuan 동 좋아하다 | 做 zuò 동 하다 | 什么 shénme 대 무엇 | ★运动 yùndòng 명 운동 | ★为什么 wèishénme 왜 | ★跑步 pǎobù 동 달리다 | ★其实 qíshí 부 사실 | ★如果 rúguǒ 접 만약 [*如果A的话: 만약 A라면] | ★让 ràng 동 ~하게 하다 [*(주어)+让+대상+술어/내용] | ★选择 xuǎnzé 동 선택하다 | 的话 dehuà 조 ~하다면 | ★第一 dì-yī 수량 첫째 | ★可以 kěyǐ 조동 ~할 수 있다 | ★身体 shēntǐ 명 몸 | ★健康 jiànkāng 형 건강하다 | 第二 dì-èr 수량 둘째 | 不用 búyòng 부 ~할 필요가 없다 | ★花 huā 동 쓰다 | ★钱 qián 명 돈 | ★就 jiù 부 바로 [사실을 강조] | ★到 dào 동 (동사 뒤에 결과보어로 쓰여) ~했다 | 每天 měitiān 명 매일 | 吃 chī 동 먹다 | ★完 wán 동 (동사 뒤에 결과보어로 쓰여) 다하다 | 晚饭 wǎnfàn 명 저녁밥 | 在 zài 개 ~에서 | 家里 jiāli 명 집 | ★附近 fùjìn 명 근처 | ★公园 gōngyuán 명 공원 | ★半 bàn 수 절반 | ★小时 xiǎoshí 명 시간 | ★不但A，而且B búdàn A, érqiě B A뿐만 아니라 게다가 B하다 | ★对 duì 개 ~에게 | ★也 yě 부 ~도 | 能 néng 조동 ~할 수 있다 | 缓解 huǎnjiě 동 해소하다 [*缓解压力: 스트레스를 풀다] | 工作 gōngzuò 명 일, 업무 | 上 shang 명 ~상 [명사 뒤에 쓰여 어떤 방면을 나타냄] | 压力 yālì 명 스트레스

발음 tip

① 권설음[zh·ch·sh·r]은 혀를 만 상태로 혀끝을 윗잇몸 뒤쪽에 대고 소리를 낸다

② 양사 '个'는 경성으로 읽지만, 본래 4성이므로 앞의 '一'는 2성으로 소리 낸다

③ '一'가 서수를 나타낼 때는 성조의 변화가 없기 때문에 '第一'에서 '一'는 원래 성조인 1성으로 읽어야 한다

④ '不' 뒤에 오는 글자의 성조가 4성이라면 '不'를 2성으로 읽어야 한다

모의고사 (3회)

제1부분

1. 爷爷喜欢读书。	9. 左边的小，右边的大。
2. 妹妹唱歌很好听。	10. 今天天气比昨天冷。
3. 这本书在桌子上。	11. 你做什么我没看见。
4. 希望明天别下雪。	12. 最近我奶奶身体不太好。
5. 她一月十五号回来。	13. 欢迎你来我家玩儿。
6. 这个星期我没有时间。	14. 走路的时候不要看手机。
7. 他们是去年认识的。	15. 从这儿到北京要一个小时。
8. 他们正在打电话呢。	

해석&풀이

1. 喜欢+좋아하는 것: ~을 좋아하다 ◘ track **T-301**

爷爷 / 喜欢读书。
주어 술어+목적어
할아버지는 책 읽는 것을 좋아하신다.

'**喜欢**'은 절을 목적어로 가질 수 있는 동사술어로, 목적어가 길면 '**喜欢**'과 목적어를 끊어 읽지만 이 문장은 목적어가 비교적 짧기 때문에 술어와 목적어를 한 번에 말한다. '**爷爷**'의 두 한자는 같지만 두 번째 '**爷**'는 경성으로 발음한다.

어휘 ★ **爷爷** yéye 명 할아버지 | **喜欢** xǐhuan 동 좋아하다 | **读书** dúshū 동 책을 읽다

2. 정도부사+형용사 ◘ track **T-302**

妹妹唱歌 / 很好听。
주어(주어+술어) 부사어+술어
여동생이 부르는 노래는 듣기 좋다.

'**妹妹唱歌**'라는 문장 자체가 하나의 주어인 문장으로 크게 주어부와 술어부로 나누어 읽는다. '**很好听**'의 성조는 3성-3성-1성으로 읽을 때는 2성-반3성-1성으로 발음하는 것이 편하고 더 유창하게 들린다. '**妹妹**'도 1번 문제의 '**爷爷**'와 마찬가지로 두 번째 '**妹**'는 경성으로 발음한다.

어휘 ★ **妹妹** mèimei 명 여동생 | ★ **唱歌** chànggē 동 노래를 부르다 | **很** hěn 부 매우 | **好听** hǎotīng 형 듣기 좋다

3. A在B: A는 B에 있다 (A: 사물·B: 장소) track T-303

这本书 / 在桌子上。
관형어+주어 술어+목적어
이 책은 탁자 위에 있다.

주어와 술어 사이에서 한 번 끊어 읽는다. 문장에 권설음과 설치음이 많이 나오는데, '这', '书', '桌', '上'의 권설음[zh·sh]과 '在', '子'의 설치음[z]을 구별해서 말해야 한다. '上'의 원래 성조는 4성이지만 이 문장에서는 방위사로 쓰여 경성으로 가볍게 발음한다.

어휘 这 zhè 대 이 | 本 běn 양 권 [책을 세는 단위] | 书 shū 명 책 | 在 zài 동 ~에 있다 | 桌子 zhuōzi 명 탁자 | 上 shang 명 위

4. 希望+바라는 내용: ~하기를 바라다 track T-304

希望 / 明天 / 别下雪。
술어 목적어(주어 부사어+술어)
내일 눈이 내리지 않기를 바란다.

'希望'은 문장을 목적어로 가질 수 있는 동사로, 이 문장은 목적어가 길기 때문에 술어 '希望' 뒤에서 끊어 읽는다. 목적어부를 한 번에 읽어도 좋지만, 힘들다면 목적어부에서 주어 역할을 하는 '明天' 뒤에서 한 번 더 끊어 읽는다.

어휘 ★希望 xīwàng 동 (생각하는 것이 실현되기를) 바라다 | 明天 míngtiān 명 내일 | ★别 bié 부 ~하지 마라 | 下雪 xiàxuě 동 눈이 내리다

5. ○月○号: ○월 ○일 track T-305

她一月十五号 / 回来。
주어 + 부사어 술어+보어
그녀는 1월 15일에 돌아온다.

주어가 1음절로 짧기 때문에 시간을 나타내는 부사어 뒤에서 끊어 읽는다. 돌아오는 날짜가 중요하므로 부사어를 강조하여 읽는다. 이때 월을 가리키는 '一'는 성조가 변화하지 않고 그대로 1성으로 읽어야 하는 것에 주의하자.

어휘 她 tā 대 그녀 | 一 yī 수 1, 하나 | 月 yuè 명 월 | 十五 shíwǔ 수 15, 십오 | 号 hào 명 일 [날짜를 가리킴] | 回来 huílái 돌아오다

6. A没有B: A는 B가 없다 (A: 사람·B: 사물) track T-306

这个星期 / 我没有 / 时间。
부사어 주어+부사어+술어 목적어
이번 주에 나는 시간이 없다.

부사어는 원래 주어 뒤에 위치하지만 시간을 강조할 때는 주어 앞에 위치할 수도 있다. 따라서 문장의 핵심인 '没有'와 '时间' 뿐만아니라 '星期'도 강조해서 읽는다. '时间'의 '时[shí]'는 권설음으로 혀를 만 상태에서 혀끝을 윗잇몸 뒤쪽에 대고 소리를 낸다.

어휘 这个 zhège 대 이 | 星期 xīngqī 명 주 | 我 wǒ 대 나 | 没 méi 부 ~않다 | 有 yǒu 동 있다 | ★时间 shíjiān 명 시간

7. 是A的 강조 구문 (시간 강조)

● track T-307

他们是 / 去年 / 认识的。

주어+是　부사어　술어+的

그들은 작년에 알게 되었다.

'是A的' 강조 구문으로 문장 맨 뒤의 '的'를 말하는 것을 잊지 말자. 시간인 '去年'을 강조하여 읽고, '去年'을 기준으로 앞뒤에서 끊어 읽는다.

어휘 他们 tāmen 대 그들 | ★去年 qùnián 명 작년 | 认识 rènshi 동 알다

8. 打电话: 전화하다 · 正在A呢: 지금 A를 하고 있다 (A: 행동)

● track T-308

他们 / 正在 / 打电话呢。

주어　부사어　술어+목적어+呢

그들은 지금 전화하고 있다.

부사어를 기준으로 앞뒤에서 끊어 읽는다. '打'는 반3성으로 읽어주면 더 자연스럽다. 또한 어기조사 '呢'는 문장 맨 마지막에 있고 경성으로 가볍게 읽기 때문에 못 듣고 빠뜨릴 수 있는데, 들려주는 문장을 끝까지 듣고 그대로 말하는 것이 중요하다.

어휘 ★正在 zhèngzài 부 지금 ~하고 있다 | 打电话 dǎ diànhuà 전화하다 | 呢 ne 조 동작의 지속을 나타냄

9. 的+(명사): 명사 생략

● track T-309

左边的小，右边的大。

주어+的+술어　주어+的+술어

왼쪽 것은 작고, 오른쪽 것은 크다.

두 개의 절로 이루어진 문장으로, 각 절끼리 한꺼번에 읽는 것이 가장 좋다. '左边'을 읽을 때 '左'는 반3성으로 소리 내자.

어휘 ★左边 zuǒbian 명 왼쪽 | 小 xiǎo 형 작다 | ★右边 yòubian 명 오른쪽 | 大 dà 형 (부피·면적이) 크다

10. A比B술어: A는 B보다 (술어)하다 (A·B: 비교대상)

● track T-310

今天天气 / 比昨天冷。

관형어+주어　부사어+술어

오늘 날씨는 어제보다 춥다.

'比'자 비교문은 일반적으로 '比'자 개사구(比昨天) 뒤에서 끊어 읽지만, 이 문장의 술어 '冷'은 한 글자로 짧기 때문에 '比昨天冷'을 한 번에 읽어주는 것이 더 좋다.

어휘 今天 jīntiān 명 오늘 | 天气 tiānqì 명 날씨 | ★比 bǐ 개 ~보다 [비교를 나타냄] | 昨天 zuótiān 명 어제 | 冷 lěng 형 춥다

11. 没看见: 못 봤다

● track T-311

你做什么 / 我 没 看 见。

목적어　주어+부사어+술어+보어

네가 뭘 했는지 난 못 봤어.

강조하기 위에 목적어가 맨 앞에 도치된 문장으로, 목적어 뒤에서 한 번 끊어 읽는다. '什么'에서 권설음 '什[shén]'은 혀를 말아 올린 상태에서 혀끝을 윗잇몸 뒷부분에 대고 발음한다.

어휘 你 nǐ 대 너 | 做 zuò 동 하다 | 什么 shénme 대 무엇 | 看见 kànjiàn 동 보다

12. 身体不太好: 몸이 그다지 좋지 않다

track T-312

最近 / 我奶奶身体 / 不太好。
부사어 관형어+주어 부사어+술어
요즘 나의 할머니는 몸이 그다지 좋지 않으시다.

주어 '身体'를 수식하는 관형어 '我奶奶'를 함께 읽고 술어 '好'를 수식하는 '不太'를 함께 읽는다. '我奶奶'는 3성-3성-경성으로 이루어져 있어 2성-반3성-경성으로 발음하며, '太'가 4성이기 때문에 '不'는 2성으로 소리 내야 하는 것을 잊지 말자.

어휘 ★最近 zuìjìn 명 요즘 | ★奶奶 nǎinai 명 할머니 | ★身体 shēntǐ 명 몸 | 不太 bú tài 그다지 ~하지 않다

13. 欢迎+환영하는 내용: ~하는 것을 환영해

track T-313

欢迎 / 你来我家 / 玩儿。
술어 목적어(주어+술어1+목적어1+술어2)
우리 집에 놀러 온 걸 환영해.

'欢迎'은 문장을 목적어로 가질 수 있는 동사술어이다. '你来我家玩儿'이라는 문장 목적어는 연동문 구조로 두 번째 술어 '玩儿' 앞에서 끊어 읽는다.

어휘 ★欢迎 huānyíng 동 환영하다 | 来 lái 동 오다 | 家 jiā 명 집 | ★玩(儿) wán(r) 동 놀다

14. 不要+금지하는 내용: ~을 하지 마라

track T-314

走路的时候 / 不要 看 手机。
부사어 술어+목적어
걸을 때 휴대폰을 보지 마라.

'不要'는 금지를 나타내는 부사로 뒤에 금지하는 내용이 들어간다. 금지하는 내용이 문장의 핵심이므로, 그 부분을 강조해서 말한다. 또한 '要'가 4성이기 때문에 그 앞의 '不'는 2성으로 성조가 변화한다.

어휘 走路 zǒulù 동 걷다 | 时候 shíhou 명 때 [*的时候: ~할 때] | 不要 búyào 부 ~하지 마라 | 看 kàn 동 보다 | ★手机 shǒujī 명 휴대폰

15. 从A到B: A부터 B까지 (A: 출발점·B: 도착점)

track T-315

从这儿 / 到北京 / 要一个小时。
주어 술어+관형어+목적어
여기에서 베이징까지는 한 시간이 걸린다.

고정격식 '从A到B'가 사용된 문장으로, 개사구는 일반적으로 부사어로 쓰이지만 이 문장에서는 특이하게 주어로 쓰였다. 양사 '个'는 경성이지만 본래의 성조가 4성이므로 그 앞의 '一'는 2성으로 바뀐다.

어휘 ★从 cóng 개 ~에서 | 这儿 zhèr 대 여기 | ★到 dào 개 ~까지 | 北京 Běijīng 고유 베이징 | ★要 yào 동 걸리다 [*要+시간: ~가 걸리다] | 一 yī 수 1, 하나 [성조 변화 주의] | 个 ge 양 개 [물건·사람을 세는 단위] | ★小时 xiǎoshí 명 시간

제2부분

16. 你会跳舞吗?	21. 你要出去跑步吗?
17. 你工作几年了?	22. 你们家谁爱喝茶?
18. 你去过上海吗?	23. 你在哪儿买这件衣服的?
19. 你喜欢什么颜色的衣服?	24. 你学游泳多长时间了?
20. 你有没有2000块钱?	25. 我跑得不太快，你呢?

해석 모범 답안

16. Q 你会跳舞吗? 당신은 춤을 출 줄 아나요?

track T-316

A ❶ 我会跳舞。
저는 춤을 출 줄 알아요.

❷ 我会，很喜欢跳舞。
저는 할 줄 알아요, 춤추는 것을 좋아해요.

❸ 我不会跳舞。
저는 춤을 출 줄 몰라요.

❶ 가장 간단한 대답은 질문에서 의문을 나타내는 어기조사 '吗'를 빼고 질문의 주어 '你'를 '我'로 바꾸면 된다.
❷ '我会'라고 짧게 답한 뒤 춤추는 것을 좋아한다고 추가로 대답할 수 있다.
❸ 부정적 의미의 대답을 하려면 조동사 '会' 앞에 부정부사 '不'를 붙이면 된다. 이때 '不'는 성조가 변화하여 2성으로 읽어야 한다. 조동사는 일반적으로 '没'로 부정을 하지 않는다.

어휘 **会** huì 조동 (배워서) ~할 줄 알다 | ★**跳舞** tiàowǔ 동 춤을 추다 | **吗** ma 조 (문장 끝에 쓰여) 의문의 어기를 나타냄 | **喜欢** xǐhuan 동 좋아하다

17. Q 你工作几年了? 당신은 일한 지 몇 년 됐습니까?

track T-317

A ❶ 我工作了三年了。
저는 일한 지 3년이 되었습니다.

❷ 我不工作，还是大学生。
저는 일을 하지 않아요, 아직 대학생입니다.

❶ 의문사 '几'를 사용한 질문으로, '几年'은 '몇 년'이라는 의미이다. 따라서 '几' 대신 숫자를 넣고 주어를 '我'로 바꾸어 말하면 대답이 된다. 동태조사 '了'와 어기조사 '了'가 함께 쓰이면 과거부터 현재까지 계속 진행되고 있음을 나타낸다.
❷ 위와 다르게 아예 일하지 않는다고 대답하려면 술어 '工作' 앞에 부정부사 '不'를 붙이고 '了'는 쓰지 말아야 한다. 뒤에 아직 대학생이라고 일하지 않는 이유까지 덧붙이면 더 좋다. '学生[xuésheng]'의 '生'은 경성이지만 '大学生[dàxuéshēng]'의 '生'은 1성이라는 점에 주의하자.

어휘 **工作** gōngzuò 동 일하다 | **几** jǐ 대 몇, 얼마 | **年** nián 명 년 | **了** le 조 문장 끝이나 중간의 끊어지는 곳에 쓰여서 변화나 새로운 상황의 출현을 표시함 | **三** sān 수 3, 삼 | **不** bù 부 아니다 | ★**还是** háishi 부 아직도 | **大学生** dàxuéshēng 명 대학생

18. Q 你去过上海吗? 당신은 상하이에 가 본 적이 있습니까?

track **T-318**

A ❶ **我去过上海。**
저는 상하이에 가 본 적이 있습니다.

❷ **我没去过上海。**
저는 상하이에 가 본 적이 없습니다.

❶ 긍정적 의미의 대답으로 질문에 있는 주어를 '我'로 바꾼 후 어기조사 '吗'를 빼면 된다. '上海'의 '上[Shàng]'은 권설음으로, 혀를 말아 올린 상태에서 혀끝을 윗잇몸 뒷부분에 대고 소리를 낸다.
❷ 부정적 의미의 대답으로는 술어 '去' 앞에 부정부사 '没'를 붙이면 된다. '没A过'는 'A해 본 적 없다'라는 뜻으로 과거의 경험을 부정할 때 자주 쓰이는 표현이다.

어휘 **去** qù 동 가다 | ★ **过** guo 조 ~한 적이 있다 [과거의 경험을 나타냄] | **上海** Shànghǎi 고유 상하이

19. Q 你喜欢什么颜色的衣服? 당신은 어떤 색의 옷을 좋아합니까?

track **T-319**

A **我喜欢蓝色的衣服。**
저는 파란색의 옷을 좋아합니다.

의문사 '什么'를 이용한 질문으로 '어떤 색'의 옷을 좋아하는지 묻고 있기 때문에 '什么颜色' 부분에 알고 있는 색깔 명사를 넣으면 된다. 또한 질문의 주어는 '你'로 나왔기 때문에 답할 때는 '我'로 말하는 것을 잊지 말자.

어휘 **喜欢** xǐhuan 동 좋아하다 | **什么** shénme 대 어떤, 무슨 | ★ **颜色** yánsè 명 색 | **的** de 조 ~의 [*관형어+的+(명사/대사)] | **衣服** yīfu 명 옷 | **蓝色** lánsè 명 파란색

20. Q 你有没有2000块钱? 당신은 2천 위안이 있습니까?

track **T-320**

A ❶ **(有，)我有2000块钱。**
(있습니다.) 저는 2천 위안이 있어요.

❷ **(没有，)我没有2000块钱。**
(없습니다.) 저는 2천 위안이 없어요.

❸ **没有，我只有1000块钱。**
없어요, 저는 1천 위안밖에 없어요.(겨우 1천 위안 있어요.)

❶ 정반 의문문 형식으로 질문한 문장으로, 긍정적 의미의 대답을 할 때는 부정 형태인 '没有'를 빼고 주어를 '我'로 바꾼다. 이때 주어와 술어 '我有'는 2성-반3성으로 읽는다. 질문에서 나온 숫자 2000의 한어병음[liǎngqiān]을 잘 기억하여 대답하자.
❷ 부정적 의미의 대답을 할 때는 긍정 형태인 '有'를 빼면 된다.
❸ 또 다른 대답으로 부사 '只'를 사용하여 질문의 2000위안보다 적은 금액의 돈을 가지고 있다고 말할 수도 있다.

어휘 **有** yǒu 동 있다 | **块** kuài 양 위안 [중국의 화폐단위] | **钱** qián 명 돈 | ★ **只** zhǐ 부 겨우

21. Q 你要出去跑步吗? 당신은 뛰러 나갈 것인가요?

track T-321

A ❶ 我要出去跑步。
저는 뛰러 나갈 거예요.

❷ 是的，你要一起去吗?
네, 당신도 함께 갈래요?

❸ 我不想出去跑步。
저는 뛰러 나가고 싶지 않아요.

❹ 我不能出去，我很忙。
저는 나갈 수 없어요, 바빠요.

❶ 가장 간단하게 질문의 주어를 '你'에서 '我'로 바꾸고 의문을 나타내는 어기조사 '吗'를 빼고 대답할 수 있다. '出去'에서 '出'는 운모가 [u]로 입을 쭉 내밀고 [우]소리를 내고, '去'는 운모가 [ü]로 입술을 동그랗게 오므린 채로 [이]와 [위] 중간 소리를 낸다.

❷ '是的'라고 간단하게 긍정의 대답을 한 뒤 상대방에게 함께 가겠는지 되물어볼 수 있다.

❸ 조동사 '要'가 '~하려고 하다'라는 의미일 경우 부정형은 '不要'가 아니라 '不想'이라고 쓴다. '我不要出去跑步。'라고 대답하면 안 된다.

❹ 능력이나 상황이 안 되어 나갈 수 없을 경우 조동사 '能'의 부정형인 '不能'을 사용하여 대답하고, 이유까지 덧붙이면 더 좋다. '我很忙'은 짧아서 한 번에 읽는데, 3성의 성조 변화로 2성-반3성-2성으로 발음한다.

어휘 ★要 yào 조동 ~할 것이다 | 出去 chūqù 동 나가다 | ★跑步 pǎobù 동 달리다 | 是的 shìde 감탄 네 | ★一起 yìqǐ 부 함께 | 想 xiǎng 조동 ~하고 싶다 | 能 néng 조동 ~할 수 있다 | ★忙 máng 형 바쁘다

22. Q 你们家谁爱喝茶? 당신의 가족 중 누가 차를 마시는 것을 좋아합니까?

track T-322

A ❶ 我们家我妈妈最爱喝茶。
저의 가족 중 저의 엄마가 차를 마시는 것을 가장 좋아하십니다.

❷ 我们家人都爱喝茶。
저희 가족 모두 차를 마시는 것을 좋아합니다.

❸ 我们家人都不爱喝茶。
저희 가족 모두 차를 마시는 것을 좋아하지 않습니다.

❶ 의문사 '谁'를 써서 질문했으므로 가족 구성원 중 차 마시는 것을 가장 좋아하는 한 사람을 특정해서 '谁' 자리에 넣어 말하면 된다. 또한 질문의 '你们'은 '我们'으로 바꿔 대답하는 것을 잊지 말자.

❷ 한 사람만 특정해서 이야기하지 않고 가족 모두가 차를 마시는 것을 좋아한다고 말할 수도 있다.

❸ 두 번째 답과 반대로 모두 좋아하지 않는다고 대답할 수도 있는데, 이때 술어 '爱'를 부정하는 부정부사는 '没'가 아니라 '不'임을 주의해야 한다. '不爱'라고 읽을 때는 '不'가 2성으로 바뀌는 것도 기억하자.

어휘 家 jiā 명 집 | 谁 shéi 대 누구 | 爱 ài 동 ~하는 것을 좋아하다 | 喝 hē 동 마시다 | 茶 chá 명 차 [*喝茶: 차를 마시다] | 妈妈 māma 명 어머니 | ★最 zuì 부 가장 | 家人 jiārén 명 가족 | 都 dōu 부 모두

23. Q 你在哪儿买这件衣服的? 당신은 어디에서 이 옷을 샀나요?

track T-323

A ❶ 我在百货商店买这件衣服的。
저는 백화점에서 이 옷을 샀습니다.

❷ 我在前面的商店买这件衣服的。
저는 앞의 상점에서 이 옷을 샀습니다.

❶ '哪儿'은 장소를 묻는 의문사로 이 자리에 장소 명사를 넣고 주어 부분에 '我'를 넣어 말하면 된다. 참고로 질문 문장은 '是A的' 강조 구문으로 장소를 강조하여 질문하고 있으며, '是A的' 강조 구문에서 '是'는 생략이 가능하다.

❷ 장소 명사 앞에 '前面的'와 같이 방향을 나타내는 표현을 써서 장소의 위치까지 말할 수도 있다.

어휘 在 zài 개 ~에서 | 哪儿 nǎr 대 어디 | 买 mǎi 동 사다 | ★件 jiàn 양 벌 [옷 등을 세는 단위] | 衣服 yīfu 명 옷 | 百货商店 bǎihuòshāngdiàn 명 백화점 | 前面 qiánmiàn 명 앞 | 商店 shāngdiàn 명 상점

24. Q 你学游泳多长时间了? 당신은 수영을 배운 지 얼마나 됐나요? track T-324

A 我学游泳四个月了。
저는 수영을 배운 지 4개월이 되었습니다.

'얼마나'라는 뜻의 '多长时间'을 써서 '기간'을 묻는 질문으로, 이 자리에 수영을 배운 기간을 넣어 말하면 된다. '숫자+天(○일)', '숫자+个星期(○주)', '숫자+个月(○개월)', '숫자+年(○년)' 등 다양한 대답을 만들 수 있다.

어휘 学 xué 동 배우다 | ★游泳 yóuyǒng 명 수영 | 多长时间 duō cháng shíjiān 얼마 동안 | 四 sì 수 4, 사 | 月 yuè 명 월

25. Q 我跑得不太快，你呢? 저는 그다지 빨리 달리지 못해요, 당신은요? track T-325

A ❶ 我也跑得不太快。
저도 그다지 빨리 달리지 못해요.

❷ 我跑得很快。
저는 빨리 달려요.

❶ 질문하는 사람이 먼저 자신은 빨리 달리지 못한다고 말한 뒤 '你呢?'를 사용하여 상대방의 달리는 정도가 어떠한지 묻고 있다. 질문에 동조하여 대답할 때는 술어 '跑' 앞에 부사 '也'를 넣어 나'도' 빨리 달리지 못한다고 말할 수 있다. '我也跑'가 모두 3성이므로 발음할 때 성조 변화에 주의하자.

❷ 질문과 반대로 빨리 달린다고 대답하고 싶을 때는 '不太' 대신 '很'을 넣어 말하면 된다. 이때 주어와 술어인 '我跑'가 모두 3성이므로 '我'는 2성으로 발음하자.

어휘 跑 pǎo 동 달리다 | ★得 de 조 ~하는 정도가 ~하다 [*술어+得+정도보어] | 不太 bú tài 그다지 ~하지 않다 | ★快 kuài 형 빠르다 | 呢 ne 조 ~는요? | ★也 yě 부 ~도

제3부분

Nǐ xǐhuan hé shéi qù lǚyóu? Wèishénme?
26. 你 喜欢 和 谁 去 旅游? 为什么?
당신은 누구와 여행을 가는 것을 좋아합니까? 이유는 무엇입니까?

내용 구상하기

도입	질문에 남자 친구라고 대답한다	我喜欢和男朋友一起去旅游。
전개	남자 친구와 함께 여행을 가는 것을 좋아하는 이유를 설명한다	因为我的男朋友和我的旅游方式一样，我们喜欢的东西也很像。而且和男朋友一起去旅游的话，他会在旅游的时候照顾我。我和男朋友一起旅游过几次，每次都很高兴。
마무리	다음에도 남자 친구와 함께 여행을 가겠다는 말로 마무리한다	下次我也要和男朋友一起去旅游。

모범 답안 track T-326

我 喜欢[①] / 和[㉠] 男朋友 / 一起[㉠②] 去 旅游[③]。因为 /
Wǒ xǐhuan hé nánpéngyou yìqǐ qù lǚyóu. Yīnwèi

我的 男朋友 / 和[㉡] 我 的 旅游 方式 / 一样[㉡②],
wǒ de nánpéngyou hé wǒ de lǚyóu fāngshì yíyàng,

我们 / 喜欢 的 东西 / 也 很 像[①]。而且 / 和 男朋友 /
wǒmen xǐhuan de dōngxi yě hěn xiàng. Érqiě hé nánpéngyou

一起 去 旅游 的话, 他 会 / 在[㉢] 旅游 的 时候[㉢]/
yìqǐ qù lǚyóu dehuà, tā huì zài lǚyóu de shíhou

照顾 我。我 和 男朋友 / 一起 旅游过[①④] / 几 次,
zhàogù wǒ. Wǒ hé nánpéngyo yìqǐ lǚyóuguo jǐ cì,

每 次 / 都 很 高兴。下次[㉣] / 我 也 要[①] / 和 男朋友 /
měi cì dōu hěn gāoxìng. Xiàcì wǒ yě yào hé nánpéngyou

一起 去 旅游。
yìqǐ qù lǚyóu.

해석 저는 남자 친구와 함께 여행 가는 것을 좋아합니다. 왜냐하면 제 남자 친구의 여행 방식은 저와 같고 저희는 좋아하는 것도 비슷하기 때문입니다. 게다가 남자 친구와 여행을 가면 그는 여행을 할 때 저를 배려해 줍니다. 저는 남자 친구와 함께 여행을 몇 번 해 봤고 매번 모두 즐거웠습니다. 다음 번에도 저는 남자 친구와 함께 여행을 갈 것입니다.

어휘 **喜欢** xǐhuan 동 좋아하다 | **和** hé 개 ~와/과 | **谁** shéi 대 누구 | **去** qù 동 가다 | ★ **旅游** lǚyóu 동 여행하다 | ★ **为什么** wèishénme 왜 | **男朋友** nánpéngyou 명 남자 친구 | ★ **一起** yìqǐ 부 함께 | ★ **因为** yīnwèi 접 때문에 | **方式** fāngshì 명 방식 | **一样** yíyàng 형 같다 | **东西** dōngxi 명 (구체적인 혹은 추상적인) 것 | ★ **也** yě 부 ~도 | ★ **像** xiàng 동 비슷하다 | ★ **而且** érqiě 접 뿐만 아니라 | **的话** dehuà 조 ~하다면 | **会** huì 조동 ~할 것이다 [여기에서는 습관적으로 쓰여 해석하지 않음] | **在** zài 부 ~하고 있는 중(이다) [*在A的时候: A할 때] | **时候** shíhou 명 때 | ★ **照顾** zhàogù 동 배려하다 | ★ **过** guo 조 ~한 적이 있다 [과거의 경험을 나타냄] | **几** jǐ 수 몇 | ★ **次** cì 양 번 [동작의 횟수를 세는 단위] | ★ **每** měi 대 매 | **都** dōu 부 모두 | **高兴** gāoxìng 형 즐겁다 | **下次** xiàcì 명 다음 번 | ★ **要** yào 조동 ~할 것이다

표현 tip

㉠ 和A一起B A와 함께 B하다
A에는 대상, B에는 동작이 들어가며 쉽지만 중요한 표현이므로 꼭 기억하자

㉡ A和B一样 A는 B와 같다
대상 A와 대상 B가 같음을 의미하며 '一样' 뒤에 형용사가 붙어 'A和B一样C'로 쓰인다면 'A는 B와 같이 C하다'라는 의미가 된다

㉢ 在A的时候 A할 때
A라는 행동이 진행될 때 쓰는 표현이며 '在A时'라고도 쓸 수 있다

㉣ 下次 다음 번
'下'는 다음을 의미하고 '上'은 이전을 의미하기 때문에 이 두 개의 의미를 잘 구분하여 사용해야 한다

발음 tip

① 3성이 두 개 연속되면 첫 번째 글자는 2성으로 읽고 3성 뒤에 3성 외에 다른 글자가 오면 반3성으로 읽기 때문에 3성-3성-1·2·4·경성이 오면 2성-반3성-1·2·4·경성으로 읽는다

② '一'는 4성으로 시작하는 글자 앞에서 2성으로 바뀌지만 1·2·3성으로 시작하는 글자 앞에서는 4성으로 바뀐다

③ '旅游'에서 '旅'는 입술을 오므린 상태로 [이]와 [위]라고 소리 내고 반3성-2성으로 읽는다

④ '过'가 과거의 경험을 나타내는 동태조사로 쓰일 때는 경성으로 가볍게 읽는다

27. Kǎoshì jiéshù dehuà, nǐ yào zuò shénme?
考试 结束 的话, 你 要 做 什么?
시험이 끝나면 당신을 무엇을 할 것입니까?

내용 구상하기

도입	시험이 끝나고 무엇을 할지 '先A然后B' 구문을 사용하여 설명한다	考试结束的话，我要先和朋友们一起去吃好吃的东西。然后再一起去KTV唱歌，缓解考试的压力。和朋友玩儿完了以后，我打算回家休息。在家里一边玩儿手机，一边看我喜欢的电视剧。
전개&마무리	'希望'을 써서 희망하는 바를 이야기하며 마무리한다	真希望这个学期的考试能快点结束。

모범 답안 ● track **T-327**

考试① / 结束① 的话，我 要 先㉠ / 和 朋友们 /
Kǎoshì jiéshù dehuà, wǒ yào xiān hé péngyoumen

一起 去 / 吃① 好吃 的 / 东西②。然后㉠① 再 一起 去 KTV
yìqǐ qù chī hǎochī de dōngxi. Ránhòu zài yìqǐ qù KTV

唱歌①，缓解 / 考试 的 压力。和 朋友 / 玩儿完了③
chànggē, huǎnjiě kǎoshì de yālì. Hé péngyou wánrwánle

以后，我 打算④ / 回家 休息。在 家里 / 一边㉡ 玩儿
yǐhòu, wǒ dǎsuàn huíjiā xiūxi. Zài jiāli yìbiān wánr

手机①，一边㉡ 看 / 我 喜欢④ 的 / 电视剧①。真① 希望㉢ /
shǒujī, yìbiān kàn wǒ xǐhuan de diànshìjù. Zhēn xīwàng

这个① 学期 的 考试 / 能 快点 结束。
zhège xuéqī de kǎoshì néng kuàidiǎn jiéshù.

해석 시험이 끝나면 저는 먼저 친구들과 함께 맛있는 음식을 먹으러 갈 것입니다. 그리고 나서 함께 노래방에 가서 노래를 부르고 시험 스트레스를 풀 것입니다. 친구들과 다 놀고 난 후 저는 집에 돌아가서 쉬려고 합니다. 집에서 휴대폰을 하면서 제가 좋아하는 드라마를 볼 것입니다. 이번 학기 시험이 빨리 끝나길 바랍니다.

어휘 ★**考试** kǎoshì 명 시험 | ★**结束** jiéshù 동 끝나다 | **的话** dehuà 조 ~하다면 | ★**要** yào 조동 ~할 것이다 | **做** zuò 동 하다 | **什么** shénme 대 무엇 | ★**先** xiān 부 먼저 [*先A然后B: 먼저 A하고 나중에 B하다] | **和** hé 개 ~와/과 | **朋友** péngyou 명 친구 | ★**一起** yìqǐ 부 함께 | **去** qù 동 가다 | **吃** chī 동 먹다 | ★**好吃** hǎochī 형 맛있다 | **东西** dōngxi 명 음식 | ★**然后** ránhòu 접 그런 후에 | **再** zài 부 ~하고 나서 [동작이 장차 다른 동작이 끝난 후에 나타남을 가리킴] | ★**唱歌** chànggē 동 노래 부르다 | **缓解** huǎnjiě 동 완화시키다 [*缓解压力: 스트레스를 풀다] | **压力** yālì 명 스트레스 | ★**玩(儿)** wán(r) 동 놀다 [*玩儿手机: 휴대폰을 하다] | ★**完** wán 동 (동사 뒤에 결과보어로 쓰여) 다하다 | **以后** yǐhòu 명 이후 | ★**打算** dǎsuàn 동 ~하려고 하다 | **回家** huíjiā 동 집으로 돌아가다 | ★**休息** xiūxi 동 쉬다 | **在** zài 개 ~에서 | **家里** jiāli 명 집 | ★**一边** yìbiān 접 한편으로 ~하면서 [*一边A一边B: A하면서 B하다] | ★**手机** shǒujī 명 휴대폰 | **看** kàn 동 보다 | **喜欢** xǐhuan 동 좋아하다 | **电视剧** diànshìjù 명 텔레비전 드라마 | ★**真** zhēn 부 정말 | ★**希望** xīwàng 동 (생각하는 것이 실현되기를) 바라다 | **学期** xuéqī 명 학기 | **能** néng 조동 ~할 수 있다 | ★**快** kuài 부 빨리 | **点** diǎn 양 조금

표현 tip

㉠ 先A然后B 먼저 A하고 나서 B하다
시간의 순서를 나타내며, A라는 동작을 한 뒤 B라는 동작을 함을 표현할 때 쓴다

㉡ 一边A, 一边B A하면서 B하다
A와 B에는 주로 구체적인 동작 동사가 들어가 두 동작이 동시에 진행됨을 나타낸다

㉢ 希望 ~하기를 바라다
'希望'은 문장을 목적어로 가질 수 있는 동사로, 뒤에 바라는 내용이 나온다

발음 tip

① 권설음[zh·ch·sh·r]은 혀를 만 상태로 혀끝을 윗잇몸 뒤쪽에 대고 소리를 낸다

② '东西'가 '동서' 방향을 의미할 때는 [dōngxī]라고 읽지만 '음식, 물건'의 뜻으로 쓰일 때는 [dōngxi]라고 '西'를 경성으로 읽어야 한다

③ '玩儿'은 중국인들이 '儿'을 습관적으로 붙여 쓰는 말로, 권설음처럼 발음하며 '玩儿完了'을 읽기 힘들다면 '玩完了'로 읽어도 똑같은 말이다

④ 3성-3성-1·2·4·경성으로 이어진 부분은 2성-반3성-1·2·4·경성으로 읽어주면 듣기에도 유창하고 발음하기에도 한결 편하다

모의고사 (4회)

제1부분

1. 小狗在椅子下面。
2. 他准备洗衣服。
3. 上海昨天没下雨。
4. 这个手机有点儿贵。
5. 现在都十二点四十了。
6. 你们想看中国电影吗?
7. 姐姐买了一个电脑。
8. 在这里不可以说话。
9. 不好意思，我来晚了。
10. 这是我新买的手机。
11. 一年有三百六十五天。
12. 同学们在教室里听课。
13. 我家就在旁边，很近。
14. 妈妈让我买牛奶回来。
15. 你今天买的东西真不少。

해석&풀이

1. A在B: A는 B에 있다 (A: 사물, 사람·B: 장소) ⊙ track **T-401**

小狗 / 在椅子下面。
주어 술어+목적어
강아지는 의자 아래에 있다.

주어 '小狗'는 3성이 두 개로 이어진 단어로 2성-3성으로 발음한다. 또한 강아지가 있는 장소가 중요하기 때문에 목적어인 '椅子下面'을 강조하여 말한다. 이때 '子[zi]'는 설치음으로 혀끝을 윗니 뒷부분에 마찰시켜 소리를 낸다.

어휘 小狗 xiǎogǒu 명 강아지 | 在 zài 동 ~에 있다 | 椅子 yǐzi 명 의자 | 下面 xiàmiàn 명 아래

2. 准备+준비(계획)한 내용: ~을 할 계획이다 · 洗衣服: 옷을 빨다 ⊙ track **T-402**

他准备 / 洗衣服。
주어+술어 목적어
그는 옷을 빨 계획이다.

술어와 목적어는 일반적으로 붙여 읽지만, '准备'는 동사구를 목적어로 가질 수 있는 동사술어로 술어 뒤에서 끊어 읽는다. '准'과 '洗'와 같이 3성인 글자 뒤에 3성 외의 다른 성조의 글자가 있을 때는 반3성으로 읽는다.

어휘 他 tā 대 그 | ★准备 zhǔnbèi 동 ~하려고 하다 | ★洗 xǐ 동 빨다 | 衣服 yīfu 명 옷

3. 昨天의 위치 주의

track **T-403**

上海 / 昨天 / 没下雨。
주어 부사어 술어
상하이는 어제 비가 내리지 않았다.

문장성분마다 끊어 읽는데 부정부사 '没'는 술어를 수식하므로 술어와 함께 읽어 준다. '雨'를 발음할 때는 입술을 동그랗게 오므린 상태에서 [이]와 [위] 중간 소리를 낸다. 참고로 시간을 나타내는 부사어는 그 시간을 강조할 때는 문장 맨 앞에 쓰는 것도 가능하며, '昨天上海没下雨。'라고 해도 옳은 문장이다.

어휘 **上海** Shànghǎi 고유 상하이 | **昨天** zuótiān 명 어제 | **没** méi 부 ~않다 | **下雨** xiàyǔ 동 비가 내리다

4. 有点儿+부정적 뉘앙스의 형용사: 좀 ~하다

track **T-404**

这个手机 / 有点儿贵。
관형어+주어 부사어+술어
이 휴대폰은 좀 비싸다.

형용사술어문은 크게 주어부와 술어부로 나누어 읽는다. '有点儿'은 3성 2개가 이어져 있기 때문에 '有'를 2성으로 소리 내야 한다.

어휘 **这个** zhège 대 이 | ★ **手机** shǒujī 명 휴대폰 | **有点儿** yǒudiǎnr 부 조금 | ★ **贵** guì 형 비싸다

5. 都A了: 벌써 A이다 · ○点○: ○시 ○분

track **T-405**

现在都 / 十二点 / 四十了。
주어 +부사어 술어 了
지금 벌써 12시 40분이 되었다.

시간을 나타내는 명사술어문으로, 시간을 강조하여 읽는다. 시간을 한꺼번에 읽어도 좋지만 너무 어렵다면 '点' 뒤에서 끊어 시와 분을 나누어 말해도 괜찮다. 또한 '四十'를 읽을 때 설치음(혀끝을 윗니 뒷부분에 마찰시켜 내는 소리)과 권설음(혀를 말아 올린 상태에서 혀끝을 윗잇몸 뒷부분에 대고 내는 소리)이 이어지기 때문에 두 발음을 잘 구분해야 한다.

어휘 **现在** xiànzài 명 지금 | **都** dōu 부 벌써 [문장 끝에 흔히 '了'를 사용함] | **十二** shí'èr 수 12, 열둘 | **点** diǎn 양 시 [시간을 세는 단위] | **四十** sìshí 수 40, 사십

6. 想A: A하고 싶다

track **T-406**

你们 / 想看 / 中国电影吗?
주어 부사어+술어 관형어+목적어+吗
너희들은 중국 영화를 보고 싶니?

'想看'과 같이 3성 뒤에 3성 이외의 다른 성조의 글자가 올 때, 3성 글자를 반3성으로 발음하면 훨씬 매끄럽게 말할 수 있고 유창하게 들린다. 또한 문장 맨 뒤의 어기조사 '吗'를 잊지 않고 꼭 말하도록 하자.

어휘 **你** nǐ 대 너 [*你们: 너희들] | **想** xiǎng 조동 ~하고 싶다 | **看** kàn 동 보다 | **中国** Zhōngguó 고유 중국 | **电影** diànyǐng 명 영화 | **吗** ma 조 (문장 끝에 쓰여) 의문의 어기를 나타냄

7. 买电脑: 컴퓨터를 사다

◎ track T-407

姐姐 / 买了 / 一个电脑。
주어 술어+了 관형어+목적어
누나는 컴퓨터를 하나 샀다.

주어 뒤에서 한 번 끊어 읽은 후 목적어를 수식하는 관형어 앞에서 한 번 더 끊어 읽는다. '姐姐'와 '买了'는 반3성-경성으로 발음해야 한다. 양사 '个'는 경성이지만, 원래 성조(4성)의 영향으로 앞에 있는 '一'가 2성으로 바뀌는 것에 주의해야 한다.

어휘 ★姐姐 jiějie 명 언니, 누나 | 买 mǎi 동 사다 | 了 le 조 ~했다 [동작의 완료를 나타냄] | 一 yī 수 1, 하나 [성조 변화 주의] | 个 ge 양 개 [물건·사람을 세는 단위] | 电脑 diànnǎo 명 컴퓨터

8. 不可以A: A하면 안 된다

◎ track T-408

在这里 / 不可以说话。
주어 부사어+술어
여기에서는 말을 하면 안 된다.

허가를 나타내는 조동사 '可以'가 사용된 문장으로, 하면 안 되는 내용인 '不可以说话'를 강조하여 읽는다. '可以'는 3성 두 개가 이어진 어휘인데, 뒤에 나오는 '说话'까지 한꺼번에 이어서 말해야 하기 때문에 2성-반3성으로 발음한다.

어휘 在 zài 개 ~에서 | 这里 zhèli 대 여기 | 不 bù 부 아니다 | ★可以 kěyǐ 조동 ~해도 된다 | ★说话 shuōhuà 동 말을 하다

9. 来晚: 늦게 오다

◎ track T-409

不好意思， 我来晚了。
不好意思 주어+술어+보어+了
미안해, 내가 늦게 왔어.

사과의 표현 '不好意思' 뒤에서 한 번 끊어 읽는다. '我来晚了'를 읽을 때는 리듬을 타듯이 반3성-2성-반3성-경성으로 발음한다. 문장 맨 뒤의 '了'까지 잊지 말고 따라 읽어야 한다.

어휘 不好意思 bù hǎoyìsi 미안하다 | 我 wǒ 대 나 | 来 lái 동 오다 | 晚 wǎn 형 늦다

10. A是B: A는 B이다 (A: 특정 대상·B: 설명)

◎ track T-410

这是 / 我新买的 / 手机。
주어+술어 관형어+的 목적어
이것은 내가 새로 산 휴대폰이다.

주어와 술어가 비교적 짧기 때문에 함께 읽는다. 관형어와 목적어는 함께 읽어도 되고 '的' 뒤에서 끊어 읽어도 된다. 권설음[zh·sh]은 혀를 말아 올린 상태에서 혀끝을 윗잇몸 뒷부분에 대고 소리를 낸다.

어휘 这 zhè 대 이, 이것 | 是 shì 동 ~이다 [*A是B: A는 B이다] | ★新 xīn 형 새롭다 | 买 mǎi 동 사다 | 的 de 조 ~의 [*관형어+的+(명사/대사)] | ★手机 shǒujī 명 휴대폰

11. A有B: A는 B만큼 되다 (A: 대상·B: 수량사)

track T-411

一年有 / 三百六十五天。
주어+술어 목적어
1년은 365일만큼 된다.

주어와 술어가 비교적 짧기 때문에 함께 읽고, 목적어 앞에서 끊어 읽는다. '三百六十五天'을 한꺼번에 읽기 힘들다면 '三百 / 六十 / 五天'으로 읽을 수도 있다. 또한 '一'는 뒤의 '年'이 2성이기 때문에 4성으로 변한다. 문제에 숫자가 나오면 반드시 주의해서 들어야 하는데, 주어인 '一年'을 들었다면 숫자를 정확히 듣지 못했더라도 365일이라고 추측할 수 있다.

어휘 一 yī 수 1, 하나 [성조 변화 주의] | 年 nián 명 년 | 有 yǒu 동 있다 | 三百六十五 sānbǎi liùshíwǔ 수 365 , 삼백육십오 | 天 tiān 명 일

12. A在BC: A는 B에서 C하다 (A: 주체자·B: 장소·C: 행동)

track T-412

同学们 / 在教室里 / 听课。
주어 부사어 술어
학생들은 교실에서 수업을 듣고 있다.

고정격식 'A在BC'를 사용한 문장으로 각 문장성분 뒤에서 끊어 읽어준다. 학생들이 있는 '장소'와 하고 있는 '행동'을 강조한다. 방위사 '里'는 경성으로 발음하자.

어휘 同学 tóngxué 명 학우 | 在 zài 개 ~에서 | ★ 教室 jiàoshì 명 교실 | 里 li 명 안 [명사 뒤에 붙어 일정한 공간·시간·범위를 나타냄] | 听课 tīngkè 동 수업을 받다

13. A在B: A는 B에 있다 (A: 사물·B: 장소)

track T-413

我家 / 就在旁边， 很近。
관형어+주어 부사어+술어+목적어 부사어+술어
나의 집은 바로 옆에 있어, 가까워.

주어 뒤에서 한 번 끊어 읽고, 첫 번째 절이 끝난 '旁边' 뒤에서 한 번 더 끊어 읽는다. '我家'와 '很近'을 읽을 때 '我'와 '很'은 3성 대신 반3성으로 발음하면 더욱 좋다. '旁边'의 '边'은 경성이 아닌 1성을 잘 살려 발음해야 한다.

어휘 家 jiā 명 집 | ★ 就 jiù 부 바로 [사실을 강조] | 在 zài 동 ~에 있다 | ★ 旁边 pángbiān 명 옆 | 很 hěn 부 매우 | ★ 近 jìn 형 (거리가) 가깝다

14. 让AB: A가 B하도록 하다 (A: 대상·B: 행동)

track T-414

妈妈让我 / 买牛奶 / 回来。
주어+술어1+목적어1 술어2+목적어2 술어3+보어
(=의미상 주어)
엄마는 내게 우유를 사 오라고 하셨다.

겸어문은 주로 첫 번째 목적어(의미상 주어)와 두 번째 술어 사이에서 끊어 읽기 때문에 '买' 앞에서 한 번 끊어 읽는다. 또한 이 문장은 연동문으로도 분류할 수 있는데 세 번째 술어인 '回' 앞에서도 한 번 더 끊어 읽는다. '让[ràng]'은 혀를 말아 올린 상태에서 영어 알파벳 r처럼 소리 낸다.

어휘 妈妈 māma 명 어머니 | ★ 让 ràng 동 ~하게 하다 [*(주어)+让+대상+술어/내용)] | 买 mǎi 동 사다 | ★ 牛奶 niúnǎi 명 우유 | 回 huí 동 되돌아오다 [*回来: 돌아오다] | 来 lái 동 오다 [동사 뒤에 쓰여서 동작이 말하는 사람이 있는 쪽으로 향함을 나타냄]

15. 다른 부사+부정부사

track T-415

你今天买的 / 东西 / 真不少。

관형어+的 주어 부사어+술어

네가 오늘 산 물건은 정말 적지 않다(많다).

형용사술어문은 일반적으로 주어부와 술어부로 나누어 읽는데, 주어를 수식하는 관형어가 길기 때문에 '的' 뒤에서 한 번 더 끊어 읽는다. 주어 '东西'의 '西'는 경성으로 발음해야 하며, 1성으로 발음하면 '물건'이 아니라 '동서'라는 방향을 나타내는 의미이다. 참고로 부정부사는 일반적으로 다른 부사 뒤에 오기 때문에 '不真少'라고 말하지 않는다.

어휘 今天 jīntiān 명 오늘 | 买 mǎi 동 사다 | 东西 dōngxi 명 (구체적인 혹은 추상적인) 물건 | ★真 zhēn 부 정말 | 少 shǎo 형 적다

제2부분

16. 你吃过日本菜吗?
17. 你妈妈是医生吗?
18. 你今天早上几点起床的?
19. 你喜欢听什么样的音乐?
20. 去商店怎么走?
21. 我想借用你的电脑，行吗?
22. 明天下午你有没有时间?
23. 你是从什么时候开始写汉字的?
24. 我是坐公共汽车来的，你呢?
25. 你觉得这件衣服漂亮吗?

해석 모범 답안

16. Q 你吃过日本菜吗? 당신은 일본 요리를 먹어봤나요?

track T-416

A ❶ **我吃过日本菜。**

저는 일본 요리를 먹어봤어요.

❷ **我吃过，我爱吃日本菜。**

저는 먹어봤어요, 저는 일본 요리를 먹는 것을 좋아해요.

❸ **我还没吃过日本菜。**

저는 아직 일본 요리를 먹어본 적이 없어요.

❶ 가장 기본적인 대답으로, 주어를 '我'로 바꾼 후 질문의 '吃过日本菜'를 그대로 말하면 된다. '吃[chī]'와 '日[rì]'는 권설음으로 혀를 말아 올린 상태에서 혀끝을 윗잇몸 뒷부분에 대고 소리를 낸다.

❷ 먹어봤다는 의미로 목적어를 생략하여 '我吃过'라고 간단히 답한 뒤 일본 요리 먹는 것을 좋아한다고 덧붙일 수 있다. '爱+행동'은 '~하는 것을 좋아하다'라는 의미로 자주 쓰는 표현이다.

❸ 과거의 경험을 부정할 때는 부정부사 '没'를 사용하기 때문에 술어 '吃' 앞에 '没'를 붙인다. 또한 '还'는 '아직'이라는 뜻으로 '还没A(동사)过'는 '아직 A해 본 적이 없다'는 표현으로 알아두자.

어휘 吃 chī 동 먹다 | ★过 guo 조 ~한 적이 있다 [과거의 경험을 나타냄] | 日本 Rìběn 고유 일본 | 菜 cài 명 요리 | 爱 ài 동 ~하는 것을 좋아하다 | ★还 hái 부 아직

17. Q 你妈妈是医生吗? 당신의 어머니는 의사이신가요?

track **T-417**

A ❶ **是，她是医生。**
네, 그녀는 의사입니다.

❷ **我妈妈不是医生。**
저의 어머니는 의사가 아닙니다.

❸ **不是，她是老师。**
아니요, 그녀는 선생님입니다.

❶ 질문의 '你妈妈'를 인칭대사 '她'로 지칭할 수 있다. 긍정의 대답은 질문에서 술어와 목적어를 그대로 가져와서 '她是医生。'이라고 말하면 된다. 성모가 [sh]인 단어는 혀를 말아 올린 상태에서 혀끝을 윗잇몸 뒷부분에 대고 발음한다.

❷ 부정의 대답은 술어 '是' 앞에 부정부사 '不'를 붙여 '我妈妈不是医生。' 또는 '她不是医生。'이라고 답하면 된다. '不是'를 말할 때 '不'가 2성으로 바뀌는 것에 주의하자.

❸ 또 다른 부정의 대답으로는 '不是'라고 간단히 답한 후에 'A是B' 구문을 활용하여 어머니의 직업을 말하는 방법도 있다.

어휘 **医生** yīshēng 명 의사 | **老师** lǎoshī 명 선생님

18. Q 你今天早上几点起床的? 당신은 오늘 아침 몇 시에 일어났나요?

track **T-418**

A **我今天早上七点起床的。**
저는 오늘 아침 7시에 일어났습니다.

'是'를 생략한 '是A的' 강조 구문을 활용한 문제이다. '几点'은 시간을 물어보는 것으로, 질문의 주어를 '我'로 바꾸고 '几'자리에 숫자를 넣어 대답하면 된다. 이때 시간을 나타내는 양사 '点'이 3성이기 때문에, 숫자 '五[wǔ]'나 '九[jiǔ]'를 넣을 경우 2성으로 발음해야 한다. (한어병음 표기 상의 변화는 없음)

어휘 **今天** jīntiān 명 오늘 | ★ **早上** zǎoshang 명 아침 | **几** jǐ 대 몇, 얼마 | **点** diǎn 양 시 [시간을 세는 단위] | ★ **起床** qǐchuáng 동 (잠자리에서) 일어나다 | **七** qī 수 7, 일곱

19. Q 你喜欢听什么样的音乐? 당신은 어떤 음악을 듣는 것을 좋아합니까?

track **T-419**

A **我喜欢听韩国流行音乐。**
저는 K-POP 듣는 것을 좋아합니다.

의문사 '什么样'을 이용한 질문으로 질문의 '什么样的音乐' 대신 '韩国流行音乐(K-POP)'나 '中国音乐(중국 음악)' 등의 음악 장르를 나타내는 어휘를 넣어 대답할 수 있다. 주어는 '我'로 바꿔 말하는 것도 기억하자.

어휘 **喜欢** xǐhuan 동 좋아하다 | **听** tīng 동 듣다 | **什么样** shénmeyàng 대 어떠한 | ★ **音乐** yīnyuè 명 음악 | **韩国** Hánguó 고유 한국 [*韩国流行音乐: K-POP, 한국 대중 음악] | **流行** liúxíng 명 유행

20. Q 去商店怎么走? 상점에 가려면 어떻게 갑니까?

track **T-420**

A ❶ 往前走，就有商店。
앞으로 가면 바로 상점이 있어요.

❷ 往前走100米，然后往左拐。
앞쪽으로 100m 걸은 후 왼쪽으로 꺾으세요.

❶ '商店'이라는 목적지에 어떻게 가야 하는지 '방법'을 묻는 고난도 문제로, '往前走[wǎng qián zǒu](앞으로 가다)'라고 하나의 표현으로 외워 두자.

❷ '往前走'를 응용하여 '100米(100m)'라는 거리만큼 걸으라고 말할 수도 있다. '往左拐[wǎng zuǒ guǎi]'는 왼쪽으로 꺾으란 뜻으로 3성의 단어가 연속되어 2성-2성-3성으로 발음한다. 참고로 반대로 오른쪽으로 꺾으라는 뜻은 '往右拐[wǎng yòu guǎi]'이며, 반3성-4성-3성으로 발음한다.

어휘 **去** qù 동 가다 | **商店** shāngdiàn 명 상점 | **怎么** zěnme 대 어떻게 | ★ **走** zǒu 동 가다 | ★ **往** wǎng 개 ~쪽으로 | **前** qián 명 앞 | ★ **就** jiù 부 바로 [사실을 강조] | ★ **米** mǐ 양 미터(m) | ★ **然后** ránhòu 접 그런 후에 | **左** zuǒ 명 왼쪽 | **拐** guǎi 동 방향을 바꾸다

21. Q 我想借用你的电脑，行吗? 저는 당신의 컴퓨터를 빌려 쓰고 싶습니다, 괜찮나요?

track **T-421**

A ❶ 行，你用吧。
돼요, 당신 쓰세요.

❷ 不行，我现在在用呢。
안 돼요, 저 지금 쓰고 있는 중이에요.

❶ 물음표가 있는 부분인 '行吗?'에 대한 긍정의 대답은 '行'이지만, 이렇게 한 글자로 짧게 대답하면 좋은 점수를 받을 수 없다. 질문 앞 문장에 '컴퓨터를 빌려 쓰고 싶다'는 말이 있으므로, 간단히 '你用吧。'라고 추가로 말할 수 있다. 어기조사 '吧'는 동의 또는 승낙의 어기를 나타내기도 한다.

❷ 부정의 대답은 '行' 앞에 부정부사 '不'를 붙여 말하고, 그 이유까지 덧붙이면 좋다. '在A呢'는 A라는 동작이 진행중임을 나타낼 때 쓰는 표현이다.

어휘 **想** xiǎng 조동 ~하고 싶다 | **借用** jièyòng 동 빌려 쓰다 | **电脑** diànnǎo 명 컴퓨터 | **行** xíng 동 ~해도 좋다 | ★ **用** yòng 동 쓰다, 사용하다 | ★ **吧** ba 조 (문장 맨 끝에 쓰여) 동의 또는 승낙의 어기를 나타냄 | **现在** xiànzài 명 지금 | **在** zài 부 ~하고 있다 [*在A呢: 마침 A하고 있다] | **呢** ne 조 동작의 지속을 나타냄

22. Q 明天下午你有没有时间? 내일 오후에 당신은 시간이 있나요?

track **T-422**

A ❶ 明天下午我有时间。
내일 오후에 저는 시간이 있어요.

❷ 明天下午我没有时间。
내일 오후에 저는 시간이 없어요.

❶ 정반 의문문으로 질문한 문제로 긍정의 대답을 할 때는 부정 형태인 '没有'를 지우면 된다. 주어 '你'는 '我'로 바꿔 말해야 하며, 3성 성조가 연속하는 것에 주의해서 발음하자.

❷ 부정의 대답을 할 때는 위의 답안과는 반대로 긍정 형태인 '有'를 지운다.

어휘 **明天** míngtiān 명 내일 | **下午** xiàwǔ 명 오후 | ★ **时间** shíjiān 명 시간

23. Q 你是从什么时候开始写汉字的? 당신은 언제부터 한자를 쓰기 시작했나요?

track **T-423**

A ❶ 我是从六岁开始写汉字的。

저는 6살 때부터 한자를 쓰기 시작했어요.

❷ 我从上小学前开始写汉字。

저는 초등학교를 입학하기 전부터 한자를 쓰기 시작했어요.

❶ '什么时候'는 '언제'라는 뜻으로, 한자를 언제부터 쓰기 시작했냐는 질문이기 때문에 '什么时候' 자리에 '나이'를 넣어 대답하면 된다. '从A开始'는 'A부터 시작하다'라는 고정격식 표현으로 HSKK 초급 전 영역에서 두루두루 쓰일 수 있는 표현이니 반드시 암기하자.

❷ '什么时候' 자리에 나이뿐만 아니라 'A前(A하기 전)'이나 'A后(A한 후)'와 같은 어떠한 시점을 넣어 답안을 만들어도 된다.

어휘 从 cóng 개 ~(으)로부터 [*从A开始: A부터 시작하다] | 什么时候 shénme shíhou 언제 | ★ 开始 kāishǐ 동 시작하다 | 写 xiě 동 쓰다 | 汉字 Hànzì 고유 한자 | 六 liù 수 6, 여섯 | 岁 suì 양 살 [나이를 세는 단위] | 上 shàng 동 (정한 시간이 되어) 어떤 일을 하다 [*上小学: 초등학교에 입학하다] | 小学 xiǎoxué 명 초등학교 | 前 qián 명 (시간상으로) 전

24. Q 我是坐公共汽车来的，你呢? 저는 버스를 타고 왔어요, 당신은요?

track **T-424**

A ❶ 我也是坐公共汽车来的。

저도 버스를 타고 왔어요.

❷ 我是坐出租车来的。

저는 택시를 타고 왔어요.

❸ 我是走路来的。

저는 걸어서 왔어요.

❶ 평서문으로 자신이 어떻게 왔는지 이야기한 뒤 '你呢?'를 써서 상대방은 어떻게 왔는지 묻고 있다. 질문의 '我是坐公共汽车来的'를 그대로 쓰되, 주어 '我' 뒤에 '也'를 써서 질문한 사람과 마찬가지로 버스를 타고 왔다고 대답할 수 있다.

❷ 또 다른 답안으로 '公共汽车'를 '出租车'와 같은 다른 교통수단으로 바꿔 말할 수도 있다. '出租车'는 권설음과 설치음이 반복된 단어로 주의해서 발음하자.

❸ '坐+교통수단' 외에 '걷다'라는 뜻의 '走路'를 써서 답안을 만들 수도 있다.

어휘 坐 zuò 동 (교통수단을) 타다 | ★ 公共汽车 gōnggòngqìchē 명 버스 | 来 lái 동 오다 | 呢 ne 조 ~는요? | ★ 也 yě 부 ~도 | 出租车 chūzūchē 명 택시 | 走路 zǒulù 동 걷다

25. Q 你觉得这件衣服漂亮吗? 당신은 이 옷이 예쁘다고 생각하나요?

track **T-425**

A ❶ 我觉得这件衣服很漂亮。(你在哪儿买的?)

저는 이 옷이 예쁘다고 생각합니다. (당신은 어디에서 샀나요?)

❷ 我觉得这件衣服不(太)漂亮。

저는 이 옷이 (그다지) 예쁘지 않다고 생각해요.

❶ 긍정적 의미의 대답으로 질문의 주어 '你'를 '我'로 바꾸고 의문을 나타내는 어기조사 '吗'를 빼면 된다. 대답을 하고 나서 여유 시간이 있다면, 옷을 어디서 샀는지 등의 말을 덧붙여도 좋다.

❷ 부정형으로 대답할 때는 술어 '觉得' 앞에 부정부사 '不'를 붙이는 것이 아니라 '옷이 예쁘지 않다'는 뜻으로 '漂亮' 앞에 부정부사 '不'를 붙인다. '不漂亮'은 '不'의 성조 변화가 나타나서 '2성-4성-경성'으로 말해야 한다.

어휘 ★ 觉得 juéde 동 ~라고 생각하다 | ★ 件 jiàn 양 벌 [옷을 세는 단위] | 衣服 yīfu 명 옷 | 漂亮 piàoliang 형 예쁘다 | 在 zài 개 ~에서 | 哪儿 nǎr 대 어디 | 买 mǎi 동 사다 | 不太 bú tài 그다지 ~하지 않다

Qǐng jièshào ràng nǐ bù gāoxìng de yí jiàn shìqing.
26. 请 介绍 让 你 不 高兴 的 一 件 事情。
당신을 불쾌하게(기쁘지 않게) 하는 일을 설명해 주세요.

내용 구상하기

도입	질문에 대해 간략하게 대답한다	最近让我不高兴的事情就是我和妈妈好几天没说话了。
전개	첫 문장에 대해 세세하게 이야기한다	我觉得我妈妈不了解我的心情，她总是有她自己的想法，不听我说的话。而且我妈妈觉得我的想法都是错的。我已经好几天没有和我的妈妈说话了。
마무리	바라는 내용을 말하며 마무리한다	我真希望我妈妈有一天可以了解我的心情。

모범 답안 track T-426

最近 / 让㉠① 我 / 不 高兴 的 事情① / 就是① / 我 和
Zuìjìn ràng wǒ bù gāoxìng de shìqing jiùshì wǒ hé

妈妈 / 好几 天② / 没 说话① 了。我 觉得㉡ / 我 妈妈 /
māma hǎojǐ tiān méi shuōhuà le. Wǒ juéde wǒ māma

不 了解 / 我 的 心情，她 总是 有 / 她 自己 的 /
bù liǎojiě wǒ de xīnqíng, tā zǒngshì yǒu tā zìjǐ de

想法，不 听 / 我 说 的 话。而且 / 我 妈妈 觉得 /
xiǎngfa, bù tīng wǒ shuō de huà. Érqiě wǒ māma juéde

我 的 想法 / 都 是 错 的。我 已经㉢② / 好几 天② /
wǒ de xiǎngfa dōu shì cuò de. Wǒ yǐjīng hǎojǐ tiān

没有 / 和 我 的 妈妈 / 说话 了㉢。我 真① 希望 / 我
méiyǒu hé wǒ de māma shuōhuà le. Wǒ zhēn xīwàng wǒ

妈妈 / 有一天③ 可以 了解④ / 我 的 心情。
māma yǒuyìtiān kěyǐ liǎojiě wǒ de xīnqíng.

해석 요즘 저를 기분 나쁘게 하는 일은 바로 엄마와 며칠째 말하지 않은 것입니다. 저는 엄마가 제 기분을 모르는 것 같다고 생각합니다. 엄마(그녀)는 늘 자신의 생각이 있고 제가 하는 말은 듣지 않으십니다. 게다가 (엄마는) 제 생각은 모두 틀렸다고 생각하십니다. 저는 벌써 며칠째 엄마와 말을 하지 않고 있는데, 저는 엄마께서 언젠가는 제 기분을 알아주길 바랍니다.

어휘 **请** qǐng 동 ~해 주세요 [*请+대상+술어/내용] | ★ **介绍** jièshào 동 소개하다 | ★ **让** ràng 동 ~하게 하다 [*(주어)+让+대상+술어/내용] | **高兴** gāoxìng 형 기쁘다 | **一** yī 수 1, 하나 [성조 변화 주의] | ★ **件** jiàn 양 건 [사건 등을 세는 단위] | ★ **事情** shìqing 명 일 |

표현 tip

㉠ 让AB A로 하여금 B하게 하다
'让'의 목적어 A가 B의 주어를 겸한 문장으로 A에는 대상, B에는 행동(술어)이 들어간다

㉡ 我觉得 나는 ~라고 생각한다
말하는 사람이 생각하는 내용이 뒤에 나오고, 여기서는 이야기 중간에 쓰였지만 첫 문장, 마지막 문장에 많이 쓰인다

㉢ 已经A了 이미 A했다
A라는 행동이나 상황이 벌어졌음을 나타낼 때 쓰는 표현이다

발음 tip

① 권설음[zh·ch·sh·r]은 혀를 만 상태로 혀끝을 윗잇몸 뒤쪽에 대고 소리를 낸다

② 3성이 두 개 연속되면 첫 번째 글자는 2성으로 읽고, 3성 뒤에 3성 외에 다른 글자가 오면 반3성으로 읽기 때문에 3성-3성-1·2·4·경성이 오면 2성-반3성-1·2·4·경성으로 읽는다

★最近 zuìjìn 명 요즘 | ★就 jiù 부 바로 [사실을 강조] | 和 hé 개 ~와/과 | 好几 hǎojǐ 수 몇 [양사·시간 명사 앞에 쓰여 많거나 오래됨을 나타냄] | 天 tiān 명 일 | ★说话 shuōhuà 동 말을 하다 | ★觉得 juéde 동 ~라고 생각하다 | ★了解 liǎojiě 동 알다 | 心情 xīnqíng 명 기분 | ★总是 zǒngshì 부 늘 | ★自己 zìjǐ 대 자신 | 想法 xiǎngfa 명 생각 | 听 tīng 동 듣다 | 说 shuō 동 말하다 | 话 huà 명 말 | ★而且 érqiě 접 게다가 | 都 dōu 부 모두, 다 | ★错 cuò 동 틀리다 | ★已经 yǐjīng 부 벌써 [*已经A了: 벌써 A했다] | ★真 zhēn 부 정말 | ★希望 xīwàng 동 (생각하는 것이 실현되기를) 바라다 | 有一天 yǒuyìtiān 언젠가 | ★可以 kěyǐ 조동 ~할 수 있다

③ '一'는 뒷글자의 성조에 따라 성조가 변하는데, 1성인 '天' 앞에서는 4성으로 바뀐다

④ 3성이 두 개 이상 연속되면 마지막 글자만 3성으로 읽고 나머지 글자는 모두 2성으로 읽기 때문에 '可以了解'는 2성-2성-2성-3성으로 발음한다

27. Nǐ zhǔnbèi kǎoshì shí, yǒu wèntí dehuà, nǐ yào zěnme zuò?
你 准备 考试 时，有 问题 的话，你 要 怎么 做？
당신은 시험을 준비할 때 만약 문제가 생기면 어떻게 할 것입니까?

내용 구상하기

도입	문제에 대한 첫 번째 해결 방법을 말한다	准备考试时，如果有问题的话，我会先想办法自己解决问题。从书中或者我写的笔记中找一找做题的方法。
전개&마무리	또 다른 문제 해결 방법을 이야기한다	如果找不到做题方法的话，我会下课以后问老师。下课以后，我每次问问题时，老师都总是很热情地帮我解决问题。

모범 답안 track T-427

准备 考试 时，如果㉠ / 有 问题 的话㉠，我 会 /
Zhǔnbèi kǎoshì shí, rúguǒ yǒu wèntí dehuà, wǒ huì

先 想 办法① / 自己 解决② 问题。从 书 中 /
xiān xiǎng bànfǎ zìjǐ jiějué wèntí. Cóng shū zhōng

或者㉡ / 我 写 的② 笔记 中 找 一 找③ / 做题 的 方法①。
huòzhě wǒ xiě de bǐjì zhōng zhǎo yi zhǎo zuòtí de fāngfǎ.

如果 / 找不到④ / 做题 方法 的话，我 会 / 下课 以后 /
Rúguǒ zhǎobudào zuòtí fāngfǎ dehuà, wǒ huì xiàkè yǐhòu

问 老师。下课 以后，/ 我 每 次㉢② / 问 问题 时㉢，
wèn lǎoshī. Xiàkè yǐhòu, wǒ měi cì wèn wèntí shí,

老师 都㉢ 总是 / 很 热情 地 / 帮 我 / 解决 问题。
lǎoshī dōu zǒngshì hěn rèqíng de bāng wǒ jiějué wèntí.

표현 tip

㉠ 如果A的话 만약 A라면
A에는 가정하는 내용이 들어가고 그 뒤에 가정에 대한 결과가 나온다

㉡ A或者B A거나 아니면 B
'或者'는 선택을 나타내는 접속사로, A가 구일 때 B도 구가 되고 A가 절일 때 B도 절이 되어야 한다

㉢ 每次A时, 都B A할 때마다 (모두) B하다
A라는 행동이나 동작이 반복될 때마다 B라는 상황이 수반됨을 나타낼 때 사용한다

해석 시험을 준비할 때 만약 문제가 생기면, 저는 먼저 스스로 문제를 해결할 방법을 생각해 볼 것입니다. 책이나 제가 쓴 필기에서 문제를 푸는 요령(방법)을 찾아볼 것입니다. 만약 문제를 푸는 방법을 찾지 못하면 저는 수업이 끝나고 나서 선생님께 여쭤볼 것입니다. 수업이 끝나고 제가 선생님께 여쭤볼 때마다 선생님은 늘 제가 문제를 해결하는 것을 친절하게 도와주십니다.

어휘 ★**准备** zhǔnbèi 동 준비하다 | ★**考试** kǎoshì 명 시험 | **时** shí 명 때 | ★**问题** wèntí 명 문제 | **的话** dehuà 조 ~하다면 | ★**要** yào 조동 ~할 것이다 | **怎么** zěnme 대 어떻게 | **做** zuò 동 하다 | ★**如果** rúguǒ 접 만약 [*如果A的话: 만약 A라면] | **会** huì 조동 ~할 것이다 [미래 추측] | ★**先** xiān 부 먼저 | **想** xiǎng 동 생각하다 | ★**办法** bànfǎ 명 방법 | ★**自己** zìjǐ 대 스스로 | ★**解决** jiějué 동 해결하다 | ★**从** cóng 개 ~에서 | **书** shū 명 책 | **中** zhōng 명 안 | ★**或者** huòzhě 접 ~이던가 아니면 ~이다 [선택 관계를 나타냄] | **写** xiě 동 쓰다 | **笔记** bǐjì 명 필기 | ★**找** zhǎo 동 찾다 [*找一找: 찾아보다] | **一** yī 수 좀 [중첩되는 동사 사이에 쓰여 어떤 동작을 시험 삼아 가볍게 하거나 짧은 동작을 나타내며 경성으로 읽음] | **做题** zuòtí 동 문제를 풀다 | **方法** fāngfǎ 명 방법 | ★**到** dào 동 (동사 뒤에 결과보어로 쓰여) ~했다 [*找不到: 찾지 못하다] | **下课** xiàkè 동 수업이 끝나다 | **以后** yǐhòu 명 이후 | ★**问** wèn 동 묻다 | **老师** lǎoshī 명 선생님 | ★**每** měi 대 ~마다 | ★**次** cì 양 번 [동작의 횟수를 세는 단위] | **都** dōu 부 모두 | ★**总是** zǒngshì 부 늘 | ★**热情** rèqíng 형 친절하다 | ★**地** de 조 ~하게 [*부사어+地+술어] | **帮** bāng 동 돕다

발음 tip

① '办法 [bànfǎ]'는 문제를 해결하는 구체적인 방법을 의미하며 '方法 [fāngfǎ]'는 문제를 해결할 때 사용하는 방법, 즉 '요령'을 의미한다. 한국어 뜻은 같지만 실제 의미와 한어병음이 다르기 때문에 잘 구분하여 써야 한다

② 3성이 두 개 이상 연속되면 마지막 글자만 3성으로 읽고, 3성 뒤에 3성 이외의 다른 성조의 글자가 오면 반3성으로 읽기 때문에, 3성-3성-1·2·3·경성을 읽을 때는 2성-반3성-1·2·3·경성으로 발음한다

③ '一' 뒤에 오는 글자가 1·2·3성일 때는 '一'가 4성으로 바뀌지만, 동사를 중첩하여 'A一A' 형식으로 쓸 때 '一'는 경성으로 읽는다

④ '不'가 가능보어의 부정형으로 쓰일 때 4성이나 2성으로 읽지 않고 경성으로 가볍게 소리 낸다

모의고사 (5회)

제1부분

1. 今天天气很热。	9. 教室里有很多学生。
2. 电脑在桌子上。	10. 他每天早上看报纸。
3. 我家有三口人。	11. 老师给了我很多帮助。
4. 这件衣服很漂亮。	12. 我每天坐公交车下班。
5. 她现在住在北京。	13. 我不知道他公司在哪儿。
6. 西瓜三块五一斤。	14. 谢谢您告诉我这件事。
7. 我给你介绍一下。	15. 这是我妈妈做的中国菜。
8. 电影下午五点开始。	

해석&풀이

1. 天气热: 날씨가 덥다 track **T-501**

今天天气 / 很热。
관형어+주어 부사어+술어
오늘 날씨가 덥다.

형용사술어문은 크게 주어부와 술어부로 나누어 읽기 때문에 주어 '天气' 뒤에서 끊어 읽으며, 주어와 술어를 강조한다. 권설음인 단어 '热'에 유의하여 따라 읽어야 한다.

어휘 **今天** jīntiān 명 오늘 | **天气** tiānqì 명 날씨 | **很** hěn 부 매우 | **热** rè 형 덥다

2. A在B: A는 B에 있다 (A:사물·B: 장소) track **T-502**

电脑 / 在桌子上。
주어 술어+목적어
컴퓨터는 탁자 위에 있다.

주어 '电脑'가 있는 위치 '桌子'를 강조하고, 방위사 '上'은 경성으로 가볍게 발음한다. '桌子'의 '桌[zhuō]'는 권설음으로 혀를 말아 올린 채로 혀의 끝을 윗잇몸 뒷부분에 대고 소리를 내고, '子[zi]'는 설치음으로 혀의 끝을 윗니 뒷부분에 마찰시켜 소리를 낸다. 이 두 소리를 잘 구분하여 발음하자.

어휘 **电脑** diànnǎo 명 컴퓨터 | **在** zài 동 ~에 있다 | **桌子** zhuōzi 명 탁자 | **上** shang 명 위

3. A有B: A는 B가 있다 (A: 사람, 조직·B: 소유하는 대상)

track **T-503**

我 家 有 / 三口人。
관형어+주어+술어 관형어+목적어
우리 가족은 3명이 있다.

주어와 술어가 짧기 때문에 한 번에 읽고, 목적어부 앞에서 끊어 읽는다. 문장이 그다지 길지 않기 때문에 쉬지 않고 한 번에 읽는 것도 괜찮다. 한 번에 읽을 경우, '有'는 반3성으로 발음하면 훨씬 자연스럽다. 가족이 '총 몇 명'인지 말하는 것이므로 '三口人'을 강조해서 발음한다.

어휘 **我** wǒ 대 나 | **家** jiā 명 집 | **有** yǒu 동 있다 | **三** sān 수 3, 셋 | **口** kǒu 양 식구 | **人** rén 명 사람

4. 정도부사+형용사

track **T-504**

这件衣服 / 很漂亮。
관형어+주어 부사어+술어
이 옷은 예쁘다.

주어를 수식하는 관형어는 주어와 함께, 술어를 수식하는 부사어는 술어와 함께 읽는다. '很漂亮'에서 '很'은 반3성으로 발음하면 말하기에도 편하고 더욱 자연스럽게 들린다.

어휘 **这** zhè 대 이 | ★**件** jiàn 양 벌 [옷을 세는 단위] | **衣服** yīfu 명 옷 | **漂亮** piàoliang 형 예쁘다

5. 住在: ~에 살다

track **T-505**

她现在 / 住在北京。
주어+부사어 술어+보어+목적어
그녀는 지금 베이징에 산다.

주어가 한 글자로 짧기 때문에 부사어와 함께 읽은 뒤 잠시 쉬고 나머지를 읽는다. '现在住在'가 모두 4성으로 4번 연속 이어지는데, 1성으로 발음하지 않도록 주의하자.

어휘 **她** tā 대 그녀 | **现在** xiànzài 명 지금 | **住** zhù 동 살다 | **在** zài 개 ~에(서) | **北京** Běijīng 고유 베이징

6. 숫자+一斤: 한 근에 ~이다

track **T-506**

西瓜 / 三块五 / 一斤。
주어 술어
수박은 한 근에 3.5위안이다.

명사술어문은 일반적으로 주어부와 술어부로 나누어 읽는다. 그래서 '西瓜 / 三块五一斤。'라고 읽는 것이 가장 좋지만 술어가 비교적 길기 때문에 '一斤' 앞에서 한 번 쉬어도 괜찮다. 또한 '一'가 1성인 '斤'의 영향을 받아 4성으로 바뀌는 것에도 주의하자.

어휘 ★**西瓜** xīguā 명 수박 | **三** sān 수 3, 삼 | **块** kuài 양 위안 [중국의 화폐단위] | **五** wǔ 수 5, 오 | **一** yī 수 1, 하나 [성조 변화 주의] | **斤** jīn 양 근, 약 500g

7. A给B介绍(C): A가 B에게 (C를) 설명(소개)해 주다 (A: 주체자·B: 대상·C: 내용)

track **T-507**

我给你 / 介绍一下。
주어+부사어 술어+보어
내가 너에게 설명해 줄게.

고정격식 'A给B介绍(C)'를 사용한 문장으로 부사어 개사구 '给你' 뒤에서 끊어 읽는다. '我给你'는 3성-3성-3성으로 이어지기 때문에 2성-2성-3성으로 발음하고, '一下'의 '一'는 2성으로 소리 낸다.

어휘 ★**给** gěi 개 ~에게 | **你** nǐ 대 너, 당신 | ★**介绍** jièshào 동 소개하다 | ★**一下** yíxià 수량 (동사 뒤에 쓰여) 좀 ~하다

8. ○点开始: ○시에 시작하다

● track **T-508**

电影 / 下午五点 / 开始。
주어 부사어 술어
영화는 오후 5시에 시작한다.

각 문장성분 뒤에서 끊어 읽는다. '下午五点'은 4성 다음에 3성이 3개 이어져 있는데, '点' 앞의 두 글자는 2성으로 읽어야 하므로 4성-2성-2성-3성으로 발음한다. 또한 영화가 시작하는 '시간'이 중요하기 때문에 예외적으로 부사어인 '五点'을 강조하여 읽는다.

어휘 **电影** diànyǐng 명 영화 | **下午** xiàwǔ 명 오후 | **五** wǔ 수 5, 다섯 | **点** diǎn 양 시 [시간을 세는 단위] | ★ **开始** kāishǐ 동 시작하다

9. A有B: A는 B이다 (A: 장소·B: 사람)

● track **T-509**

教室里 / 有很多学生。
주어 술어+관형어+목적어
교실에 많은 학생이 있다.

주어 뒤에서 한 번 끊어 읽고 그 뒤는 한 번에 읽는다. 방위사 '里'를 빠뜨리지 말고 꼭 따라 말해야 하며, 술어부터 목적어까지 이어 읽을 때는 '有很多'를 2성-반3성-1성으로 발음해야 한다.

어휘 ★ **教室** jiàoshì 명 교실 | **里** li 명 안 [명사 뒤에 붙어 일정한 공간·시간·범위를 나타냄] | **多** duō 형 많다 | **学生** xuésheng 명 학생

10. 看报纸: 신문을 보다

● track **T-510**

他每天早上 / 看报纸。
주어+부사어 술어+목적어
그는 매일 아침 신문을 본다.

주어가 1음절이므로 부사어와 함께 읽고, 한 번 쉰 후 술어와 목적어를 읽는다. 이때 아침에 하는 행동인 '看报纸'를 강조하여 읽는다. '上[shang]', '纸[zhǐ]'는 권설음으로, 혀를 말아 올린 채로 혀의 끝을 윗잇몸 뒷부분에 대고 소리 낸다.

어휘 **他** tā 대 그 | **每天** měitiān 명 매일 | ★ **早上** zǎoshang 명 아침 | **看** kàn 동 보다 | ★ **报纸** bàozhǐ 명 신문

11. 给AB: A에게 B를 주다 (A: 사람·B: 사물)

● track **T-511**

老师 / 给了我 / 很多帮助。
주어 술어+了+목적어1 관형어+목적어2
선생님은 내게 많은 도움을 주셨다.

'给'가 동사술어로 쓰인 문장으로 간접 목적어, 직접 목적어를 가지는데 간접 목적어인 '我' 뒤에서 끊어 읽는다. 문장 중간에 있는 동태조사 '了'도 잊지 않고 말해야 한다.

어휘 **老师** lǎoshī 명 선생님 | ★ **给** gěi 동 ~에게 ~을 주다 | **了** le 조 ~했다 [동작의 완료를 나타냄] | **多** duō 형 많다 | **帮助** bāngzhù 명 도움

12. 坐+교통수단+행동: ~을 타고 ~하다

● track **T-512**

我每天 / 坐公交车 / 下班。
주어+부사어 술어1+목적어1 술어2
나는 매일 버스를 타고 퇴근한다.

연동문은 일반적으로 목적어 뒤에서 끊어 읽는다. '我每天'은 3성-3성-1성으로, 읽을 때는 2성-반3성-1성으로 소리 낸다.

어휘 **每天** měitiān 명 매일 | **坐** zuò 동 (교통수단을) 타다 | **公交车** gōngjiāochē 명 버스 | **下班** xiàbān 동 퇴근하다

13. 不知道+모르는 일: ~을 모르다

track T-513

我 不 知道 / 他公司 / 在哪儿。
주어+부사어+술어 목적어(관형어+주어+술어+목적어)
나는 그의 회사가 어디에 있는지 모른다.

'知道'는 문장을 목적어로 가질 수 있는 동사술어로, 이때는 주어와 술어를 붙여 읽는다. 또한 목적어 '他公司在哪儿'은 목적어 상의 술어인 '在' 앞에서 끊어 읽는다.

어휘 不 bù 부 아니다 | ★知道 zhīdào 동 알다 | ★公司 gōngsī 명 회사 | 在 zài 동 ~에 있다 | 哪儿 nǎr 대 어디

14. 谢谢(您)+감사하는 내용: (당신이) ~해서 감사합니다

track T-514

谢谢您 / 告诉我 / 这件事。
술어1+목적어1 술어2+목적어2 관형어+목적어3
(=의미상 주어)
이 일을 제게 알려줘서 고맙습니다.

각 목적어 뒤에서 끊어 읽는다. '谢谢'를 읽을 때 두 번째 '谢'는 경성으로 가볍게 소리 내고, '这件事'은 모두 4성으로 성조를 잘 살려서 발음하자.

어휘 谢谢 xièxie 동 고맙습니다 | ★您 nín 대 당신 | ★告诉 gàosu 동 알리다 [*告诉+듣는 대상+말할 내용] | ★件 jiàn 양 건 [일을 세는 단위] | 事 shì 명 일

15. A是B: A는 B이다 (A: 특정 어휘·B: 설명)

track T-515

这是 / 我妈妈做的 / 中国菜。
주어+술어 관형어+的 관형어+목적어
이것은 저의 어머니께서 만드신 중국요리입니다.

주어와 술어가 짧으므로 한 번에 읽는다. 관형어는 길기 때문에 '的' 뒤에서 끊어 읽는다. 권설음[zh·sh]은 혀를 말아 올린 상태에서 혀끝을 윗잇몸 뒷부분에 대고 소리를 낸다.

어휘 是 shì 동 ~이다 [*A是B: A는 B이다] | 妈妈 māma 명 엄마, 어머니 | 做 zuò 동 만들다 [*做菜: 요리를 만들다] | 中国 Zhōngguó 고유 중국 | 菜 cài 명 요리

제2부분

16. 教室里有多少个学生?	21. 你为什么学习汉语?
17. 你要不要去运动?	22. 从你家到公司要几个小时?
18. 考完试你要去哪儿?	23. 我觉得中国菜很好吃，你呢?
19. 你爱做什么运动?	24. 我可以借用一下你的铅笔吗?
20. 你今天早上看报纸了?	25. 你知道昨天买的衣服在哪儿吗?

해석 모범 답안

16. Q 教室里有多少个学生? 교실에는 몇 명의 학생이 있습니까?

track T-516

A 教室里有二十个学生。
교실에 20명의 학생이 있습니다.

'多少'는 수량을 묻는 말로, 이 자리에 숫자를 넣어 대답하면 된다. '室', '十', '生'의 권설음[sh]은 혀를 말아 올린 채로 혀끝을 윗잇몸 뒷부분에 대고 발음한다.

어휘 ★教室 jiàoshì 명 교실 | 里 li 명 안 [명사 뒤에 붙어 일정한 공간·시간·범위를 나타냄] | 多少 duōshao 대 몇 | 个 ge 양 명 [사람을 세는 단위] | 学生 xuésheng 명 학생 | 二十 èrshí 수 20, 스물

17. **Q 你要不要去运动?** 당신은 운동을 하러 갈 것인가요? track **T-517**

A ❶ 我要去运动。(你要一起去吗?)
저는 운동을 하러 갈 거예요. (당신도 함께 갈래요?)

❷ 我不想去运动。
저는 운동을 하러 가고 싶지 않아요.

❸ 我不能去运动。(今天很忙。)
저는 운동을 하러 갈 수 없어요. (오늘 바빠요.)

❶ 정반 의문문의 형태로 질문한 문장으로, 긍정적 의미의 대답을 할 때는 문장에서 부정 형태인 '不要'를 빼고 주어를 '我'로 바꾸면 된다. 대답한 뒤 여유 시간이 있다면 함께 운동할지 되묻는 것도 좋다.

❷ 조동사 '要'가 '~하려고 하다'라는 의미일 경우 부정형은 '不想'이기 때문에, 부정적 의미의 대답을 할 때는 '我不要去运动。'이 아니라 '我不想去运动。'이라고 말해야 한다. '不要'는 '~하지 마라'라는 뜻으로 금지를 나타낼 때 쓰는 표현이다.

❸ 조건이나 상황이 안 되어 갈 수 없다는 표현을 할 때는 조동사 '能'을 활용하여 답안을 만들 수 있다. 다 말한 뒤 시간적 여유가 있다면 갈 수 없는 이유도 함께 설명해 주면 더 좋다.

어휘 ★**要** yào 조동 ~할 것이다 | **去** qù 동 가다 | ★**运动** yùndòng 명 운동 | ★**一起** yìqǐ 부 함께 | **吗** ma 조 (문장 끝에 쓰여) 의문의 어기를 나타냄 | **想** xiǎng 조동 ~하고 싶다 | **能** néng 조동 ~할 수 있다 | **今天** jīntiān 명 오늘 | ★**忙** máng 형 바쁘다

18. **Q 考完试你要去哪儿?** 시험이 끝나면 당신은 어디에 갈 것인가요? track **T-518**

A ❶ 考完试我要去咖啡厅。
시험이 끝나면 저는 카페에 갈 거예요.

❷ 考完试我要回家休息。
시험이 끝나면 저는 집에 돌아가서 쉴 거예요.

❶ 의문사 '哪儿'을 사용하여 장소를 묻고 있다. '哪儿' 자리에 '咖啡厅(카페)', '电影院(영화관)' 등의 장소 명사를 넣어 대답하면 된다. 이때 '考试完'이 아니라 '考完试'라고 대답해야 하는 것에 반드시 주의하자.

❷ 조동사 '要' 뒤에 '回家休息(집에 돌아가서 쉬다)'라는 표현을 써서 대답한 장소에서 무엇을 할지까지 말할 수 있다.

어휘 ★**考试** kǎoshì 동 시험을 치다 | ★**完** wán 동 (동사 뒤에 쓰여) 끝나다 | ★**要** yào 조동 ~할 것이다 | **去** qù 동 가다 | **哪儿** nǎr 대 어디 | **咖啡厅** kāfēitīng 명 카페 | **回家** huíjiā 동 집으로 돌아가다 | ★**休息** xiūxi 동 쉬다

19. **Q 你爱做什么运动?** 당신은 어떤 운동을 하기를 좋아하나요? track **T-519**

A 我爱踢足球。
저는 축구를 하는 것을 좋아합니다.

'爱'의 목적어 자리에 '做什么运动'을 써서 어떤 운동을 하는 것을 좋아하는지 묻는 질문이다. 주어를 '我'로 바꾸고 목적어 자리에 '足球(축구)', '篮球(농구)' 등의 운동 이름을 넣어서 대답하면 된다. 이때 '做足球', '做篮球'가 아니라 '踢足球[tī zúqiú]', '打篮球[dǎ lánqiú]'와 같이 말해야 하는 것에 주의하자.

어휘 **爱** ài 동 ~하는 것을 좋아하다 | **做** zuò 동 하다 | **什么** shénme 대 어떤 | ★**运动** yùndòng 명 운동 | ★**踢足球** tī zúqiú 축구를 하다

20. Q 你今天早上看报纸了? 당신은 오늘 아침 신문을 봤나요?

track T-520

A ❶ 对，我今天早上看报纸了。
네, 저는 오늘 아침 신문을 봤어요.

❷ 没有，我今天早上没看报纸。
아니요, 저는 오늘 아침 신문을 보지 않았어요.

❶ 평서문의 말끝을 살짝 올려 질문하는 문장으로, 긍정적 의미의 대답은 '对'라고 간단히 말한 뒤 질문의 주어인 '你'만 '我'로 바꾸면 된다. '报纸'의 '纸[zhǐ]'는 권설음으로 주의하여 발음하자.

❷ 부정적 의미의 대답은 '没有'라고 말한 뒤, 술어 '看' 앞에 부정부사 '没'를 붙인다. 이때 어기조사 '了'는 절대 쓰면 안 된다.

어휘 今天 jīntiān 명 오늘 | ★早上 zǎoshang 명 아침 | 看 kàn 동 보다 | ★报纸 bàozhǐ 명 신문 | ★对 duì 형 맞다 | 没(有) méi(yǒu) 부 ~않다

21. Q 你为什么学习汉语? 당신은 왜 중국어를 공부합니까?

track T-521

A ❶ 因为我要去中国旅游。
왜냐하면 저는 중국으로 여행을 갈 것이기 때문입니다.

❷ 因为我想和中国朋友一起玩儿。
왜냐하면 저는 중국 친구와 함께 놀고 싶기 때문입니다.

❶ '为什么'는 이유를 묻는 질문이므로 문장 맨 앞에 '因为'를 써서 대답하면 된다. '旅游'의 '旅[lǚ]'를 발음할 때는 입술을 동그랗게 만 채로 [이]와 [위] 중간 소리를 낸다. 중국어를 공부하는 이유를 묻는 문제는 제2부분뿐만 아니라 제3부분에서도 나올 수 있기 때문에 답안을 준비해 두는 것이 좋다.

❷ '和A一起B(A와 함께 B하다)'라는 고정격식을 사용하여 답안을 만들 수도 있다. 이때 '我想'은 3성이 2번 반복되기 때문에 '我'는 2성으로 발음해야 한다.

어휘 ★为什么 wèishénme 왜 | 学习 xuéxí 동 공부하다 | 汉语 Hànyǔ 고유 중국어 | ★因为 yīnwèi 접 왜냐하면 | ★要 yào 조동 ~할 것이다 | 去 qù 동 가다 | 中国 Zhōngguó 고유 중국 | ★旅游 lǚyóu 동 여행하다 | 想 xiǎng 조동 ~하고 싶다 | 和 hé 개 ~와/과 | 朋友 péngyou 명 친구 | ★一起 yìqǐ 부 함께 | ★玩(儿) wán(r) 동 놀다

22. Q 从你家到公司要几个小时? 당신의 집에서 회사까지 몇 시간이 걸리나요?

track T-522

A 从我家到公司要一个小时。
저의 집에서 회사까지 한 시간이 걸려요.

'要'는 조동사 외에도 '(시간이) 걸리다'라는 뜻의 동사로도 쓰인다. '要几个小时?'는 몇 시간이 걸리는 지 묻는 것으로 대답할 때는 '几'를 숫자로 바꾸면 된다. 이때 질문의 '你家'를 '我家'로 바꾸는 것도 잊지 말자. 또한 양사 '个'는 경성으로 읽지만, 본래 성조가 4성이므로 '一个'는 성조가 변화하여 2성-경성으로 발음해야 하는 것에 주의하자.

어휘 ★从 cóng 개 ~에서 [*从A到B: A부터 B까지] | 家 jiā 명 집 | ★到 dào 개 ~까지 | ★公司 gōngsī 명 회사 | ★要 yào 동 (시간이) 걸리다 [*要+시간: ~가 걸리다] | 几 jǐ 대 몇, 얼마 | 个 ge 양 개 [물건을 세는 단위] | ★小时 xiǎoshí 명 시간 | 一 yī 수 1, 하나 [성조 변화 주의]

23. Q 我觉得中国菜很好吃，你呢？ 저는 중국요리가 맛있다고 생각해요, 당신은요?

track **T-523**

A ❶ 我也觉得中国菜很好吃。
저도 중국요리가 맛있다고 생각해요.

❷ 我不太喜欢中国菜。
저는 중국요리를 그다지 좋아하지 않아요.

❸ 我没吃过中国菜。
저는 중국요리를 먹어본 적이 없어요.

❶ 질문하는 사람이 먼저 자신의 생각을 말한 뒤 '你呢?'를 사용하여 상대방의 의견을 묻는 질문에 대답하는 문제이다. 주어와 술어 사이에 '也'를 넣어 '我也觉得中国菜很好吃。'라고 질문한 사람의 의견에 동의하는 대답을 할 수 있다.

❷ 반대 의미로 간단히 '중국요리를 좋아하지 않는다'고 대답할 수도 있다. '不太'의 '不'는 2성으로 소리 내는 것을 잊지 말자.

❸ '没A(동사)过'라는 과거의 경험을 부정하는 표현을 사용하여 중국요리를 먹어본 적이 없다고 답하는 방법도 있다.

어휘 ★**觉得** juéde 동 ~라고 생각하다 | **中国** Zhōngguó 고유 중국 | **菜** cài 명 요리 | ★**好吃** hǎochī 형 맛있다 | **呢** ne 조 ~는요? | ★**也** yě 부 ~도 | **不太** bú tài 그다지 ~하지 않다 | **喜欢** xǐhuan 동 좋아하다 | **吃** chī 동 먹다 | ★**过** guo 조 ~한 적이 있다 [과거의 경험을 나타냄]

24. Q 我可以借用一下你的铅笔吗？ 제가 당신의 연필을 좀 빌려 써도 될까요?

track **T-524**

A ❶ 当然，你可以用。
당연하죠, (당신이) 쓰셔도 돼요.

❷ 可以，你用吧！
돼요, (당신이) 쓰세요!

❸ 对不起，(你不可以用我的。)我在用呢。
죄송합니다. (당신은 제 것을 쓰면 안 돼요.) 제가 마침 쓰고 있어요.

❶ '当然'은 '당연하다'라는 의미로 한국어와 소리가 비슷하다. 질문의 목적어를 생략하여 '你可以用。'이라고 간단히 대답해도 괜찮다.

❷ 질문에서 '可以(~해도 된다)'를 사용하여 질문하였으므로, '可以'라고 간단히 답할 수 있다. 그러나 단답보다는 문장으로 대답하면 훨씬 높은 점수를 받을 수 있기 때문에 동의 또는 승낙의 어기를 나타내는 어기조사 '吧'를 사용하여 '你用吧！' 라고 간단히 덧붙이면 더 좋다.

❸ '对不起'라는 말에서 거절의 대답임을 알 수 있지만, 진행을 나타내는 '在A呢' 용법을 사용하여 이유까지 말해 주는 것이 좋다.

어휘 ★**可以** kěyǐ 조동 ~해도 된다 | **借用** jièyòng 동 빌려 쓰다 | ★**一下** yíxià 수량 (동사 뒤에 쓰여) 좀 ~하다 | ★**铅笔** qiānbǐ 명 연필 | ★**当然** dāngrán 형 당연하다 | ★**用** yòng 동 쓰다 | ★**吧** ba 조 (문장 맨 끝에 쓰여) 동의 또는 승낙의 어기를 나타냄 | **对不起** duìbuqǐ 동 죄송합니다 | **在** zài 부 ~하고 있다 [*在A呢: 마침 A하고 있다] | **呢** ne 조 동작의 지속을 나타냄

25. Q 你知道昨天买的衣服在哪儿吗? 당신은 어제 산 옷이 어디에 있는지 알고 있나요? track T-525

A ❶ 我知道昨天买的衣服在哪儿。
저는 어제 산 옷이 어디에 있는지 알고 있어요.

❷ 我不知道昨天买的衣服在哪儿。
저는 어제 산 옷이 어디에 있는지 몰라요.

❸ 知道，昨天买的衣服在我房间里。
알아요. 어제 산 옷은 제 방에 있어요.

❶ 긍정의 의미의 대답은 질문의 주어를 '你'에서 '我'로 바꾸고 의문을 나타내는 어기조사 '吗'를 빼면 된다. '昨天'을 [zuòtiān]으로 발음하지 않도록 주의하자. '昨'는 4성이 아니라 2성이다.

❷ 부정적 의미의 대답은 술어 '知道' 앞에 부정부사 '不'를 붙이면 된다.

❸ 사실 이 질문의 핵심은 옷이 어디 있는지 '알고 있는가'를 묻는 것이 아니라, 옷이 '어디에 있는지'를 묻는 문제이다. 따라서 '知道'라고 간단히 답한 후 'A在B(A는 B에 있다)'라는 표현을 사용하여 어제 산 옷이 어디에 있는지 답하는 것이 가장 좋다.

어휘 ★知道 zhīdào 동 알다 | 昨天 zuótiān 명 어제 | 买 mǎi 동 사다 | 衣服 yīfu 명 옷 | 在 zài 동 ~에 있다 | 哪 nǎr 대 어디 | ★房间 fángjiān 명 방 | 里 li 명 안 [명사 뒤에 붙어 일정한 공간·시간·범위를 나타냄]

제3부분

Nǐ shuìjiào qián yìbān huì zuò shénme?
26. 你 睡觉 前 一般 会 做 什么?
당신은 보통 자기 전에 무엇을 합니까?

내용 구상하기

도입	질문에 그날 배운 내용을 복습한다고 간략히 대답한다	睡觉前我一般会复习当天学过的内容。
전개	자신의 입장에서 밤에 공부하는 효과에 대해 이야기한다	我有当天学习的内容当天复习的好习惯。对于我来说，晚上睡觉前学习的效果最好，而且学习后，能睡得很好。还有每天复习的话，到了考试前，需要复习的内容也不会变得很多。
마무리	자기 전 복습할 것을 권유하면서 마무리한다	如果你也想成绩变好的话，那就开始睡前复习吧。

모범 답안 track T-526

睡觉① 前 / 我 一般 会 / 复习② / 当天 学过 的
Shuìjiào qián wǒ yìbān huì fùxí dàngtiān xuéguo de

内容①。我 有③ / 当天 / 学习 的 内容 / 当天 / 复习 的
nèiróng. Wǒ yǒu dàngtiān xuéxí de nèiróng dàngtiān fùxí de

好 习惯。对于㉠ 我 来说㉠①，晚上① 睡觉 前 /
hǎo xíguàn. Duìyú wǒ láishuō, wǎnshang shuìjiào qián

표현 tip

㉠ 对于A来说 A에게 있어서
A라는 대상의 입장에서 이야기를 이어 나갈 때 쓰며 '对A来说'라고 해도 같은 표현이다

㉡ 如果A的话，那就B 만약 A하다면 B하다
가정을 나타내는 접속사 구문

学习的 效果 / 最 好，而且 / 学习 后，能 睡 得
xuéxí de xiàoguǒ zuì hǎo, érqiě xuéxí hòu, néng shuì de

很 好③。还有 / 每天 复习 的话，到了 / 考试① 前 /
hěn hǎo. Háiyǒu měitiān fùxí dehuà, dàole kǎoshì qián

需要 复习 的 内容 / 也 不 会④ / 变 得 很 多。
xūyào fùxí de nèiróng yě bú huì biàn de hěn duō.

如果Ⓒ① / 你 也 想③ / 成绩① / 变 好 的话Ⓒ，那 就Ⓒ
Rúguǒ nǐ yě xiǎng chéngjì biànhǎo dehuà, nà jiù

开始① 睡 前 / 复习 吧Ⓒ。
kāishǐ shuì qián fùxí ba.

해석 자기 전에 저는 보통 그날 배운 내용을 복습합니다. 저는 그날 공부한 내용을 그날 복습하는 좋은 습관이 있습니다. 저에게 있어서 밤에 자기 전 공부 효과가 가장 좋습니다. 게다가 공부를 하고 난 후에는 잠을 푹 잘 수 있습니다. 그리고 매일 복습을 한다면 시험 전 복습할 것이 많지 않게 됩니다. 만약 당신도 성적이 좋아지고 싶다면, 자기 전에 복습을 시작해 보세요.

어휘 **睡觉** shuìjiào 동 (잠을) 자다 | **前** qián 명 (시간상으로) 전 | ★ **一般** yìbān 형 일반적이다 | **会** huì 조동 ~할 것이다 [여기에서는 습관적으로 쓰여 해석하지 않음] | **做** zuò 동 하다 | **什么** shénme 대 무엇 | **复习** fùxí 동 복습하다 | **当天** dāngtiān 명 당일 | **学** xué 동 배우다 | ★ **过** guo 조 동사 뒤에 쓰여 동작의 완료를 나타냄 | **内容** nèiróng 명 내용 | **学习** xuéxí 동 공부하다 | ★ **习惯** xíguàn 명 습관 | **对于** duìyú 개 ~에 대해서 | **来说** láishuō ~으로 말하자면 [*对于A来说: A에게 있어서] | ★ **晚上** wǎnshang 명 밤 | **效果** xiàoguǒ 명 효과 | **最好** zuìhǎo 형 가장 좋다 | ★ **而且** érqiě 접 뿐만 아니라 | **后** hòu 명 (시간상으로) 이후 | **能** néng 조동 ~할 수 있다 | **睡** shuì 동 (잠을) 자다 | ★ **得** de 조 ~하는 정도가 ~하다 [*술어+得+정도보어] | **还有** háiyǒu 접 그리고 | **每天** měitiān 명 매일 | **的话** dehuà 조 ~하다면 | ★ **到** dào 동 이르다 | ★ **考试** kǎoshì 명 시험 | ★ **需要** xūyào 동 반드시 ~해야 한다 [동사구 목적어를 취할 수 있는 동사] | ★ **也** yě 부 ~도 | **变** biàn 동 변화하다 | **多** duō 형 많다 | ★ **如果** rúguǒ 접 만약 [*如果A的话，那就B: 만약 A라면 그렇다면 B하다] | **想** xiǎng 조동 ~하고 싶다 | ★ **成绩** chéngjì 명 성적 | ★ **开始** kāishǐ 동 시작하다 | ★ **吧** ba 조 (문장 맨 끝에 쓰여) 제의·청유·기대·명령 등의 어기를 나타냄

으로 A에는 가정하는 내용이 들어가고, 가정한 내용에 대한 결과가 B에 들어간다

Ⓒ A吧 A하자
'吧'는 권유나 청유를 나타내는 어기조사로 문장 맨 뒤에 쓴다

발음 tip

① 권설음[zh·ch·sh·r]은 혀를 만 상태로 혀끝을 윗잇몸 뒤쪽에 대고 소리를 낸다

② '复习'에서 '复'의 [f]는 한국어에 없는 소리로, 영어 알파벳 f와 비슷하게 발음한다

③ 3성이 두 개 이상 연속된 부분은 마지막 글자만 3성으로 읽고 그 앞은 2성으로 읽는다

④ '不'는 뒤의 글자 '会'의 성조가 4성이기 때문에 2성으로 바뀐다

Nǐ juéde shǒujī huòzhě diànnǎo duì xuéxí Hànyǔ yǒu bāngzhù ma? Wèishénme?
27. 你 觉得 手机 或者 电脑 对 学习 汉语 有 帮助 吗？ 为什么？
당신은 휴대폰이나 컴퓨터가 중국어 공부에 도움이 된다고 생각합니까? 이유는 무엇입니까?

내용 구상하기

도입	질문을 토대로 첫 문장을 만든다	我觉得手机或者电脑对学习汉语有帮助。
전개	도움이 된다고 생각하는 이유를 설명한다	以前我们学习汉语的时候，一定要查词典才能知道单词的意思。现在有手机，就可以马上知道单词的意思。而且现在可以用电脑在网上上汉语课，不一定要去补习班才能上课。

마무리	결과를 나타내는 접속사 '所以'와 '我觉得'를 사용하여 다시 한 번 첫 문장을 강조한다	所以我觉得手机或者电脑对学习汉语有很大的帮助。

모범 답안 track T-527

我 觉得㉠ / 手机① 或者㉡① 电脑 / 对㉢ 学习 汉语 /
Wǒ juéde shǒujī huòzhě diànnǎo duì xuéxí Hànyǔ

有 帮助㉢①。以前 / 我们 / 学习 汉语 的 时候①，
yǒu bāngzhù. Yǐqián wǒmen xuéxí Hànyǔ de shíhou,

一定② 要 / 查① 词典③ / 才③ 能 / 知道① / 单词③ 的 意思③。
yídìng yào chá cídiǎn cái néng zhīdào dāncí de yìsi.

现在③ / 有 手机④，就 / 可以 马上④ 知道 / 单词 的
Xiànzài yǒu shǒujī, jiù kěyǐ mǎshàng zhīdào dāncí de

意思。而且 / 现在 / 可以 用④ 电脑 / 在 网上 /
yìsi. Érqiě xiànzài kěyǐ yòng diànnǎo zài wǎngshàng

上 汉语课，不 一定㉣ 要 / 去 补习班 / 才 能
shàng Hànyǔkè, bù yídìng yào qù bǔxíbān cái néng

上课。所以 我 觉得④ / 手机 或者 电脑 / 对 学习
shàngkè. Suǒyǐ wǒ juéde shǒujī huòzhě diànnǎo duì xuéxí

汉语 / 有 很 大④ 的 帮助。
Hànyǔ yǒu hěn dà de bāngzhù.

해석 저는 휴대폰이나 컴퓨터가 중국어를 공부하는 데 도움이 된다고 생각합니다. 예전에 우리는 중국어를 공부할 때 반드시 사전을 찾아봐야만 단어의 뜻을 알 수 있었습니다. 지금은 휴대폰만 있으면 바로 단어의 뜻을 알 수 있습니다. 게다가 지금은 컴퓨터를 사용하여 인터넷에서 중국어 수업을 들을 수 있어서, 꼭 학원에 가야만 중국어 수업을 들을 수 있는 것은 아닙니다. 그래서 저는 휴대폰이나 컴퓨터가 중국어를 공부하는 데 큰 도움이 된다고 생각합니다.

어휘 ★觉得 juéde 동 ~라고 생각하다 | ★手机 shǒujī 명 휴대폰 | ★或者 huòzhě 접 ~이던가 아니면 ~이다 [선택 관계를 나타냄] | 电脑 diànnǎo 명 컴퓨터 | ★对 duì 개 ~에게 [*对A有帮助: A에 도움이 되다] | 学习 xuéxí 동 공부하다 | 汉语 Hànyǔ 고유 중국어 | ★帮助 bāngzhù 명 도움 | ★为什么 wèishénme 왜 | ★以前 yǐqián 명 예전 | 时候 shíhou 명 때 [*的时候: ~할 때] | ★一定 yídìng 부 반드시 [*不一定: (반드시) ~한 것은 아니다] | ★要 yào 조동 ~해야 한다 | 查 chá 동 찾아보다 | ★词典 cídiǎn 명 사전 | ★才 cái 부 ~해야만 비로소 | 能 néng 조동 ~할 수 있다 | ★知道 zhīdào 동 알다 | 单词 dāncí 명 단어 | ★意思 yìsi 명 뜻 | 现在 xiànzài 명 지금 | ★就 jiù 부 바로 [사실을 강조] | ★可以 kěyǐ 조동 ~할 수 있다 | ★马上 mǎshàng 부 바로 | ★而且 érqiě 접 게다가 | ★用 yòng 동 사용하다 | 在 zài 개 ~에서 | 网上 wǎngshàng 명 인터넷 | 上 shàng 동 (정한 시간이 되어) 어떤 일을 하다 | 课 kè 명 수업 | 去 qù 동 가다 | 补习班 bǔxíbān 명 학원 | 上课 shàngkè 동 수업을 듣다 | ★所以 suǒyǐ 접 그래서

표현 tip

㉠ 我觉得 나는 ~라고 생각한다
이야기의 처음과 마무리에 자주 쓰이고 특히 질문에서 '你觉得……?'라고 물으면 '我觉得……。'라고 바로 답할 수 있다

㉡ A或者B A거나 아니면 B
'A 혹은 B'라는 뜻으로, A와 B는 같은 형태(예를 들면 A가 명사면 B도 명사)로 써야 한다

㉢ A对B有帮助 A는 B에 도움이 되다
여러 방면에 다양하게 쓸 수 있는 고정격식 표현으로 기억해두자

㉣ 不一定 반드시 ~한 것은 아니다
'不一定'은 '꼭 ~한 것은 아니다'라는 의미이나, '一定不'는 '반드시 ~하지 않다'라는 뜻이므로, 부정부사 '不'의 위치에 유의하여 써야 한다

발음 tip

① 권설음[zh·ch·sh·r]은 혀를 말아 올린 상태에서 혀끝을 윗잇몸 뒷부분에 대고 소리를 낸다

② '一' 뒤에 오는 글자가 4성일 때는 '一'가 2성으로 바뀌어 '一定'은 [yídìng]으로 읽는다

③ 설치음[z·c·s]은 혀끝을 윗니 뒷부분에 마찰시켜 소리를 낸다

④ 3성이 2개 이상 연속된 부분은 3성의 성조 변화로 마지막 글자만 (반)3성으로 읽고, 그 앞은 2성으로 발음한다

중 국 어 말 하 기 시 험

口语

HSKK 초급 한권으로 끝내기

남미숙 저

핵심요약집 | 필수단어장

다락원

중 국 어 말 하 기 시 험

口语

HSKK 초급
한권으로 끝내기

남미숙 저

핵심요약집 | 필수단어장

다락원

차례

핵심요약집

필수단어장

제1부분 | 듣고 따라 말하기

01 술어문 ◉ track F-101

1 동사술어문: 동사가 술어로 쓰인 문장으로, 주로 뒤에 목적어를 가진다.

(1) **외우면 문장이 바로 기억나는 '술어+목적어' 짝꿍 어휘**

吃苹果 chī píngguǒ 사과를 먹다	吃牛肉 chī niúròu 소고기를 먹다	喝水 hē shuǐ 물을 마시다	喝茶 hē chá 차를 마시다	喝咖啡 hē kāfēi 커피를 마시다
做菜 zuò cài 요리를 하다	看电视 kàn diànshì TV를 보다	看电影 kàn diànyǐng 영화를 보다	看报纸 kàn bàozhǐ 신문을 보다	听音乐 tīng yīnyuè 음악을 듣다
去医院 qù yīyuàn 병원에 가다	去机场 qù jīchǎng 공항에 가다	去书店 qù shūdiàn 서점에 가다	坐飞机 zuò fēijī 비행기를 타다	打电话 dǎ diànhuà 전화를 걸다
买东西 mǎi dōngxi 물건을 사다	买电脑 mǎi diànnǎo 컴퓨터를 사다	洗衣服 xǐ yīfu 옷을 빨다	打篮球 dǎ lánqiú 농구를 하다	踢足球 tī zúqiú 축구를 하다

(2) **이합동사:** 단어 자체가 '1음절 동사+목적어' 형태로 구성되어 뒤에 따로 목적어를 가지지 않는 동사를 '이합동사'라고 한다. 이합동사는 동사와 목적어 부분이 분리되어 그 사이에 다른 문장 성분이 들어갈 수 있다.

吃饭 chīfàn 밥을 먹다	唱歌 chànggē 노래를 부르다	读书 dúshū 책을 읽다	看病 kànbìng 진찰받다	开车 kāichē 운전하다	考试 kǎoshì 시험보다
上班 shàngbān 출근하다	上课 shàngkè 수업을 듣다	生病 shēngbìng 병이 나다	睡觉 shuìjiào (잠을) 자다	跳舞 tiàowǔ 춤추다	游泳 yóuyǒng 수영하다

(3) **문장을 목적어로 가지는 동사:** 동사는 일반적으로 명사나 대사를 목적어로 가지지만, 일부 동사는 구절이나 문장을 목적어로 가지기도 한다.

觉得 + 생각하는 내용 juéde	~라고 생각하다	我觉得这本书很有意思。 나는 이 책이 재미있다고 생각한다.
认识 + 알고 있는 것 rènshi	~을 알다	我认识你很高兴。 저는 당신을 알게 되어 기쁩니다.
知道 + 알고 있는 내용 zhīdào	~을 알고 있다	妈妈知道大力汉语说得很好。 엄마는 따리가 중국어를 잘 말한다는 것을 알고 계신다.

希望 + 바라는 내용 xīwàng	~하기를 바라다	我希望男朋友给我买生日礼物。 나는 남자 친구가 나에게 생일 선물을 사 주기를 희망한다.
喜欢·爱 + 좋아하는 것 xǐhuan ài	~하는 것을 좋아하다	我喜欢睡觉前看手机。 나는 자기 전에 휴대폰을 보는 것을 좋아한다.

2 형용사술어문: 형용사가 술어 역할을 하는 문장으로 목적어를 가지지 않으며, 정도 부사의 수식을 받기도 한다.

大 dà	小 xiǎo	多 duō	少 shǎo	高兴 gāoxìng
크다, 많다	작다, 어리다	많다	적다	기쁘다, 즐겁다
冷 lěng	热 rè	好 hǎo	好吃 hǎochī	好喝 hǎohē
춥다	덥다, 뜨겁다	좋다, 좋아지다	맛있다	(음료가) 맛있다
不错 búcuò	对 duì	长 cháng	漂亮 piàoliang	好听 hǎotīng
괜찮다, 좋다	맞다, 옳다	길다	예쁘다	듣기 좋다
高 gāo	贵 guì	便宜 piányi	近 jìn	远 yuǎn
(키가) 크다, 높다	비싸다	싸다, 저렴하다	가깝다	멀다
快 kuài	慢 màn	累 lèi	忙 máng	聪明 cōngming
빠르다	느리다	지치다, 피곤하다	바쁘다	총명하다, 똑똑하다
早 zǎo	晚 wǎn	新 xīn	快乐 kuàilè	重要 zhòngyào
이르다	늦다	새롭다	즐겁다	중요하다

*'有意思'는 '재미있다'라는 뜻으로 형용사는 아니지만 문장에서 형용사처럼 많이 쓰인다.

3 명사술어문: 명사가 술어 역할을 하는 문장으로, 시간, 나이, 금액, 날짜, 키를 나타내는 명사 어휘가 술어로 많이 쓰인다

시간	现在十二点。 지금은 12시이다.
나이	我今年二十三岁了。 나는 올해 23살이 되었다.
금액	这个桌子一百块钱。 이 탁자는 100위안이다.
날짜	今天十月八号。 오늘은 10월 8일이다.
키	她一米六零。 그녀(의 키)는 1m 60(cm)이다.

02 조동사·부사 track F-102

1 조동사: 동사 앞에서 동사를 도와주는 역할을 하여 능원동사라고도 하며, 능력, 바람, 당위, 허가 등의 의미를 나타낸다. 부정 표현은 일반적으로 부정부사 '不'를 사용한다.

● HSKK 초급 필수 조동사

想 xiǎng	~하고 싶다 (약한 의지)	我想买手表。 나는 손목시계를 사고 싶다.
要 yào	~하려 하다 (강한 의지)	从今天起，我要做运动。 오늘부터 나는 운동을 할 것이다.
	~해야 한다	回家的时候你要洗手。 집에 돌아오면 너는 손을 씻어야 한다.
会 huì	(배워서) ~할 줄 알다	他不是中国人，但是他会说汉语。 그는 중국인은 아니지만, 중국어를 할 줄 안다.
	~할 것이다 (会A的) (미래 추측)	我知道你有多么努力学习，你一定会考上的。 나는 네가 얼마나 열심히 공부했는지 알아, 넌 반드시 합격할 거야.
能 néng	~할 수 있다 (능력)	我能做完今天的工作。 나는 오늘 업무를 다 할 수 있다.
	~할 수 있다 (허가)	你能帮我准备晚饭吗? 너 나를 도와 저녁 식사를 준비해 줄 수 있니?
可以 kěyǐ	~해도 된다 (허가)	你写完作业的话，可以出去玩儿。 너는 숙제를 다 하면 나가서 놀아도 좋아.
	~할 수 있다 (가능)	她好多了，今天可以出院。 그녀는 많이 나아서 오늘 퇴원할 수 있다.
	~할 만하다	这部电影很有意思，可以看一看。 이 영화는 재미있어서 볼 만해.

2 부사: 문장에서 주로 부사어 역할을 하며 주어 뒤, 동사/형용사 술어 앞에서 정도, 시간, 부정 등을 나타낸다. 보통 명사나 수량사를 수식할 수 없지만, 일부 부사는 명사나 수량사가 술어로 쓰였을 때 명사, 수량사를 수식할 수 있다.

● HSKK 초급 필수 부사

① 정도부사

很 매우 hěn	很A了 (X) 비교적 객관적인 정도	我最近工作很忙。 나는 요즘 일이 바쁘다.
非常 매우 fēicháng	非常A了 (X) '很'보다 강한 의미	她写汉字写得非常好。 그녀는 한자를 매우 잘 썼다.
太 너무 tài	太A了 주관적인 정도	太好了！ 너무 좋다!
真 정말, 진짜 zhēn	정도가 비교적 강함	你女儿真漂亮！ 네 딸 정말 예쁘다!

最 가장, 제일 zuì	최상급 표현	苹果是我最喜欢的水果。 사과는 내가 가장 좋아하는 과일이다.
有点儿 좀, 약간 yǒudiǎnr	부정적 뉘앙스 표현	他新买的手机有点儿贵。 그가 새로 산 휴대폰은 좀 비싸다.

② 시간부사

已经 이미, 벌써 yǐjīng	已经A了	电影已经开始了。 영화가 이미 시작됐다.
快(要) 곧 ~하다 kuài(yào)	快(要)A了 임박한 미래	考试快要开始了。 시험이 곧 시작될 것이다.
(正)在 ~하는 중이다 (zhèng)zài	(正)在A呢 동작의 지속·진행	小王正在听音乐呢。 샤오왕은 음악을 듣고 있는 중이다.

③ 부정부사

不 ~가 아니다 bù *성조 변화 주의	현재, 미래 부정 주관적 의지 부정	我明天不去学校。 나는 내일 학교에 가지 않을 것이다.
没(有) 없다, ~하지 않았다 méi(yǒu)	과거 시제 부정 객관적 사실 부정 상태의 변화 부정	我昨天没(有)上班。 나는 어제 출근하지 않았다.
别 ~하지 마라 bié	别A了 금지를 나타냄	别起晚了。 늦게 일어나지 마라.
不要 ~하지 마라 búyào	금지를 나타냄	不要生气。 화내지 마.

④ 빈도부사

还 아직도, 여전히, 또 hái	상황이나 행동이 변함없이 지속됨	她还在睡觉呢。 그녀는 아직도 자고 있는 중이다.
再 또, 다시 zài	아직 발생하지 않은 동작의 반복	你下次再来我家玩儿。 너 다음에 또 우리 집에 놀러 와.

⑤ 범위부사

都 모두, 다 dōu	복수 어휘+都	他们都喜欢打篮球。 그들은 모두 농구 하는 것을 좋아한다.
一共 전부, 모두 yígòng	一共+(동사)+수량사	一共八十块钱。 전부 80위안입니다.
一起 함께 yìqǐ	부정부사+一起	他为什么不一起吃饭? 그는 왜 함께 밥을 먹지 않아?

⑥ 어기부사

可能 아마도, 어쩌면 kěnéng	추측이나 짐작한 내용 으로, 단정할 수 없음	今天晚上可能有雨。 오늘 저녁에 아마도 비가 올 것 같아.

3 부사어의 어순: 조동사와 부사는 문장에서 주로 부사어로 쓰이며, 여러 개의 부사어가 함께 쓰였을 경우, 순서는 아래와 같다.

주어 + **부사 + 조동사 + 개사구** + 술어
부사어

我很想和朋友出去玩儿。
부사+조동사+개사구
나는 친구와 놀러 나가고 싶다.

03 보어 track F-103

1 정도보어: 술어가 도달한 정도나 상태를 나타낸다.

술어 + 得 + 정도보어 | 我唱得很好。 나는 노래를 잘 부른다.

(동사 술어) + 목적어 + 동사 술어 + 得 + 정도보어 | 她(说)汉语说得很好。 그녀는 중국어를 잘한다.

2 결과보어: 술어의 동작이나 상태의 결과를 표현하며, 동사, 형용사, 개사(구)가 결과보어로 쓰인다.

결과보어	의미	예시
完 wán	다 ~하다	**吃完** chīwán 다 먹다
懂 dǒng	이해하다, 알다	**听懂** tīngdǒng 듣고 이해하다
见 jiàn	보다, 듣다	**看见** kànjiàn 보다 *시각·청각 등의 감각 동사와 많이 쓰임
到 dào	~내다, ~했다	**找到** zhǎodào 찾아내다
	~까지, ~로	**玩儿到晚上** wánrdào wǎnshang 저녁까지 놀다
好 hǎo	잘하다	**做好** zuòhǎo 잘 하다
错 cuò	틀리다	**打错** dǎcuò (전화를) 잘못 걸다
在 zài	~에(서)	**住在** zhùzài ~에 살다
给 gěi	~에게	**写给** xiěgěi ~에게 써주다

3 방향보어: 술어의 동작 방향을 나타내는 보어로, '단순방향보어'와 '복합방향보어' 두 가지가 있다.

(1) **단순방향보어**

방향보어	의미	예시
来 lái	오다	**回来** huílái 돌아오다
去 qù	가다	**回去** huíqù 돌아가다
上 shàng	오르다	**爬上** páshàng 기어 오르다
下 xià	내리다	**坐下** zuòxià 앉다
进 jìn	~에 들어가다	**走进** zǒujìn 걸어 들어가다

出 chū	나가다	**走出** zǒuchū 걸어 나가다
回 huí	돌아오다	**跑回** pǎohuí 뛰어 돌아오다
过 guò	지나다	**跑过** pǎoguò 뛰어 지나가다
起 qǐ	일어나다	**站起** zhànqǐ 일어서다

(2) **복합방향보어**

	上 shàng	下 xià	进 jìn	出 chū	过 guò	回 huí	起 qǐ
来 lai	**上来** 올라오다	**下来** 내려오다	**进来** 들어오다	**出来** 나오다	**过来** 다가오다	**回来** 돌아오다	**起来** 일어나다
去 qu	**上去** 올라가다	**下去** 내려가다	**进去** 들어가다	**出去** 나가다	**过去** 지나가다	**回去** 돌아가다	X

* 복합방향보어에서 来·去는 가볍게 경성으로 발음한다.

4 수량보어: 동작의 횟수를 나타내는 수량보어는 '동량보어', 동작이 진행된 시간을 나타내는 수량 보어는 '시량보어'라고 한다.

(1) **동량보어**

술어 + **동량보어(수사+동량사)**	你休息一下再学习。 너 좀 쉬었다가 다시 공부해라.

(2) **시량보어**

술어 + **시량보어(수사+시량사)**	我学游泳学了一年了。 나는 수영을 배운 지 1년이 되었다.

5 가능보어: 동작의 실현 가능을 표현하는 보어로, 긍정형은 '得', 부정형은 '不'를 사용한다.

(1) **가능보어의 긍정형**

술어 + 得 + 결과보어·방향보어	这个问题只有她答得出来。 이 질문은 오직 그녀만 대답할 수 있다.

(2) **가능보어의 부정형**

술어 + 不 + 결과보어·방향보어	他买不到回家的火车票。 그는 집에 돌아가는 기차 표를 사지 못했다.

* 여기서 '不'는 가볍게 경성으로 발음한다.

04 '是'자문·'有'자문·'在'자문 track F-104

1 '是'자문: 동격, 소속, 판단, 관계, 존재 등을 나타낸다. '是'자문의 부정형은 '不'를 사용한다. 해석은 'A는 B이다/아니다'로 한다.

(1) **기본형**

A(특정 어휘) + (不)是 + B(주어에 대한 설명)	我是音乐老师。 나는 음악 선생님이다. [소속] 这不是我朋友送我的。 이것은 내 친구가 나에게 (선물해) 준 것이 아니다. [판단]

(2) **'是A的' 강조 구문**: '是A的' 구문에서 '是'는 술어가 아니라 '的'와 함께 이미 발생한 과거의 행위나 시간, 장소, 방식, 대상 등을 강조하기 위해 쓰인 것으로, 이때 '是'는 생략할 수 있지만 '的'는 생략할 수 없다.

(是) + A(강조하는 내용) + 的	我们(是)在飞机上认识的。 우리는 비행기에서 알게 되었다. [장소 강조]

2 '有'자문: '有'가 술어로 쓰인 문장으로 소유, 존재 등을 나타낸다. 부정을 표현할 때는 '没'를 사용한다.

(1) **소유**: A에 사람이나 사물이 들어가 소유를 나타내며, 'A는 B를 (가지고) 있다/없다'라고 해석한다.

A(사람·사물) + (没)有 + B(소유 대상)	我没有时间看电视。 나는 TV를 볼 시간이 없다.

(2) **존재**: A에 장소나 시간, B에 사람이나 사물이 들어가 존재를 나타내는 존현문으로, 'A에 B가 있다/없다'라고 해석한다.

A(장소·시간) + (没)有 + B(사람·사물)	机场旁边有宾馆。 공항 옆에는 호텔이 있다.

(3) **정도나 수량**: A에는 대상, B에는 수량사가 들어가, 'A는 B만큼 되다'라고 해석한다.

A(대상) + (没)有 + B(수량사)	一天有二十四个小时。 하루는 24시간만큼 된다.

3 '在'자문

(1) **동사 '在'**: 'A在B'의 형식으로 쓰여 'A는 B에 있다'라고 해석한다. 존재를 나타내지만 이 문형은 존현문은 아님을 기억하자.

A (사람·사물) + 在 + B (장소)	我的手表在桌子上。 나의 손목시계는 탁자 위에 있다.

(2) **개사 '在'**: '在' 뒤에 장소나 시간을 나타내는 명사구가 들어가 '~에(서)'라고 해석하며, 개사구 고정격식 표현으로 쓰인다.

在 + A(장소·시간) + B(행동)	我姐姐在机场工作。 나의 누나는 공항에서 일한다.

(3) **부사 '在'**: '在' 뒤에 동사가 들어가 그 동작을 진행하고 있음을 표현하며, 지속을 나타내는 어기조사 '呢'와 함께 '在A呢'라고도 많이 쓴다.

在 + A(동사) + (呢)	我们在看电影(呢)。 우리는 영화를 보고 있는 중이다.

05 연동문·겸어문·비교문 ◉ track F-105

1 연동문: 주어 하나에 두 개 이상의 동사를 술어로 가지는 문장을 말한다.

(1) 기본형

주어 + 술어1 + (목적어1) + 술어2 + (목적어2)	我去商店买牛奶。 나는 우유를 사러 상점에 간다.

(2) 연동문 특징

① 부사, 조동사는 일반적으로 첫 번째 동사 앞에 쓴다.

- 我们一起去吃羊肉吧。 우리 함께 양고기 먹으러 가자.

② 동태조사 '着'는 첫 번째 술어 뒤, '了'와 '过'는 두 번째 술어 뒤에 쓴다.

- 我一般听着音乐学习。 나는 보통 음악을 들으면서 공부한다.
- 我的男朋友送我去了机场。 나의 남자 친구는 나를 공항까지 바래다주었다.

(3) HSKK 초급 필수 연동문 문형

去·来 + A + B qù lái	A에 가서·와서 B하다 B하러 A에 가다·오다 (A: 장소·B: 행동)	我明天要和朋友去电影院看电影。 나는 내일 친구와 영화를 보러 영화관에 갈 것이다.
坐 + A + B zuò	A를 타고 B하다 (A: 교통수단·B: 행동)	他昨天起晚了，所以坐出租车上班。 그는 어제 늦게 일어나서 택시를 타고 출근했다.
带 + A + B dài	A를 데리고 B하다 (A: 사람, 사물·B: 행동)	因为今天是儿子的生日，所以我带他去动物园。 오늘은 아들의 생일이라서 나는 그를 데리고 동물원에 갔다.

2 겸어문: 한 문장에 두 개 이상의 동사가 있으면서, '첫 번째 동사의 목적어'가 '두 번째 동사의 의미상의 주어'를 겸하는 문장을 말한다.

(1) 기본형

주어 + 술어1 + 목적어1 + 술어2 + (목적어2) (=술어2의 의미상 주어)	我让女儿看书。 나는 딸에게 책을 보게 한다.

(2) 겸어문 특징

① 부사와 조동사는 일반적으로 첫 번째 동사 앞에 쓴다.

- 医生不让我喝酒。 의사는 나에게 술을 마시지 말라고 했다.

② 동태조사 '了'나 '过'는 보통 두 번째 술어 뒤에 쓰며, 일반적으로 동태조사 '着'는 쓰지 않는다.

- 我朋友请我吃了饭。 나의 친구는 나에게 밥을 사줬다.

(3) HSKK 초급 필수 겸어문 문형

让 + A + B ràng	A가 B하도록 하다 (A: 대상·B: 행동)	让我看一看。 내가 좀 보게 해줘.
请 + A + B qǐng	A가 B하도록 청하다 (A: 대상·B: 행동)	谢谢你，我想请你喝咖啡。 고마워, 나 너에게 커피 사주고 싶어.
叫 + A + B jiào	A가 B하도록 시키다 (A: 대상·B: 행동)	老师叫同学们做题。 선생님은 학생들에게 문제를 풀도록 시켰다.

3 '比'자 비교문: 'A比B'의 형태로 쓰여, 두 대상을 비교하여 그 특징이나 정도의 차이를 나타내는 문장을 가리킨다. 비교대상A는 구체적으로 쓰고 비교대상B는 중복되는 표현일 경우 생략하여 쓴다.

⑴ **기본형:** 'A는 B보다 (더) ~하다'라고 해석하며, 정도부사 '很'이나 '非常'은 쓰지 않고 대신 '还'나 '更'을 쓴다.

비교대상A + 比 + 비교대상B + 还 · 更 + 술어	妈妈做的菜比我做的(菜)还好吃。 어머니께서 하신 요리는 내가 한 것보다 더 맛있다.

⑵ **확장형:** 'A는 B보다 (구체적인 차이)만큼/좀 ~하다'라고 해석한다.

비교대상A + 比 + 비교대상B + 술어 + 구체적인 차이 · 一点儿 · 一些	我男朋友比我大一岁。 나의 남자 친구는 나보다 1살 많다.

⑶ **부정형:** 'A는 B만큼 (이렇게·그렇게) ~하지 않다'라고 해석한다.

비교대상A + 没有 + 비교대상B + (这么 · 那么) + 술어	我没有我哥哥那么高。 나는 형만큼 그렇게 크지 않다.

06 기타 track F-106

1 HSKK 초급 필수 고정격식

从A到B cóng dào	A부터 B까지 (A: 출발점·B: 도착점)	她从早上到晚上都在准备考试。 그녀는 아침부터 저녁까지 시험 준비를 하고 있다.
A从B开始C cóng kāishǐ	A는 B부터 C를 (시작)하다 (A: 주체자·B: 출발점·C: 행동)	我要从明天开始运动。 나는 내일부터 운동을 할 거야.
A对B(不)好 duì (bù) hǎo	A는 B에(게) 좋(지 않)다 (A: 내용·B: 대상)	长时间看手机对眼睛不好。 장시간 휴대폰을 보는 것은 눈에 좋지 않다.
A给B打电话 gěi dǎ diànhuà	A가 B에(게) 전화를 걸다 (A: 주체자·B: 대상)	儿子给女朋友打电话。 아들은 여자 친구에게 전화를 건다.
(A)给B介绍(C) gěi jièshào	(A는) B에게 (C를) 소개하다 (A: 주체자·B: 대상·C: 대상)	我给大家介绍一下，这是小李。 제가 여러분께 소개해 드릴게요. 이쪽은 샤오리에요.
A给B买C gěi mǎi	A는 B에(게) C를 사주다 (A: 주체자·B: 대상·C: 물건)	我给妹妹买了一双运动鞋。 나는 여동생에게 운동화 한 켤레를 사줬다.
A和B一起C hé yìqǐ	A는 B와 함께 C하다 (A: 주체자·B: 대상·C: 행동)	我想和你一起跳舞。 나는 너와 함께 춤을 추고 싶다.
A离B近 · 远 lí jìn yuǎn	A는 B에서 가깝다·멀다 (A: 장소·B: 기준점)	公共汽车站离我家很近。 버스 정류장은 우리 집에서 가깝다.
A在BC zài	A는 B에서 C하다 (A: 주체자·B: 장소·C: 행동)	我现在在房间里听音乐呢。 나는 지금 방에서 음악을 듣고 있어.

2 도치: 문장의 기본 어순 '주어+술어+목적어'에서 목적어를 주어 앞으로 옮겨 '목적어+주어+술어' 순서로 쓰는 문형을 의미한다.

- 你的名字我写得对吧? 네 이름을 내가 맞게 썼지?

3 기타 상용 표현

认识你A rènshi nǐ	당신을 알게 되어 A합니다	认识你很高兴。 당신을 알게 되어 기뻐요.
谢谢你A xièxie nǐ	A해서 고맙습니다	谢谢你来这儿看我。 나를 보러 여기에 와줘서 고마워.
请(A)B qǐng	(A는) B해 주세요	请(你)给我一杯茶。 (당신은) 저에게 차 한 잔 주세요.
欢迎A huānyíng	A하는 것을 환영합니다	欢迎你们来中国旅游。 너희들 중국에 여행 온 것을 환영해.
服务员，我要A Fúwùyuán,wǒ yào	종업원, 저는 A를 원합니다 (여기요, A주세요)	服务员，我要一杯水和一杯咖啡。 여기요, 물 한 잔과 커피 한 잔 주세요.
A快乐 kuàilè	A하는 것을 축하해	生日快乐! 생일 축하해!
再见 zàijiàn	안녕, 또 봐	再见，你们下次再来。 안녕, 너희 다음에 또 와.

01 일반 의문문 ● track F-201

1 질문 문장을 활용하여 대답하기

(1) **술어가 '是'인 질문:** 是'에 대한 부정은 '没'가 아닌 '不'를 사용해야 한다.

Q 你是美国人吗? 당신은 미국인입니까?

A ❶ 是，我是美国人。 네, 저는 미국인이에요.

❷ 我不是美国人。 저는 미국인이 아닙니다.

(2) **술어가 '有'인 질문:** '有'에 대한 부정은 '不'가 아닌 '没'를 사용해야 한다.

Q 你家里有鸡蛋吗? 당신 집에는 계란이 있습니까?

A ❶ 有，我家里有鸡蛋。 있습니다, 우리 집에는 계란이 있어요.

❷ 我家里没有鸡蛋。 우리 집에는 계란이 없습니다.

(3) **조동사가 쓰인 질문:** 조동사에 대한 부정은 일반적으로 '不'를 사용한다.

Q 你能送爸爸去机场吗? 당신은 아버지를 공항에 바래다드릴 수 있습니까?

A ❶ 当然，我能送他去机场。 당연하죠, 저는 아버지(그)를 공항에 바래다드릴 수 있습니다.

❷ 对不起，我不能送他去机场。 죄송합니다, 저는 아버지(그)를 공항에 바래다드릴 수 없습니다.

*'能'은 '没'로도 부정을 할 수 있는데 이 때는 '과거에 할 수 없었음'을 나타낸다.

(4) **조사 '了'가 쓰인 질문:** 부정을 할 때는 일반적으로 '没'를 사용하며, '了'를 쓰지 않는다.

*예외: 好久没见了。 오랜만이야.

Q 你听懂了吗? 당신은 알아들었습니까?

A ❶ 我听懂了。 저는 알아들었습니다.

❷ 我没听懂。 저는 알아듣지 못했습니다.

(5) **조사 '过'가 쓰인 질문:** 부정을 할 때는 일반적으로 '没'를 사용한다.

Q 你看过这部电影吗? 당신은 이 영화를 본 적 있습니까?

A ❶ 我看过这部电影。 저는 이 영화를 본 적 있습니다.

❷ 我没看过这部电影。 저는 이 영화를 본 적이 없습니다.

(6) **보어가 쓰인 질문**

Q 你最近过得好吗? 당신은 요즘 잘 지냈습니까?

A ❶ 我最近过得还好。 저는 요즘 꽤 잘 지냈습니다.

❷ 我最近过得不太好。 저는 요즘 그다지 잘 지내지 못했습니다.

2 부연 설명 추가하기

(1) **부연 설명이 가능한 질문**

Q 你游泳游得好吗? 당신은 수영을 잘 합니까?

A ❶ 我(游泳)游得很好，学游泳学了五年。 저는 수영을 잘 합니다. 수영을 5년간 배웠어요.

❷ 我(游泳)游得不好，但想学游泳。 저는 수영을 잘 못하지만, (수영을) 배우고 싶습니다.

(2) **술어가 '知道'인 질문**

Q 你知道小王什么时候出去吗? 당신은 샤오왕이 언제 나갔는지 알고 있나요?

A ❶ 我知道小王什么时候出去。 저는 샤오왕이 언제 나갔는지 알고 있습니다.

❷ 小王今天四点出去。 샤오왕은 오늘 4시에 나갔어요.

❸ 我不知道小王什么时候出去。 저는 샤오왕이 언제 나갔는지 모릅니다.

02 정반 의문문 ● track F-202

1 정반 의문문: 술어의 '긍정+부정' 형식으로 이루어진 정반 의문문은 병렬된 긍정형과 부정형 중 하나를 선택하고 질문의 '你'를 '我'로 바꾸는 등 질문 문장의 표현을 활용해서 대답할 수 있다.

Q 这是不是你的手机? 이것은 당신의 휴대폰입니까?

A ❶ 这是我的手机。 이것은 제 휴대폰입니다.

❷ 这不是我的手机。 이것은 제 휴대폰이 아닙니다.

2 조동사를 이용한 정반 의문문: 문장 안에 조동사가 있을 때는 술어 대신 조동사를 '긍정+부정' 형식으로 병렬하여 정반 의문문을 만든다.

Q 你想不想喝咖啡? 당신은 커피를 마시고 싶습니까?

A ❶ 我想喝咖啡。 저는 커피를 마시고 싶습니다.

❷ 我不想喝咖啡。 저는 커피를 마시고 싶지 않습니다.

● **주의해서 대답해야 하는 조동사:** 조동사 '要'와 '可以'에 대한 질문에 부정으로 대답할 때는 특히 주의해야 한다.

Q 你要不要和我一起跳舞? 당신은 저와 함께 춤을 추겠습니까?

A ❶ 好，我要和你一起跳舞。 좋아요, 저는 당신과 함께 춤을 추겠습니다.

❷ 不好意思，我不想和你一起跳舞。 죄송해요, 저는 당신과 함께 춤을 추고 싶지 않아요.

*'~하려고 하다'의 부정은 '不要'가 아닌 '不想'이다.

Q 你可不可以帮我找我的手机? 당신은 저를 도와 휴대폰을 찾을 수 있습니까?

A ❶ 可以，我可以帮你(找你的手机)。
할 수 있어요, 제가 당신을 도울게요(도와 당신의 휴대폰을 찾을게요).

❷ 现在很忙，我不能帮你(找你的手机)。
지금은 바빠요, 저는 당신을 도울 수 없어요(도와 당신의 휴대폰을 찾을 수 없어요).

*'~할 수 있다'의 부정은 '不可以'가 아닌 '不能'이다.

3 정도보어를 이용한 정반 의문문: 문장 안에 정도보어가 있을 때는 술어 대신 '得'의 뒷부분을 '긍정+부정' 형식으로 병렬하여 정반 의문문으로 만든다.

Q 你跑步跑得快不快? 당신은 달리기가 빠른가요?

A ❶ 我跑步跑得很快。 저는 달리기가 빠릅니다.

❷ 我跑步跑得不快。 저는 달리기가 빠르지 않습니다.

03 의문사 의문문 ● track F-203

1 의문사: 의문사 의문문에서는 각 의문사가 묻는 내용을 알아야 질문에 적절한 대답을 할 수 있다.

什么时候 shénme shíhou	언제	**Q** 你是什么时候大学毕业的? 당신은 언제 대학교를 졸업했습니까? **A** 我是去年二月大学毕业的。 저는 작년 2월에 대학교를 졸업했어요.
哪儿 nǎr	어디 [=哪里 nǎli]	**Q** 那部电影你在哪儿看的? 그 영화를 당신은 어디에서 봤습니까? **A** 我在学校旁边的电影院看了那部电影。 저는 학교 옆의 영화관에서 그 영화를 봤어요.
谁 shéi	누구	**Q** 你昨天和谁看了足球比赛? 당신은 어제 누구와 축구 경기를 봤습니까? **A** 我昨天和朋友们看了足球比赛。 저는 어제 친구들과 축구 경기를 봤습니다.
怎么 zěnme	어떻게 [방식이나 원인을 물음]	**Q** 不好意思，从这儿到火车站怎么走? 실례합니다, 여기에서 기차역까지 어떻게 가나요? **A** 向前走十米，就能看到火车站。 앞으로 10m를 걸으면 바로 기차역이 보일 거예요.
怎么样 zěnmeyàng	어떠한가 [상태이나 상황을 물음]	**Q** 你昨天晚上睡得怎么样? 당신은 어젯밤에 잘 잤습니까? **A** 我昨天晚上睡得很香。 저는 어젯밤에 잘 잤어요.
为什么 wèishénme	왜 [이유를 물음]	**Q** 你为什么每天都这么早起床? 당신은 왜 매일 이렇게 일찍 일어납니까? **A** 因为我每天早上都出去跑步。 왜냐하면 저는 매일 아침에 뛰러 나가기 때문입니다.
什么 shénme	무엇	**Q** 生病的时候，你会做什么? 아플 때 당신은 무엇을 합니까? **A** 生病的时候，我会先吃药，然后在家休息。 아플 때 저는 먼저 약을 먹고 나서 집에서 쉽니다.
什么样 shénmeyàng	어떤, 어떠한	**Q** 你喜欢看什么样的电视节目? 당신은 어떤 TV 프로그램을 보는 것을 좋아하나요? **A** 我喜欢看娱乐节目。 저는 예능 프로그램 보는 것을 좋아합니다.
哪 nǎ	어느	**Q** 你妈妈的生日是哪天? (*哪天: 언제) 당신 어머니의 생신은 언제인가요? **A** 她(我妈妈)的生日是十二月九号。 그녀(저희 어머니)의 생신은 12월 9일입니다.

多大 duōdà	얼마 [나이를 물음]	Q 你的男朋友今年多大了? 당신의 남자 친구는 올해 몇 살입니까? A 他(我的男朋友)今年27岁了。 그(제 남자 친구)는 올해 27살입니다.
多少 duōshao	몇, 얼마 [10 이상의 수를 물음]	Q 你的电话号码是多少? 당신의 전화번호는 어떻게 됩니까? A 我的电话号码是010-234-5678。 제 전화번호는 010-234-5678입니다. *전화번호는 숫자를 한 글자씩 읽으며 1은 '一[yī]'가 아니라 '幺[yāo]'로 읽는다. 참고로 '010'은 [líng yāo líng]으로 입에 익을 정도로 연습하자.
几 jǐ	몇, 얼마 [10 미만의 수, 시간·날짜·요일을 물음]	Q 你家有几口人? 너는 가족이 몇 명이니? A 我家有五口人，爸爸，妈妈，奶奶，哥哥和我。 우리 가족은 아빠, 엄마, 할머니, 오빠, 그리고 나 이렇게 5명이야.
多长时间 duōcháng shíjiān	얼마나 [기간을 물음]	Q 你每天学习多长时间汉语? 너는 매일 중국어 공부를 얼마나 하니? A 我每天学习两个小时(的)汉语。 나는 매일 두 시간 중국어를 공부해.

2 '시간'이나 '시점'을 묻는 질문에 답으로 쓰일 수 있는 어휘

今天 jīntiān	昨天 zuótiān	明天 míngtiān	后天 hòutiān	○天前 ○ tiān qián	○天后 ○ tiān hòu
오늘	어제	내일	모레	○일 전	○일 후
这个星期 zhège xīngqī	上个星期 shàng ge xīngqī	下个星期 xià ge xīngqī	这个月 zhège yuè	上个月 shàng ge yuè	下个月 xià ge yuè
이번 주	지난주	다음 주	이번 달	지난달	다음 달
今年 jīnnián	去年 qùnián	明年 míngnián	生日 shēngrì	春节 Chūnjié	中秋节 Zhōngqiūjié
올해	작년	내년	생일	춘절	중추절
星期一 xīngqīyī	星期二 xīngqī'èr	星期三 xīngqīsān	星期四 xīngqīsì	星期五 xīngqīwǔ	星期六 xīngqīliù
월요일	화요일	수요일	목요일	금요일	토요일
星期天 (星期日) xīngqītiān (xīngqīrì)	○月○号/日 ○ yuè ○ hào/rì	春天 chūntiān	夏天 xiàtiān	秋天 qiūtiān	冬天 dōngtiān
일요일	○월 ○일	봄	여름	가을	겨울
早上 zǎoshang	上午 shàngwǔ	中午 zhōngwǔ	下午 xiàwǔ	晚上 wǎnshang	○点○分 ○ diǎn ○ fēn
아침	오전	정오(낮 12시 전후)	오후	저녁, 밤	○시 ○분

시간은 더 다양한 방법으로 표현할 수도 있다.

8시15분	八点十五分 bā diǎn shíwǔ fēn	八点一刻 bā diǎn yí kè
8시30분	八点三十分 bā diǎn sānshí fēn	八点半 bā diǎn bàn
8시45분	八点四十五分 bā diǎn sìshíwǔ fēn	差一刻九点 chà yí kè jiǔ diǎn

3 '장소'나 '위치'를 묻는 질문에 답으로 쓰일 수 있는 어휘

家(里) jiā(li) 집	学校 xuéxiào 학교	公司 gōngsī 회사	饭店 fàndiàn 호텔, 식당	宾馆 bīnguǎn 호텔
房间 fángjiān 방	教室 jiàoshì 교실	办公室 bàngōngshì 사무실	商店 shāngdiàn 상점	咖啡厅(咖啡馆) kāfēitīng(kāfēiguǎn) 카페
百货商店 bǎihuòshāngdiàn 백화점	图书馆 túshūguǎn 도서관	银行 yínháng 은행	火车站 huǒchēzhàn 기차역	公共汽车站 gōnggòngqìchēzhàn 버스 정류장
机场 jīchǎng 공항	韩国 Hánguó 한국	中国 Zhōngguó 중국	美国 Měiguó 미국	日本 Rìběn 일본
首尔 Shǒu'ěr 서울	北京 Běijīng 베이징	上海 Shànghǎi 상하이	前(面) qián(miàn) 앞	后(面) hòu(miàn) 뒤
旁边 pángbiān 옆	上(面) shàng(miàn) 위	下(面) xià(miàn) 아래	左边 zuǒbian 왼쪽	右边 yòubian 오른쪽

*'旁边'의 '边'은 1성이고, '左边', '右边'의 '边'은 경성이다.

4 '사람'이나 '인물'을 묻는 질문에 답으로 쓰일 수 있는 어휘

我 wǒ	家人 jiārén	爸爸 bàba	妈妈 māma	哥哥 gēge
나	가족	아빠, 아버지	엄마, 어머니	형, 오빠
姐姐 jiějie	弟弟 dìdi	妹妹 mèimei	爷爷 yéye	奶奶 nǎinai
언니, 누나	남동생	여동생	할아버지	할머니
妻子 qīzi	丈夫 zhàngfu	儿子 érzi	女儿 nǚ'ér	孩子 háizi
아내	남편	아들	딸	아이
朋友 péngyou	同学 tóngxué	老师 lǎoshī	同事 tóngshì	先生 xiānsheng
친구	학우, 동창	선생님	동료	선생, 씨 [성인 남자에 대한 존칭]
韩国人 Hánguórén	中国人 Zhōngguórén	美国人 Měiguórén	服务员 fúwùyuán	小姐 xiǎojie
한국인	중국인	미국인	종업원	양, 아가씨 [미혼 여자에 대한 존칭]

04 기타 의문문 ○ track F-204

1 어기조사 '呢': 주어(명사/대사) 뒤에 위치하고 그 뒷부분을 생략하기 때문에 '생략 의문문'이라고 말한다. HSKK 초급 제2부분에서는 수험자에게 대답을 요구하기 때문에 '**你呢?**'라고 많이 질문한다.

Q 我三十四岁，你呢？ 저는 34살입니다. 당신은요? [상대방의 나이를 물음]

A 我三十一岁。 저는 31살입니다.

Q 我是运动员，你呢？ 저는 운동선수입니다. 당신은요? [상대방의 직업을 물음]

A ❶ 我也是运动员。 저도 운동선수입니다.

❷ 我是汉语老师。 저는 중국어 선생님입니다.

❸ 我还是学生。 저는 아직 학생입니다.

Q 我觉得这部电影很有意思，你呢？ [상대방의 의견을 물음]

저는 이 영화가 재미있다고 생각해요. 당신은요?

A ❶ 我也觉得这部电影很有意思。 저도 이 영화가 재미있다고 생각해요.

❷ 我觉得这部电影没意思。 저는 이 영화가 재미없다고 생각해요.

❸ 我还没看过这部电影。 저는 이 영화를 아직 보지 못했어요.

2 어기조사 '吧': 어기조사 '吧'는 주로 '~하자'라는 의미로 청유나 제안을 나타내지만, 의문문으로 쓰이면 '~하지/이지?'라는 의미로 추측을 나타낸다.

Q 你去过中国吧? 당신은 중국에 가봤지요?

A ❶ 对，我去年去中国旅游了。 네, 저는 작년에 중국에 여행 갔습니다.

❷ 不，我没去过中国。 아니요, 저는 중국에 가본 적이 없습니다.

Q 你已经大学毕业了，对吧? 당신은 이미 대학교를 졸업했어요, 그렇죠?

A ❶ 对，我上个月毕业了。 네, 저 지난달에 졸업했어요.

❷ 我还有一年才毕业。 저는 1년 더 있어야 졸업합니다.

3 평서문으로 의문 표현하기: 평서문에서 문장 끝의 음을 올려서 의문을 나타낼 수도 있다. 이 때 '是', '对', '不', '没有' 등으로 짧게 대답한 후 부연 설명을 덧붙이면 보다 좋은 점수를 받을 수 있다.

Q 你昨天做作业了? 당신은 어제 숙제를 했습니까?

A ❶ 对，我昨天做完了。 네, 저는 어제 다 했습니다.

❷ 没有，我还没做作业。 아니요, 저는 아직 숙제를 하지 않았습니다.

Q 你是一个人去旅游的? 당신 혼자 여행 간 것입니까?

A ❶ 是，我一个人去旅游了。 네, 저 혼자 여행을 갔어요.

❷ 没有，我和朋友一起去旅游了。 아니요, 저는 친구와 함께 여행을 갔습니다.

01 소개·설명 ● track F-301

1 성조 변화: 중국어를 더 편하고 자연스럽게 읽기 위해 성조에 변화가 생기는 경우가 있다. 아래 세 가지 성조 변화 규칙을 익혀서 중국어로 말할 때 발음을 보다 편하게 하면서 유창하게 들릴 수 있도록 연습해보자.

(1) '一'의 성조 변화

一 yī (1성) + 1·2·3성 → 一 yì (4성)	一些 yìxiē 약간 一直 yìzhí 줄곧 一起 yìqǐ 같이
一 yī (1성) + 4성 → 一 yí (2성)	一下 yíxià 좀 ~하다 一定 yídìng 반드시 一共 yígòng 모두

*'一'가 단독이나 서수로 쓰일 때는 1성 그대로 읽어야 한다. (第一 dì-yī 맨 처음)

(2) '不'의 성조 변화

不 bù (4성) + 1·2·3성 → 不 bù (4성)	不吃 bù chī 먹지 않다 不一样 bù yíyàng 같지 않다 不喜欢 bù xǐhuan 좋아하지 않다
不 bù (4성) + 4성 → 不 bú (2성)	不客气 bú kèqi 괜찮다 不但 búdàn ~뿐만 아니라

(3) 3성의 성조 변화

3성 + 3성 → 2성 + 3성	可以 kěyǐ ~할 수 있다 (3성-3성 → 2성-3성) 所以 suǒyǐ 그래서 (3성-3성 → 2성-3성)
3성 + 1·2·4 경성 → 반3성 + 1·2·4 경성	好吃 hǎochī 맛있다 (3성-1성 → 반3성-1성) 起床 qǐchuáng 일어나다 (3성-2성 → 반3성-2성) 考试 kǎoshì 시험 (3성-4성 → 반3성-4성) 姐姐 jiějie 언니, 누나 (3성-경성 → 반3성-경성)
3성 + 3성 + 1·2·4 경성 → 2성 + 반3성 + 1·2·4 경성	我喜欢你。Wǒ xǐhuan nǐ. 저는 당신을 좋아합니다. (3성-3성-경성-3성 → 2성-반3성-경성-3성)

* 반3성은 3성(내려갔다 올라오는 음)을 발음할 때 올라오는 과정에서 올리지 않는 것을 의미한다.

2 답안에 활용할 수 있는 '소개·설명' 관련 표현

让人(不)高兴 ràng rén (bù) gāoxìng	사람을 기쁘(지 않)게 하다	他说的话总是让人不高兴。 그가 하는 말은 늘 사람을 기쁘지 않게 한다
快乐的事情 kuàilè de shìqing	즐거운 일	在家休息是一件快乐的事情。 집에서 쉬는 것은 즐거운 일이다.
关系好 guānxi hǎo	사이(관계)가 좋다	你和小王关系好吗? 너는 샤오왕과 사이가 좋니?
身体(不)舒服 shēntǐ bù shūfu	몸이 (안) 좋다	我今天身体不舒服，不能去上课。 나는 오늘 몸이 안 좋아서 수업을 들으러 갈 수 없었다.

02 취미·애호 ⊙ track F-302

1 주의해야 할 발음: 중국어 발음 중 일부는 한국어에 없는 소리이기 때문에 발음하기가 어려울 수 있다. 아래는 헷갈리기 쉬운 발음을 비교하여 정리한 내용으로, 소리 내는 방법에 주의해서 연습해 보자.

(1) 성모

① 설치음 VS 권설음

	설치음 [z·c·s]	권설음 [zh·ch·sh·r]
소리 내는 방법	혀끝을 윗니 뒷부분에 마찰시켜 소리를 냄	혀를 말아 올린 상태에서 혀끝을 윗잇몸 뒷부분에 대고 소리를 냄
혀의 위치	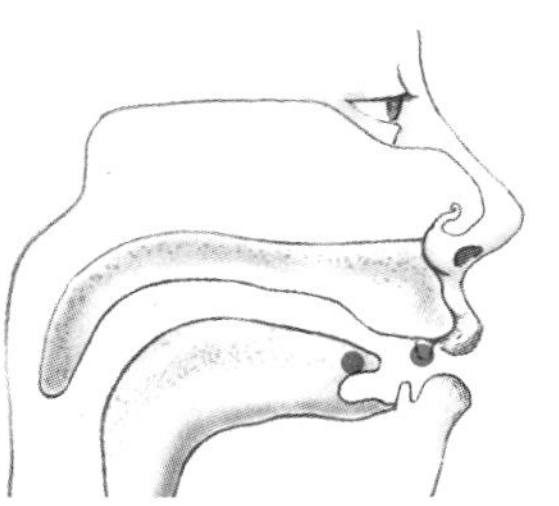	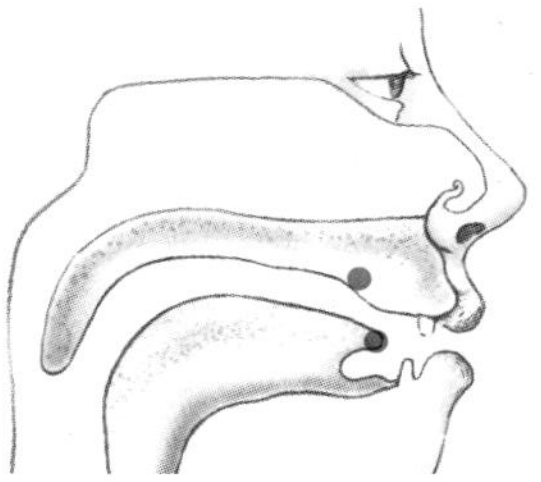
예시	• 左边 zuǒbian 왼쪽 • 菜 cài 요리 • 所以 suǒyǐ 그래서	• 准备 zhǔnbèi 준비하다 • 唱歌 chànggē 노래를 부르다 • 时间 shíjiān 시간 • 让 ràng ~하게 하다

② [f] VS [p]

	[f]	[p]
소리 내는 방법	윗니를 입술 안쪽에 살짝 붙인 채로 바람을 불어 내는 소리로 영어의 [f] 발음과 유사	윗입술과 아랫입술을 붙였다 떼면서 내는 소리로 영어의 [p] 발음과 유사
혀의 위치	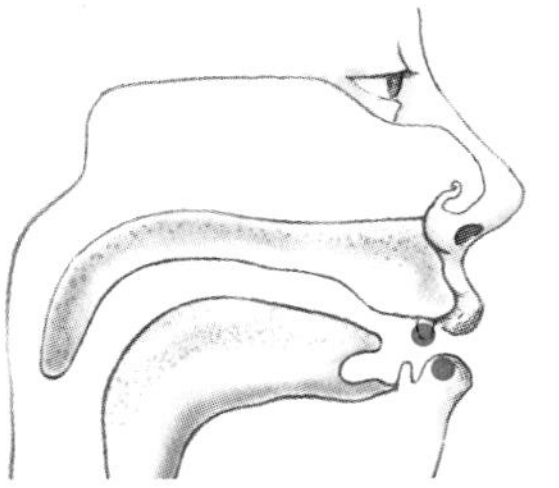	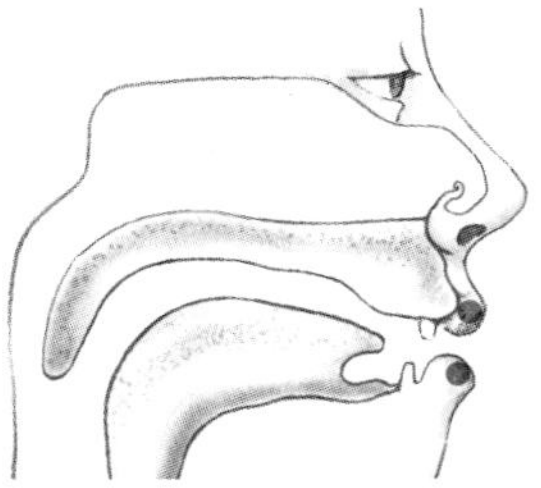
예시	• 飞机 fēijī 비행기 • 非常 fēicháng 매우 • 服务员 fúwùyuán 종업원	• 便宜 piányi (값이) 싸다 • 漂亮 piàoliang 예쁘다 • 苹果 píngguǒ 사과

③ [r] VS [l]

	[r]	[l]
소리 내는 방법	권설음으로, 혀를 만 상태에서 혀끝을 윗잇몸 뒤쪽에 대고 소리를 내며 떨림이 있음	혀끝을 윗니 안쪽에 붙였다 떼며 내는 소리로 떨림이 없음
혀의 위치	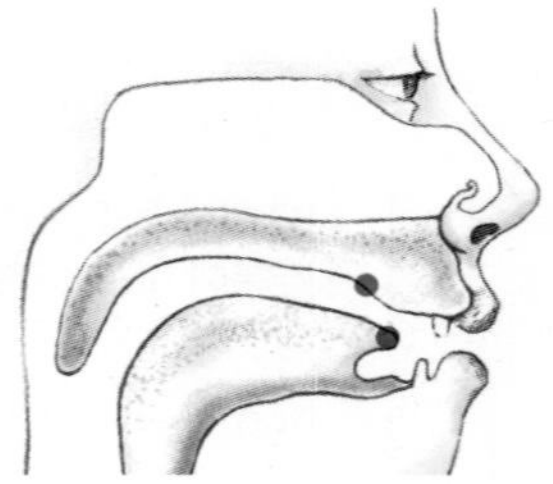	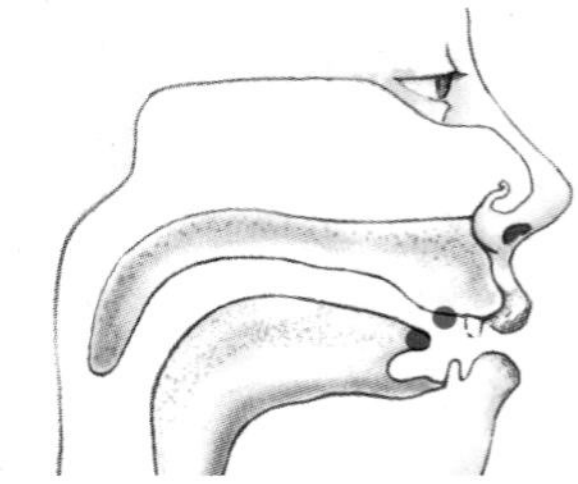
예시	• 热 rè 덥다 • 人 rén 사람 • 认为 rènwéi 여기다	• 来 lái 오다 • 老师 lǎoshī 선생님 • 两 liǎng 둘

(2) 운모

① [u] VS [ü]

	[u]	[ü]
소리 내는 방법	입을 쭉 내밀고 [우]소리를 냄	입술을 동그랗게 오므린 채로 [이]와 [위] 중간 소리를 냄
예시	• 不 bù ~아니다 • 帮助 bāngzhù 돕다 • 出租车 chūzūchē 택시 • 跑步 pǎobù 달리다 • 住 zhù 살다	• 旅游 lǚyóu 여행하다 • 邻居 línjū 이웃 • 去 qù 가다 • 需要 xūyào 필요로 하다 • 汉语 Hànyǔ 중국어

* [ü]가 [j·q·x]와 결합할 때는 [ü]가 아닌 [u]로 표기한다. 또한 단독 음절로도 쓰일 수 있는데 이때는 [yu]로 표기한다.

2 답안에 활용할 수 있는 '취미·애호' 관련 표현

特别的爱好 tèbié de àihào	특별한 취미	我有一个特别的爱好，就是做面包。 나는 특별한 취미가 하나 있는데, 바로 빵을 만드는 것이다.
看电影·电视剧 kàn diànyǐng diànshìjù	영화·드라마를 보다	周末的时候，我喜欢在家看电影。 주말에 나는 집에서 영화 보는 것을 좋아한다.
喝咖啡·茶 hē kāfēi chá	커피·차를 마시다	你要喝咖啡还是茶? 너는 커피를 마실래, 아니면 차를 마실래?
买东西 mǎi dōngxi	물건을 사다	姐姐常常在网上买东西。 언니는 자주 인터넷에서 물건을 산다.

03 일상 ● track F-303

1 다음자: 중국어에는 다음자가 아주 많지만 HSKK 초급에서는 아래 표의 다음자들만 익히더라도 충분하다. 많지 않은 양이니 꼭 암기하자.

便	biàn	方便 fāngbiàn 편리하다
	pián	便宜 piányi 싸다
差	chā	温差 wēnchā 온도차
	chà	差不多 chàbuduō 거의 비슷하다
	chāi	出差 chūchāi 출장하다
长	cháng	长 cháng 길다
	zhǎng	长大 zhǎngdà 자라다
大	dà	大 dà 크다
	dài	大夫 dàifu 의사
得	dé	取得 qǔdé 얻다
	de	跑得很快 pǎo de hěn kuài 빨리 달리다
	děi	得 děi ~해야 한다
地	de	认真地工作 rènzhēn de gōngzuò 열심히 일하다
	dì	地铁 dìtiě 지하철
发	fā	发现 fāxiàn 발견하다
	fà	头发 tóufa(fà) 머리카락
个	ge	这个 zhège 이것
	gè	个子 gèzi 키
过	guò	过去 guòqù 과거
	guo	去过 qùguo 가 봤다

还	hái	还 hái 더, 더욱, 여전히
	huán	还 huán 반납하다
好	hǎo	好看 hǎokàn 예쁘다
	hào	爱好 àihào 취미
几	jī	几乎 jīhū 거의
	jǐ	几个学生 jǐ ge xuésheng 학생 몇 명
教	jiāo (동사)	教学生 jiāo xuésheng 학생을 가르치다
	jiào (명사)	教室 jiàoshì 교실
觉	jué	觉得 juéde ~라고 생각하다
	jiào	睡觉 shuìjiào 자다
了	le	吃了 chīle 먹었다
	liǎo	了解 liǎojiě 알다
乐	lè	快乐 kuàilè 즐겁다
	yuè	音乐 yīnyuè 음악
里	lǐ	里面 lǐmiàn 안
	li	那里 nàli 그곳
少	shǎo	很少 hěn shǎo 적다
	shao	多少 duōshao 얼마

为	wéi	认为 rènwéi 여기다	要	yāo	要求 yāoqiú 요구하다
	wèi	为什么 wèishénme 왜		yào	要 yào ~해야 한다
西	xī	东西 dōngxī 동서 [방향을 나타냄]	只	zhī	一只猫 yì zhī māo 고양이 한 마리
	xi	东西 dōngxi 물건, 음식		zhǐ	只有 zhǐyǒu ~해야만
行	xíng	行李 xíngli 여행 짐	着	zhe	坐着 zuòzhe 앉아서
	háng	银行 yínháng 은행		zháo	着急 zháojí 조급해하다

2 답안에 활용할 수 있는 '일상' 관련 표현

在家休息 zài jiā xiūxi	집에서 쉬다	放假的时候，我要在家休息。 방학 때 나는 집에서 쉴 것이다.
看电视 kàn diànshì	TV를 보다	我喜欢一边看电视一边吃东西。 나는 TV를 보면서 음식 먹는 것을 좋아한다.
好吃的东西 hǎochī de dōngxi	맛있는 음식	每次吃好吃的东西时，我都很高兴。 맛있는 음식을 먹을 때마다 나는 기쁘다.
感到舒服 gǎndào shūfu	편안함을 느끼다	休息了一天后，我感到舒服。 하루를 쉬고 났더니, 나는 편안함을 느꼈다.
看・玩手机 kàn wán shǒujī	휴대폰을 보다·하다	我睡觉前一定要看一会儿手机。 나는 잠을 자기 전에 반드시 잠시 동안 휴대폰을 봐야 한다.

04 중국어 배우기 ⊙ track F-304

1 접속사

一边A，一边B (yì)biān (yì)biān	A하면서 B하다 (A·B: 구체적인 동작동사)	我喜欢一边喝咖啡，一边看书。 나는 커피를 마시면서 책을 보는 것을 좋아한다.
既(又)A(,)又B jì (yòu) yòu	A이기도 하고, B이기도 하다 (A·B 동사 또는 A·B 형용사)	她既漂亮又热情。 그녀는 예쁘고 친절하다.
不但A， búdàn 而且·还·也B érqiě hái yě	A할 뿐만 아니라, 게다가 B하다 (A: 대상·범위·행동, B: 이어지는 행동)	我不但喜欢看篮球比赛，而且喜欢打篮球。 나는 농구 경기를 보는 것을 좋아할 뿐만 아니라 농구를 하는 것도 좋아한다.
虽然A， suīrán 但·可(是)B dàn kě(shì)	비록 A하지만, B하다 (A: 상황, B: A와 상반되는 내용)	虽然面包很好吃，可是不能每天吃。 비록 빵은 맛있지만 매일 먹을 수는 없다.
如果A(的话)， rúguǒ (dehuà), 就·那(么)B jiù nà(me)	만약 A라면, B하다 (A: 가정, B: 결과)	如果你喜欢，那么我可以给你买。 만약 네가 좋아한다면 나는 너에게 사 줄 수 있다.
为了A，B wèile	A하기 위해서 B하다 (A: 목적, B: 행동)	为了有健康的身体，我每天都运动。 건강한 신체를 가지기 위해 나는 매일 운동을 한다.
只有A，才B zhǐyǒu cái	A해야만, B하다 (A: 유일한 조건, B: 결과)	只有好好学习，才能上大学。 열심히 공부해야만 대학교에 입학할 수 있다.
因为A，所以B yīnwèi suǒyǐ	A이기 때문에, B하다 (A: 원인, B: 결과)	因为我喜欢看中国电视剧，所以我在学习汉语。 나는 중국 드라마 보는 것을 좋아하기 때문에 중국어를 공부하고 있는 중이다.
(首)先A，然后B (shǒu)xiān ránhòu	먼저 A하고, 그 다음에 B하다 (A·B: 행동)	你先去洗手，然后一起吃饭吧。 너 먼저 손을 씻고 그 다음에 같이 밥을 먹자.
一A(,)就B yī jiù *'一' 성조 변화 주의	A하면 바로 B하다 (A·B: 행동)	我一有钱就买衣服。 나는 돈이 생기면 바로 옷을 산다.

2 답안에 활용할 수 있는 '중국어 배우기' 관련 표현

学习汉语 xuéxí Hànyǔ	중국어를 공부하다	每周六我都在家学习汉语。 매주 토요일 나는 집에서 중국어를 공부한다.
认真地学习 rènzhēn de xuéxí	성실하게 공부하다	大力在认真地学习汉语。 따리는 성실하게 중국어를 공부하고 있는 중이다.
努力学习 nǔlì xuéxí	열심히 공부하다	他是一个努力学习的好学生。 그는 열심히 공부하는 훌륭한 학생이다.
查词典 chá cídiǎn	사전을 찾다	如果有不知道的单词，可以查词典。 만약 모르는 단어가 있다면 사전을 찾아봐도 된다.

05 계획·준비·문제 해결 ● track F-305

1 고정격식

从A开始B cóng kāishǐ	A부터 B하기 시작하다	我打算从明天开始运动。 나는 내일부터 운동을 시작할 계획이다.
A和·跟B一起C hé gēn yìqǐ	A는 B와 같이 C하다	昨天我跟妈妈一起吃了饭。 어제 나는 엄마와 함께 밥을 먹었다.
A和·跟B见面 hé gēn jiànmiàn	A는 B와 만나다	周末我打算和朋友见面。 주말에 나는 친구와 만날 계획이다.
A和·跟B一样 hé gēn yíyàng	A는 B와 같다	你长得跟十年前一样。 너는 10년 전과 똑같(이 생겼)다.
A对B很好·不好 duì hěn hǎo bù hǎo	A는 B에(게) (안) 좋다(우호적이다)	老师对每个学生都很好。 선생님은 모든 학생들에게 잘 대해 주신다.
A对B有兴趣·感兴趣 duì yǒuxìngqù gǎnxìngqù	A는 B에 흥미가 있다	丽丽对中国历史很感兴趣。 리리는 중국 역사에 흥미가 있다.
对(于)A来说 duì(yú) láishuō	A에게 있어서	对于我来说，运动累极了。 내게 있어서 운동은 아주 지친다.
A对B说 duì shuō	A는 B에게 말하다	妈妈对我说，快去打扫房间。 엄마는 내게 얼른 방을 청소하라고 말씀하셨다.
A对B有帮助 duì yǒu bāngzhù	A는 B에(게) 도움이 되다	多吃水果对健康有帮助。 과일을 많이 먹는 것은 건강에 도움이 된다.
A给B带来C gěi dàilái	A는 B에(게) C를 가져다주다	学习汉语给我带来了很多快乐。 중국어를 배우는 것은 내게 많은 즐거움을 주었다.
A给B留下C gěi liúxià	A는 B에게 C를 남기다	这次旅游给我留下了很深的印象。 이번 여행은 나에게 깊은 인상을 남겼다.
A是为了B shì wèile	A는 B하기 위한 것이다	努力学习是为了以后找到好的工作。 열심히 공부하는 것은 후에 좋은 일을 찾기 위해서이다.

2 답안에 활용할 수 있는 '계획·준비·문제 해결' 관련 표현

准备考试 zhǔnbèi kǎoshì	시험을 준비하다	丽丽最近每天都在准备考试。 리리는 요즘 매일 시험 준비를 하고 있는 중이다.
解决问题 jiějué wèntí	문제를 해결하다	你应该自己解决问题。 너는 마땅히 스스로 문제를 해결해야 한다.
想办法 xiǎng bànfǎ	방법을 생각하다	我得想办法找到他。 나는 그를 찾아낼 방법을 생각해야 한다.
问问题 wèn wèntí	문제를 질문하다	大力在向老师问问题。 따리는 선생님께 문제를 질문하고 있다.

06 기타 track F-306

1 질문을 활용하여 답안 만들기

Q 狗和猫，你更喜欢哪个？为什么？
개와 고양이 중 당신은 무엇을 더 좋아합니까? 이유는 무엇입니까?

A 狗和猫，我更喜欢狗。因为……。
개와 고양이 중 저는 개를 더 좋아합니다. 왜냐하면 ~이기 때문입니다.

Q 不高兴的时候，你会做什么？ 기분이 안 좋을 때(불쾌할 때) 당신을 무엇을 할 것입니까?

A 不高兴的时候，我会……。 기분이 안 좋을 때(불쾌할 때) 저는 ~을 할 것입니다.

Q 你喜欢看什么样的电影？ 당신은 어떤 영화를 보는 것을 좋아합니까?

A 我喜欢看……的电影。 저는 ~영화를 보는 것을 좋아합니다.

Q 你觉得学汉语怎么样？ 당신은 중국어를 배우는 것이 어떻다고 생각합니까?

A 我觉得学汉语……。 저는 중국어를 배우는 것이 ~하다고 생각합니다.

Q 下雪时，你喜欢做什么？ 눈이 내리면 당신은 무엇을 하는 것을 좋아합니까?

A 下雪时，我喜欢……。 눈이 오면 저는 ~을 즐겨 합니다(하기를 좋아합니다).

Q 你妈妈的生日时，你准备做什么？ 당신 어머니의 생신 때 당신은 무엇을 할 계획입니까?

A 我妈妈的生日时，我准备……。 제 어머니의 생신 때 저는 ~을 할 계획입니다.

Q 你一个星期打扫几次房间？ 당신은 일주일에 몇 번 방을 청소합니까?

A 我一个星期打扫三次房间。 저는 일주일에 세 번 방을 청소합니다.

2 답안에 활용할 수 있는 '기타' 표현

知道+사람·장소·물건 zhīdào	~을 알다 (기본적 이해만 있음)	你知道哪里可以买咖啡吗？ 너는 어디에서 커피를 살 수 있는지 알고 있니?
认识+사람·장소·물건 rènshi	~을 알다 ('知道'보다 깊이 이해함)	他认识到了自己的问题。 그는 스스로의 문제를 알게 되었다.
没有时间+행동 méiyǒu shíjiān	~할 시간이 없다	我今天没有时间跟你一起吃饭。 나는 오늘 너와 함께 밥을 먹을 시간이 없다.
忙于+행동 mángyú	~하느라 바쁘다	丽丽最近一直忙于准备考试。 리리는 요즘 시험 준비를 하느라 계속 바쁘다.

HSKK 초급 기본 단어

기본 단어 **01** ● track **F-401**

No. HSK	중국어	병음	품사와 뜻	추가 설명
001 1급	爱	ài	동 ~하는 것을 좋아하다, 사랑하다	
002 1급	八	bā	수 8, 여덟	
003 1급	爸爸	bàba	명 아버지, 아빠	
004 1급	不	bù	부 아니다 [부정을 나타냄]	*성조 변화 주의 不太 bú tài 그다지 ~하지 않다
005 1급	吃	chī	동 먹다	吃饭 chīfàn 밥을 먹다
006 1급	大	dà	형 (부피가) 크다, (수량·나이가) 많다	↔ 小 xiǎo 작다, 어리다
007 1급	的	de	조 ~의, ~한 [*관형어+的+(명사/대사)] 조 ~의 것 [중심어가 없는 '的'자 구조를 이루어 명사로 만듦]	
008 2급	弟弟	dìdi	명 남동생	
009 1급	对不起	duìbuqǐ	동 미안합니다, 죄송합니다	≒ 不好意思 bù hǎoyìsi 미안하다, 부끄럽다
010 1급	多	duō	수 ~여, ~남짓, ~쯤 형 많다	 ↔ 少 shǎo 적다
011 1급	儿子	érzi	명 아들	
012 1급	二	èr	수 2, 둘	
013 2급	哥哥	gēge	명 오빠, 형	
014 1급	个	ge	양 명, 개 [사람·물건을 세는 단위]	
015 1급	汉语	Hànyǔ	고유 중국어, 한어	韩语 Hányǔ 한국어
016 1급	好	hǎo	형 좋다 형 (병이) 다 낫다, 좋아지다	好好 hǎohǎo 잘 [뒤에 '儿'을 붙일 경우 두 번째 '好' 1성으로 변화]
017 1급	很	hěn	부 매우	
018 2급	姐姐	jiějie	명 언니, 누나	
019 1급	九	jiǔ	수 9, 아홉	
020 1급	看	kàn	동 보다	
021 1급	了	le	조 ~했다 [동작의 완료를 나타냄] 조 문장 끝이나 중간의 끊어지는 곳에 쓰여서 변화나 새로운 상황의 출현을 표시함	
022 1급	六	liù	수 6, 여섯	
023 1급	妈妈	māma	명 어머니, 엄마	

기본 단어 02 ◎ track F-402

No. HSK	중국어	병음	품사와 뜻	추가 설명
024 1급	吗	ma	조 (문장 끝에 쓰여) 의문의 어기를 나타냄	
025 1급	没(有)	méi(yǒu)	부 ~않다	
026 2급	妹妹	mèimei	명 여동생	
027 1급	哪	nǎ	대 어느, 어떤	哪儿 nǎr 어디 哪里 nǎli 어디
028 1급	你	nǐ	대 너, 당신	你们 nǐmen 너희, 당신들 [복수 표현] 您 nín 당신 ['你'의 존칭]
029 1급	年	nián	명 년, 해 [품사는 명사이지만 '양사'의 역할도 포함함]	年级 niánjí 학년
030 1급	女儿	nǚ'ér	명 딸	
031 1급	七	qī	수 7, 일곱	
032 1급	去	qù	동 가다	
033 1급	人	rén	명 사람	
034 1급	三	sān	수 3, 셋	
035 1급	十	shí	수 10, 열	
036 1급	是	shì	동 ~이다 [*A是B: A는 B이다] 감탄 네 [응답의 말]	↔ 不是 bú shì ~이 아니다 ['是'를 경성으로 읽기도 함]
037 1급	四	sì	수 4, 넷	
038 1급	岁	suì	양 살, 세 [나이를 세는 단위]	
039 1급	他	tā	대 그	他们 tāmen 그들
040 1급	它	tā	대 그 [사람 이외의 것을 나타냄]	
041 1급	她	tā	대 그녀	她们 tāmen 그녀들
042 1급	我	wǒ	대 나, 저	我们 wǒmen 우리
043 1급	五	wǔ	수 5, 다섯	
044 1급	谢谢	xièxie	동 고맙습니다	
045 1급	一	yī	수 1, 하나 수 좀 [중첩되는 동사 사이에 쓰여 어떤 동작을 시험 삼아 가볍게 하거나 짧은 동작을 나타냄]	*성조 변화 주의
046 1급	有	yǒu	동 있다	↔ 没有 méiyǒu 없다
047 1급	月	yuè	명 월, 달	
048 1급	再见	zàijiàn	동 잘 가, 또 만나, 또 뵙겠습니다	再 zài 다시, 더
049 1급	这	zhè	대 이, 이것	那 nà 그, 저, 그것, 저것
050 1급	中国	Zhōngguó	고유 중국	中国人 Zhōngguórén 중국인

HSKK 초급 빈출 단어

빈출 단어 **01** ◎ track **F-403**

No. HSK	중국어	병음	품사와 뜻	추가 설명
001 3급	把	bǎ	개 ~을/를 [*주어+把+목적어+동사+기타성분]	
002 2급	吧	ba	조 ~하자 [제의·청유 등의 어기를 나타냄] 조 ~지? [추측의 어기를 나타냄]	
003	白色	báisè	명 흰색	黑色 hēisè 검은색
004 2급	百	bǎi	수 100, 백	
005 2급	帮助	bāngzhù	동 돕다 명 도움	帮 bāng 돕다
006 2급	报纸	bàozhǐ	명 신문	
007 1급	杯子	bēizi	명 컵, 잔	
008 1급	北京	Běijīng	고유 베이징	上海 Shànghǎi 상하이
009 1급	本	běn	양 권 [책을 세는 단위]	
010 2급	比	bǐ	개 ~보다 [*A+比+B+술어]	
011 2급	别	bié	부 ~하지 마라 [금지를 나타냄]	≒ 不要 búyào ~하지 마라
012 2급	宾馆	bīnguǎn	명 호텔	
013 3급	不但A, 而且B	búdàn A, érqiě B	A뿐만 아니라, 게다가 B하다	
014 1급	菜	cài	명 요리, 음식	
015 1급	茶	chá	명 차	
016 2급	长	cháng	형 (공간·시간적으로) 길다	*발음 주의
017 2급	唱歌	chànggē	동 노래를 부르다	
018 1급	出租车	chūzūchē	명 택시	
019 2급	穿	chuān	동 (옷을) 입다	
020 2급	次	cì	양 번, 회 [동작의 횟수를 세는 단위]	
021 2급	从	cóng	개 ~에서, ~(으)로부터	
022 1급	打电话	dǎ diànhuà	전화하다	
023 2급	打篮球	dǎ lánqiú	농구를 하다	篮球 lánqiú 농구
024 2급	到	dào	동 도착하다, 이르다 개 (동사 뒤에 결과보어로 쓰여) ~했다 개 ~까지	
025 2급	得	de	조 ~하는 정도가 ~하다 [*술어+得+정도보어]	

빈출 단어 **02** ● track **F-404**

No. HSK	중국어	병음	품사와 뜻	추가 설명
026	的话	dehuà	조 ~하다면 [가정을 나타냄]	
027 2급	等	děng	동 기다리다	
028 2급	第一	dì-yī	수 맨 처음, 첫(번)째	
029 1급	点	diǎn	양 시 [시간을 세는 단위] 양 약간, 조금 동 주문하다	点菜 diǎncài 요리를 주문하다
030 1급	电脑	diànnǎo	명 컴퓨터	
031 1급	电视	diànshì	명 TV, 텔레비전	电视剧 diànshìjù 텔레비전 드라마
032 1급	电影	diànyǐng	명 영화	电影院 diànyǐngyuàn 영화관
033 1급	东西	dōngxi	명 (구체·추상적인) 것, 물건, 음식	*'西' 성조 주의
034 2급	懂	dǒng	동 이해하다	
035 1급	都	dōu	부 모두, 다, ~조차도, 심지어	
036 2급	对	duì	형 맞다, 옳다	
037 2급	对	duì	개 ~에 대해, ~에게	
038 1급	多少	duōshao	대 얼마, 몇	*'少' 성조 주의
039 1급	饭店	fàndiàn	명 식당, 호텔	
040 2급	房间	fángjiān	명 방	
041 1급	飞机	fēijī	명 비행기	
042 2급	非常	fēicháng	부 매우, 아주, 대단히	
043 1급	分钟	fēnzhōng	명 분 [시간의 길이를 나타냄]	分 fēn 분 [시각을 나타냄]
044 2급	服务员	fúwùyuán	명 종업원	
045	感到	gǎndào	동 느끼다, 여기다	
046 2급	高	gāo	형 (키가) 크다, (높이가) 높다	
047 1급	高兴	gāoxìng	형 기쁘다, 즐겁다	
048 2급	告诉	gàosu	동 알리다, 말하다	
049 2급	给	gěi	동 ~에게 ~을 주다 개 ~에게	
050 1급	工作	gōngzuò	동 일하다 명 일, 업무	

No. HSK	중국어	병음	품사와 뜻	추가 설명
051 2급	公共汽车	gōnggòng qìchē	명 버스	公共汽车站 gōnggòngqìchēzhàn 버스 정류장
052 2급	公司	gōngsī	명 회사	
053 1급	狗	gǒu	명 개	小狗 xiǎogǒu 강아지
054 2급	贵	guì	형 비싸다	↔ 便宜 piányi (값이) 싸다
055 2급	过	guo	조 ~한 적이 있다 [경험을 나타냄]	
056 2급	还	hái	부 또, 더 부 여전히, 그래도	还有 háiyǒu 그리고, 또한
057 2급	孩子	háizi	명 아이	
058 2급	好吃	hǎochī	형 맛있다	好喝 hǎohē (음료가) 맛있다
059 1급	号	hào	명 일 [날짜를 가리킴]	号码 hàomǎ 번호
060 1급	喝	hē	동 마시다	喝咖啡 hē kāfēi 커피를 마시다
061 1급	和	hé	개/접 ~와, ~과	
062	后	hòu	명 (시간상) 이후, 다음, 나중	↔ 前 qián (시간상) 전, 그전
063 1급	后(面)	hòu(miàn)	명 뒤, 뒤쪽, 뒷면	↔ 前(面) qián(mian) 앞, 앞쪽
064 1급	回	huí	동 되돌아오다, 되돌아가다	回家 huíjiā 집에 가다, 집으로 돌아가다
065 1급	会	huì	조동 (배워서) 할 줄 알다, ~할 것이다 [추측]	
066 2급	火车站	huǒchēzhàn	명 기차역	火车 huǒchē 기차
067 2급	机场	jīchǎng	명 공항	
068 2급	鸡蛋	jīdàn	명 계란, 달걀	
069 2급	几	jǐ	수 몇 [주로 10이하의 확실하지 않은 수를 지칭할 때 사용] 대 몇, 얼마 [주로 10이하의 수를 물을 때 사용]	
070 1급	家	jiā	명 집 양 집·상점 등을 세는 단위	
071	家人	jiārén	명 가족	
072 2급	件	jiàn	양 건, 벌 [일·사건·옷 등을 세는 단위]	
073 1급	叫	jiào	동 (이름을) ~라고 하다, 부르다	
074 2급	教室	jiàoshì	명 교실	*'教' 성조 주의
075 2급	介绍	jièshào	동 소개하다, 설명하다	

빈출 단어 04 ● track F-406

No. HSK	중국어	병음	품사와 뜻	추가 설명
076	今年	jīnnián	명 올해	
077 1급	今天	jīntiān	명 오늘	
078 2급	近	jìn	형 (거리나 관계가) 가깝다	↔ 远 yuǎn (거리나 관계가) 멀다
079 2급	就	jiù	부 바로, 곧 [사실 강조]	
080 2급	觉得	juéde	동 ~라고 생각하다	
081 2급	咖啡	kāfēi	명 커피	咖啡厅 kāfēitīng 카페 咖啡馆 kāfēiguǎn 카페
082	开车	kāichē	동 운전하다	
083 2급	开始	kāishǐ	동 시작하다	
084 2급	考试	kǎoshì	동 시험을 치다 명 시험	
085 2급	可以	kěyǐ	조동 ~할 수 있다, ~해도 좋다 [허가]	
086 2급	课	kè	명 수업, 강의	上课 shàngkè 수업하다 下课 xiàkè 수업이 끝나다
087 1급	块	kuài	양 위안 [중국의 화폐 단위] 양 덩이 [덩이로 된 물건을 세는 단위]	
088 2급	快	kuài	형 빠르다 부 빨리 부 곧	↔ 慢 màn 느리다
089 2급	快乐	kuàilè	형 즐겁다, 유쾌하다	
090 1급	来	lái	동 오다	↔ 去 qù 가다
091	来说	láishuō	~으로 말하자면	对(于)A来说 duì(yú) A láishuō A에게 있어서
092 1급	老师	lǎoshī	명 선생님	
093 2급	累	lèi	형 지치다, 피곤하다	
094 1급	冷	lěng	형 춥다, 차다	↔ 热 rè 덥다, 뜨겁다
095 2급	离	lí	개 ~에서, ~로부터	A离B远・近 A lí B yuǎn·jìn A는 B로부터 멀다·가깝다
096 2급	两	liǎng	수 2, 둘	
097 2급	零	líng	수 0, 영	
098 2급	旅游	lǚyóu	동 여행하다	
099 1급	买	mǎi	동 사다, 구매하다	↔ 卖 mài 팔다, 판매하다
100 2급	忙	máng	형 바쁘다	

빈출 단어 05 ● track F-407

No. HSK	중국어	병음	품사와 뜻	추가 설명
101 1급	猫	māo	명 고양이	小猫 xiǎomāo 고양이
102 2급	每	měi	대 매, ~마다, 모두	每天 měitiān 매일
103 3급	米	mǐ	양 미터(m)	
104 3급	面包	miànbāo	명 빵	
105 2급	面条(儿)	miàntiáo(r)	명 국수	
106 1급	明天	míngtiān	명 내일	后天 hòutiān 모레
107 1급	呢	ne	조 동작의 지속을 나타냄 조 ~는요? [의문의 어기를 나타냄]	
108 1급	能	néng	조동 (능력이 되어) 할 수 있다	
109 2급	牛奶	niúnǎi	명 우유	
110 2급	旁边	pángbiān	명 옆	*'边' 성조 주의
111 2급	跑步	pǎobù	동 달리다	跑 pǎo 달리다
112 1급	朋友	péngyou	명 친구	女朋友 nǚpéngyou 여자 친구 男朋友 nánpéngyou 남자 친구
113 2급	票	piào	명 표, 티켓	火车票 huǒchēpiào 기차표 机票 jīpiào 비행기표
114 1급	漂亮	piàoliang	형 예쁘다	
115 1급	苹果	píngguǒ	명 사과	
116 2급	妻子	qīzi	명 아내	
117 2급	起床	qǐchuáng	동 (잠자리에서) 일어나다, 기상하다	
118 2급	铅笔	qiānbǐ	명 연필	
119 1급	钱	qián	명 돈	花钱 huāqián 돈을 쓰다
120 1급	请	qǐng	동 ~해 주세요 [*请+대상+술어/내용] 동 청하다, 부탁하다	
121 2급	去年	qùnián	명 작년	
122 2급	让	ràng	동 ~하게 하다 [*(주어)+让+대상+술어/내용]	
123 1급	认识	rènshi	동 알다	
124 3급	如果	rúguǒ	접 만약	如果A, 那么·就B 만약 A라면, 그렇다면 B하다
125 1급	商店	shāngdiàn	명 가게, 상점	

빈출 단어 **06** ◎ track **F-408**

No. HSK	중국어	병음	품사와 뜻	추가 설명
126 1급	上	shàng /shang	명 위 명 (시간상으로) 전, 지난(날)	↔ 下 xià 아래, 다음
127 2급	上班	shàngbān	동 출근하다	下班 xiàbān 퇴근하다
128 1급	谁	shéi	대 누구, 누가	
129 2급	身体	shēntǐ	명 몸, 건강	
130 1급	什么	shénme	대 무엇, 무슨, 어떤	什么样 shénmeyàng 어떠한
131 2급	生病	shēngbìng	동 병이 나다	
132 2급	生日	shēngrì	명 생일	过生日 guò shēngrì 생일을 보내다
133 1급	时候	shíhou	명 때	在A的时候 zài A de shíhou A할 때 什么时候 shénme shíhou 언제
134 2급	时间	shíjiān	명 시간	多长时间 duō cháng shíjiān 얼마 동안
135 2급	事情	shìqing	명 일, 사건	事 shì 일
136 2급	手表	shǒubiǎo	명 손목시계	
137 2급	手机	shǒujī	명 휴대폰	
138 1급	书	shū	명 책	读书 dúshū 책을 읽다 书店 shūdiàn 서점
139 1급	水	shuǐ	명 물	
140 1급	水果	shuǐguǒ	명 과일	
141 1급	睡觉	shuìjiào	동 (잠을) 자다	
142 2급	说话	shuōhuà	동 말을 하다	说 shuō 말하다, 이야기하다 话 huà 말, 이야기
143 2급	送	sòng	동 데려다주다, 배웅하다 동 선물하다	
144 2급	虽然A, 但是B	suīrán A, dànshì B	비록 A이지만, B하다	
145 1급	太	tài	부 너무, 몹시	太A了 tài A le 너무 A하다
146 2급	踢足球	tī zúqiú	축구를 하다	足球 zúqiú 축구
147 1급	天气	tiānqì	명 날씨	
148 2급	跳舞	tiàowǔ	동 춤추다	
149 1급	听	tīng	동 듣다	
150 1급	同学	tóngxué	명 학우, 동창	同事 tóngshì 동료

빈출 단어 **07** ◎ track **F-409**

No. HSK	중국어	병음	품사와 뜻	추가 설명
151 2급	完	wán	동 (동사 뒤에 결과보어로 쓰여) 다하다	
152 2급	玩(儿)	wán(r)	동 놀다	玩游戏 wán yóuxì 게임을 하다
153	晚	wǎn	형 늦다	↔ 早 zǎo 이르다
154 2급	晚上	wǎnshang	명 저녁, 밤	晚饭 wǎnfàn 저녁밥
155 2급	往	wǎng	개 ~쪽으로, ~을 향해	
156 2급	为什么	wèishénme	왜	
157 2급	问题	wèntí	명 문제	问 wèn 묻다, 질문하다 解决问题 jiějué wèntí 문제를 해결하다
158 2급	西瓜	xīguā	명 수박	
159 2급	希望	xīwàng	동 (생각하는 것이 실현되기를) 바라다, 희망하다	
160 2급	洗	xǐ	동 씻다	洗手 xǐ shǒu 손을 씻다 洗澡 xǐzǎo 목욕하다
161 1급	喜欢	xǐhuan	동 좋아하다	
162 1급	下午	xiàwǔ	명 오후	上午 shàngwǔ 오전
163 1급	下雨	xiàyǔ	동 비가 내리다	雨 yǔ 비 下雪 xiàxuě 눈이 내리다
164 3급	先	xiān	부 먼저, 우선	先A, 然后B xiān A, ránhòu B 먼저 A하고 나서 B하다
165 1급	先生	xiānsheng	명 선생, 씨 [성인 남자를 부르는 호칭] 명 남편 [여자가 자신이나 타인의 남편을 말하는 호칭]	
166 1급	现在	xiànzài	명 현재, 지금	
167 1급	想	xiǎng	조동 ~하고 싶다, ~하려고 하다 동 생각하다	
168 2급	小时	xiǎoshí	명 시간	
169 1급	些	xiē	양 몇, 약간, 조금	
170 1급	写	xiě	동 쓰다	写汉字 xiě Hànzì 한자를 쓰다
171 2급	新	xīn	형 새롭다, 새 것의 부 새로이	
172 1급	星期	xīngqī	명 요일, 주	
173 2급	休息	xiūxi	동 쉬다, 휴식하다	
174 1급	学生	xuésheng	명 학생	大学生 dàxuéshēng 대학생
175 1급	学习	xuéxí	동 공부하다, 학습하다, 배우다	学 xué 배우다

빈출 단어 **08** ◎ track **F-410**

No. HSK	중국어	병음	품사와 뜻	추가 설명
176 1급	学校	xuéxiào	명 학교	小学 xiǎoxué 초등학교 大学 dàxué 대학교
177 4급	压力	yālì	명 스트레스	缓解压力 huǎnjiě yālì 스트레스를 풀다
178 2급	羊肉	yángròu	명 양고기	牛肉 niúròu 소고기
179 2급	药	yào	명 약	吃药 chī yào 약을 먹다
180 2급	要	yào	조동 ~해야 한다, ~하려 하다 동 원하다, (시간이) 걸리다	
181 2급	也	yě	부 ~도	
182 3급	一般	yìbān	형 보통이다, 일반적이다	
183 3급	一边	yìbiān	접 ~하면서	一边A一边B yìbiān A yìbiān B A하면서 B하다
184 1급	一点儿	yìdiǎnr	수량 약간, 조금	
185 2급	一起	yìqǐ	부 함께, 같이	
186 2급	一下	yíxià	수량 좀 ~하다, 한번 해보다	
187 1급	衣服	yīfu	명 옷	
188 1급	医生	yīshēng	명 의사	
189 1급	医院	yīyuàn	명 병원	
190 2급	已经	yǐjīng	부 이미, 벌써	已经A了 yǐjīng A le 이미 A했다
191 1급	椅子	yǐzi	명 의자	
192 2급	因为A, 所以B	yīnwèi A, suǒyǐ B	A하기 때문에 그래서 B하다	
193 2급	游泳	yóuyǒng	동 수영하다	
194	有意思	yǒu yìsi	재미있다	↔ 没(有)意思 méi(yǒu) yìsi 재미없다
195 2급	右边	yòubian	명 오른쪽	↔ 左边 zuǒbian 왼쪽
196 3급	越	yuè	부 ~할수록 ~하다	越A越B yuè A yuè B A할 수록 B하다 越来越 yuèláiyuè 갈수록
197 2급	运动	yùndòng	명 운동 동 운동하다	运动鞋 yùndòngxié 운동화 运动员 yùndòngyuán 운동선수
198 1급	在	zài	동 ~에 있다 부 (마침) ~하고 있는 중이다 개 ~에(서)	 在A呢 zài A ne A하고 있는 중이다 在A(장소)B(행동) zài AB A에서 B하다
199 2급	早上	zǎoshang	명 아침	早饭 zǎofàn 아침밥
200 1급	怎么	zěnme	대 왜, 어째서, 어떻게	

빈출 단어 09 track F-411

No. HSK	중국어	병음	품사와 뜻	추가 설명
201 1급	怎么样	zěnmeyàng	대 어떻다	
202 3급	长	zhǎng	동 나다, 생기다	*발음 주의 长大 zhǎngdà 성장하다, 자라다
203 2급	丈夫	zhàngfu	명 남편	
204 2급	着	zhe	조 ~하고 있다 [동작의 지속을 나타냄]	
205 2급	真	zhēn	부 진짜, 정말	
206 2급	知道	zhīdào	동 알다	
207 1급	中午	zhōngwǔ	명 정오, 점심	
208 3급	重要	zhòngyào	형 중요하다	
209 1급	住	zhù	동 살다, 거주하다	
210 2급	准备	zhǔnbèi	동 준비하다, ~하려고 하다	
211 1급	桌子	zhuōzi	명 탁자, 책상, 테이블	
212 3급	自己	zìjǐ	대 자기, 자신, 직접, 스스로	
213 2급	走	zǒu	동 걷다, 가다	走路 zǒulù 걷다
214 2급	最	zuì	부 가장, 제일	
215 1급	昨天	zuótiān	명 어제	
216 1급	坐	zuò	동 (교통수단을) 타다 동 앉다	
217 1급	做	zuò	동 하다, 만들다	

중국어말하기시험
HSKK 口语 초급 한권으로 끝내기
핵심요약집 | 필수단어장

지은이 남미숙
펴낸이 정규도
펴낸곳 (주)다락원

기획·편집 김현주, 김보경, 이상윤
디자인 김나경
조판 최영란
녹음 朴龙君, 郭洋, 허강원

다락원 경기도 파주시 문발로 211
전화 (02)736-2031 (내선 250~252 / 내선 560~561)
팩스 (02)732-2037
출판등록 1977년 9월 16일 제406-2008-000007호

ISBN 978-89-277-2315-8 14720
978-89-277-2305-9 (set)

www.darakwon.co.kr
다락원 홈페이지를 방문하시면 상세한 출판 정보와 함께 동영상 강좌, MP3 자료 등 다양한 어학 정보를 얻으실 수 있습니다.